汽车专业高技能职业教育“十二五”规划教材

汽车底盘机械系统原理与检修一体化教程

主　编　沈　沉
副主编　张　义　张　涛

机械工业出版社

本书以职业能力培养为主线，系统介绍了汽车底盘机械系统各组成部分的功用、结构、工作原理及常见维护与检修项目，主要内容包括绪论、汽车传动系统检修、汽车行驶系统检修、汽车转向系统检修、汽车制动系统检修。本书充分体现了职业教育的特点，内容贴合实际，易懂易学。

本书图文并茂，内容详尽，可作为高等职业院校汽车专业的教学用书，也可作为各类汽车维修职业培训教材及汽车修理行业人员的参考用书。

图书在版编目（CIP）数据

汽车底盘机械系统原理与检修一体化教程/沈沉主编. —北京：机械工业出版社，2013.10（2018.7 重印）

汽车专业高技能职业教育“十二五”规划教材

ISBN 978-7-111-44183-0

Ⅰ.①汽… Ⅱ.①沈… Ⅲ.①汽车－底盘－机械系统－车辆检修－高等职业教育－教材 Ⅳ.①U472.41

中国版本图书馆 CIP 数据核字（2013）第 228478 号

机械工业出版社（北京市百万庄大街 22 号 邮政编码 100037）

策划编辑：齐福江 责任编辑：赵 鹏

版式设计：常天培 责任校对：陈立辉

封面设计：陈 沛 责任印制：孙 炜

北京中兴印刷有限公司印刷

2018 年 7 月第 1 版第 4 次印刷

184mm×260mm · 13.5 印张 · 334 千字

6 001—7 500 册

标准书号：ISBN 978-7-111-44183-0

定价：33.00 元

凡购本书，如有缺页、倒页、脱页，由本社发行部调换

电话服务	网络服务
服务咨询热线：010-88379833	机 工 官 网：www.cmpbook.com
读者购书热线：010-88379649	机 工 官 博：weibo.com/cmp1952
	教育服务网：www.cmpedu.com
封面无防伪标均为盗版	金 书 网：www.golden-book.com

前言

本书以教育部高职高专汽车检测与维修技术专业的教学大纲为基础，是基于国家示范性高等职业院校建设方案、设计与实施工作任务设计的项目课程。

本书作者在多年从事汽车构造课程教学及大量社会调研的基础上，充分考虑了当前职业教育教学的特点。本书以职业能力培养为主线、以工作任务为导向，按照任务描述、相关知识及技能、实训内容的结构体系进行编写。

本书较系统地介绍了汽车底盘机械系统各零部件的结构、原理、调整、检修及常见故障诊断与排除，内容由浅入深、通俗易懂。本书力求将职业教育发展的新形式和国内外汽车工业发展的新知识、新技术相结合，并贯彻一体化教学的要求，体现生产一线技术与管理实际需要紧密结合，并和职业资格或职业岗位能力紧密结合，有较强的针对性和实用性。

本书配有教师授课课件，每个项目配套有相关实训记录单（电子版），有需要的教师可与出版社联系免费索取（502135950@ qq. com），并根据实训条件酌情使用。

本书由沈沉主编，张义、张涛任副主编，参加编写的还有惠有利、仲琳琳、马硕、马志宝、张丽丽、项仁峰、李春芳、刘杨、黄艳玲、郭大民、曲昌辉、黄宜坤、卢中德、李泰然、龚福明、谢计红、刘俊岩、李小庆、石友志、谭武明、高加泉、李晗、崔波。

由于编者水平有限，书中难免有不当之处，恳请读者批评指正。

编　者

目录

绪　　论

知识点

1）汽车底盘由传动系统、行驶系统、转向系统和制动系统四大系统组成，其功用为接受发动机的动力，使汽车运动并保证汽车能够按照驾驶人的操纵而正常行驶。

2）汽车底盘的总体布置形式有发动机前置后轮驱动、发动机前置前轮驱动、发动机后置后轮驱动、发动机中置后轮驱动及四轮驱动。

3）汽车行驶必须由外界对汽车施加一个推动力，这个力称为汽车牵引力（驱动力）。汽车行驶时需要克服所遇到的阻力，包括滚动阻力、空气阻力、坡度阻力和加速阻力。

4）汽车维修是汽车维护和汽车修理的总称。汽车维修的原则是“预防为主、定期检测、强制维护、视情修理”。

知识目标

1）了解汽车底盘的基本组成及功用。

2）了解汽车底盘的各种布置形式。

3）了解汽车维修的基本方法。

技能目标

1）能够正确使用汽车底盘拆装常用工具。

2）能够正确使用汽车检测仪器及设备。

3）能够正确使用举升机。

项目概述

汽车底盘由传动系统、行驶系统、转向系统和制动系统四大部分组成，汽车底盘的总体布置有多种不同形式。

一、任务描述

汽车底盘的功用是接受发动机的动力，使汽车运动并保证汽车能够按照驾驶人的操纵正常行驶。底盘的结构是什么样的？它是如何工作的？如何正确使用举升机？要掌握这些知识，应完成下面的学习任务：

1）汽车底盘的基本组成。
2）汽车底盘的总体布置。
3）汽车行驶的基本原理。
4）汽车维修的基本方法。
5）常用工具和设备的认识。
6）车辆的举升和支撑。

二、相关知识及技能

（一）汽车底盘的基本组成

汽车底盘由传动系统、行驶系统、转向系统和制动系统四大部分组成，图0-1所示为轿车底盘的结构。

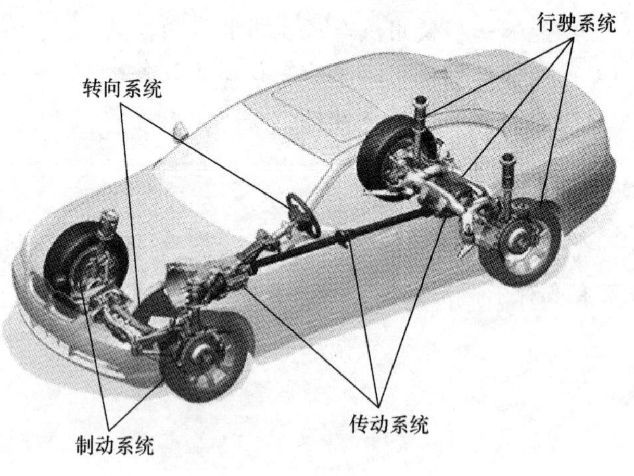

图0-1 轿车底盘结构

1. 传动系统

汽车传动系统是指从发动机到驱动车轮之间所有动力传递装置的总称，其功用是将发动机的动力传递给驱动车轮。

不同汽车传动系统的组成稍有不同：载货汽车及部分轿车的传动系统一般是由离合器、

手动变速器、万向传动装置（万向节和传动轴）、驱动桥（主减速器、差速器、半轴、桥壳）等组成，如图0-2所示；现在轿车中采用自动变速器的越来越多，其传动系统包括自动变速器、万向传动装置、驱动桥等，即用自动变速器取代了离合器和手动变速器；如果是越野汽车（包括SUV，即运动型多功能车），其传动系统还应包括分动器。

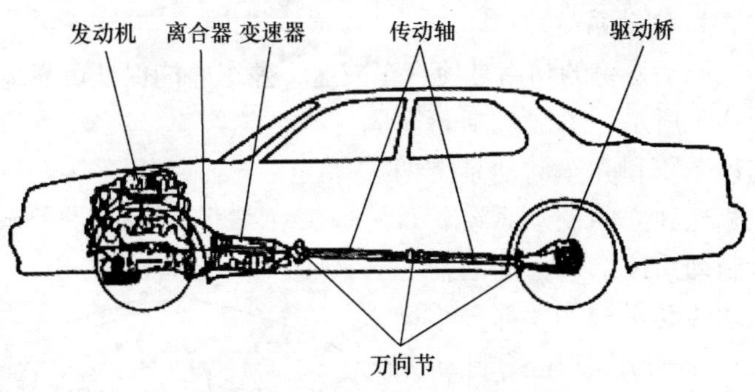

图0-2　汽车传动系统的组成

汽车传动系统各组成部分的功用如下：

1）离合器：保证换档平顺，必要时中断动力传递。

2）变速器：变速、变矩、变向、中断动力传递。

3）万向传动装置：实现有夹角和相对位置经常发生变化的两轴之间的动力传递。

4）主减速器：将动力传给差速器，并实现降速增矩、改变传动方向。

5）差速器：将动力传给半轴，并允许左右半轴以不同的转速旋转。

6）半轴：将差速器的动力传给驱动车轮。

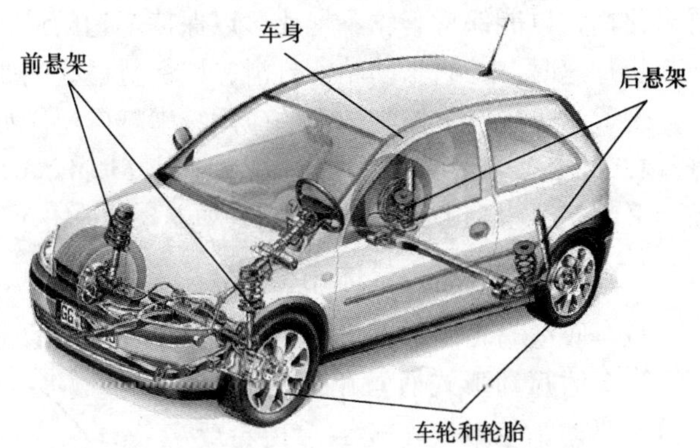

图0-3　汽车行驶系统的组成

2. 行驶系统

汽车行驶系统一般由车架、悬架、车桥和车轮等组成（图0-3）。车轮通过轴承安装在车桥两边，车桥通过悬架与车架（或车身）连接，车架（或车身）是整车的装配基体。

汽车行驶系统的功用如下：

1）支撑汽车的重量并承受、传递路面作用在车轮上的各种力。

2）接受传动系统传来的转矩并转化为汽车行驶的牵引力。

3）缓和冲击，减少振动，保证汽车平顺行驶。

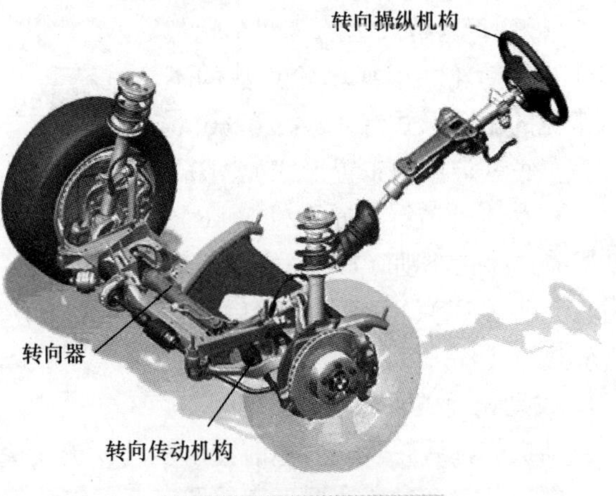

图0-4　转向系统的组成

3. 转向系统

转向系统的功用是保证汽车能够按照驾驶人选定的方向行驶。转向系统的结构如图0-4所示，主要由转向操纵机构、转向器、转向传动机构组成。现在的汽车普遍采用动

力转向装置。

4. 制动系统

制动系统的功用是使汽车减速、停车并能保证可靠地驻停。汽车制动系统的结构组成如图0-5所示，一般包括行车制动系统和驻车制动系统两套相互独立的制动系统，每套制动系统都包括制动器和制动传动机构。大部分小型汽车都采用液压式制动系统，而载货汽车和大客车则常采用气压制动系统。

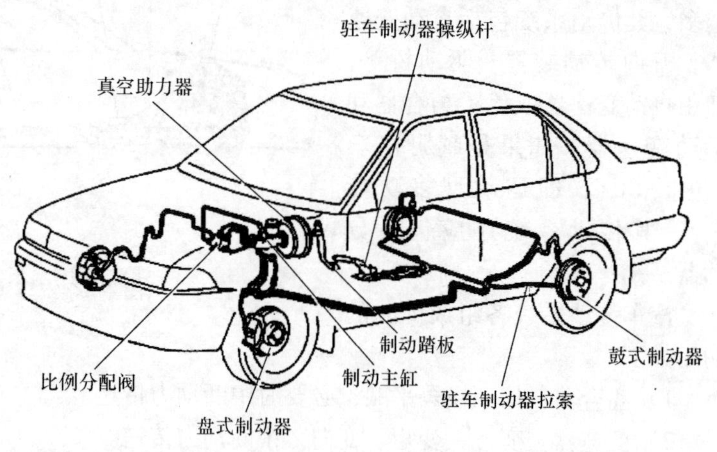

图0-5　轿车制动系统

现在汽车的行车制动系统一般都装配有防抱死制动系统（ABS）、驱动防滑控制系统（ASR）。前者不论在任何情况下制动，即使在滑溜路面，也能保持车轮不抱死，以保持车轮的最大制动力，维持车辆的方向稳定性；后者在起步加速时，控制驱动轮不打滑，以保持最大的驱动力及方向稳定性。

现代汽车中电子控制技术的应用越来越广泛，如在底盘中普遍采用了电子控制自动变速器（EAT或ECT）、电子控制防滑差速器（EDL）、电子稳定程序控制系统（ESP）、电子制动力分配系统（EBD）、电子控制悬架系统（EMS）、电子控制转向系统（EPS）等。

（二）汽车底盘的总体布置

汽车底盘的总体布置与发动机的位置及汽车的驱动方式有关。

汽车的驱动形式通常用汽车车轮总数×驱动车轮数（车轮数系指轮毂数）来表示。普通汽车多装4个车轮，其中有两个为驱动轮，则其驱动形式为4×2。越野汽车的全部车轮都可以作为驱动轮，根据车轮总数的不同，常见的驱动形式有4×4、6×6。

汽车底盘常见的布置形式如图0-6所示，有发动机前置后轮驱动（FR）、发动机前置前轮驱动（FF）、发动机后置后轮驱动（RR）、发动机中置后轮驱动（MR）及四轮驱动（4WD）。

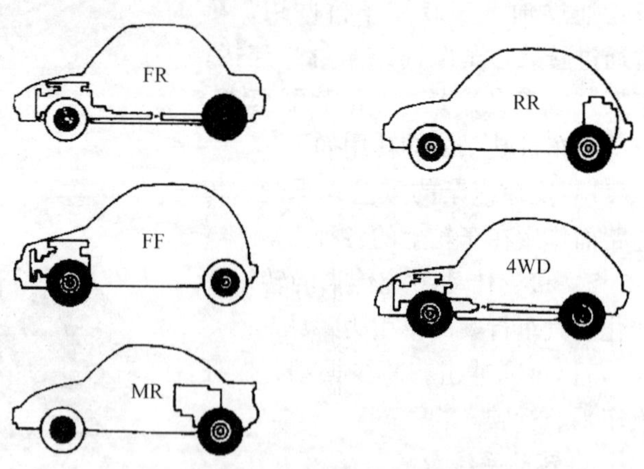

图0-6　汽车传动系统布置形式

1. 发动机前置后轮驱动

发动机前置后轮驱动简称前置后驱动，英文简称为FR。如图0-7所示，发动机布置在汽车前部，动力经过离合器、变速器、万向传动装置、后驱动桥，最后传到后驱动车轮，使汽车行驶。

这是一种传统的布置形式，应用广泛，适用于除越野汽车以外的各类型汽车，如大多数的货车、部分轿车和客车都采用这种形式。

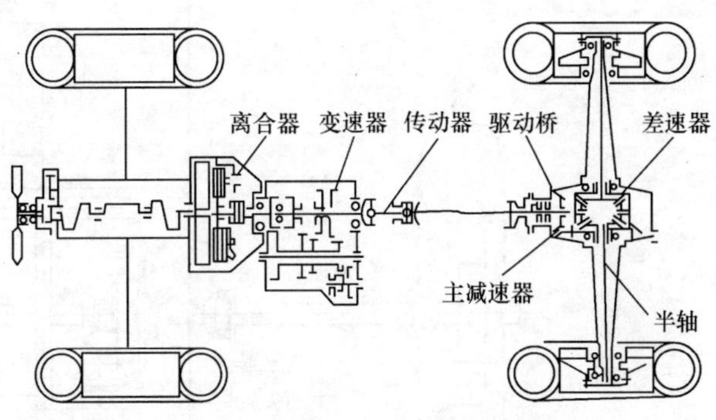

图 0-7　机械式传动系统构造

2. 发动机前置前轮驱动

发动机前置前轮驱动简称前置前驱动，英文简称 FF。发动机布置在汽车前部，动力经过离合器、变速器、前驱动桥，最后传到前驱动车轮，这种布置形式在变速器与驱动桥之间省去了万向传动装置，使结构简单紧凑，整车质量小，高速时操纵稳定性好。大多数轿车都采用这种布置形式，但这种布置形式的爬坡性能较差，豪华轿车一般不采用，而是采用传统的发动机前置后轮驱动。

根据发动机布置的方向可以分为发动机前横置前轮驱动和发动机前纵置前轮驱动，分别如图 0-8 和图 0-9 所示。

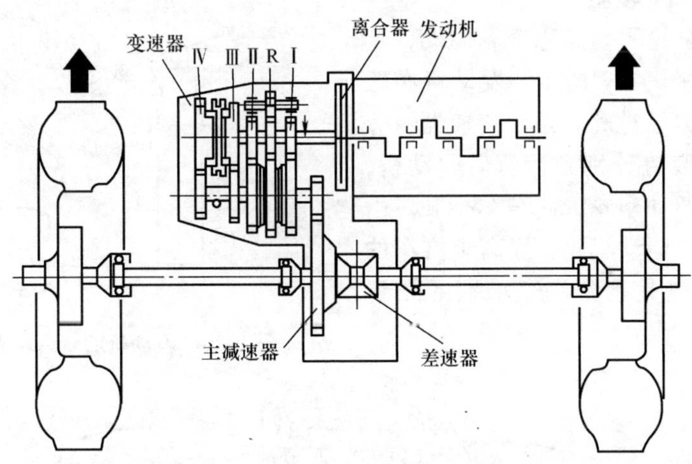

图 0-8　发动机前横置前轮驱动示意图

3. 发动机后置后轮驱动

发动机后置后轮驱动简称后置后驱动，英文简称 RR。如图 0-10 所示，发动机布置在汽车后部，动力经过离合器、变速器、角传动装置、万向传动装置、后驱动桥，最后传递到后驱动车轮，使汽车行驶。这种布置形式便于车身内部的布置，减小室内发动机的噪声，一般用于大型客车。

4. 发动机中置后轮驱动

发动机中置后轮驱动英文缩写为 MR。如图 0-11 所示，这种布置形式将发动机布置于驾驶室后面的汽车的中部，后轮驱动，有利于实现前、后轴较为理想的轴荷分配，是赛车和部分大、中型客车采用的方案。客车采用这种方案布置时，能得到车厢有效面积的最高利用。目前应用不多。

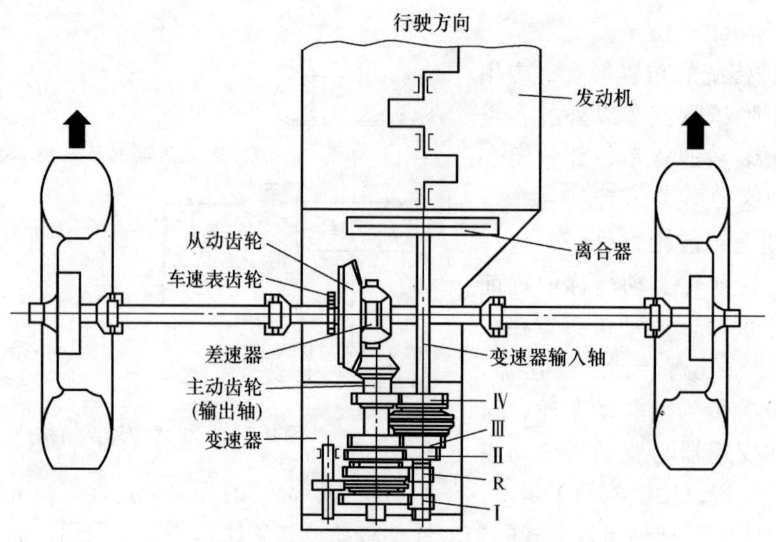

图 0-9 发动机前纵置前轮驱动示意图

5. 发动机前置全轮驱动

发动机前置全轮驱动简称全轮驱动，英文简称 4WD。如图 0-12 所示，发动机布置在汽车前部，动力经过离合器、变速器、分动器、万向传动装置分别到达前后驱动桥，最后传递到前后驱动车轮，使汽车行驶。由于所有的车轮都是驱动车轮，提高了汽车的越野通过性能，这是越野汽车采取的布置形式。

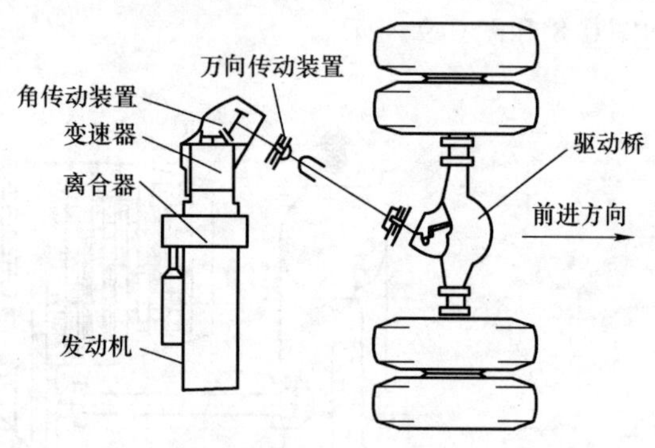

图 0-10 发动机后置后轮驱动示意图

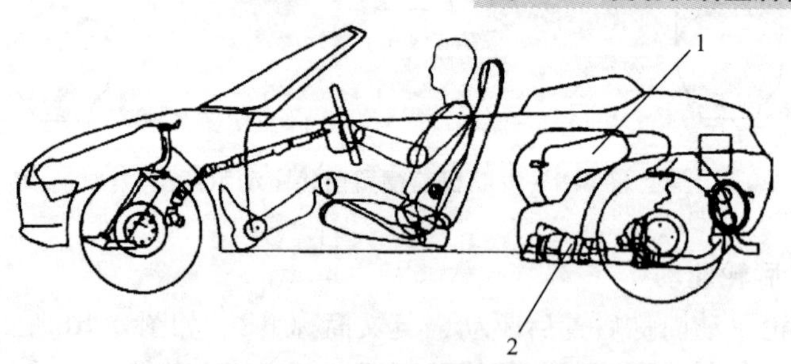

图 0-11 发动机中置后轮驱动示意图
1—发动机 2—传动系统

（三）汽车行驶的基本原理

1. 汽车的驱动力

汽车行驶必须由外界对汽车施加一个推动力，这个力称为汽车牵引力（驱动力）。图 0-13所示为汽车牵引力产生原理示意图。当汽车行驶时，发动机的输出转矩通过传动系统传递给驱动车轮，使驱动车轮得到一个力矩 M_t。由于汽车轮胎与地面接触，在力矩 M_t 的作用下，接触面上轮胎边缘对地面产生一个圆周力 F_0，它的方向与汽车行驶方向相反，其大小由下式表示

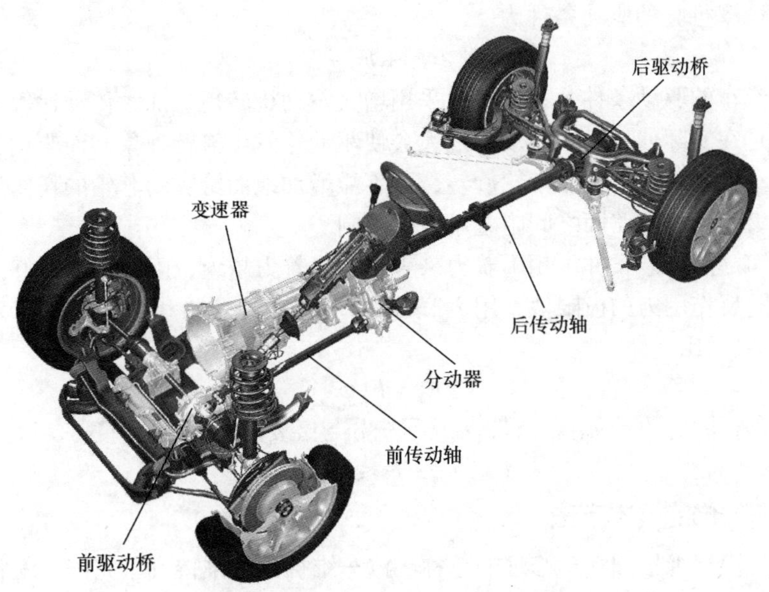

图 0-12　发动机前置全轮驱动示意图

$$F_0 = \frac{M_t}{r}$$

式中　M_t——驱动轮上的力矩；

r——车轮工作半径。

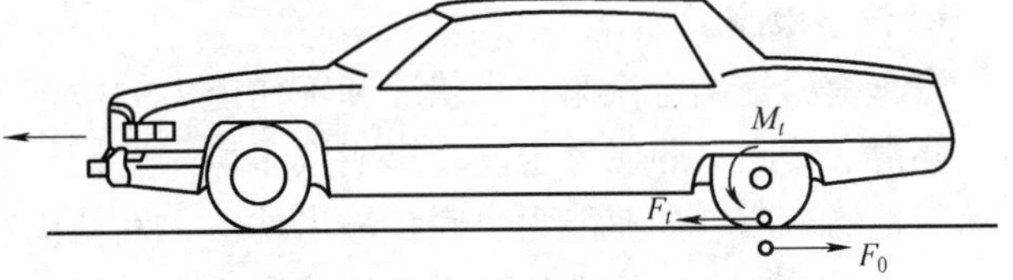

图 0-13　汽车行驶的基本原理示意图

根据作用力与反作用力的关系，路面对轮胎边缘施加了一个反作用力 F_t，其大小与 F_0 相等，方向相反。F_t 为外界对汽车施加的推动力，即牵引力。当牵引力增大到能克服汽车静止状态的最大阻力时，汽车便开始起步。

2. 汽车的行驶阻力

汽车行驶时需要克服所遇到的各种阻力。汽车在水平道路上等速行驶时必须克服来自地面的滚动阻力 F_f 和来自汽车周围空气的空气阻力 F_w。当汽车上坡行驶时，还必须克服汽车重力沿坡道方向的分力，称为坡度阻力 F_i。汽车加速行驶时需要克服的惯性力，称为加速阻力 F_j。汽车行驶的总阻力为

$$\sum F = F_f + F_w + F_i + F_j$$

在上述各种阻力中，滚动阻力和空气阻力在任何行驶条件下都是存在的，但坡道阻力仅在上坡行驶时存在，加速阻力仅在汽车加速行驶时存在。

3. 汽车的行驶条件

汽车行驶时，作用于汽车的外力有驱动力和行驶阻力。驱动力与各行驶阻力之间的关系式，称为汽车的驱动力平衡方程，即

$$F_t = F_f + F_w + F_i + F_j$$

由此得知，行驶中的汽车当驱动力等于滚动阻力、坡度阻力和空气阻力之和时，汽车等速行驶；当驱动力大于滚动阻力、坡度阻力与空气阻力之和后，汽车才能加速行驶；如果驱动力小于滚动阻力、坡度阻力与空气阻力之和，则汽车无法起步，行驶中的汽车也将减速直到停车。所以汽车行驶的驱动条件为

$$F_t \geqslant F_f + F_w + F_i$$

为了满足汽车的驱动条件，我们可以采用增大发动机转矩、加大传动比等办法来增大汽车驱动力。但是在实际使用中，驱动力过大会使驱动轮发生滑转现象，而驱动轮一旦产生滑转，再增大驱动力，只能加速驱动轮旋转，而不能增加地面给驱动车轮的切向反作用力，即驱动汽车的外力受轮胎与路面之间附着条件的限制。

轮胎与路面之间附着条件可用附着力来表示，附着力越大，附着条件越好。附着力是指路面对轮胎切向反作用力的极限值，用 F_φ 表示。对一定的轮胎和路面，附着力与驱动轮法向反作用力 F_z 成正比，即

$$F_\varphi = F_z \varphi$$

由此，汽车行驶的驱动-附着条件（或称充分与必要条件）可用下式表示

$$F_f + F_w + F_i \leqslant F_t \leqslant F_\varphi$$

（四）汽车维修的基本方法

汽车维修是汽车维护和汽车修理的总称。汽车维护是为维持汽车完好技术状况和工作能力而进行的作业；汽车修理是为恢复汽车完好技术状态和工作能力而进行的作业。

汽车维修的原则是“预防为主、定期检测、强制维护、视情修理”。

1. 汽车检测

汽车检测是确定汽车技术状况和工作能力的检查，主要内容包括：影响汽车安全性的制动、侧滑、转向、照明等检测；影响汽车可靠性的异响、磨损、变形、裂纹等检测；影响汽车动力性的车速、加速能力、底盘输出功率、发动机功率和转矩及供给系统、点火系统状况等检测；影响汽车经济性的燃料消耗检测；影响环境的汽车噪声和废气排放状况等检测。

2. 汽车维护

汽车维护一般可分为常规性维护、季节性维护和磨合期维护。

常规性维护又分为日常维护、一级维护和二级维护。各级维护的参考间隔里程或使用时间间隔一般以汽车生产厂家规定为准。

磨合期维护是指新车和修复车在磨合期开始、磨合中及磨合期满后所进行规定的有关维护，由维修厂负责执行，其作业内容以检查、紧固和润滑等工作为主。

季节性维护指全年最低气温在0℃以下的地区，在入夏和入冬前需要进行的维护，其作业内容是更换符合季节要求的润滑油、冷却液，并相应调整燃油供给系统和充电系统，检查取暖或空调系统的工作情况。

汽车维护主要工作有清洁、检查、补给、润滑、紧固和调整等项内容。

3. 汽车修理

汽车修理应贯彻视情修理的原则，可分为整车大修、总成大修、车辆小修和零件修理。

（五）常用工具、设备的认识

1. 常用手动工具

汽车维修常用手动工具包括套筒、棘轮扳手、呆扳手、梅花扳手、扭力扳手、钳子、旋

具、拉拔器、锤子等。图 0-14 所示为世达 120 件工具。

2. 仪器及设备

汽车底盘检修仪器及设备包括游标卡尺、千分尺、百分表、塞尺、车轮动平衡仪、四轮定位仪、扒胎机、轮胎螺母拆装机、电脑检测仪等。

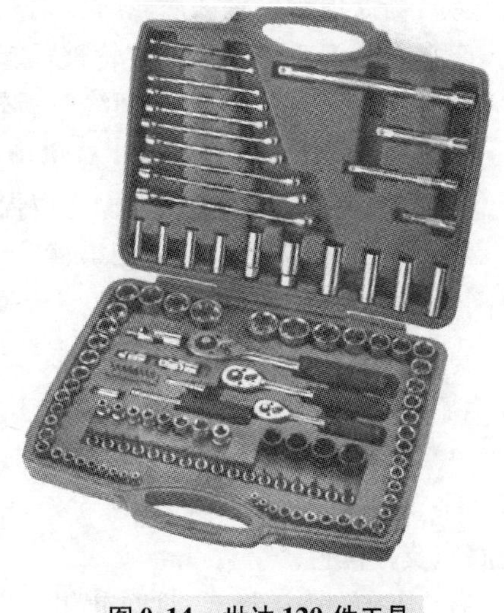

图 0-14　世达 120 件工具

3. 工具使用的注意事项

1）选择适当的工具，以便安全有效地工作。在拆卸螺栓和螺母时首先选用套筒扳手，若拆卸空间限制不能使用套筒扳手时，依次选用梅花扳手和呆扳手。一些零部件的拆卸需要使用专用工具，要特别注意专用工具的选用。

2）工具要放在工具箱或工具架指定的位置上，并以正确的位置摆放。

3）随时保持工具的清洁。

4）将工具交给他人时，要将把手交给他人。

（六）车辆的举升和支撑

1. 顶起车辆时的注意事项

1）顶起车辆前必须卸载车辆负荷，切勿顶起或举升装载重物的车辆。

2）拆卸发动机和驱动桥等较重的零件时，车辆重心会移动，请放置一块平衡配重以避免车辆摇摆，或使用千斤顶进行支撑。

2. 使用千斤顶和安全底座的注意事项

1）在平地上操作时请务必使用车轮挡块。

2）如图 0-15 所示，使用带橡胶附加支撑块的安全底座。

3）如图 0-16 所示，正确使用千斤顶和安全底座支撑规定位置。

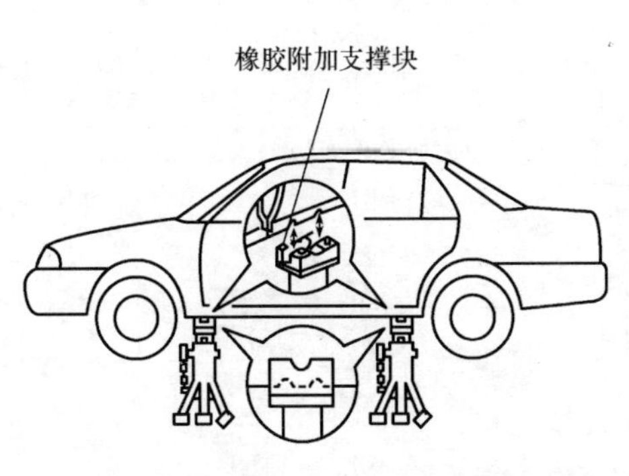

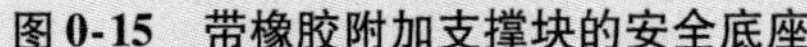

图 0-15　带橡胶附加支撑块的安全底座

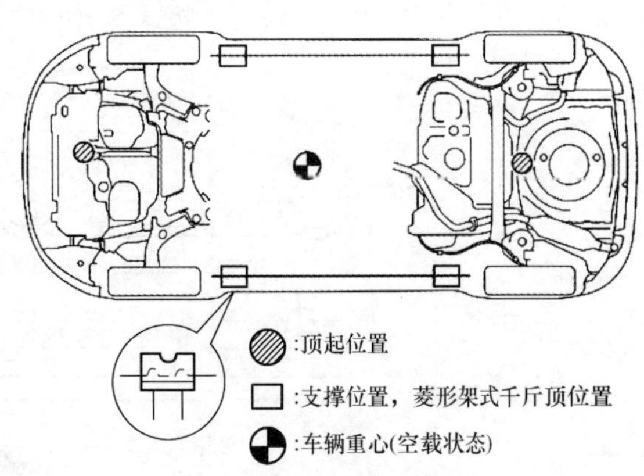

图 0-16　支撑规定位置

4）在顶起前轮时，应松开驻车制动器，并且仅需在后轮后方放置车轮挡块。而在顶起后轮时，则仅需在前轮前方放置车轮挡块。

5）请勿仅用千斤顶来支撑车辆或进行操作。请确保使用安全底座来支撑车辆。

6）当仅顶起前轮或后轮时，请在接触地面的车轮的两侧放置车轮挡块。

7）在使用千斤顶降下前轮被顶起的车辆时，应松开驻车制动器并且仅需在后轮前方放置车轮挡块。而在使用千斤顶降下后轮被顶起的车辆时，则仅需在前轮后方放置车轮挡块。

3. 使用摇臂式举升机的注意事项

1）请遵照举升机说明书操作以保证安全。

2）如图 0-17 所示，使用带橡胶附加支撑块的支架。

3）调整车辆使得车辆重心尽可能靠近举升机的中心。

4）调整支架的高度使车辆保持水平，并准确对齐支架凹槽与安全底座支撑位置。

5）请确保在操作期间锁止摇臂。

6）举升车辆直至轮胎悬空，晃动车辆以确保车辆平稳。

7）放下车辆前应先举升车辆，将安全保险打开。

8）再按下降按钮使车辆缓慢下降至举升臂放至最低为止。

9）移开举升臂，驶出车辆。

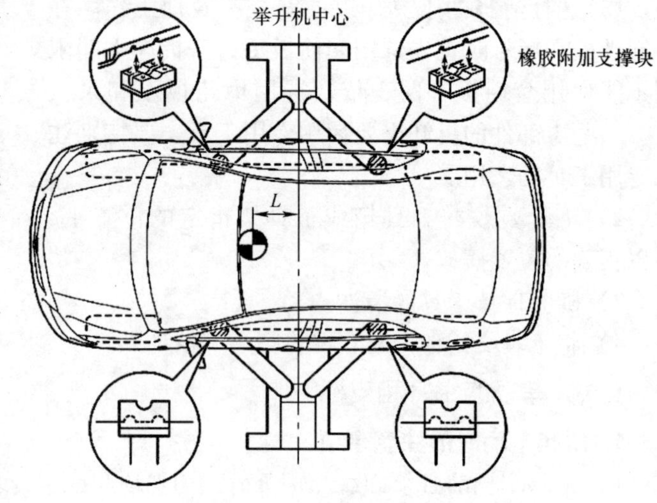

图 0-17 带橡胶附加支撑块的支架

4. 使用平板式举升机的注意事项

1）请遵照举升机说明书操作以保证安全。

2）如图 0-18 所示，使用平板式举升机附加支撑块。

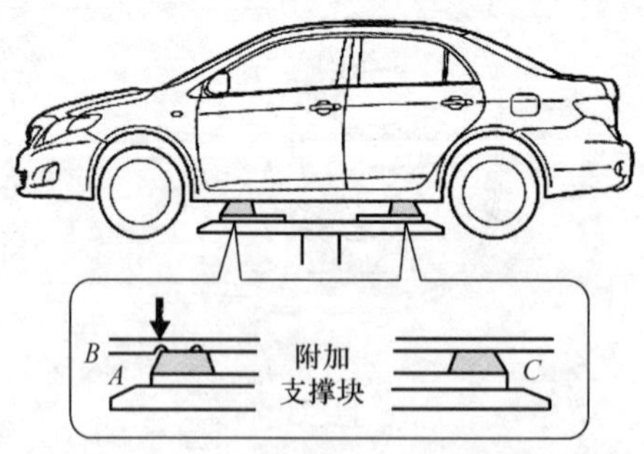

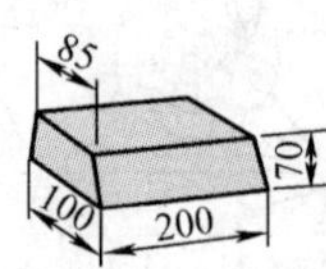

图 0-18 平板式举升机附加支撑块

3）确保将车辆固定在规定位置。

左、右固定位置：将车辆放在举升机的中间。

前、后固定位置：将连接板的缓冲垫橡胶端对准附加支撑块下端（A 和 C）；将附加支撑块上端（B）对准门槛凸缘前侧凹槽。

4）举升车辆直至轮胎稍微悬空，晃动车辆以确保车辆平稳。

三、实训内容

案例导入：一辆丰田卡罗拉（1.6L）轿车，行驶40000km，需要对底盘进行全面检查。

1. 实训准备

1）实训车辆：丰田卡罗拉轿车。

2）实训工具及器材：常用手动工具、检测仪器及设备、千斤顶、举升机等。

3）掌握本次实训课所用仪器及设备的使用方法。

4）强调实训中的安全注意事项。

2. 实训流程

汽车底盘的总体布置有多种不同的形式，实训教师可根据实训条件对剖开的汽车底盘进行讲解，对汽车底盘维修相关工具、仪器及设备的使用方法及使用注意事项加以介绍。然后在实训教师的监督下，由学生独立完成实训内容；最后由教师充当客户模拟一个或几个场景，让学生分别扮演维修工对客户进行汽车底盘总体结构及维修常用工具介绍。

（1）让学生分析并说出检查步骤和方法

1）认识并正确使用常用检修工具。

2）操作举升机举升并支撑车辆。

3）认识底盘各系统及总成部件。

4）确定底盘检查项目。

（2）学生根据下列问题，对教师进行解释并提出解决方案

1）根据操作情况，举升机操作过程中应注意哪些问题？

2）底盘检查项目是否正确？

3）底盘检修工具的使用是否正确？

3. 实训记录

完成实训记录单。

【思考与练习】

1. 选择题

1）下面哪一项不属于汽车行驶系统的功用（　　）。

A. 支承汽车的总质量　　B. 承受并传递路面作用于车轮上的力和力矩

C. 缓和冲击，保证汽车的平稳行驶　　D. 变速变扭

2）对于发动机后置后轮驱动的汽车而言，其发动机位于其（　　）。

A. 后轴的前面　　B. 后轴的后面　　C. 前轴的前面　　D. 以上都不对

3）汽车转向系统主要由（　　）三大部分组成。

A. 转向操纵机构、转向器、车轮　　B. 转向盘、转向器、转向传动机构

C. 转向操纵机构、转向器、转向传动机构　　D. 转向操纵机构、转向盘、转向器

2. 判断题

1）对于发动机前置后驱的汽车，在变速器与驱动桥之间省去了万向传动装置，使结构简单紧凑，整车质量小。（　　）

2）发动机中置后轮驱动的布置形式有利于实现汽车前、后轴较为理想的轴荷分配。（ ）

3）发动机前置后轮驱动的英文简称为 RF。（ ）

3. 问答题

1）汽车底盘由哪几部分组成？各组成部分的功用是什么？

2）汽车传动系统的常见布置形式有哪些？各有什么特点？

3）汽车维护包括哪些项目？

项目一 汽车传动系统检修

知识点

1）离合器安装在发动机与变速器之间，其功用是保证汽车平稳起步、保证变速器换档平顺、防止传动系统过载。

2）根据各元件的动力传递和作用不同，离合器可分为主动部分、从动部分、压紧装置和操纵机构。

3）膜片弹簧式离合器以膜片弹簧取代螺旋弹簧及分离杠杆，目前使用最广。

4）变速器的功用：实现变速、变矩，实现倒车，实现中断动力传递。

5）手动变速器包括变速传动机构和操纵机构两大部分。二轴式变速器用于发动机前置前轮驱动的汽车，一般与驱动桥（前桥）合称为手动变速驱动桥。

6）同步器的功用是使接合套与待啮合的齿圈迅速同步，缩短换档时间；且防止在同步前啮合而产生换档冲击。

7）变速器换档锁装置包括自锁装置、互锁装置和倒档锁装置。

8）万向传动装置的功用是在轴线相交且相互位置经常发生变化的两转轴之间传递动力。

9）单个十字轴式刚性万向节在主动轴和从动轴之间有夹角的情况下，当主动叉等角速转动时，从动叉是不等角速的，这称为十字轴式刚性万向节的不等速特性。

10）实现两轴间等速传动的条件。

11）驱动桥一般由主减速器、差速器、半轴和桥壳等组成。

12）整体式驱动桥和断开式驱动桥。

13）差速器的功用是将主减速器传来的动力传给左、右两半轴，并在必要时允许左、右半轴以不同转速旋转，使左、右驱动车轮相对地面纯滚动而不是滑动。

知识目标

1）了解离合器的基本结构及工作原理。

2）掌握膜片弹簧离合器的结构及工作原理。

3）掌握离合器操纵机构的结构及工作原理。

4）了解变速器的功用及类型。

5）掌握变速器的结构及工作原理。

6）掌握同步器的结构及工作原理。

7）了解变速器操纵机构的结构及工作原理。

8）了解万向传动装置的功用、组成及典型应用。

9）掌握常用万向节的结构及工作原理。

10）了解传动轴和中间支承的结构。

11）了解驱动桥的组成、功用及分类。

12）掌握主减速器、差速器的结构及工作原理。

13）了解半轴及桥壳的结构。

技能目标

1）能够正确检查并调整离合器踏板。

2）能够正确添加离合器油液并进行排气工作。

3）能够正确检修离合器总成。

4）能够正确分析并排除离合器常见故障。

5）能够正确检修手动变速器主要零部件。

6）能够正确分析并排除手动变速器常见故障。

7）能够正确检修传动轴总成。

8）能够正确分析并排除万向传动装置常见故障。

9）能够正确选用车辆齿轮油。

10）能够正确检查并更换手动变速驱动桥油。

11）能够正确检查差速器零部件。

12）能够正确分析并排除驱动桥常见故障。

项目概述

汽车传动系统是指从发动机到驱动车轮之间的所有动力传递装置。不同配置的汽车，其传动系统的组成是不同的。汽车传动系统的基本功用是将发动机的转矩传递给驱动车轮，同时还必须适应行驶条件的需要，改变转矩的大小。

本项目设置四个学习任务，任务内容如下：

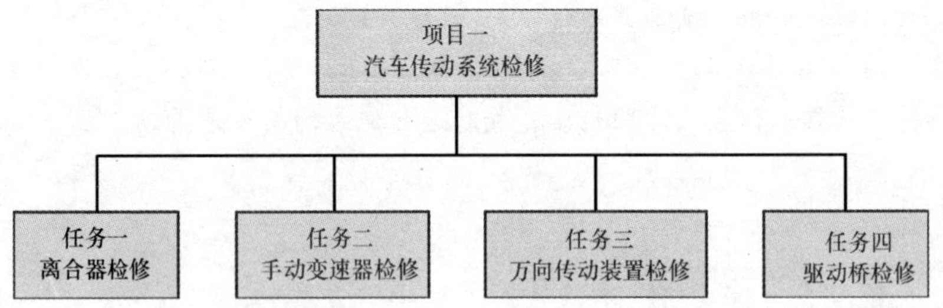

任务一 离合器检修

一、任务描述

离合器是汽车传动系统的重要组成部分，安装在发动机与变速器之间，用于传递动力。离合器的结构是什么样的？它是如何工作的？如何对离合器进行检修？要掌握这些知识，应完成下面的学习任务：

1）离合器概述。

2）离合器的基本结构及工作原理。

3）膜片弹簧离合器。

4）离合器的操纵机构。

5）离合器的故障诊断与排除。

6）离合器踏板的检查与调整。

7）离合器油液的添加与放气。

8）离合器总成的检修。

二、相关知识及技能

（一）离合器概述

1. 离合器的功用

离合器是汽车传动系统的重要组成部分，安装在发动机与变速器之间，其功用如下：

1）使发动机与传动系统逐渐接合，保证汽车平稳起步。

汽车起步时，驾驶人缓慢抬起离合器踏板，使离合器的主、从动部分逐渐接合，与此同时，

逐渐踩下加速踏板，以增加发动机的输出转矩，这样发动机的转矩便可由小到大传递给传动系统。当牵引力足以克服汽车起步时的行驶阻力时，汽车便由静止开始逐渐加速，实现平稳起步。

2）暂时切断发动机的动力传动，保证变速器换档平顺。

汽车在行驶过程中，由于行驶条件的变换，需要不断变换档位。对于普通齿轮变速器，换档时不同的齿轮副要退出啮合或进入啮合，这就要求换档前踩下离合器踏板，中断发动机的动力传递，便于退出原有齿轮副的啮合、进入新齿轮副的啮合。如果没有离合器或离合器分离不彻底使动力不能完全中断，原有齿轮副之间会因压力大而难以脱开，而待啮合齿轮副之间因圆周速度不同而难以进入啮合，勉强啮合也会产生很大的冲击和噪声，甚至会打齿。

3）限制所传递的转矩，防止传动系统过载。

汽车紧急制动时，如果发动机与传动系统刚性连接，发动机转速将急剧下降，其所有零件将产生很大的惯性力矩，这一力矩作用于传动系统，会造成传动系统过载而使其机件损坏。有了离合器，当传动系统承受载荷超过离合器所能传递的最大转矩时，离合器会通过主、从动部分之间的打滑来消除这一危险，从而起到过载保护的目的。

2. 离合器的种类

汽车上应用的离合器主要有以下三种形式：

1）摩擦离合器：指利用主、从动部分的摩擦作用来传递转矩的离合器。目前在汽车上广泛采用。

2）液力耦合器：指利用液体作为传动介质的离合器。原来多用于自动变速器，目前已不采用，而是被液力变矩器所替代。

3）电磁离合器：指利用磁力传动的离合器，如在空调中应用的就是这种离合器。

摩擦离合器可以从不同的角度来分类，具体如下：

1）按从动盘的数目。摩擦离合器按从动盘的数目可以分为单片离合器和双片离合器。轿车、客车和部分中、小型货车多采用单片离合器，双片离合器多用于重型车辆上。

2）按压紧弹簧的形式。摩擦离合器按压紧弹簧的形式可以分为周布弹簧离合器、中央弹簧离合器和膜片弹簧离合器。周布弹簧离合器和中央弹簧离合器采用螺旋弹簧，分别沿压盘的圆周和中央布置；膜片弹簧离合器采用膜片弹簧，目前应用最广泛。

3. 对离合器的要求

根据离合器的功用，它应满足下列要求：

1）具有合适的储备能力，既能保证可靠地传递发动机的最大转矩又能防止传动系统过载。

2）接合时应平顺柔和，以保证汽车平稳起步，减少冲击。

3）分离时应迅速彻底，以保证变速器换档平顺和发动机起动顺利。

4）具有良好的通风散热能力，防止离合器温度过高。

5）旋转部分的平衡性好，且从动部分的转动惯量小。

6）操纵轻便，以减轻驾驶人的疲劳。

（二）离合器的基本结构和工作原理

1. 离合器的基本结构

离合器的基本结构如图 1-1 所示。根据各元件的动力传递和作用不同，离合器可分为主动部分、从动部分、压紧装置和操纵机构 4 个部分。

(1) 主动部分

主动部分包括飞轮、压盘和离合器盖。离合器盖用螺钉固定在飞轮上，压盘与离合器盖之间通过 3 ~4 组传动片传递转矩，并可轴向移动。这样，当曲轴旋转，动力便通过飞轮、离合器盖带动压盘一起转动，构成离合器的主动部分。

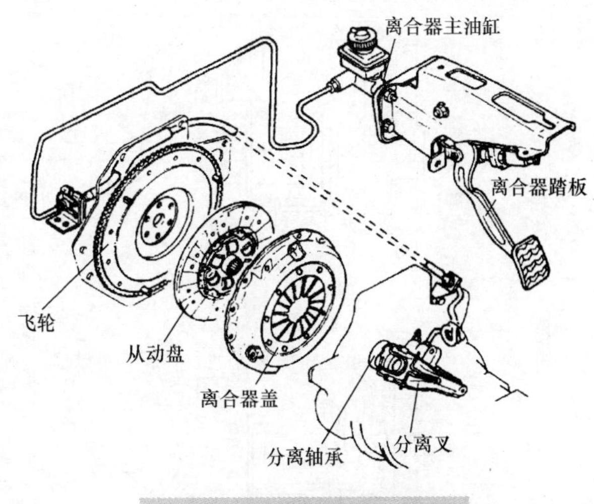

图 1-1 离合器的基本结构

(2) 从动部分

从动部分包括从动盘、从动轴。从动盘带有双面的摩擦衬片，离合器正常接合时分别与飞轮和压盘相接触；从动盘通过滑动花键毂装在从动轴的花键上，从动轴是手动变速器的输入轴（一轴），其前端通过轴承支承在曲轴后端的中心孔中，以保证发动机曲轴和输出轴的同轴度，后端支承在变速器壳体上。

(3) 压紧装置

压紧装置由若干根沿圆周均匀布置的压紧弹簧或一个膜片弹簧组成，它们装在压盘与离合器盖之间。压紧弹簧将压盘和从动盘压向飞轮，使飞轮、从动盘和压盘三者压紧在一起。常见的压紧弹簧有沿圆周均布的螺旋弹簧、中央弹簧及膜片弹簧等（目前轿车及中型车辆上大多采用膜片弹簧）。

(4) 操纵机构

操纵机构包括离合器踏板、分离杠杆、分离轴承、分离套筒、分离叉、调节装置等。分离杠杆是离合器操纵机构的一个主要零件，分离杠杆外端与压盘铰接，中部通过铰接支撑在离合器盖上，内端和分离轴承接触（分离时）。分离轴承和分离套筒装成一体，松套在从动轴的轴套上，可做轴向移动。分离拨叉中部支撑在飞轮壳上。

2. 离合器的工作原理

离合器的工作原理如图 1-2 所示。

(1) 接合状态

离合器在接合状态时，操纵机构各部件在回位弹簧的作用下位于图 1-2 所示的各自位置，压紧弹簧将压盘、从动盘、飞轮互相压紧。发动机的转矩经飞轮直接传给离合器盖和压盘，并通过压盘、从动盘、飞轮之间摩擦面产生的摩擦力矩传递给从动盘，再通过花键传递给从动轴（变速器输入轴），而后输入变速器。

(2) 分离过程

当驾驶人踩下离合器踏板，分离套筒和分离轴承在分离叉的推动下，推动从动盘克服压紧弹簧的力而后移，摩擦作用消失，离合器的主、从动部分分离，中断动力传递。

(3) 接合过程

逐渐抬起离合器踏板，压盘在压紧弹簧的作用下前移逐渐压紧从动盘，此时从动盘与压盘、飞轮的接触面之间产生摩擦力矩并逐渐增大，动力由飞轮、压盘传递给从动盘经输出轴输出。在这一过程中，从动盘与输出轴转速逐渐提高，直至与主动部分相同，主、从动部

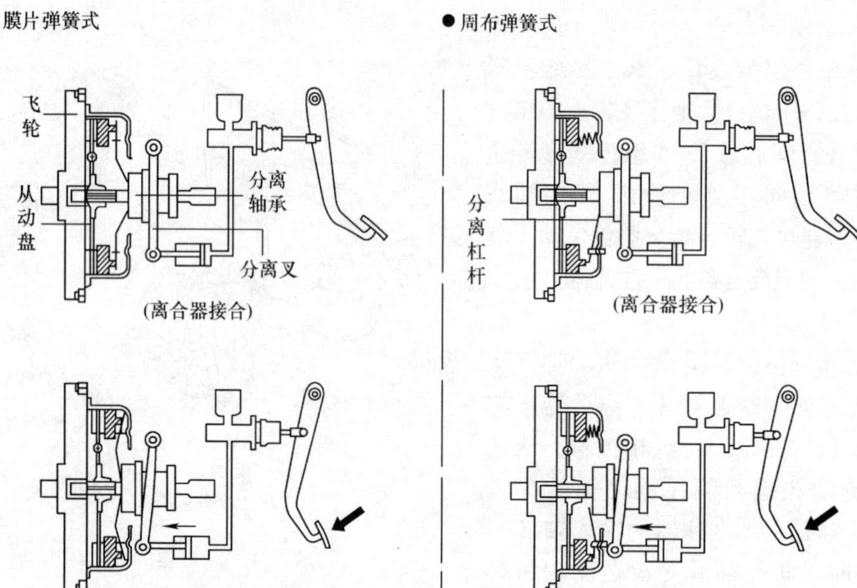

图 1-2 离合器工作原理

分完全接合，接合过程结束，离合器处于接合状态。

(4) 半联动状态

在离合器的接合过程中，当飞轮、压盘和从动盘之间的接合还不紧密时，所能传递的摩擦力矩较小，其主、从动部分未达到同步，处于相对打滑的状态称为半联动状态。正因为离合器有半联动状态，只要操作合理，就能使汽车平稳起步。

3. 离合器的自由间隙和踏板自由行程

由离合器的工作原理可知，当从动盘摩擦片磨损变薄后，为了保证离合器能处于接合状态，传递发动机转矩，则压盘必须向前移动。此时膜片弹簧（或分离杠杆）外端和压盘一起向前移，其内端向后移。如果膜片弹簧（或分离杠杆）与分离轴承之间没有间隙，则由于机械式操纵机构的干涉作用，压盘最终无法前移，即导致离合器不能接合，出现打滑现象。为此，在离合器膜片弹簧（或分离杠杆）内端与分离轴承之间预留一定的间隙，一般为几个毫米，这个间隙称为离合器的自由间隙，如图 1-3 所示。

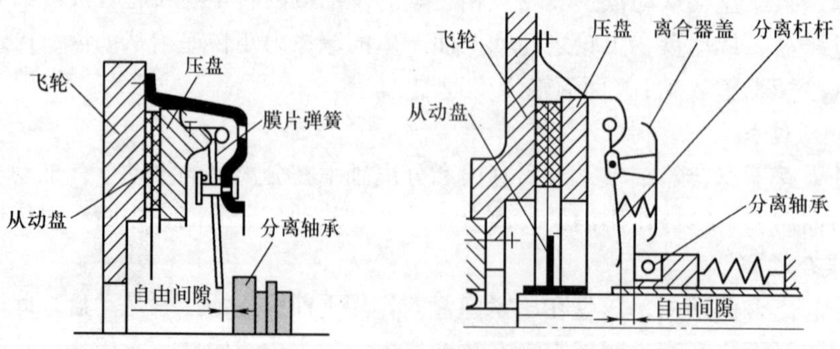

图 1-3 离合器自由间隙

离合器分离过程中，为消除离合器自由间隙和分离机构、操纵机构零件的弹性变形所需要踩下的踏板行程称为离合器踏板自由行程。

部分常见车型离合器踏板自由行程见表 1-1。

表 1-1 部分汽车离合器踏板自由行程

汽车型号	离合器踏板自由行程/mm	汽车型号	离合器踏板自由行程/mm
上海桑塔纳 2000GSi	15 ~ 25	富康	5 ~ 15
本田雅阁	10 ~ 18	天津夏利	15 ~ 30
日产颐达	2 ~ 8	丰田卡罗拉	5 ~ 15
哈飞赛马	4 ~ 13	别克凯越	6 ~ 12
中华轿车	6 ~ 13		

（三）膜片弹簧离合器

1. 结构

膜片弹簧式离合器的结构如图 1-4 和图 1-5 所示。膜片弹簧式离合器以膜片弹簧取代螺旋弹簧及分离杠杆，使构造简单，并可免除调整分离杠杆高度的麻烦，且膜片弹簧弹性极佳，操作省力，故为目前使用最广的离合器。

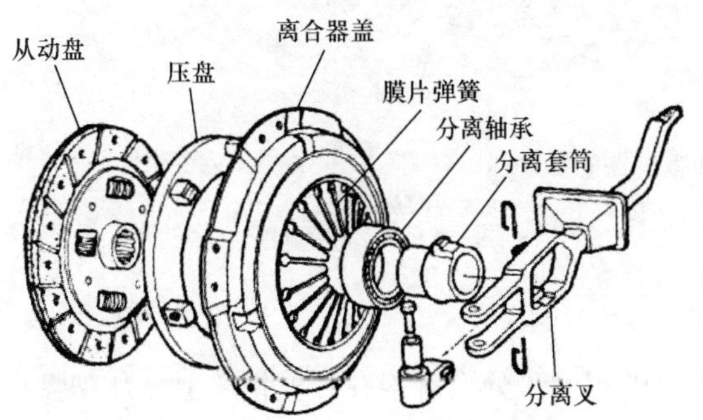

图 1-4 膜片弹簧式离合器构造（一）

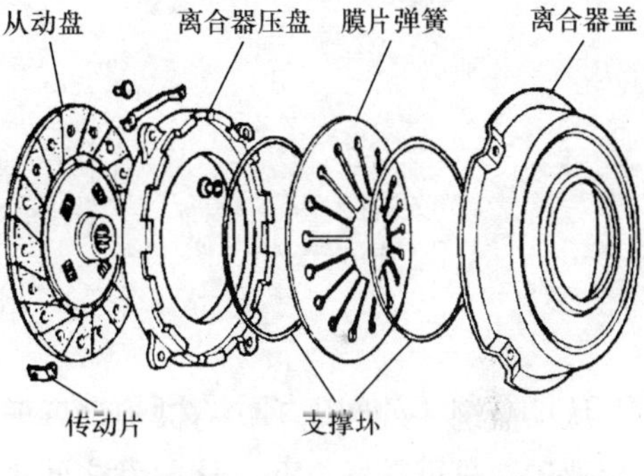

从动盘 离合器压盘 膜片弹簧 离合器盖 传动片 支撑环

图 1-5 膜片弹簧式离合器构造（二）

（1）主动部分

离合器盖通过螺栓固定在飞轮上，为了保持正确的安装位置，离合器盖通过定位销进行定位。压盘与离合器盖之间通过周向均布的三组或四组传动片来传递转矩。传动片用弹簧钢片制成，每组两片，一端用铆钉铆在离合器盖上，另一端用螺钉联接在压盘上。

（2）从动部分

从动盘主要由从动盘本体、摩擦片和从动盘毂等组成，如图 1-6 和图 1-7 所示。为消除传动系的扭转振动，从动盘一般都带有扭转减振器。

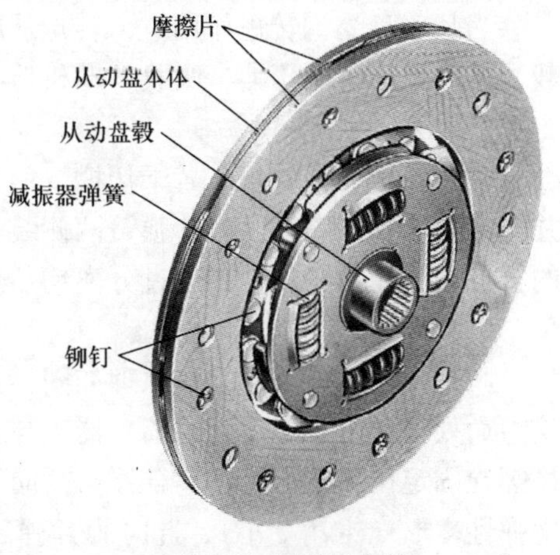

图 1-6 从动盘的结构

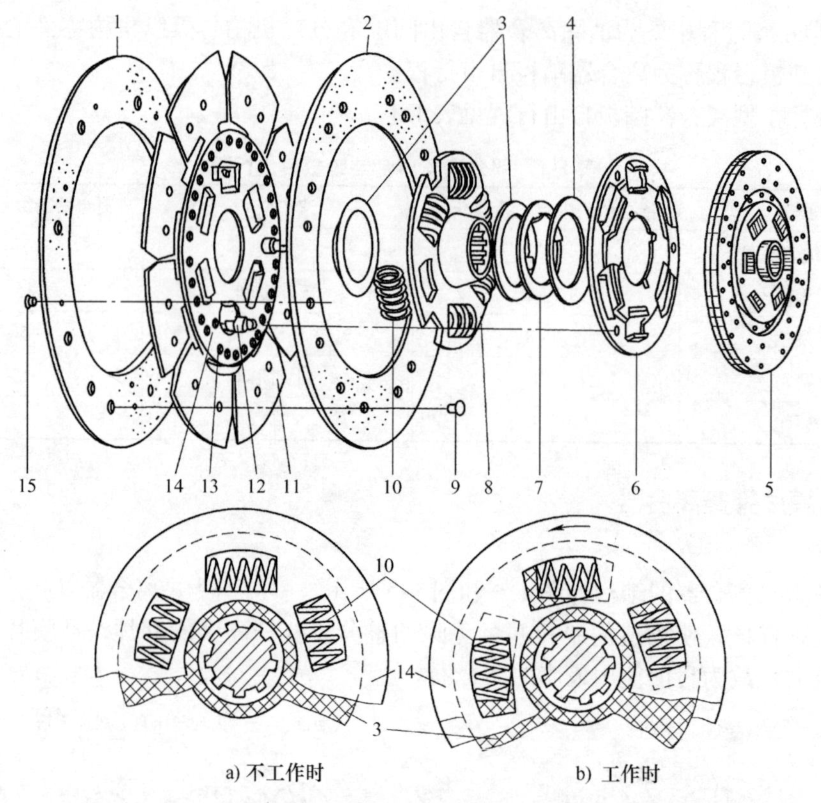

a) 不工作时　　b) 工作时

图 1-7　带扭转减振器的从动盘

1、2—摩擦衬片　3—摩擦垫圈　4—盘形垫圈　5—装合后的从动盘总成　6—减振器盘　7—摩擦板　8—从动盘毂　9、13、15—铆钉　10—减振弹簧　11—波浪形弹簧钢片　12—止动销　14—从动盘钢片

从动盘钢片外圆周铆接有波浪形弹簧钢片，摩擦衬片分别铆接在弹簧钢片上，从动盘钢片与减振器盘铆接在一起，这两者之间夹有摩擦垫圈和从动盘毂。从动盘毂、从动盘钢片和减振器盘上都有圆周均布的窗孔，减振弹簧装在窗孔中。

当从动盘受到转矩作用时，转矩从摩擦衬片传到从动盘钢片，再经减振弹簧传给从动盘毂，此时弹簧将被压缩，吸收发动机传来的扭转振动。

(3) 压紧机构

膜片弹簧的径向开有若干切槽，形成弹性杠杆。切槽末端有圆孔，固定铆钉穿过圆孔，并固定在离合器盖上。膜片弹簧两侧装有钢丝支承环，这两个钢丝支承环是膜片弹簧工作时的支点。膜片弹簧的外缘通过分离钩与压盘联系起来。

2. 工作原理

膜片弹簧离合器的工作原理如图 1-8 所示。当离合器盖未安装到飞轮上时，膜片弹簧不受力而处于自由状态，此时离合器盖与飞轮之间有一距离 l，如图 1-8a 所示。当离合器盖通过螺栓固定在飞轮上时，离合器盖靠向飞轮，消除距离 l，后钢丝支撑环压紧膜片，使之发生弹性变形（锥角变小），此时膜片弹簧外端对压盘产生压紧力，使离合器处于接合状态，如图 1-8b 所示。当踩下离合器踏板时，分离轴承左移推动膜片弹簧，使膜片弹簧被压在前支撑环上，其径向截面以支撑环为支点转动（膜片弹簧呈反锥形），外圆周向后翘起，通过分离钩拉动压盘后移，使离合器分离，如图 1-8c 所示。

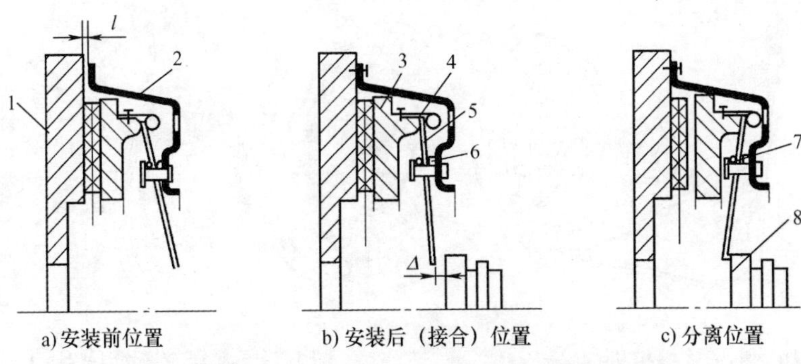

图 1-8 膜片弹簧离合器的工作原理

1—飞轮 2—离合器盖 3—压盘 4—分离钩 5—膜片弹簧 6—后钢丝支撑环 7—前钢丝支撑环 8—分离轴承

（四）离合器的操纵机构

离合器的操纵机构是驾驶人借以使离合器分离、又使之柔和接合的一套机构。

按照分离离合器时所需操纵能源的不同，离合器操纵机构分为人力式和助力式的。人力式又可以分为机械式和液压式的；助力式的又可以分为气压助力式和弹簧助力式的。人力式操纵机构是以驾驶人作用在踏板上的力作为唯一的操纵能源。助力式操纵机构除了驾驶人的力以外，一般主要以其他形式的能源作为操纵能源。

1. 机械式操纵机构

机械式操纵机构有杠杆传动和钢索传动两种。

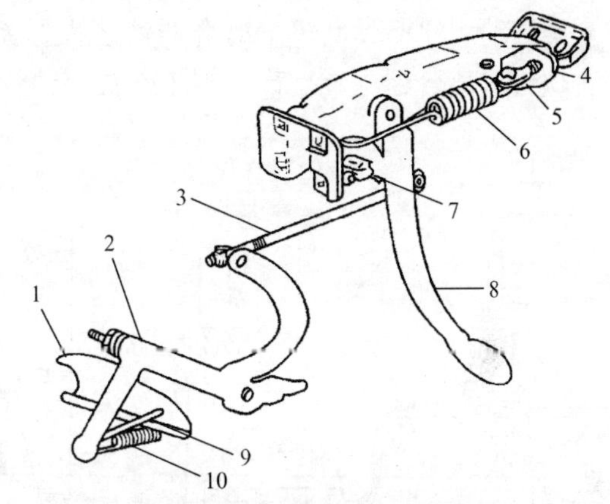

图 1-9 杠杆传动操纵机构的组成

1—分离叉 2—平衡轴 3—踏板、平衡轴连接杆 4—连接杆 5—挂接架 6—偏心弹簧 7—支架和缓冲器 8—踏板 9—分离杆 10—复位弹簧

杠杆传动操纵机构如图 1-9 所示。杠杆传动操纵机构结构简单，工作可靠，广泛应用于各型汽车上。但杠杆传动中杆件间铰接多，摩擦损失大，车架或车身变形以及发动机位移时会影响其正常工作。

钢索传动操纵机构如图 1-10 所示。钢索传动和杠杆传动基本相同，只是杠杆传动中的拉杆用钢索来代替。由于钢索是挠性件，因此对其他装置的布置没有大的影响。不足之处在于：使用过程中，钢索会被拉长，导致踏板自由行程变大，造成离合器分离不彻底；不能增大踏板力，操纵较费力。因此，这种结构形式多用于微型、轻型车辆以及部分早期的轿车上。图 1-11 所示为桑塔纳 2000GLS、GLi 轿车离合器（钢索传动）结构。

机械式操纵机构不论是杠杆传动还是钢索传动，在目前设计的车辆上均已被淘汰，而以液压式操纵机构替代。

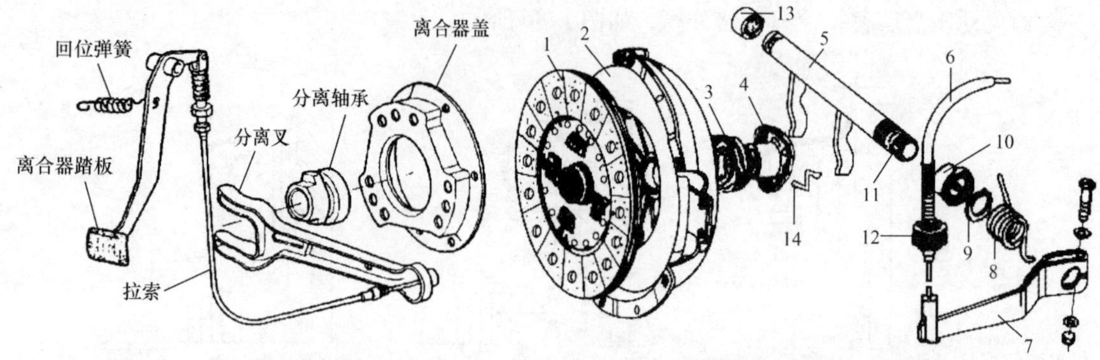

图 1-10　钢索式操控机构

图 1-11　桑塔纳 2000GLS、GLi 轿车离合器（钢索传动）结构
1—从动盘总成　2—压盘总成　3—分离轴承和分离套筒　4—分离套管　5—分离叉轴　6—拉索　7—驱动臂　8—分离叉轴和驱动臂回位弹簧　9—卡簧　10—轴承衬套（塑料制）　11—橡胶防尘套　12—调整螺母　13—黄铜衬套　14—分离轴承回位弹簧

2. 液压式操纵机构

液压式操纵机构的示意图如图 1-12 所示，目前液压式操纵机构在各类型车上应用广泛。

桑塔纳 2000GSi 型轿车离合器液压操纵系统如图 1-13 所示，由离合器踏板、储液罐、进油软管、离合器主缸、离合器工作缸、油管总成、分离叉、分离轴承等组成。

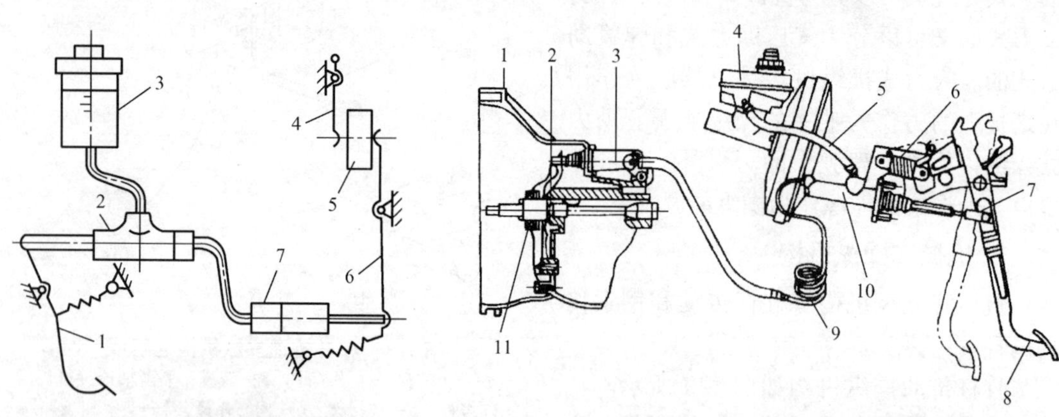

图 1-12　液压式操纵机构示意图
1—离合器踏板　2—主缸　3—储液罐　4—分离杠杆　5—分离轴承　6—分离叉　7—工作缸

图 1-13　桑塔纳 2000GSi 型轿车离合器液压操纵系统
1—变速器壳体　2—分离叉　3—工作缸　4—储液罐　5—进油软管　6—助力弹簧　7—推杆接头　8—离合器踏板　9—油管总成　10—主缸　11—分离轴承

（1）离合器主缸

离合器主缸结构如图 1-14 所示。主缸壳体上的回油孔、补偿孔通过进油软管与储液罐相通。主缸内装有活塞，活塞两端装有皮碗，左端中部装有单向阀，经小孔与活塞右方主缸内腔的油室相通。当离合器踏板处于完全放松位置时，活塞左端皮碗位于回油孔与补偿孔之间，两孔均与储液罐相通。

（2）离合器工作缸

离合器工作缸结构如图 1-15 所示。工作缸内装有活塞、皮碗、推杆等，壳体上还设有放气螺塞。当管路内有空气存在而导致离合器不能分离时，需要拧出放气螺塞进行放气。工作缸活塞直径略大于主缸活塞直径，故液压系统具有增力作用，以使操纵轻便。

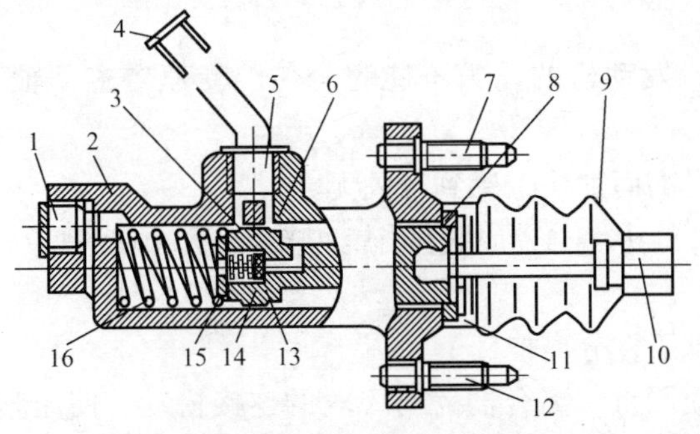

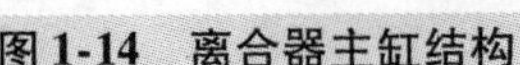
图 1-14　离合器主缸结构

1、5—接头　2—壳体　3—进、回油孔　4—护套　6—补偿孔　7—固定螺栓　8—挡圈　9—防尘罩　10—推杆　11—防尘罩卡箍　12—固定螺栓　13—单向阀　14—阀芯　15—单向阀弹簧　16—回位弹簧

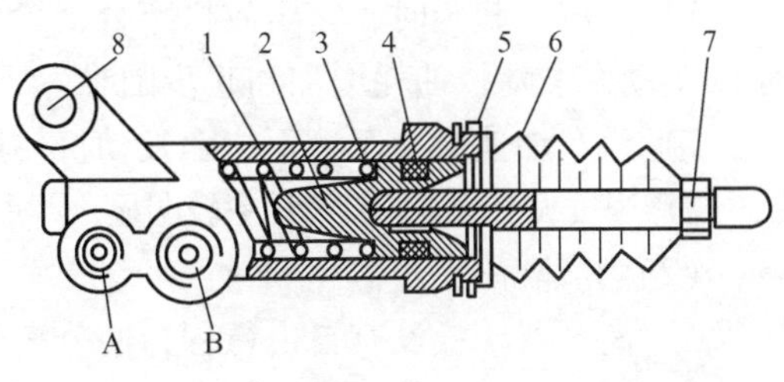

图 1-15　离合器工作缸结构

1—壳体　2—活塞　3—弹簧（消除间隙用）　4—皮碗　5—防尘套卡箍　6—防尘套　7—推杆　8—固定螺栓连接处　A—放气孔　B—进、回油孔

（3）工作情况

1）分离过程。当驾驶人踩下离合器踏板时，通过主缸推杆使主缸活塞向左移动，此时单向阀关闭。当主缸活塞移动到将回油孔关闭后，管路中的油压上升。在该油压的作用下，工作缸中的活塞和推杆被推动向右移，工作缸中的推杆直接推动离合器分离叉和分离轴承向前移动，通过膜片弹簧使压盘后移，解除对从动盘的压力，使离合器处于分离状态。

2）接合过程。驾驶人放松离合器踏板，主缸推杆、活塞及工作缸推杆、活塞在各自回位弹簧和膜片弹簧的作用下，回到初始位置，油液经回油孔和补偿孔回到储液罐。压盘在膜片弹簧的作用下，将从动盘压紧在压盘和飞轮之间，从动盘利用其和压盘、飞轮接触面的摩擦将发动机转矩由输出轴传给变速器，离合器处于接合状态。

3）补偿过程。当管路中渗入少量空气或由于某些元件松动、磨损等原因导致离合器在踏板工作行程内难以使离合器分离时，可通过两次踩下离合器踏板，利用补偿孔临时解决离合器的分离难问题。其补偿过程如下：当驾驶人踩下离合器踏板难以使离合器分离时，可迅速放松踏板，在踏板回位弹簧的作用下，主缸活塞快速右移。由于液体流动存在阻力，因此活塞左面就形成一定的真空度。在这一真空度的作用下，储液罐中的油液从补偿孔经主缸活塞上的单向阀流入活塞左面以弥补左面的真空度。然后再迅速踩下踏板，这样主缸左腔及管路中的总油量比第一次踩踏板时要多。由于液体不可压缩，因此第二次踩下踏板时，工作缸活塞前移量增大，以弥补因从动盘磨损或系统渗入少量空气后引起的在相同踏板位置工作缸活塞移动量的不足，从而保证离合器的正常工作。

液压式操纵机构摩擦阻力小，且能增大踏板力，操作轻便；布置方便，其工作不受车身、车架变形及发动机位移和其他装置的影响，适合远距离操纵；踏板可采用吊挂式结构，有利于驾驶室空间布置，接合柔和，在长期工作中不会引起离合器踏板力明显增加，减轻驾驶人的劳动强度等优点。其不足之处在于：维修不方便；系统要求有良好的密封性；液压油

对机件有腐蚀作用。

（五）离合器故障诊断与排除

离合器的常见故障有离合器打滑、分离不彻底、发抖、异响等。

1. 离合器打滑

（1）故障现象

1）当汽车起步时，完全放松离合器踏板，发动机的动力不能完全传至变速器主动轴，使汽车动力下降，油耗增加和起步困难。

2）汽车加速时，车速不能随发动机转速提高而加快，感到行驶无力。

3）当负载上坡时，打滑现象较明显，严重时，会从离合器内散发出焦臭味或产生冒烟等现象。

（2）故障原因

1）离合器踏板没有自由行程，使分离轴承压在分离杠杆上。

2）从动盘摩擦片、压盘或飞轮工作面磨损严重，离合器盖与飞轮的连接松动，使压紧力减弱。

3）从动盘摩擦片油污、烧蚀、表面硬化、铆钉外露、表面不平，使摩擦系数下降。

4）压紧弹簧疲劳或折断，膜片弹簧疲劳或开裂，使压紧力下降。

5）离合器操纵杆系卡滞，分离轴承套筒与导管间油污、尘腻严重，甚至造成卡滞，使分离轴承不能回位。

6）分离杠杆弯曲变形，出现运动干涉，不能回位。

（3）故障诊断与排除

1）拉紧驻车制动器，挂上低速档，慢慢放松离合器踏板，慢慢深踩加速踏板，若汽车不动，发动机仍继续运转而不熄火，说明离合器打滑。

2）检查离合器踏板自由行程，如不符合规定应予以调整。

3）若自由行程正常，应拆下变速器壳，检查离合器与飞轮联接螺栓是否松动，如果松动则予以拧紧。

4）如果经上述检查排除后离合器仍然打滑，应拆下离合器检查从动盘摩擦片的状况。如果有油污，一般可用汽油清洗并烘干，然后找出油污来源并设法排除。如果摩擦片磨损严重或有铆钉外露，应更换从动盘。

5）如果从动盘完好，则应分解离合器，检查压紧弹簧，如果弹力过软或折断则应更换。

2. 离合器分离不彻底

（1）故障现象

1）发动机怠速运转时，踩下离合器踏板，挂档有齿轮撞击声，且难以挂入。

2）如果勉强挂上档，则在离合器踏板尚未完全放松时，发动机熄火。

3）变速器挂档困难或挂不进档，并从变速器端发出齿轮撞击声。

（2）故障原因

1）离合器踏板自由行程过大。

2）分离杠杆弯曲变形、支座松动、支座轴销脱出，使分离杠杆内端高度难以调整。

3）分离杠杆调整不当，其内端不在同一平面内或内端高度太低。

4）从动盘钢片翘曲、摩擦片破裂或铆钉松动。

5）新换的摩擦片太厚或从动盘正反装错。

6）从动盘花键孔与变速器第一轴花键轴卡滞。

7）离合器液压操纵机构漏油、有空气或油量不足。

8）膜片弹簧弹力减弱。

9）发动机支承磨损或损坏，发动机与变速器不同轴。

（3）故障诊断与排除

1）检查离合器踏板自由行程，如果自由行程过大则进行调整。对于液压操纵机构检查是否储液罐油量不足或管路中有空气，并进行必要的排除。如果不是上述问题，则应继续检查。

2）检查分离杠杆内端高度，如果分离杠杆高度太低或不在同一平面，则进行调整。否则检查从动盘是否装反，如果都没问题则继续检查。

3）检查从动盘是否翘曲变形、铆钉脱落，从动盘是否轴向运动卡滞等，如果是，则进行更换或修理。

3. 起步发抖

（1）故障现象

汽车用低速档起步时，离合器不能平稳接合且产生抖振，严重时甚至整车产生抖振现象。

（2）故障原因

1）分离杠杆内端高度不处在同一平面内。

2）从动盘或压盘翘曲变形，飞轮工作端面的端面圆跳动严重。

3）从动盘摩擦片厚度不均匀、油污、烧焦、表面不平整、表面硬化、铆钉头露出、铆钉松动或切断、波形弹簧片损坏。

4）压紧弹簧的弹力不均、疲劳或个别折断，膜片弹簧疲劳或开裂。

5）从动盘上的缓冲片破裂或减振弹簧疲劳、折断。

6）发动机支架、变速器、飞轮、飞轮壳等的固定螺栓松动。

（3）故障诊断与排除

1）检查离合器踏板、分离轴承等回位是否正常，如果正常则继续检查。

2）检查发动机支架、变速器、飞轮、飞轮壳等的固定螺栓是否松动，如果是，则紧固螺栓，否则继续检查。

3）检查分离杠杆的内端是否在同一平面，如果是则继续检查。

4）检查压盘、从动盘是否变形，铆钉是否松动、外露，压紧弹簧的弹力是否不在允许范围内，如果是，则更换或修理。

4. 离合器异响

（1）故障现象

离合器分离或接合时发出不正常的响声。

（2）故障原因

1）分离轴承缺少润滑剂，造成干磨或轴承损坏。

2）分离轴承与分离杠杆内端之间无间隙。

3）分离轴承套筒与导管之间油污、尘腻严重或分离轴承回位弹簧与踏板回位弹簧疲

劳、折断、脱落，使分离轴承回位不佳。

4）从动盘花键孔与其花键轴配合松旷。

5）从动盘减振弹簧退火、疲劳或折断。

6）从动盘摩擦片铆钉松动或铆钉头外露。

（3）故障诊断与排除

1）稍稍踩下离合器踏板，使分离轴承与分离杠杆接触，如果有“沙沙”的响声，则为分离轴承响；如果加油后仍响，说明轴承磨损过度、松旷或损坏，应更换。

2）踩下、抬起离合器踏板，如果出现间断的碰撞声，说明分离轴承前后有窜动，应更换分离轴承回位弹簧。

3）连踩踏板，如果离合器刚接合或刚分开时有响声，说明从动盘铆钉松动或外露，应更换从动盘。

（六）离合器踏板的检查与调整

丰田卡罗拉轿车离合器踏板总成如图 1-16 所示。

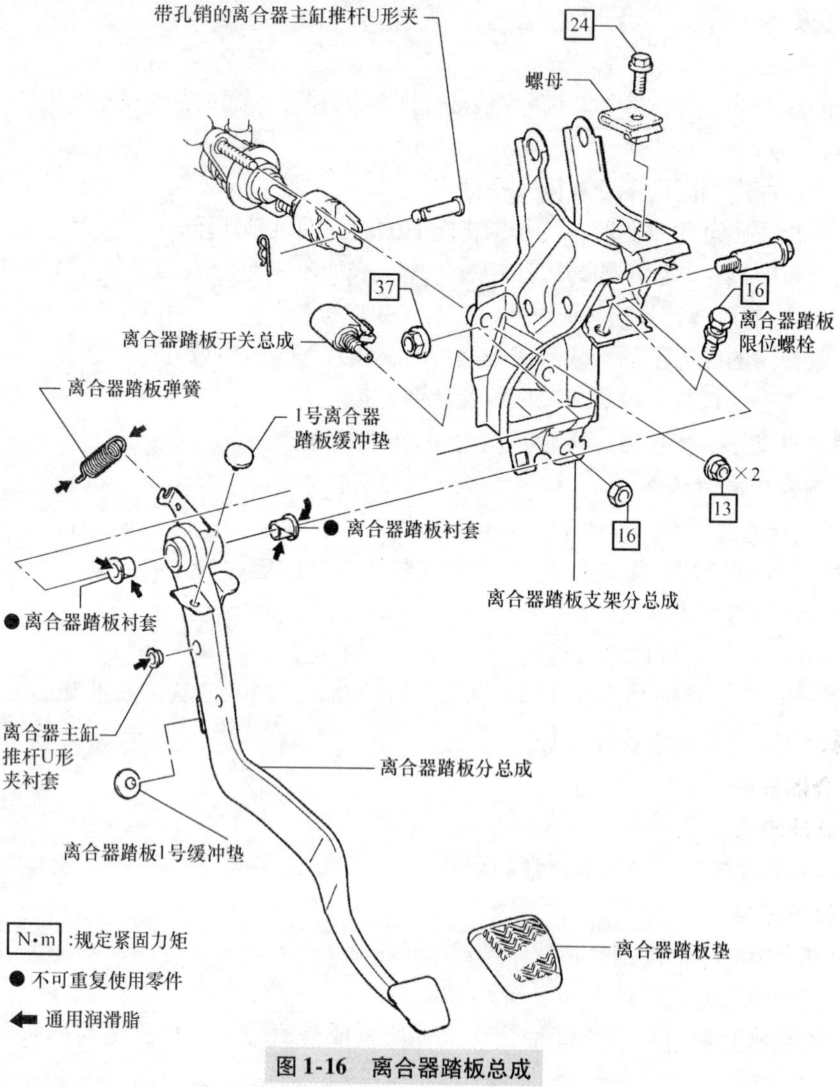

图 1-16　离合器踏板总成

1. 检查并调整离合器踏板高度

1）翻起地毯。

2）检查并确认踏板高度正确，如图 1-17 所示。踏板高度（踏板距离地板的高度）：143.6～153.6mm。

3）松开锁紧螺母并转动限位螺栓直至获得正确高度。

4）拧紧锁紧螺母（拧紧力矩：16N·m）。

2. 检查离合器踏板自由行程和推杆行程

1）检查并确认踏板自由行程和推杆行程正确，如图 1-18 所示。

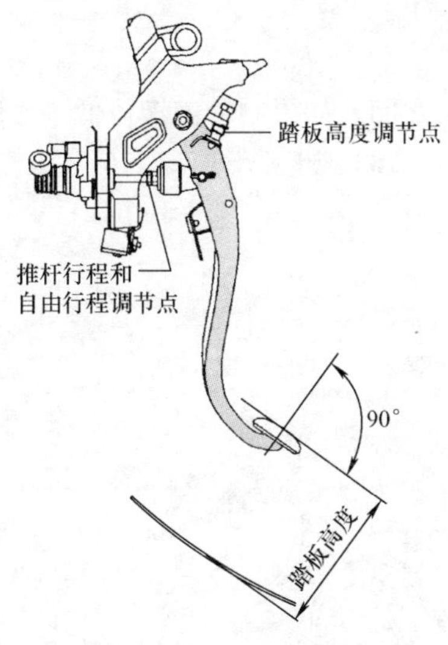

图 1-17 离合器踏板高度检查

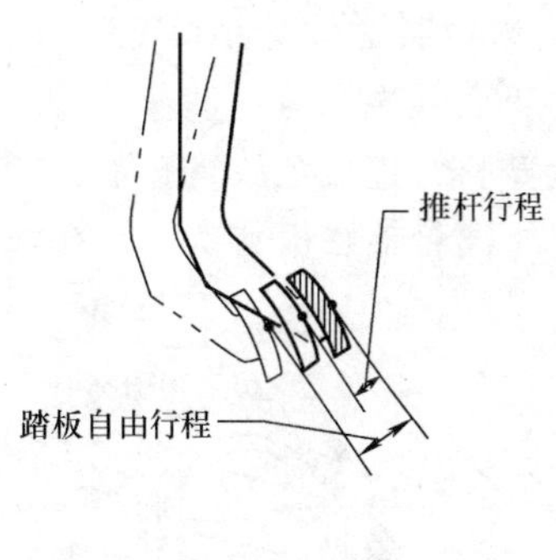

图 1-18 踏板自由行程检查

① 踩下踏板直至开始感觉到离合器阻力。踏板自由行程：5.0～15.0mm。

② 轻轻踩下踏板直至阻力开始增大。踏板顶端处的推杆行程：1.0～5.0mm。

2）如有必要，调整踏板自由行程和推杆行程。

① 松开锁紧螺母并转动推杆直至获得正确的自由行程和推杆行程。

② 拧紧锁紧螺母（拧紧力矩：12N·m）。

③ 调整好踏板自由行程后，检查踏板高度。

3. 检查离合器分离点

1）拉紧驻车制动杠杆并安装车轮止动楔。

2）起动发动机并使其怠速运转。

3）未踩下离合器踏板时，缓慢移动变速杆至倒档直至齿轮接触。

4）逐渐踩下离合器踏板，并测量从齿轮噪声停止点（分离点）到踏板行程终点位置的行程距离，如图 1-19 所示。

标准距离：25mm 或更长（从踏板行程终点位置到分

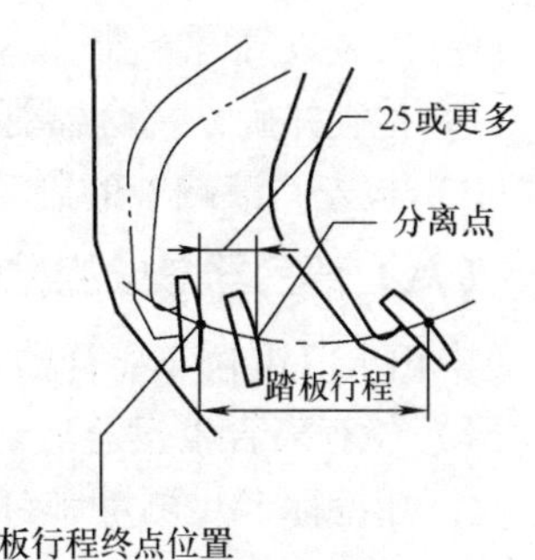

图 1-19 离合器分离点检查

离点)。如果该距离不符合规定，则执行以下程序：

① 检查踏板高度。

② 检查推杆行程和踏板自由行程。

③ 对离合器管路进行放气。

④ 检查离合器盖和离合器盘。

(七) 离合器油液的添加与放气

如果离合器油接触到任何涂漆表面，请立即进行清洗。如果要对离合器进行任何操作或怀疑离合器管路内有空气进入，则对离合器液压操纵机构进行放气。

1) 对制动液储液罐进行加注。

检查储液罐中制动液液位是否处于 MIN 线与 MAX 线之间。如果制动液液位低于 MIN 线，检查是否泄漏，给储液罐加注制动液（制动液型号：SAE J1703 或 FMVSS No. 116 DOT 3)。

2) 对离合器管路进行放气。

① 拆下放气螺塞盖。

② 将塑料管连接至放气螺塞，如图 1-20 所示。

③ 踩下离合器踏板数次，并在踩下踏板时松开放气螺塞，如图 1-21 所示。

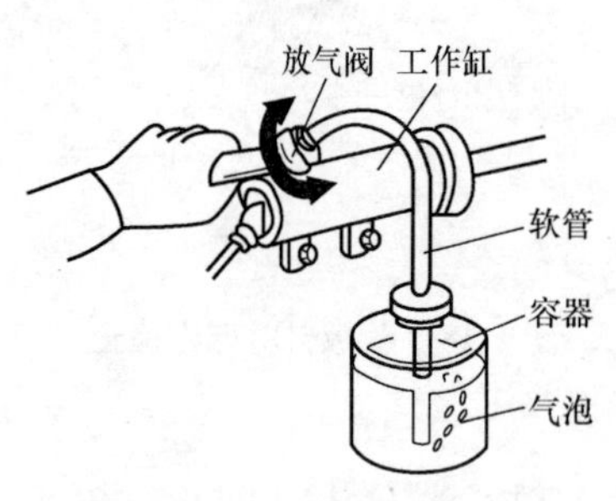

图 1-20 连接塑料软管

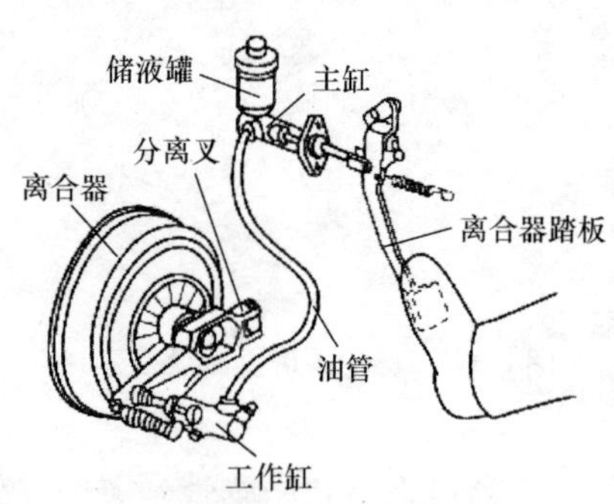

图 1-21 踩住离合器踏板

④ 离合器油不再外流时，拧紧放气螺塞，然后松开离合器踏板。

⑤ 重复前两步操作直至离合器油中的空气全部放出。

⑥ 拧紧放气螺塞。拧紧力矩：8.3N·m。

⑦ 安装放气螺塞盖。

⑧ 检查并确认离合器管路中的空气已全部放出。

3) 检查储液罐中的制动液液位。

(八) 离合器总成的检修

丰田卡罗拉轿车离合器总成的结构如图 1-22 所示。

1) 检查离合器盘总成。

① 用游标卡尺测量铆钉深度（图 1-23)。最小铆钉深度：0.3mm。如有必要，更换离合器盘总成。

② 将离合器盘总成安装至驱动桥总成。

小心：按正确方向插入离合器盘总成。

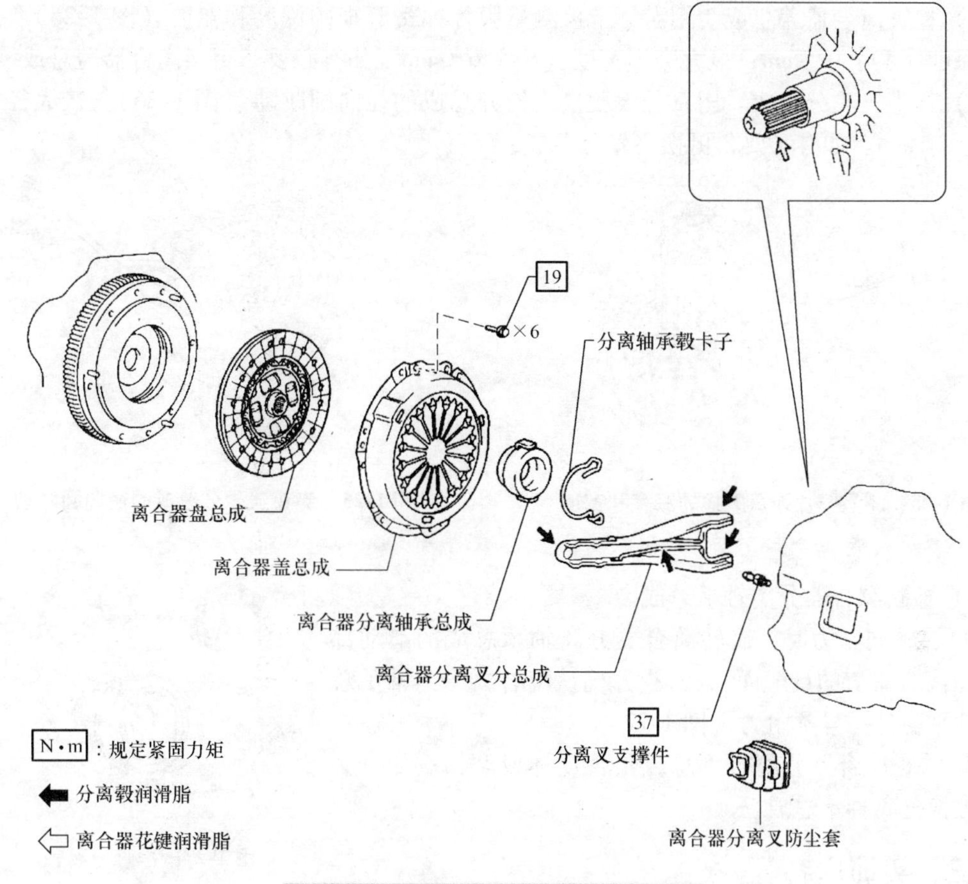

图 1-22　丰田卡罗拉离合器总成的结构

③ 用百分表测量离合器盘总成的径向圆跳动（图 1-24）。最大径向圆跳动：0.8mm。如有必要，更换离合器盘总成。

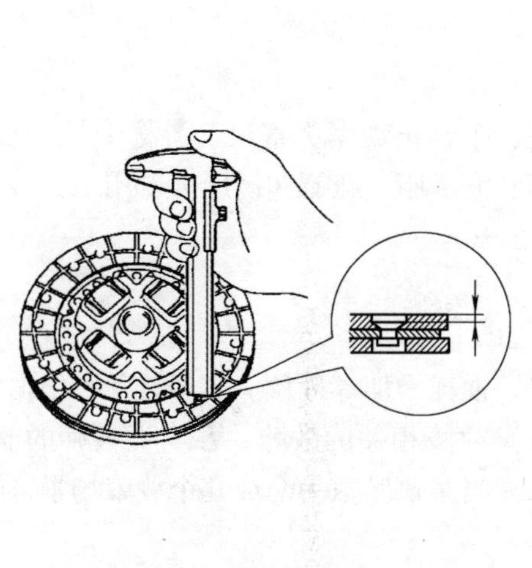

图 1-23　测量铆钉深度

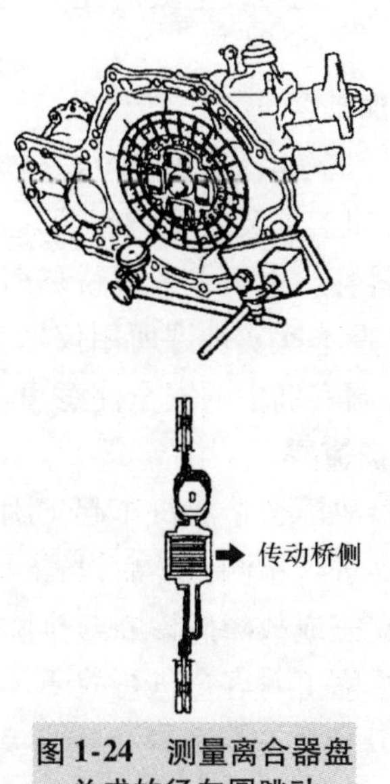

图 1-24　测量离合器盘总成的径向圆跳动

2）检查离合器盖总成。用游标卡尺测量膜片弹簧磨损的深度和宽度（图1-25）。最大磨损深度（A）：0.5mm；最大磨损宽度（B）：6.0mm。如有必要，更换离合器盖总成。

3）检查飞轮分总成。用百分表测量飞轮分总成的径向圆跳动（图1-26）。最大径向圆跳动：0.1mm。如有必要，更换飞轮分总成。

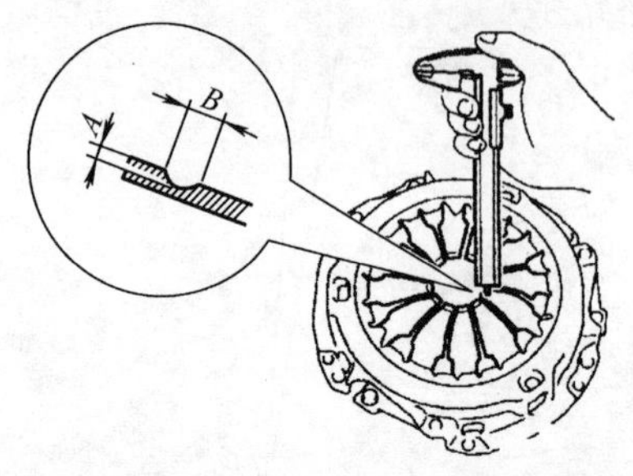

图1-25　测量膜片弹簧磨损的深度和宽度

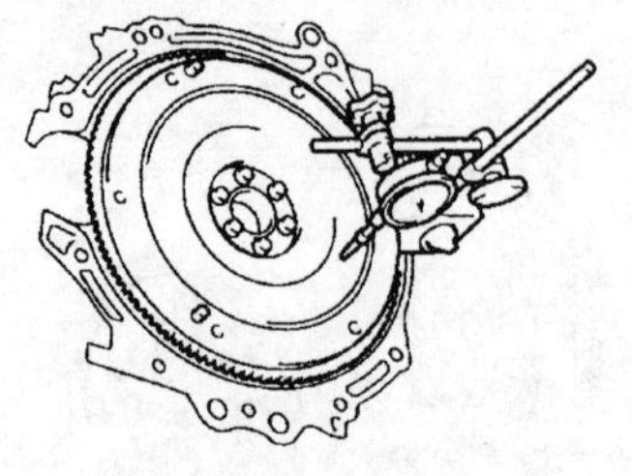

图1-26　测量飞轮分总成的径向圆跳动

4）检查离合器分离轴承总成。

① 在轴向施力时，旋转离合器分离轴承总成的滑动部件（与离合器盖的接触面），检查并确认离合器分离轴承总成移动平稳且无异常阻力（图1-27）。

② 检查离合器分离轴承总成是否损坏或磨损。如有必要，更换分离轴承总成。

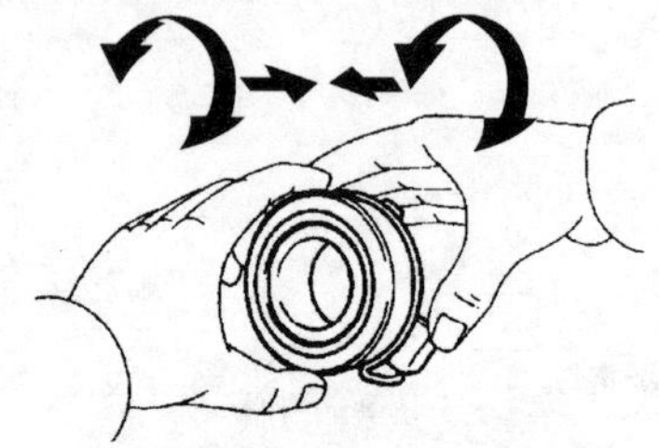

图1-27　检查分离轴承

三、实训内容

案例导入：一辆卡罗拉轿车，起步时，完全放松离合器踏板，发动机的动力不能完全传到车轮，起步困难；行驶时，车速不能随发动机转速的提高而加快，行驶无力，上坡时尤为明显。经检查确认发动机技术状况良好，需对离合器进行检修。

1. 实训准备

1）实训车辆：丰田卡罗拉轿车。

2）实训工具及器材：组合工具、扭力扳手、车轮止动楔、直尺、游标卡尺、百分表、容器、塑料管、丰田卡罗拉轿车离合器液、分离毂润滑脂、花键润滑脂、专用工具等。

3）掌握本次实训课所用仪器及设备的使用方法。

4）强调实训中的安全注意事项。

2. 实训流程

离合器故障会造成汽车起步困难，动力下降，油耗增加等现象。实训教师可根据实训条件对离合器进行检测。然后设置一些与离合器常见故障相关的故障，在实训教师的监督下，由学生独立完成故障的诊断与排除；最后由教师充当客户模拟一个或几个故障场景，让学生分别扮演维修工对客户进行故障诊断的说明。

（1）让学生分析并说出检查步骤和方法

1）检查并调整离合器踏板高度。

2）检查并调整离合器踏板自由行程。

3）检查离合器油液面高度。

4）检修离合器总成。

（2）学生根据下列问题，对教师进行解释并提出解决方案

1）根据检查情况，分析出可能导致上述故障的原因有哪些？

2）如何确定上述故障？

3）对检查结果进行理论分析。

3、实训记录

完成实训记录单。

【思考与练习】

1. 单选题

1）当膜片式离合器摩擦片磨损后，离合器踏板的自由行程如何变化（　　）。

A. 变大　　B. 不变化　　C. 变小　　D. 以上都有可能

2）汽车离合器安装于（　　）。

A. 发动机与变速器之间　　B. 变速器与后驱动轴之间

C. 分动器与变速器之间　　D. 变速器与主减速器之间

3）在正常情况下，发动机工作，汽车离合器踏板处于自由状态时（　　）。

A. 发动机的动力不传递给变速器　　B. 发动机的动力传递给变速器

C. 离合器分离杠杆受力　　D. 离合器的主从动部分分离

4）下面（　　）是汽车离合器的主要作用。

A. 保证汽车怠速平稳　　B. 使换档时工作平顺

C. 实现倒车　　D. 增加变速比

5）下列不属于汽车离合器部分的是（　　）

A. 分离轴承　　B. 曲轴　　C. 压盘　　D. 从动盘

2. 判断题

1）离合器在使用过程中，不允许出现摩擦片与压盘、飞轮之间有任何相对滑移的现象。（　　）

2）膜片弹簧离合器的结构特点之一，是用膜片弹簧取代压紧弹簧和分离杠杆。（　　）

3）离合器在紧急制动时，可防止传动系统过载。（　　）

4）为使离合器接合柔和，驾驶人应逐渐放松离合器踏板。（　　）

3. 问答题

1）什么是离合器的自由间隙和离合器踏板的自由行程？

2）离合器的主要功用有哪些？

3）膜片弹簧式离合器是如何工作的？

4）离合器液压操纵机构的工作原理是什么？

任务二 手动变速器检修

一、任务描述

汽车发动机的动力经离合器传递到了手动变速器。手动变速器包括变速传动机构和操纵机构两大部分。手动变速器的结构是什么样的？它有什么功用？它是如何工作的？如何对手动变速器进行检修？要掌握这些知识，应完成下面的学习任务：

1）变速器概述。

2）手动变速器的变速传动机构。

3）同步器。

4）手动变速器的操纵机构。

5）手动变速器故障诊断与排除。

6）手动变速器主要零部件检修。

二、相关知识及技能

（一）变速器概述

1. 变速器的功用

（1）实现变速、变矩

汽车上所应用的发动机具有转矩变化范围小、转速高的特点，这与汽车实际的行驶状况是不相适应的。如果没有变速器而直接将发动机与驱动桥连接在一起，首先由于发动机的转矩小，不能克服汽车的行驶阻力，使汽车根本无法起步；其次假使汽车行驶起来，也会由于车速太高而不实用，甚至无法驾控。所以必须改造发动机的转矩、转速特性，使发动机的转矩增大、转速下降以适应汽车实际行驶的要求。变速器中通过不同的档位来实现这一功用。

（2）实现倒车

发动机的旋转方向从前往后看为顺时针方向，且不能改变，为了实现汽车的倒向行驶，变速器中设置了倒档。

（3）实现中断动力传动

在发动机起动和怠速运转、变速器换档、汽车滑行和暂时停车等情况下，都需要中断发动机的动力传动，因此变速器中设有空档。

2. 变速器的类型

现代汽车上所采用的变速器有多种结构形式，一般可以按照传动比和操纵方式进行分类。

（1）按传动比的变化方式分

变速器按传动比的级数可分为有级式、无级式和综合式三种。

1）有级式变速器。有级式变速器采用齿轮传动，具有若干个定值传动比。轿车和轻、中型货车变速器多采用3～5个前进档和一个倒档，每个档位对应一个传动比。重型汽车行驶的路况复杂，变速器的档位较多，可有8～20个档位。注意：变速器的档数都是指前进档的个数。如上海桑塔纳2000采用的是五档手动变速器是指其具有五个前进档。

齿轮式变速器具有结构简单、易于制造、工作可靠、传动效率高等优点。

这种齿轮式的有级变速器按照结构不同又可以分为二轴式和三轴式变速器。二轴式变速器广泛用于发动机前置前轮驱动的轿车，而三轴式变速器可应用于其他各类型车辆。

2）无级式变速器。无级式变速器英文缩写为CVT，它的传动比的变化是连续的。目前的无级变速器一般都是采用金属带传递动力，通过主、从动带轮直径的变化实现无级变速。这种变速器在中、高级轿车中的应用越来越多。

3）综合式变速器。综合式变速器是由液力变矩器和有级齿轮式变速器组成的，一般都是由电脑来自动实现换档，所以多把这种变速器称为自动变速器。这种变速器的传动比可在最大值与最小值之间的几个间断的范围内作无级变化，目前应用较多。

（2）按变速器操纵方式分

按变速器操纵方式可分为手动变速器、自动变速器和手动自动一体变速器三种。

1）手动变速器。手动变速器的英文缩写为MT，即Manual Transmission的缩写。它是通过驾驶人用手操纵变速杆来选定档位，并直接操纵变速器的换档机构进行档位变换。齿轮式有级变速器大多数都采用这种换档方式。

2）自动变速器。自动变速器的英文缩写为AT，即Automatic Transmission的缩写。这种变速器的自动控制系统根据发动机的负荷和车速的变化情况自动地选定档位，并进行档位变换，即自动地改变传动比。驾驶人只需要操纵加速踏板控制车速。

3）手动自动一体变速器。这种变速器可以自动换档，也可以手动换档，比较典型的如奥迪A6的Tiptronic，上海帕萨特1.8T也装有手动自动一体变速器。

3. 齿轮传动的基本原理

普通齿轮变速器是利用不同齿数的齿轮啮合传动来实现转矩和转速的改变。

齿轮传动的基本原理如图1-28所示。一对齿数不同的齿轮啮合传动时可以实现变速，而且两齿轮的转速比与其齿数成反比。设主动齿轮转速为 n_1，齿数为 z_1，从动齿轮转速为

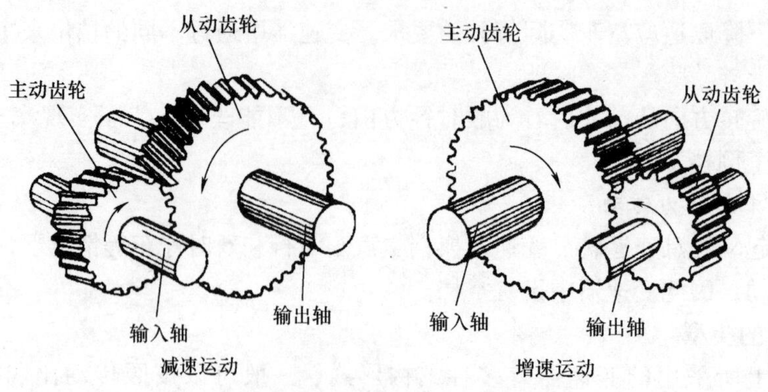

图 1-28 齿轮传动的基本原理

n_2，齿数为 z_2。主动齿轮（即输入轴）转速与从动齿轮（即输出轴）转速之比称为传动比，用字母 i_{12} 表示。即由输入轴传到输出轴的传动比

$$i_{12} = n_1/n_2 = z_2/z_1$$

当小齿轮为主动齿轮，带动大齿轮转动时，输出转速降低，即 $n_2 < n_1$，称为减速传动，此时传动比 $i > 1$；当大齿轮驱动小齿轮时，输出转速升高，即 $n_2 > n_1$，称为增速传动，此时传动比 $i < 1$。这就是齿轮传动的变速原理。汽车变速器就是根据这一原理利用若干大小不同的齿轮副传动而实现变速的。

图 1-29 所示为两级齿轮传动示意图，齿轮 1 为主动齿轮，驱动齿轮 2 转动，齿轮 3 与齿轮 2 固连在一起，再驱动齿轮 4 转动并输出动力，此时由齿轮 1 传递到齿轮 4 的传动比为

$$i_{14} = n_1/n_4 = (z_2 z_4)/(z_1 z_3) = i_{12} i_{34}$$

图 1-29 两级齿轮传动示意图
1、3—主动齿轮 2、4—从动齿轮

因此，可以总结多级齿轮传动的传动比为

$$i = \frac{\text{所有从动齿轮齿数的乘积}}{\text{所有主动齿轮齿数的乘积}} = \text{各级齿轮传动比的乘积}$$

对于变速器，各档的传动比 i 就是变速器输入轴转速与输出轴转速之比。即

$$i = n_{输入}/n_{输出} = T_{输出}/T_{输入}$$

当 $i > 1$ 时，$n_{输出} < n_{输入}$，$T_{输出} > T_{输入}$，此时实现降速增矩，为变速器的低档位，且 i 越大，档位越低；当 $i = 1$ 时，$n_{输出} = n_{输入}$，$T_{输出} = T_{输入}$，为变速器的直接档；当 $i < 1$ 时，$n_{输出} > n_{输入}$，$T_{输出} < T_{输入}$，此时实现升速降矩，为变速器的超速档。

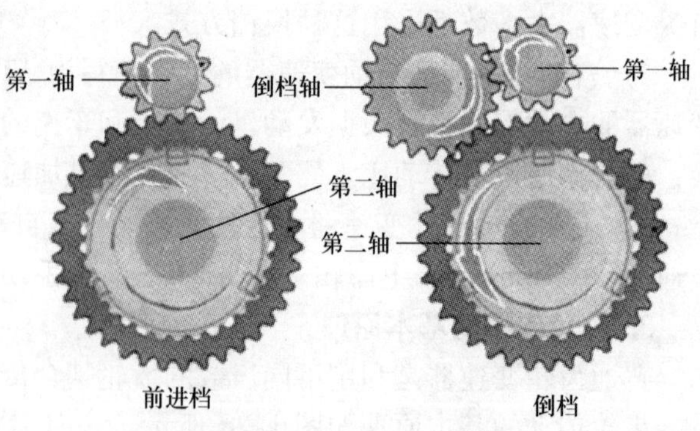

图 1-30 前进档与倒档的对比

如图 1-30 所示，变速器前进档主、从动齿轮旋转方向相反，倒档主、从动齿轮旋转方向相同，倒档轴上的中间齿

轮仅改变旋转方向，不改变传动比的大小。

（二）手动变速器的变速传动机构

变速传动机构是变速器的主体，其主要作用是改变转矩的大小和方向，按工作轴的数量（不包括倒档轴）可分为二轴式变速器和三轴式变速器。

1. 二轴式变速器的变速传动机构

二轴式变速器用于发动机前置前轮驱动的汽车，一般与驱动桥（前桥）合称为手动变速驱动桥。

前置发动机有纵向布置和横向布置两种形式，与其配用的二轴式变速器也有两种不同的结构形式：发动机纵置时，主减速器为一对圆锥齿轮，如奥迪 100、桑塔纳 2000 轿车；发动机横置时，主减速器采用一对圆柱齿轮，如别克凯越轿车、捷达轿车。

（1）发动机纵向布置两轴式变速器

图 1-31 和图 1-32 所示分别为桑塔纳 2000 轿车二轴式五档手动变速器传动机构的结构图和示意图。变速器各档的传动比见表 1-2。其一至三档为降速档，四档为直接档，五档为超速档。

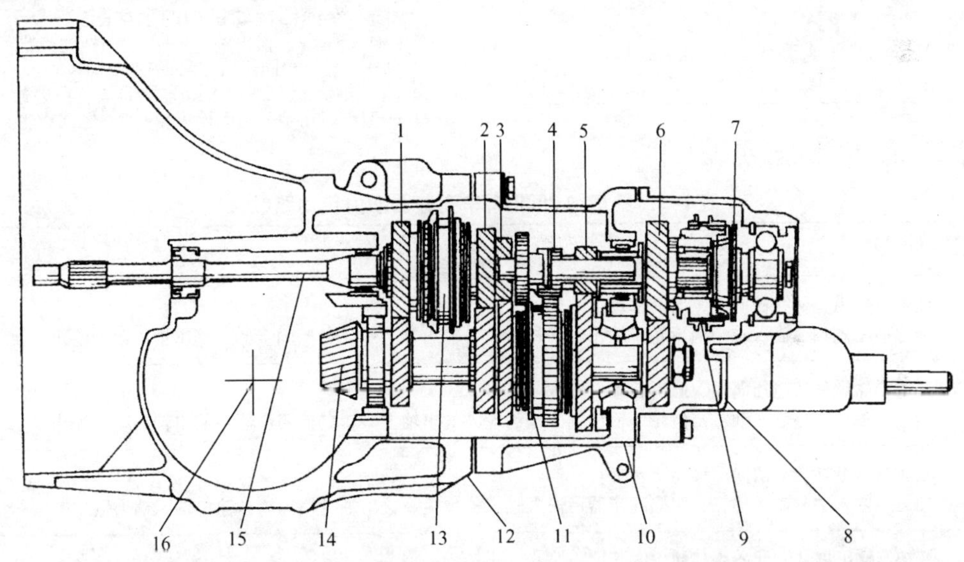

图 1-31 桑塔纳 2000 轿车二轴式变速器传动机构的结构图

1—四档齿轮 2—三档齿轮 3—二档齿轮 4—倒档齿轮 5—一档齿轮 6—五档齿轮 7—五档运行齿环 8—换档机构壳体 9—五档同步器 10—齿轮箱体 11—一、二档同步器 12—变速器壳体 13—三、四档同步器 14—输出轴 15—输入轴 16—差速器

该变速器的变速传动机构有输入轴和输出轴，二轴平行布置，输入轴也是离合器的从动轴，输出轴也是主减速器的主动锥齿轮轴。该变速器具有五个前进档和一个倒档，全部采用锁环式惯性同步器换档。输入轴上有一至五档主动齿轮，其中一、二档主动齿轮与轴制成一体，三、四、五档主动齿轮通过滚针轴承空套在轴上。输入轴上还有倒档主动齿轮，它与轴制成一体。三、四档同步器和五档同步器也装在输入轴上。输出轴上有一至五档从动齿轮，其中一、二档从动齿轮通过滚针轴承空套在轴上，三、四、五档齿轮通过花键套装在轴上。

一、二档同步器也装在输出轴上。在变速器壳体的右端还装有倒档轴，上面通过滚针轴承套装有倒档中间齿轮。

表 1-2 桑塔纳 2000 五档手动变速器各档的传动比

档位	传动比
Ⅰ	3.455
Ⅱ	1.944
Ⅲ	1.286
Ⅳ	0.969
Ⅴ	0.800

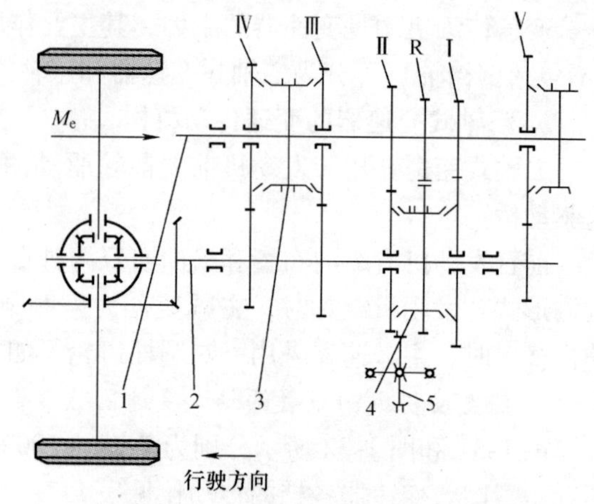

图 1-32 桑塔纳 2000 轿车二轴式变速器传动机构的示意图

1—输入轴 2—输出轴 3—三、四档同步器 4—一、二档同步器 5—倒档中间齿轮 Ⅰ—一档齿轮 Ⅱ—二档齿轮 Ⅲ—三档齿轮 Ⅳ—四档齿轮 Ⅴ—五档齿轮 R—倒档齿轮

各档动力传动路线见表 1-3。

表 1-3 桑塔纳 2000 轿车变速器动力传动路线

档位	动力传动路线
一档	变速器操纵杆从空档向左、向前移动，实现： 动力→输入轴→输入轴一档齿轮→输出轴一档齿轮→输出轴上一、二档同步器→输出轴→动力输出
二档	变速器操纵杆从空档向左、向后移动，实现： 动力→输入轴→输入轴二档齿轮→输出轴二档齿轮→输出轴上一、二档同步器→输出轴→动力输出
三档	变速器操纵杆从空档向前移动，实现： 动力→输入轴→输入轴三、四档同步器→输入轴三档齿轮→输出轴三档齿轮→输出轴→动力输出
四档	变速器操纵杆从空档向后移动，实现： 动力→输入轴→输入轴三、四档同步器→输入轴四档齿轮→输出轴四档齿轮→输出轴→动力输出
五档	变速器操纵杆从空档向右、向前移动，实现： 动力→输入轴→输入轴五档同步器→输入轴五档齿轮→输出轴五档齿轮→输出轴→动力输出
倒档	变速器操纵杆从空档向右、向后移动，实现： 动力→输入轴→输入轴倒档齿轮→倒档轴倒档齿轮→输出轴倒档齿轮→输出轴→动力反向输出

（2）发动机横向布置两轴式变速器

图 1-33 所示为别克凯越轿车二轴式五档手动变速器的结构图。

图 1-34 所示为手动变速器动力传递示意图，各档动力传动路线见表 1-4。

2. 三轴式变速器的变速传动机构

三轴式变速器用于发动机前置后轮驱动的汽车。东风 EQ1092 中型货车的变速器结构简图如图 1-35 所示，有三根主要的传动轴，一轴、二轴和中间轴，所以称为三轴式变速器。另外还有倒档轴。

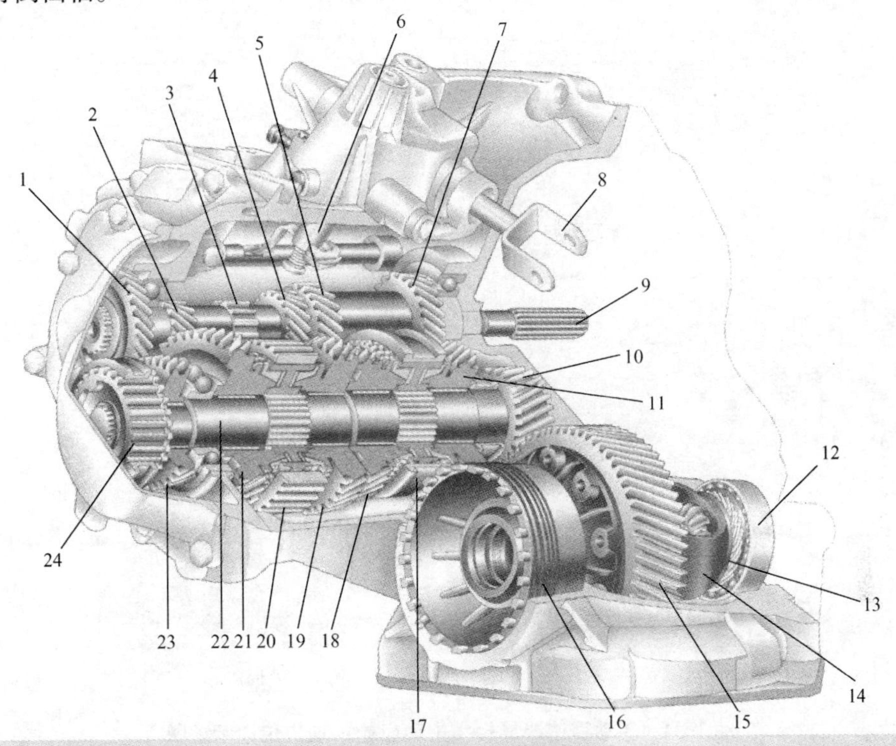

图 1-33 手动变速器结构图

1—主动轴五档齿轮 2—主动轴一档齿轮 3—主动轴倒档齿轮 4—主动轴二档齿轮 5—主动轴三档齿轮 6—换档内杆 7—主动轴四档齿轮 8—换档连杆 9—主动轴 10—主减速器主动齿轮 11—从动轴四档齿轮 12—差速器轴承 13—车速里程表驱动齿轮 14—差速器 15—主减速器从动齿轮 16—轴承调整螺母 17—三、四档同步器 18—从动轴三档齿轮 19—从动轴二档齿轮 20—一、二档同步器 21—从动轴一档齿轮 22—从动轴 23—从动轴五档齿轮 24—五档同步器

该变速器为五档变速器，各档传动情况如下：

1）空档：二轴上的各接合套、传动齿轮均处于中间空转的位置，动力不传给第二轴。

2）一档：前移一档、倒档直齿滑动齿轮 12 与中间轴一档、倒档齿轮 18 啮合。动力经一轴齿轮 2、中间轴常啮合齿轮 23、中间轴齿轮 18、二轴一档、倒档齿轮 12，传到第二轴使其顺时针旋转（与第一轴同向）。

3）二档：后移接合套 9 与二轴二档齿轮 11 的接合齿圈 10 啮合。动力经齿轮 2、23、20、11，齿圈 10，接合套 9，花键毂 24，传到二轴使其顺时针旋转。

4）三档：前移接合套 9 与二轴三档齿轮 7 的接合齿圈 8 啮合。动力经齿轮 2、23、21、7，齿圈 8，接合套 9，花键毂 24，传到二轴使其顺时针旋转。

5）四档：后移接合套 4 与二轴四档齿轮 6 的接合齿圈 5 啮合。动力经齿轮 2、23、22、6，齿圈 5，接合套 4，花键毂 25，传到二轴使其顺时针旋转。

6）五档：前移接合套 4 与一轴常啮合齿轮 2 的接合齿圈 3 啮合。动力直接由一轴、齿轮 2、齿圈 3、接合套 4、花键毂 25，传到二轴，传动比为 1。由于二轴的转速与一轴相同，故此档称为直接档。

7）倒档：后移二轴上的一档、倒档直齿滑动齿轮 12 与倒档齿轮 17 啮合。动力经齿轮

2、23、18、19、17、12，传给二轴使其逆时针旋转，汽车倒向行驶。倒档传动路线与其他档位相比较，由于多了倒档中间齿轮的传动，所以改变了二轴的旋转方向。

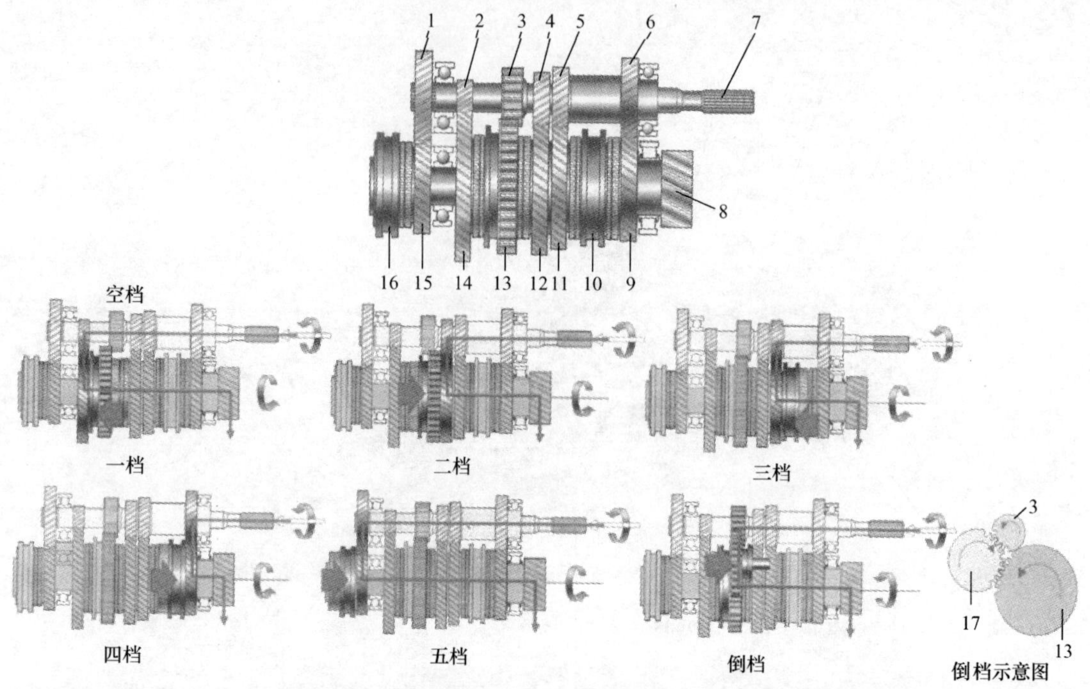

图 1-34 手动变速器（倒档主动齿轮）动力传递示意图

1—主动轴五档齿轮 2—主动轴一档齿轮 3—主动轴倒档齿轮（倒档主动齿轮） 4—主动轴二档齿轮 5—主动轴三档齿轮 6—主动轴四档齿轮 7—主动轴 8—主减速器主动齿轮 9—从动轴四档齿轮 10—三、四档同步器 11—从动轴三档齿轮 12—从动轴二档齿轮 13—一、二档同步器（接合套上有倒档从动齿轮） 14—从动轴一档齿轮 15—从动轴五档齿轮 16—五档同步器 17—倒档惰轮

表 1-4 别克凯越轿车变速器动力传动路线

档位	动力传递路线
一档	变速器操纵杆从空档向左、向前移动，实现： 动力→主动轴→主动轴一档齿轮→从动轴一档齿轮→从动轴一、二档同步器→从动轴→动力输出
二档	变速器操纵杆从空档向左、向后移动，实现： 动力→主动轴→主动轴二档齿轮→从动轴二档齿轮→从动轴一、二档同步器→从动轴→动力输出
三档	变速器操纵杆从空档向前移动，实现： 动力→主动轴→主动轴三档齿轮→从动轴三档齿轮→从动轴三、四档同步器→从动轴→动力输出
四档	变速器操纵杆从空档向后移动，实现： 动力→主动轴→主动轴四档齿轮→从动轴四档齿轮→从动轴三、四档同步器→从动轴→动力输出
五档	变速器操纵杆从空档向右、向前移动，实现： 动力→主动轴→主动轴五档齿轮→从动轴五档齿轮→从动轴五档同步器→从动轴→动力输出
倒档	变速器操纵杆从空档向左、向前移动，实现： 动力→主动轴→主动轴倒档齿轮→倒档惰轮→倒档从动齿轮（一、二档同步器）→从动轴→动力反向输出

（三）同步器

目前汽车中手动、普通齿轮变速器换档的方式有两种，一是采用直齿滑动齿轮，如东风 EQ1092 的一档、倒档的换档方式；二是采用同步器换档，这种方式应用最广泛，几乎所有的变速器都是采用同步器进行换档。

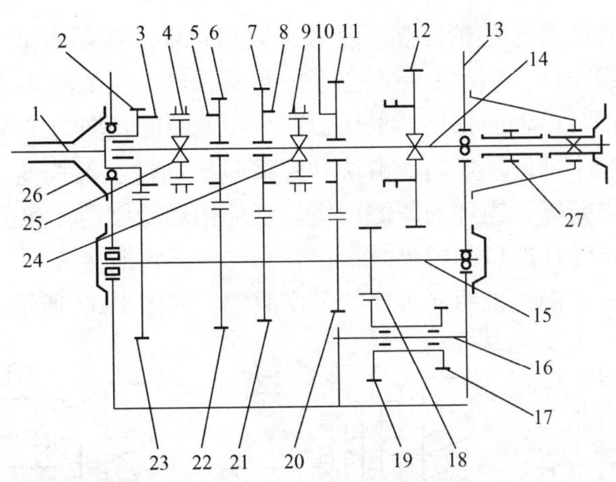

图 1-35 东风 EQ1092 中型货车的三轴式变速器

1——轴 2——轴常啮合齿轮 3——轴常啮合齿轮接合齿圈 4、9—接合套 5—四档齿轮接合齿圈 6—二轴四档齿轮 7—二轴三档齿轮 8—三档齿轮接合齿圈 10—二档齿轮接合齿圈 11—二轴二档齿轮 12—二轴一档、倒档直齿滑动齿轮 13—变速器壳体 14—二轴 15—中间轴 16—倒档轴 17、19—倒档中间齿轮 18—中间轴一档、倒档齿轮 20—中间轴二档齿轮 21—中间轴三档齿轮 22—中间轴四档齿轮 23—中间轴常啮合齿轮 24、25—花键毂 26——轴轴承盖 27—回油螺纹

同步器的功用是使接合套与待啮合的齿圈迅速同步，缩短换档时间；且防止在同步前啮合而产生换档冲击。

同步器是在接合套的基础上进一步发展起来的，目前所采用的同步器几乎都是摩擦式惯性同步器，按锁止装置不同，可分为锁环式惯性同步器和锁销式惯性同步器。

1. 锁环式惯性同步器

锁环式惯性同步器的结构如图 1-36 所示，花键毂用内花键套装在轴的外花键上，用垫圈、卡环轴向定位。花键毂两端与齿轮之间各有一个青铜制成的锁环（即同步环）。锁环上有短花键齿圈，其花键的尺寸和齿数与花键毂、齿轮上齿圈（接合齿圈）的齿相同。接合齿圈和锁环上的花键齿，靠近接合套的一端都有倒角（锁止角），且与接合套齿端的倒角相同。锁环有内锥面，与接合齿圈外锥面相配合，组成锥面摩擦副。在锁环内锥面上制有细密的螺纹（或直槽），当锥面接触后，它能及时破坏油膜，增加锥面间的摩擦力。通过这对锥面摩擦副

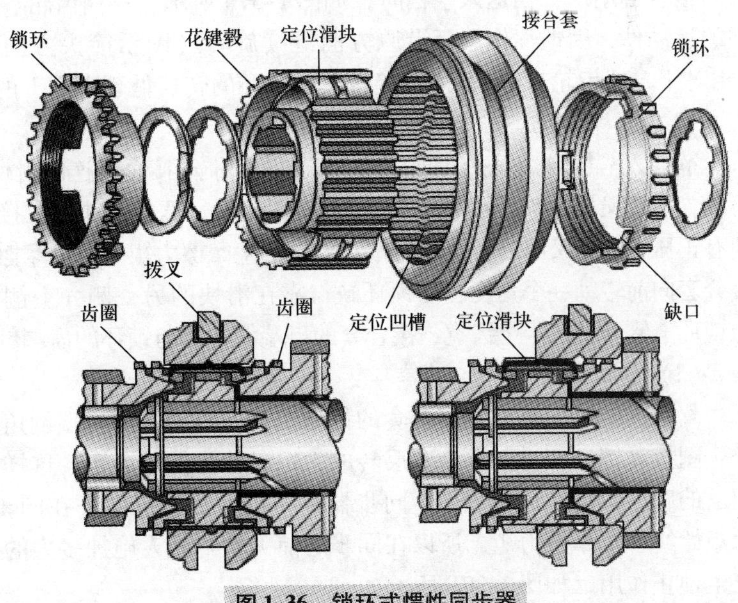

图 1-36 锁环式惯性同步器

的摩擦，可使转速不等的两齿轮在接合之前迅速达到同步。锁环内锥面摩擦副称为摩擦件，外沿带倒角的齿圈是锁止件，锁环上还有三个均布的缺口。三个滑块分别装在花键毂上三个均布的轴向槽内，沿槽可以轴向移动。滑块被两个弹簧圈的径向力压向接合套，滑块中部的凸起部位压嵌在接合套中部的环槽内。滑块和弹簧是推动件。滑块两端伸入锁环的缺口中，滑块窄缺口宽，两者之差等于锁环的花键齿宽。锁环相对滑块顺转和逆转都只能转动半个齿宽，且只有当滑块位于锁环缺口的中央时，接合套与锁环才能接合。

下面以二档换三档为例，说明同步器的工作原理，如图 1-37 所示。

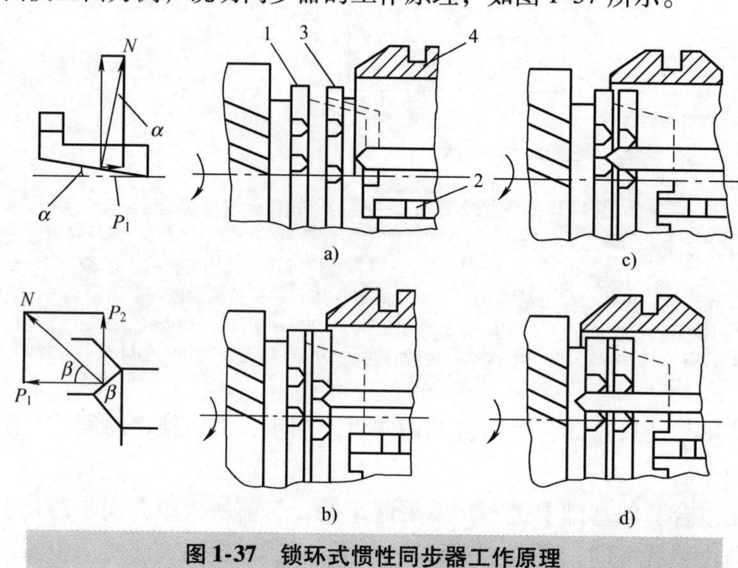

图 1-37 锁环式惯性同步器工作原理

1—待啮合齿轮的接合齿圈 2—滑块 3—锁环（同步环） 4—接合套

（1）空档位置

接合套刚从二档退入空档时，如图 1-37a 所示，三档齿轮、接合套、锁环以及与其有关联的运动件，因惯性作用而沿原方向继续旋转（图示箭头方向）。由于齿轮 1 是高档齿轮（相对于二档齿轮来说），所以接合套、锁环的转速低于齿圈 1 的转速。

（2）挂档

欲换入三档时，驾驶人通过变速杆使拨叉推动接合套连同滑块一起向左移动，如图 1-37b 所示，滑块又推动锁环移向齿圈 1，使锥面接触。驾驶人作用在接合套上的轴向推力，使两锥面有正压力 N，又因两者有转速差，所以产生摩擦力矩。通过摩擦作用，齿轮带动锁环相对于接合套向前转动一个角度，使锁环缺口靠在滑块的另一侧（上侧）为止，此时接合套的内齿与锁环上错开了约半个齿宽，接合套的齿端倒角面与锁环的齿端倒角面互相抵住。

（3）锁止

驾驶人的轴向推力使接合套的齿端倒角面与锁环的齿端倒角面之间产生正压力，形成一个企图拨动锁环相对于接合套反转的力矩，称为拨环力矩。这样，在锁环上同时作用着方向相反的摩擦力矩和拨环力矩，同步器的结构参数可以保证在同步前（存在摩擦力矩）拨环力矩始终小于摩擦力矩，所以在同步之前无论驾驶人施加多大的操纵力，都不会挂上档，即产生锁止作用，如图 1-37b 所示。

（4）同步啮合

随着驾驶人施加于接合套上的推力加大，摩擦力矩不断增加，使齿圈1的转速迅速降低。当齿圈1、接合套和锁环达到同步时，作用在锁环上的摩擦力矩消失。此时在拨环力矩的作用下，锁环、齿圈1以及与之相连的各零件相对于接合套反转一角度，滑块处于锁环缺口的中央，如图1-37c所示，键齿不再抵触，锁环的锁止作用消除。接合套压下弹簧圈继续左移（滑块脱离接合套的内环槽而不能左移），与锁环的花键齿圈进入啮合，进而再与齿轮1进入啮合，如图1-37d所示，换入三档。

锁环式同步器尺寸小、结构紧凑、摩擦力矩也小，多用于轿车和轻型车辆。

2. 锁销式惯性同步器

大、中型货车普遍采用锁销式惯性同步器，下面以东风EQ1092汽车五档变速器的四、五档同步器为例进行简介。

四、五档锁销式惯性同步器的结构如图1-38所示。

两个带有内锥面的摩擦锥盘2，以其内花键分别固装在带有接合齿圈的斜齿轮1和6上，随齿轮一起转动。两个有外锥面的摩擦锥环3，其上有圆周均布的三个锁销8、三个定位销4与接合套5装在一起。定位销与接合套的相应孔是滑动配合，定位销中部切有一小段环槽，接合套钻有斜孔，内装弹簧11，把钢球10顶向定位销中部的环槽，使接合套处于空档位置，定位销随接合套能轴向移动。定位销两端伸入两锥环3内侧面的弧线形浅坑中，定位销与浅坑有周向间隙，锥环相对接合套在一定范围内进行周向摆动。锁销中部环槽的两端和接合套相应孔两端切有相同的倒角；锁销与孔对中时，接合套才能沿锁销轴向移动；锁销两端铆接在锥环相应的孔中。两个锥环、三个锁销、三个定位销和接合套构成一个部件，套在花键毂9的齿圈上。

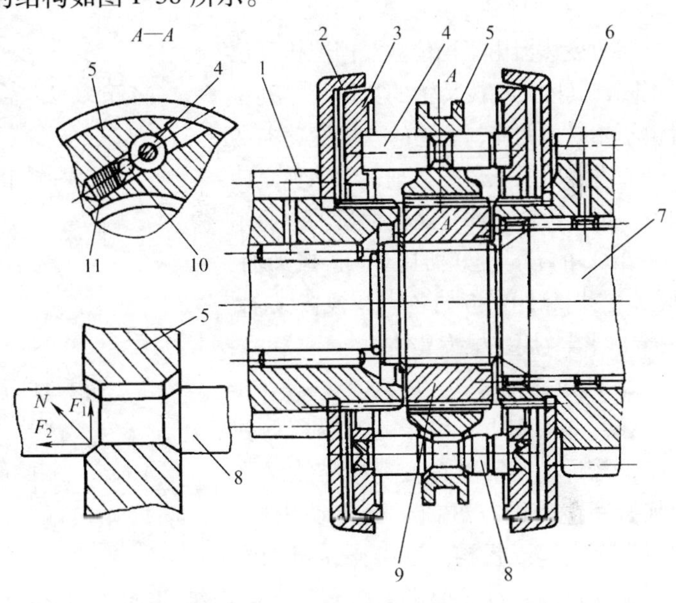

图1-38 锁销式惯性同步器

1——轴齿轮 2—摩擦锥盘 3—摩擦锥环 4—定位销 5—接合套 6—二轴四档齿轮 7—二轴 8—锁销 9—花键毂 10—钢球 11—弹簧

锁销式惯性同步器的工作原理与锁环式惯性同步器类似。

换档时接合套受到拨叉的轴向推力作用，通过钢球10、定位销4推动摩擦锥环3向前移动。因摩擦锥环与锥盘有转速差，故接触后的摩擦作用使锥环和锁销相对于接合套转过一个角度，锁销与接合套上相应孔的中心线不再同心，锁销中部倒角与接合套孔端的锥面相抵触，在同步前，作用在摩擦面的摩擦力矩总大于拨销力矩，接合套被锁止不能前移，防止在同步前接合套与齿圈进入啮合。同步后摩擦力矩消失，拨销力矩使锁销、摩擦锥盘和相应的齿轮相对于接合套转过一个角度，锁销与接合套的相应孔对中，接合套克服弹簧11的张力

压下钢球并沿锁销向前移动，完成换档。

（四）手动变速器的操纵机构

手动变速器操纵机构功用是保证驾驶人能准确可靠地将变速器挂入所需要的档位，并可随时退至空档。

变速器操纵机构按照变速杆位置的不同，可分为直接操纵式和远距离操纵式两种类型。

1. 直接操纵式

这种形式的变速器布置在驾驶人座椅附近，变速杆由驾驶室底板伸出，驾驶人可以直接操纵，多用于发动机前置后轮驱动的车辆。如图1-39所示，解放CA1091中型货车六档变速器操纵机构就采用这种形式。

各种变速器由于档位数及档位排列位置不同，其拨叉和拨叉轴的数量及排列位置也不相同。例如，上述的六档变速器的六个前进档用了三根拨叉轴，倒档独立使用了一根拨叉轴，共有四根拨叉轴；而东风EQ1092的五档变速器具有三根拨叉轴，其二、三档和四、五档各占一根拨叉轴，一档和倒档共用一根拨叉轴。

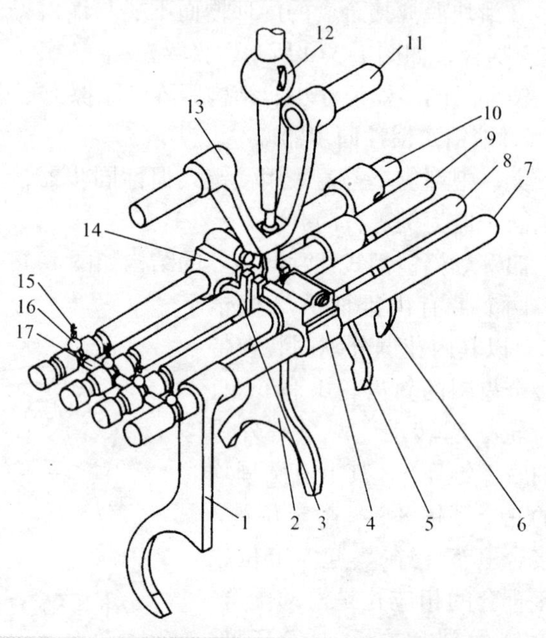

图1-39 解放CA1091中型货车六档变速器直接操纵式操纵机构

1—五、六档拨叉 2—三、四档拨叉 3—一、二档拨块 4—五、六档拨块 5—一、二档拨叉 6—倒档拨叉 7—五、六档拨叉轴 8—三、四档拨叉轴 9—一、二档拨叉轴 10—倒档拨叉轴 11—换档轴 12—变速杆 13—叉形拨杆 14—倒档拨块 15—自锁弹簧 16—自锁钢球 17—互锁销

2. 远距离操纵式

在有些汽车上，由于变速器离驾驶人座位较远，则需要在变速杆与拨叉之间加装一些辅助杠杆或一套传动机构，构成远距离操纵机构。这种操纵机构多用于发动机前置前轮驱动的轿车，如桑塔纳2000轿车的五档手动变速器，由于其变速器安装在前驱动桥处，远离驾驶人座椅，需要采用这种操纵方式，如图1-40所示。

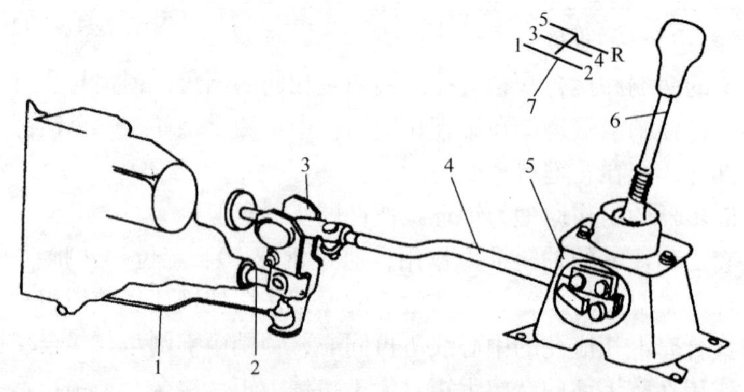

图1-40 桑塔纳2000轿车五档手动变速器的远距离操纵机构

1—支撑杆 2—内换档杆 3—换档杆接合器 4—外换档杆 5—换档手柄座 6—变速杆 7—换档标记

而在变速器壳体上具有类似于直接操纵式的内换档机构，如图 1-41 所示。

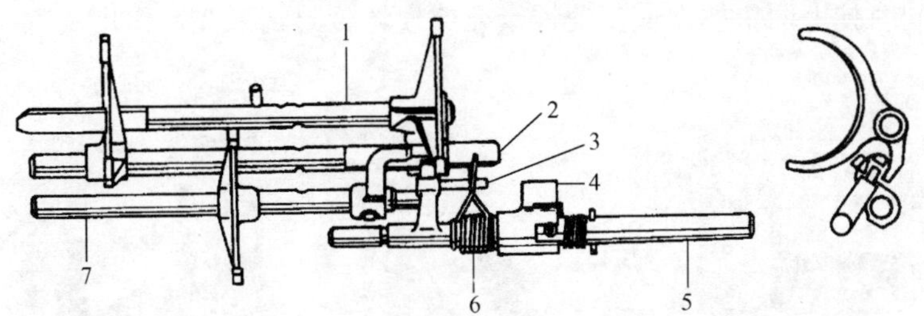

图 1-41　桑塔纳 2000 轿车五档手动变速器的内换档机构

1—五挡、倒档拨叉轴　2—三、四档拨叉轴　3—定位拨销　4—倒档保险挡块　5—内换档杆　6—定位弹簧　7—一、二档拨叉轴

远距离操纵机构也可以用两根推拉索将驾驶人的换档动作传到变速器，如图 1-42 所示。这种机构通过变速杆下方的机构，用一根推拉索传递变速杆的前后拨动运动，用另一根推拉索传递变速杆的左右摆动运动，从而操纵变速器实现换档。

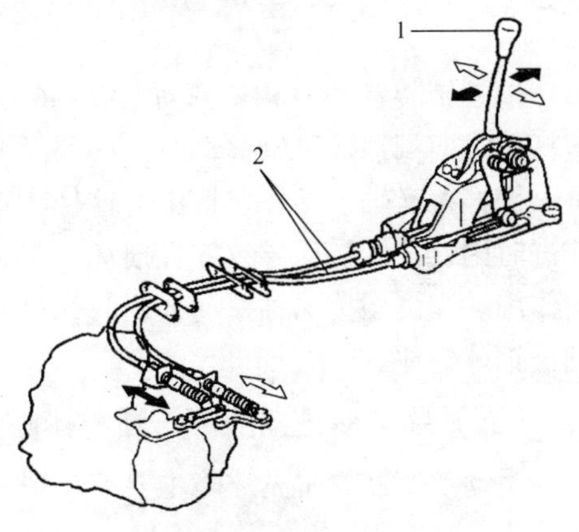

图 1-42　推拉索式远距离操纵机构

1—变速杆　2—推拉索

另外，有些轿车和轻型货车的变速器，将变速杆安装在转向柱管上，如图 1-43 所示，因此，在变速杆与变速器之间也是通过一系列的传动件进行传动，这也是远距离操纵方式。它具有变速杆占据驾驶室空间小，乘坐方便等优点。

3. 换档锁装置

为了保证变速器在任何情况下都能准确、安全、可靠地工作，变速器操纵机构一般都具有换档锁装置，包括自锁装置、互锁装置和倒档锁装置。

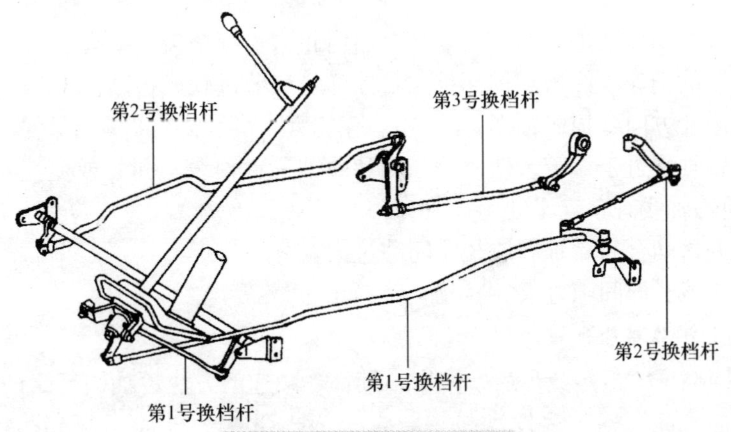

图 1-43　柱式换档操纵机构

自锁装置的结构原理如图 1-44 所示。换档拨叉轴上方有 3 个凹坑，上面有被弹簧压紧的钢珠，当拨叉轴位置处于空档或某一档位置时，钢珠压在凹坑内，起到了自锁作用。

互锁装置的结构原理如图 1-45 所示。当中间拨叉轴移动挂档时，另外两个拨叉轴被钢球锁住，防止同时挂上两个档而使变速器卡死或损坏，起到了互锁作用。

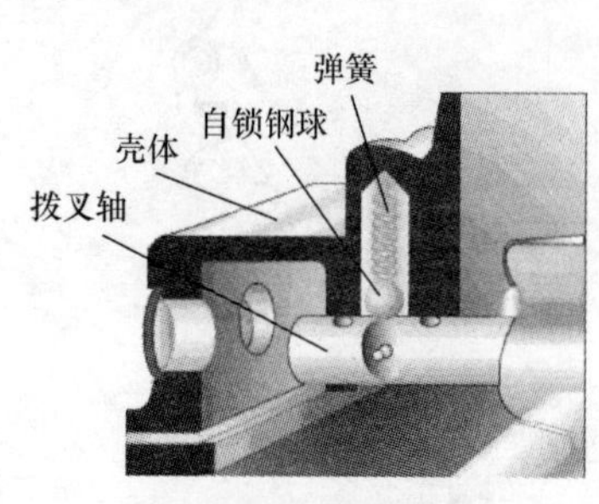

图 1-44 自锁装置

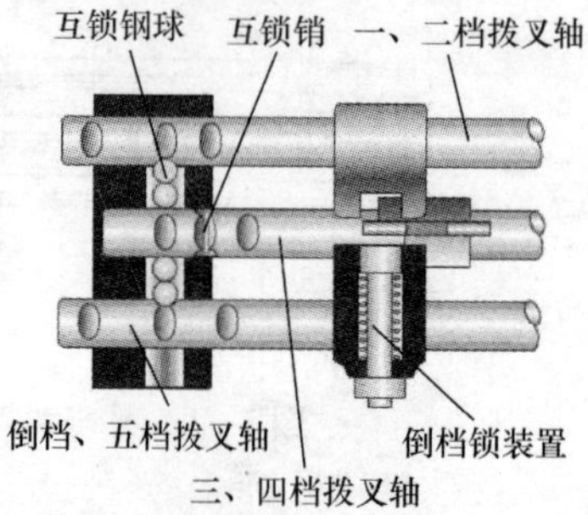

图 1-45 互锁装置

倒档锁装置的结构原理如图 1-46 所示。当变速杆下端向倒档拨叉轴移动时，必须压缩弹簧才能进入倒档拨叉轴上的拨块槽中。这样防止了在汽车前进时因误挂倒档而导致零件损坏，起到了倒档锁的作用。当倒档拨叉轴移动挂档时，另外两个拨叉轴被钢球锁住。

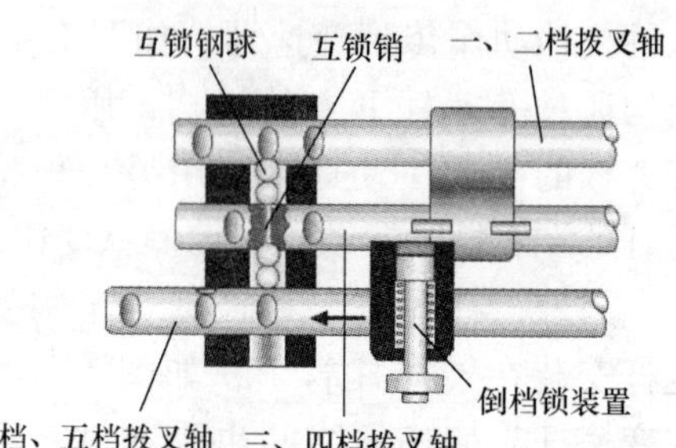

图 1-46 倒档锁装置

（五）手动变速器故障诊断与排除

手动变速器的常见故障主要有跳档、乱档、挂档困难、异响等。

1. 跳档

（1）故障现象

汽车在加速、减速、爬坡或汽车剧烈振动时，变速杆自动跳回空档位置。

（2）故障原因

1）自锁装置的钢球未进入凹槽内或挂档后齿轮未达到全齿长啮合。

2）自锁装置的钢球或凹槽磨损严重，自锁弹簧疲劳过软或折断。

3）齿轮沿齿长方向磨损成锥形。

4）一、二轴轴承过于松旷，使一、二轴和曲轴三者轴线不同心或变速器壳与离合器壳接合平面相对曲轴轴线有垂直变动。

5）二轴上的常啮合齿轮轴向或径向间隙过大。

6）各轴轴向或径向间隙过大。

（3）故障诊断与排除

先确知跳档档位：走热全车后，采用连续加、减速的方法逐档进行路试便可确定。

将变速杆挂入跳档档位，发动机熄火，小心拆下变速器盖，观察跳档齿轮的啮合情况。

1）未达到全长啮合，则故障由此引起。

2）达到全长啮合，应继续检查。

3）检查啮合部位磨损情况：磨损成锥形，则故障可能由此引起。

4）检查二轴上该档齿轮和各轴的轴向和径向间隙，间隙过大，则故障可能由此引起。

5）检查自锁装置，若自锁装置的止动阻力很小，甚至手感钢球未插入凹槽（把变速器盖夹在台虎钳上，用手摇动变速杆），则故障为自锁效能不良；否则，故障为离合器壳与变速器接合平面与曲轴轴线垂直变动等引起。

2. 乱档

（1）故障现象

在离合器技术状况正常的情况下，变速器同时挂上两个档，或挂需要档位时结果挂入别的档位。

（2）故障原因

1）互锁装置失效：如拨叉轴、互锁销或互锁钢球磨损过甚等。

2）变速杆下端弧形工作面磨损过大或拨叉轴上拨块的凹槽磨损过大。

3）变速杆球头定位销折断或球孔、球头磨损过于松旷。

总之，乱档的主要原因是变速器操纵机构失效。

（3）故障诊断与排除

1）挂需要档位时，结果挂入了别的档位：摇动变速杆，检查其摆转角度，若超出正常范围，则故障由变速杆下端球头定位销与定位槽配合松旷或球头、球孔磨损过大引起。变速杆摆转360°，则为定位销折断。

2）如摆转角度正常，仍挂不上或摘不下档，则故障由变速杆下端从凹槽中脱出引起（脱出的原因是下端弧形工作面磨损或导槽磨损）。

3）同时挂入两个档：故障由互锁装置失效引起。

3. 挂档困难

（1）故障现象

离合器技术状况良好，但挂档时不能顺利挂入档位，常发生齿轮撞击声。

（2）故障原因

1）同步器故障。

2）拨叉轴弯曲、锁紧弹簧过硬、钢球损伤等。

3）一轴花键损伤或一轴弯曲。

4）齿轮油不足或过量、齿轮油不符合规格。

（3）故障诊断与排除

1）检查同步器是否散架、锥环内锥面螺旋槽是否磨损、滑块是否磨损、弹簧弹力是否过软等。

2）如果同步器正常，检查一轴是否弯曲、花键是否磨损严重。

3）检查拨叉轴是否移动正常。

4. 变速器异响

（1）故障现象

变速器异响是指变速器工作时发出的不正常的响声。

(2) 故障原因

1）齿轮异响。齿轮磨损过甚变薄，间隙过大，运转中有冲击；齿面啮合不良，如修理时没有成对更换齿轮。新、旧齿轮搭配，齿轮不能正确啮合；齿面有金属疲劳剥落或个别齿损坏折断；齿轮与轴上的花键配合松旷，或齿轮的轴向间隙过大；轴弯曲或轴承松旷引起齿轮啮合间隙改变。

2）轴承响。轴承磨损严重；轴承内（外）座圈与轴颈（孔）配合松动；轴承滚珠碎裂或有烧蚀麻点。

3）其他原因发响。如变速器内缺油，润滑油过稀、过稠或质量变坏；变速器内掉入异物；某些紧固螺栓松动；里程表软轴或里程表齿轮发响等。

(3) 故障诊断与排除

1）变速器发出金属干摩擦声，即为缺油和油的质量不好。应加油和检查油的质量，必要时更换。

2）行驶时换入某档若响声明显，即为该档齿轮轮齿磨损；若发生周期性的响声，则为个别齿损坏。

3）空档时响，而踏下离合器踏板后响声消失，一般为一轴前、后轴承或常啮合齿轮响；如换入任何档都响，多为二轴后轴承响。

4）变速器工作时发生突然撞击声，多为轮齿断裂，应及时拆下变速器盖检查，以防机件损坏。

5）行驶时，变速器只有在换入某档时齿轮发响，在上述完好的前提下，应检查啮合齿轮是否搭配不当，必要时应重新装配一对新齿轮。此外，也可能是同步器齿轮磨损或损坏，应视情况修复或更换。

6）换档时齿轮互相撞击而发响，则可能是离合器不能分离或离合器踏板行程不正确、同步器损坏、怠速过大、变速杆调整不当或导向衬套紧等。遇到这种情况，先检查离合器能否分离，再分别调整怠速或变速杆位置，检查导向衬套与分离轴承配合的松紧度。

如经上述检查排除后，变速器仍发响，应检查各轴轴承与轴孔配合情况、轴承本身的技术状态等；如轴承处完好，再查看里程表软轴及齿轮是否发响，必要时予以修理或更换。

5. 变速器漏油

(1) 故障现象

变速器周围出现齿轮润滑油，变速器齿轮箱的油量减少，则可判断为润滑油泄漏。

(2) 故障原因及排除方法

1）润滑油选用不当，产生过多泡沫，或润滑油量太多，此时需更换润滑油或调节润滑油。

2）侧盖太松，密封垫损坏，油封损坏，密封和油封损坏，应更换新件。

3）放油塞和变速器箱体及盖的固定螺栓松动，应按规定力矩拧紧。

4）变速器壳体破裂或延伸壳油封磨损而引起的漏油，必须更换。

5）里程表齿轮限位器松脱破损，必须锁紧或更换；变速杆油封漏油应更换油封。

（六）手动变速器主要零部件检修

丰田卡罗拉轿车手动变速器输入轴和输出轴零件分解如图 1-47 和图 1-48 所示。

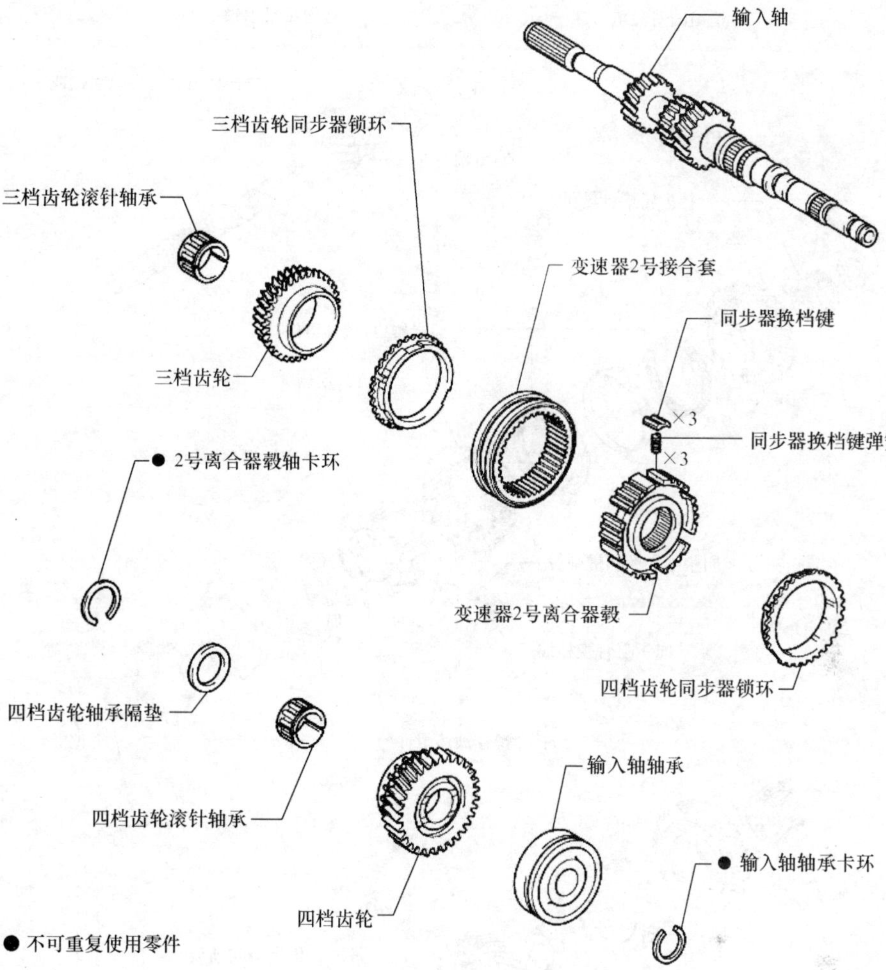

输入轴
三档齿轮同步器锁环
三档齿轮滚针轴承
变速器2号接合套
同步器换档键
三档齿轮
×3
同步器换档键弹簧
×3
● 2号离合器毂轴卡环
变速器2号离合器毂
四档齿轮同步器锁环
四档齿轮轴承隔垫
输入轴轴承
四档齿轮滚针轴承
● 输入轴轴承卡环
四档齿轮
● 不可重复使用零件

图 1-47 输入轴零件分解图

1. 输入轴的检查

1）如图 1-49 所示，用百分表和两个 V 形架测量轴的径向圆跳动（最大径向圆跳动：0.015mm），如果径向圆跳动超过最大值，更换输入轴。

2）如图 1-50 所示，用千分尺在所示位置测量输入轴轴颈表面的外径，外径标准值见表 1-5。如果外径小于最小值，更换输入轴。

2. 输出轴的检查

1）如图 1-51 所示，用百分表和 2 个 V 形架测量轴的径向圆跳动（最大径向圆跳动：0.015mm）。

> **提示：** 如果径向圆跳动超过最大值，更换输出轴。

2）如图 1-52 所示，用千分尺在所示位置测量输出轴轴颈表面的外径（标准外径：部位 A 为 31.985 ~ 32.000mm，部位 B 为 37.985 ~ 38.000mm）。如果外径小于最小值，更换输出轴。

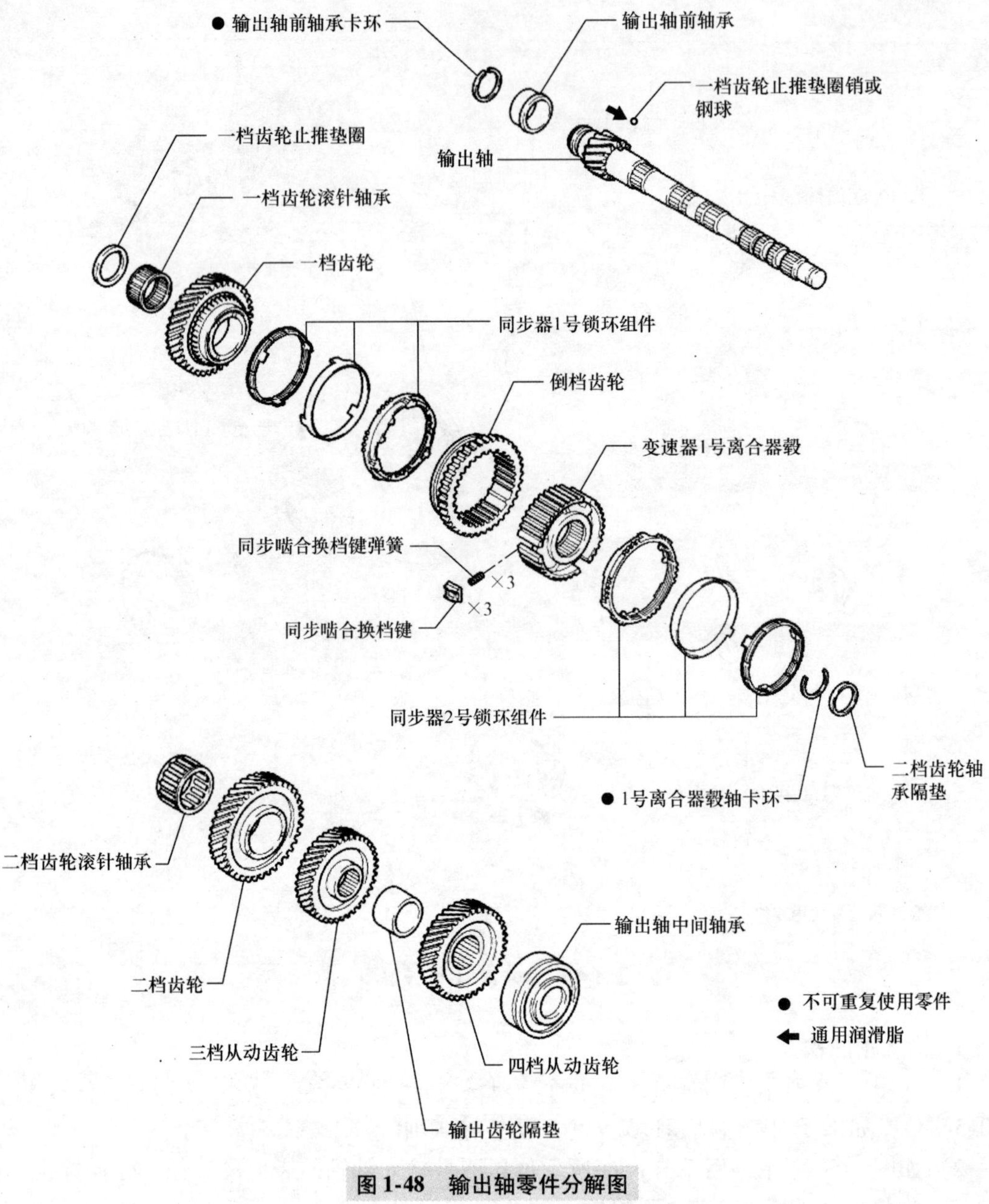

● 输出轴前轴承卡环
输出轴前轴承
一档齿轮止推垫圈销或钢球
一档齿轮止推垫圈
输出轴
一档齿轮滚针轴承
一档齿轮
同步器1号锁环组件
倒档齿轮
变速器1号离合器毂
同步啮合换档键弹簧
×3
×3
同步啮合换档键
同步器2号锁环组件
二档齿轮轴承隔垫
● 1号离合器毂轴卡环
二档齿轮滚针轴承
输出轴中间轴承
二档齿轮
● 不可重复使用零件
← 通用润滑脂
三档从动齿轮
四档从动齿轮
输出齿轮隔垫

图 1-48　输出轴零件分解图

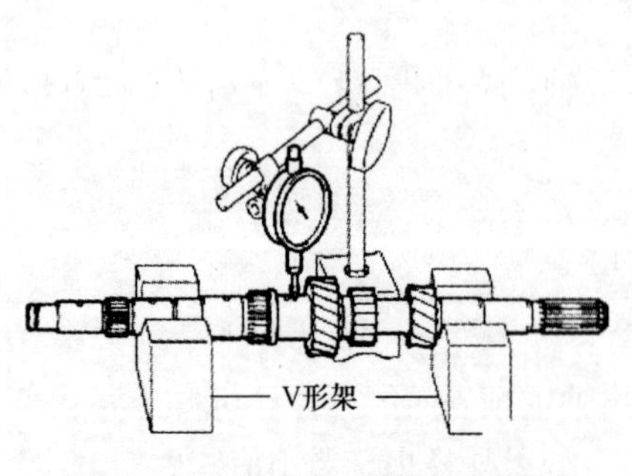

图 1-49　测量轴的径向圆跳动

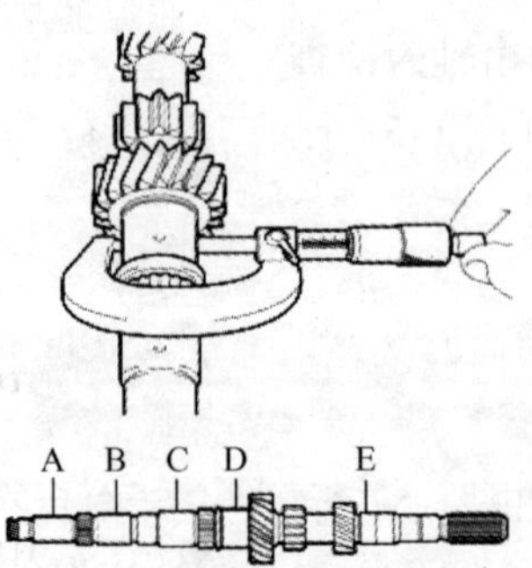

图 1-50　测量输入轴轴颈表面外径

表 1-5 外径标准值

零部件	新轴/mm	最小外径/mm	零部件	新轴/mm	最小外径/mm
A	21.991～22.006	21.991	D	30.985～31.000	30.985
B	24.885～24.900	24.885	E	24.985～25.000	24.985
C	28.991～29.006	28.991			

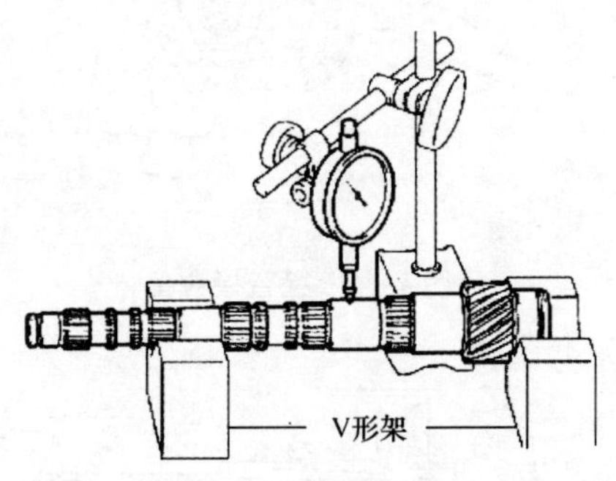

图 1-51 测量轴的径向圆跳动

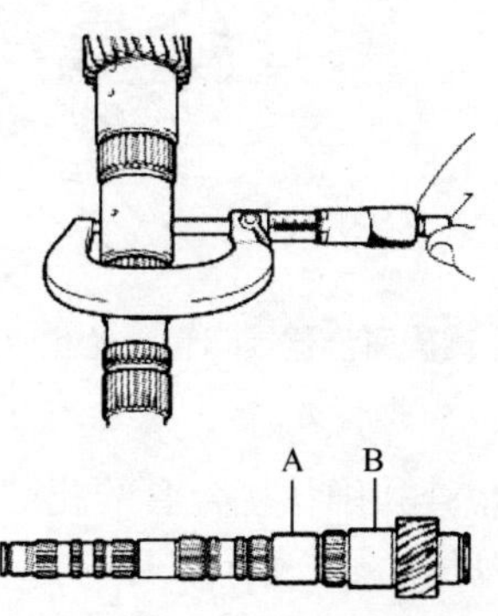

图 1-52 测量输出轴轴颈表面外径

3. 齿轮的检查

如图 1-53 所示，用量缸表测量齿轮的内径，如果内径超过最大值，则更换齿轮（以输入轴四档齿轮为例：新齿轮内径为 34.015～34.031mm，最大内径为 34.031mm）。

4. 同步器锁环的检查

1）检查磨损和损坏情况。

2）在齿轮锥上涂抹齿轮油。

3）将同步器锁环推向齿轮锥的同时使其沿一个方向转动，如图 1-54 所示。

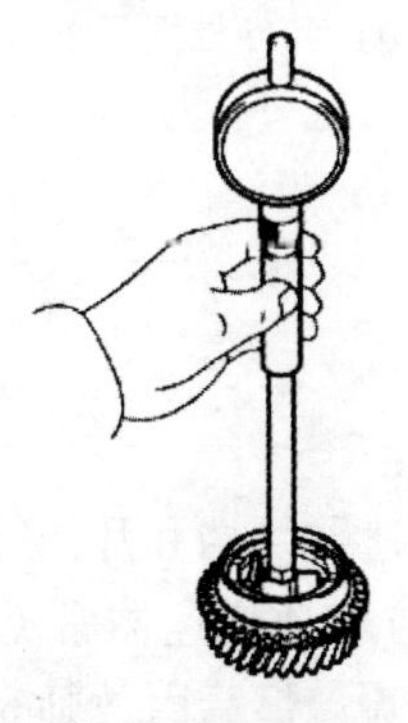

图 1-53 齿轮的检查

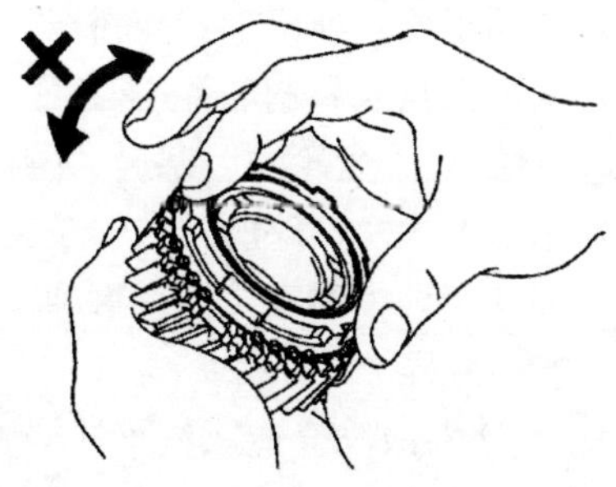

图 1-54 检查同步器锁环

4）检查并确认锁环锁止。如果同步器锁环未锁止，更换锁环或齿轮。

5）如图 1-55 所示，用塞尺测量同步器锁环和齿轮花键端部之间的间隙（例：四档同步器标准间隙为 0.75～1.65mm）。如果间隙超出规定范围，更换同步器锁环。

5. 接合套的检查

1）如图1-56所示，检查变速器花键毂和接合套间的滑动情况。

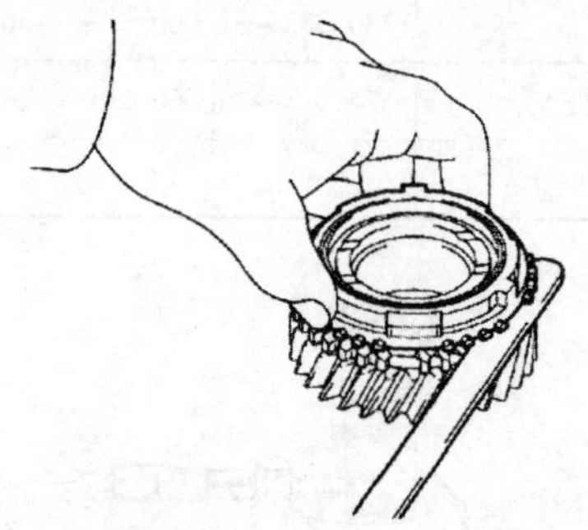

图1-55　测量同步器锁环和齿轮花键端部的间隙

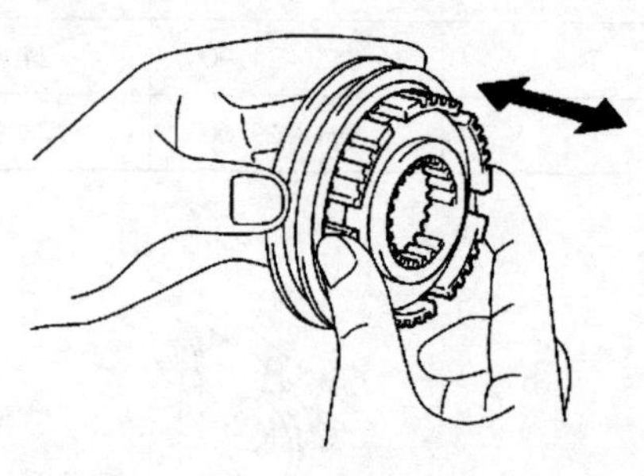

图1-56　检查接合套

2）检查并确认接合套的花键齿轮边缘未磨掉。

3）如图1-57所示，用游标卡尺测量接合套凹槽宽度（B）和换档拨叉卡爪部分的厚度（A），并计算间隙（例：变速器2号接合套标准间隙 $= B - A = 0.15 \sim 0.35$mm）。如果间隙超出规定范围，更换接合套和换档拨叉。

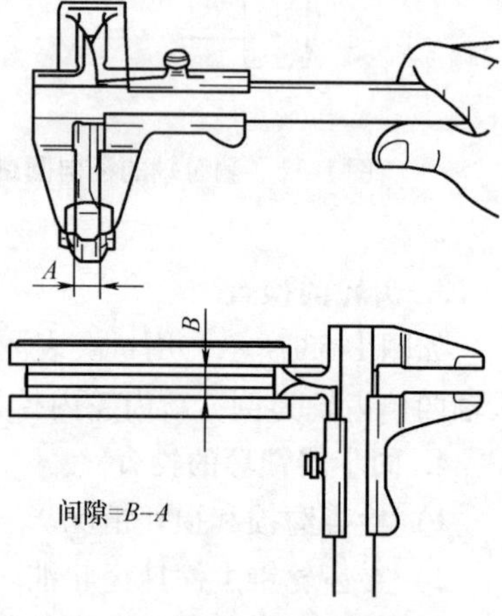

图1-57　测量接合套凹槽宽度（B）和换档拨叉卡爪部分厚度（A）

三、实训内容

案例导入：一辆卡罗拉轿车，该车挂四档时不能顺利挂入档位，常发生齿轮撞击声，其他档位正常。经检查确认离合器技术状况良好，需对手动变速器进行检修。

1、实训准备

1）实训车辆：丰田卡罗拉轿车。

2）实训工具及器材：组合工具、百分表、V形架、千分尺、量缸表、齿轮油、塞尺、游标卡尺等。

3）掌握本次实训课所用仪器及设备的使用方法。

4）强调实训中的安全注意事项。

2、实训流程

手动变速器故障会造成汽车挂档困难，变速器异响，变速器跳档和乱档等现象。实训教师可根据实训条件对手动变速器进行检测。然后设置一些与手动变速器常见故障相关的故障，在实训教师的监督下，由学生独立完成故障的诊断与排除；最后由教师充当客户模拟一个或几个故障场景，让学生分别扮演维修工对客户进行故障诊断的说明。

（1）让学生分析并说出检查步骤和方法

1）检查变速器输入轴、输出轴。

2）检查变速器齿轮。

3）检查同步器组件。

(2) 学生根据下列问题，对教师进行解释并提出解决方案

1）根据检查情况，分析出可能导致上述故障的原因有哪些？

2）如何确定上述故障？

3）对检查结果进行理论分析。

3、实训记录

完成实训记录单。

【思考与练习】

1. 选择题

1）一对啮合齿轮的传动比是其从动齿轮与主动齿轮的（　　）之比。

A. 齿数　　B. 转速　　C. 角速度　　D. 圆周速度

2）目前手动变速器较多采用（　　）同步器。

A. 常压式　　B. 惯性式　　C. 自增力式　　D. 其他形式

3）汽车档位越低，（　　），获得的转矩越大。

A. 速比越小，驱动轴的转速便越低　　B. 速比越大，驱动轴的转速便越低

C. 速比越大，驱动轴的转速便越高　　D. 速比越小，驱动轴的转速便越高

4）当自锁装置失效时，手动变速器容易造成（　　）故障。

A. 乱档　　B. 跳档

C. 异响　　D. 挂档后不能退回空档

5）手动变速器是利用（　　）工作的。

A. 带传动变速原理　　B. 齿轮传动变速原理

C. 摩擦轮传动变速原理　　D. 蜗轮、蜗杆传动变速原理

6）以下手动变速器的作用中不正确的是（　　）。

A. 在一定范围内任意改变传动比　　B. 提供空档

C. 在不改变曲轴旋转方向的情况下，使汽车能倒退

D. 可以换档以改变汽车的牵引力

7）在手动变速器中有一对传动齿轮，其中主动齿轮的齿数是 A，从动轮的齿数是 B，且 A 大于 B，此传动的结果将会是（　　）。

A. 减速、减矩　　B. 减速、增矩　　C. 增速、减矩　　D. 增速、增矩

8）倒档轴的倒档惰轮的主要作用是（　　）。

A. 增加倒档变速比　　B. 减小倒档变速比

C. 改变输出轴的旋转方向　　D. 以上都不是

2. 判断题

1）变速器的档位越低，传动比越小，汽车的行驶速度越低。（　　）

2）手动变速器各档位的传动比等于该档位所有从动齿轮齿数的乘积与所有主动齿轮齿数的乘积之比。（　　）

3）同步器能够保证：变速器换档时，待啮合齿轮的圆周速度迅速达到一致，以减少冲击和磨损。（　　）

4）手动变速器自锁装置的作用是防止手动变速器同时挂进两个档。（　　）

3. 问答题

1）变速器的功用有哪些？

2）说明别克凯越轿车手动变速器各档动力传动路线。

3）同步器的作用是什么？它是如何工作的？

4）变速器操纵机构中换档锁装置有哪些，各有什么功用？

任务三 万向传动装置检修

一、任务描述

万向传动装置在汽车中应用很多。万向传动装置的结构是什么样的？它有什么功用？它是如何工作的？如何对万向传动装置进行检修？要掌握这些知识，应完成下面的学习任务：

1）万向传动装置概述。

2）万向节。

3）传动轴。

4）中间支承。

5）万向传动装置故障诊断与排除。

6）传动轴总成的检修。

二、相关知识及技能

（一）万向传动装置概述

1. 万向传动装置的功用

万向传动装置在汽车上有很多应用，结构也稍有不同，但其功用都是一样的，即在轴线相交且相互位置经常发生变化的两转轴之间传递动力。

图 1-58 所示为在汽车中最常见的应用——位于变速器与驱动桥之间的万向传动装置。由于汽车布置、设计等原因，变速器输出轴和驱动桥输入轴不可能在同一轴线上，并且变速器安装在车架（车身）上，可以认为位置是不动的，但驱动桥会由于悬架的变形而引起其位置经常发生变化，在变速器和驱动桥之间装有万向传动装置正好可以满足这些使用、设计的要求。

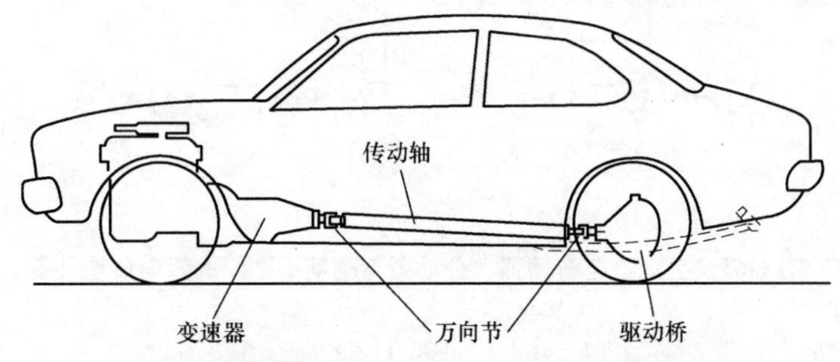

图 1-58 变速器与驱动桥之间的万向传动装置

2. 万向传动装置的组成

万向传动装置主要包括万向节和传动轴，对于传动距离较远的分段式传动轴，为了提高传动轴的刚度，还设置有中间支承，如图 1-59 所示。

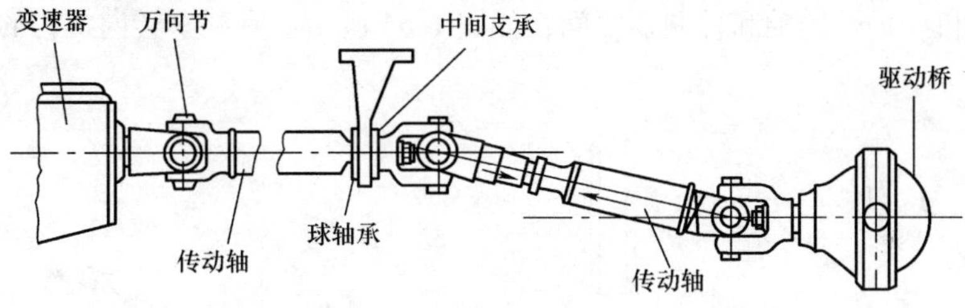

图 1-59 万向传动装置的组成

3. 万向传动装置的应用

万向传动装置在汽车上的应用主要有以下几个方面：

1）变速器与驱动桥之间（4×2 汽车），如图 1-60 所示。一般汽车的变速器、离合器与发动机三者装合为一体装在车架上，驱动桥通过悬架与车架相连。负荷变化及汽车在不平路面行驶时引起的跳动，会使驱动桥输入轴与变速器输出轴之间的夹角和距离发生变化。

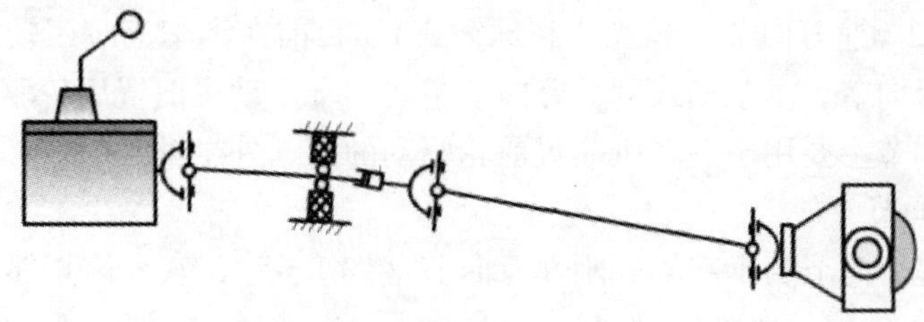

图 1-60 变速器与驱动桥之间的万向传动装置

2）变速器与分动器、分动器与驱动桥之间（越野汽车），如图 1-61 所示。为消除车架变形及制造、装配误差等引起的轴线同轴度误差对动力传递的影响，须装有万向传动装置。

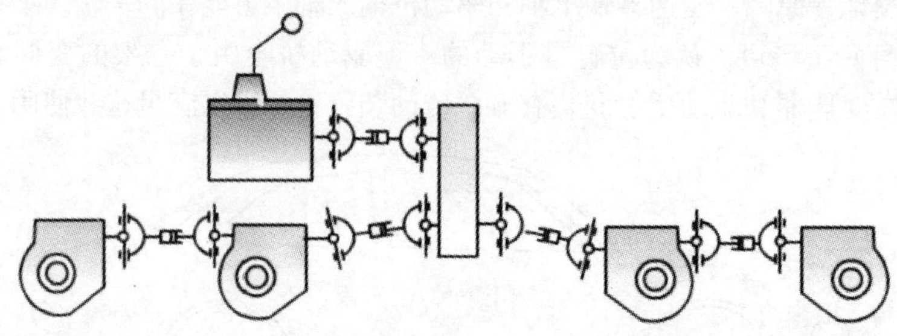

图 1-61　变速器与分动器、分动器与驱动桥之间的万向传动装置

3）转向驱动桥的内、外半轴之间，如图 1-62 所示。转向时两段半轴轴线相交且交角变化，因此要用万向节。

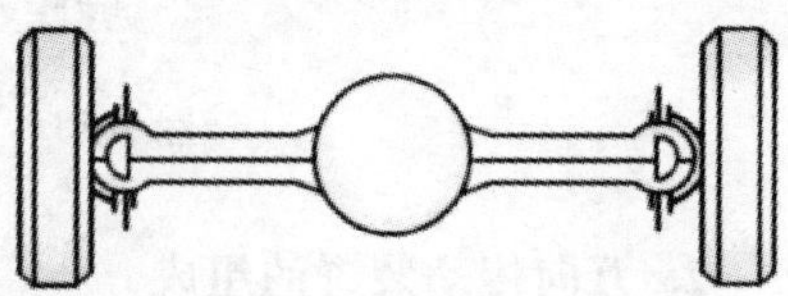

图 1-62　转向驱动桥内、外半轴之间的万向传动装置

4）断开式驱动桥的半轴之间，如图 1-63 所示。主减速器壳在车架上是固定的，桥壳上下摆动，半轴是分段的，须用万向节。

5）转向机构的转向轴和转向器之间，如图 1-64 所示。有利于转向机构的总体布置。

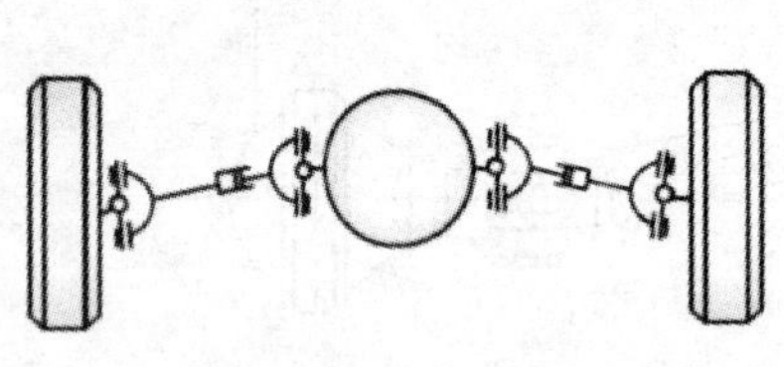

图 1-63　断开式驱动桥半轴之间的万向传动装置

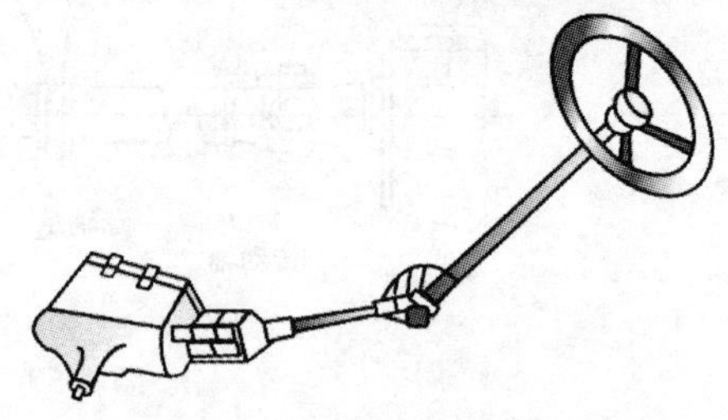

图 1-64　转向机构的转向轴和转向器之间的万向传动装置

（二）万向节

在汽车上使用的万向节可以从不同的角度分类。按其刚度大小，可分为刚性万向节和柔性万向节。刚性万向节按其速度特性分为不等速万向节（十字轴式）、准等速万向节（双联式和三销轴式）和等速万向节（球叉式和球笼式）。目前在汽车上应用较多的是十字轴式刚性万向节和等速万向节。十字轴式刚性万向节主要用于发动机前置后轮驱动的变速器与驱动桥之间，等速万向节主要用于发动机前置前轮驱动的内、外半轴之间。

1. 不等速万向节

常用的不等速万向节为十字轴式刚性万向节（图 1-65），它允许相邻两轴的最大交角为 15°～20°。

十字轴式刚性万向节主要由十字轴、万向节叉等组成。万向节叉上的孔分别套在十字轴的四个轴颈上。在十字轴轴颈与万向节叉孔之间装有滚针和套筒，用带有锁片的螺钉和轴承盖使之轴向定位。为了润滑轴承，十字轴内钻有油道，且与油嘴、安全阀相通（图 1-66）。为避免润滑油流出及尘垢进入轴承，十字轴轴颈的内端套装有油封。安全阀的作用是，当十字轴内腔润滑脂压力超过允许值时，阀打开润滑脂外溢，使油封不会因油压过高而损坏。现代汽车多采用橡胶油封，多余的润滑油从油封内圆表面与十字轴轴颈接触处溢出，故无需安装安全阀。

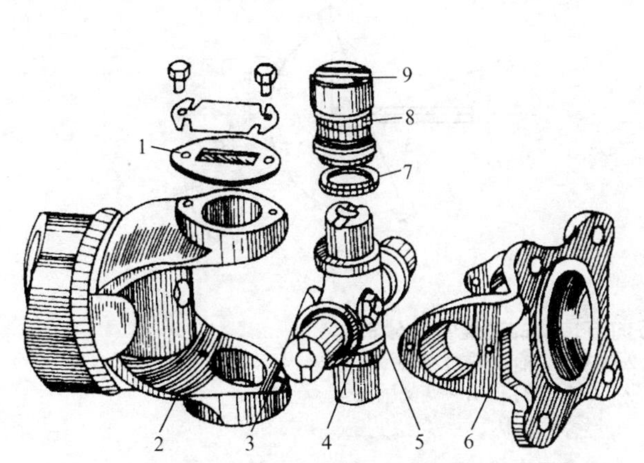

图 1-65 十字轴式刚性万向节

1—轴承盖 2、6—万向节叉 3—油嘴 4—十字轴 5—安全阀 7—油封 8—滚针 9—套筒

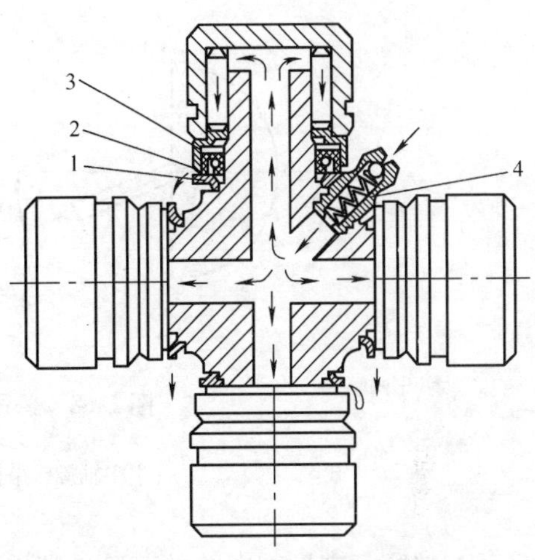

图 1-66 润滑油道及密封装置

1—油封挡盘 2—油封 3—油封座 4—油嘴

万向节轴承的常见定位方式除了用盖板定位外，还有用内、外弹性卡环进行定位的。

单个十字轴式刚性万向节在主动轴和从动轴之间有夹角的情况下，当主动叉等角速转动时，从动叉是不等角速的，这称为十字轴式刚性万向节的不等速特性。对于十字轴式刚性万向节来说两转轴之间的夹角越大，不等速性就越大。图 1-67 所示为传动轴每转一圈时速度变化情况。

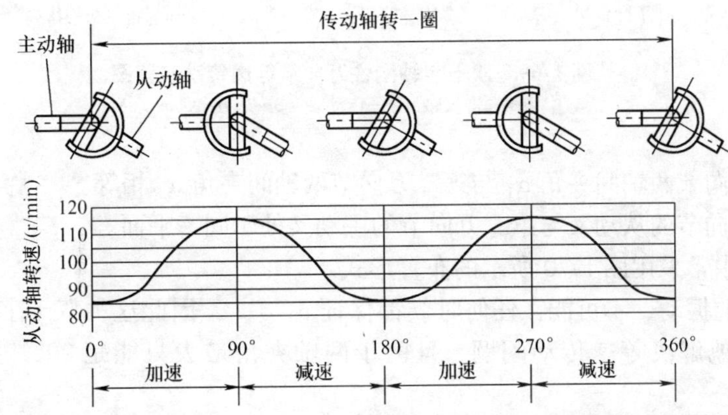

图 1-67 十字轴式刚性万向节的不等速特性（主动轴转速为 100r/min 时）

如图1-68所示，设主动叉轴1以等角速 ω_1 旋转，两叉夹角为 α。当十字轴式刚性万向节的主动叉轴1以等角速度从图1-68a转到图1-68b位置时，从动叉轴2的角速度 ω_2 由最大值变至最小值。主动叉轴1再转90°，从动叉轴2的角速度 ω_2 又由最小值变至最大值，即从动叉轴2的角速度变化周期为180°，在一圈内有两快两慢。同时，从动叉轴2不等速程度随轴间夹角 α 的加大而加大，而主、从动轴的平均转速是相等的，即主动轴转一圈，从动轴也转一圈。所谓“传动的不等速性”是指从动轴在转动一周内其角速度不均匀而言的。

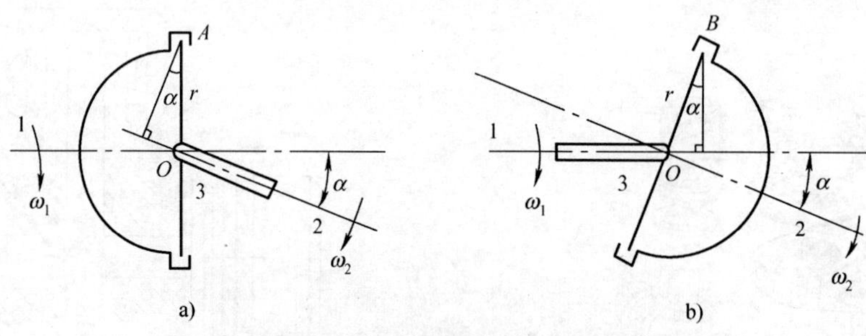

图1-68 普通万向节传动的速度特性分析

1—主动叉轴 2—从动叉轴 3—十字轴

r—十字轴旋转半径（$r=OA=OB$） α—两叉轴夹角

十字轴式刚性万向节的不等速特性将使从动轴及其相连的传动部件产生扭转振动，从而产生附加的交变载荷，影响部件寿命。可以采用图1-69所示的双十字轴刚性万向节的传动方式，第一万向节的不等速特性可以被第二万向节的不等速特性所抵消，从而实现两轴间的等角速传动。具体条件如下：

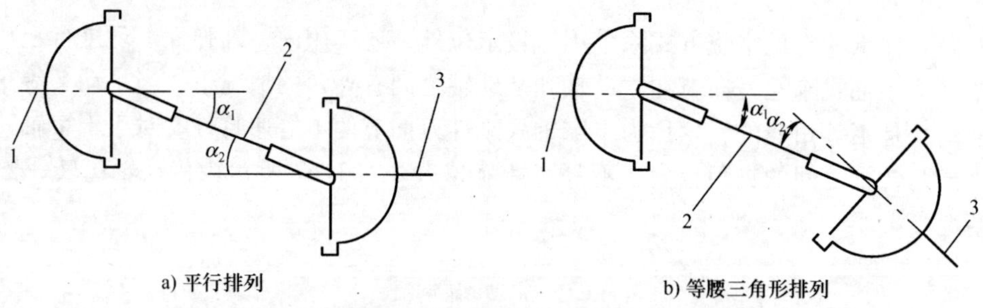

图1-69 双十字轴刚性万向节等速传动布置图

1—输入轴 2—传动轴 3—输出轴

① 第一万向节两轴间夹角 α_1 与第二万向节两轴间夹角 α_2 相等。

② 第一万向节的从动叉与第二万向节的主动叉处于同一平面。

实际运用中常采用图1-70所示的布置形式。

由于悬架的振动，不可能在任何时候都保证 $\alpha_1=\alpha_2$，因此这种双十字轴刚性万向节的传动只能近似地解决等速传动问题，且由于两轴夹角最大只能是20°，因此使用上受到限制。

2. 等速万向节

等速万向节的基本原理是传力点永远位于两轴交点的平分面上，如图1-71所示。一对大小相同锥齿轮的接触点 P 位于两齿轮轴线交角的平分面上，由 P 点到两轴的垂直距离都等于 r。P 点处两齿轮的圆周速度相等，两齿轮的角速度也相等。可见，若万向节的传力点在其交角变化时，始终位于两轴夹角的平分面上，就能保证等速传动。

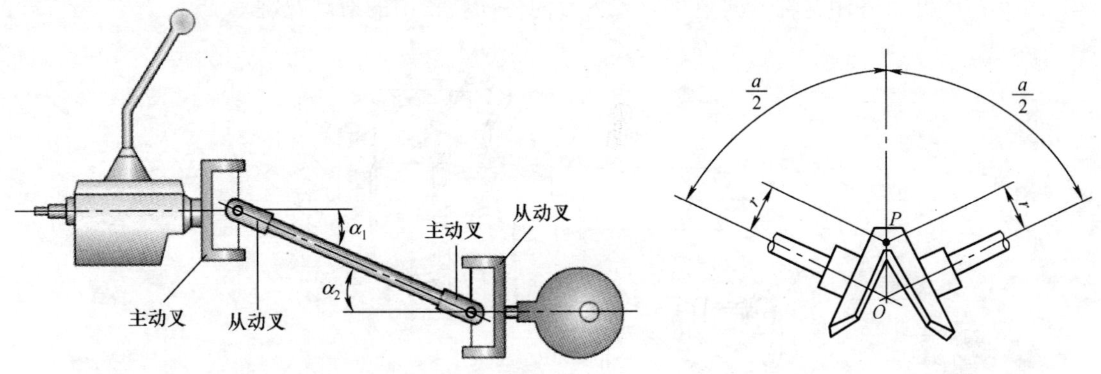

图 1-70 双十字轴刚性万向节等速传动布置图

图 1-71 等速万向节的工作原理

(1) 球叉式等速万向节

球叉式万向节的结构如图 1-72 所示，它是由主动叉、从动叉、四个传动钢球、中心钢球、定位销、锁止销组成。主动叉与从动叉分别与内、外半轴制成一体。在主、从动叉上，分别有四个曲面凹槽，装配后，则形成两个相交的环形槽，作为钢球滚道。四个传动钢球放在槽中，中心钢球放在两叉中心的凹槽内，以定中心。

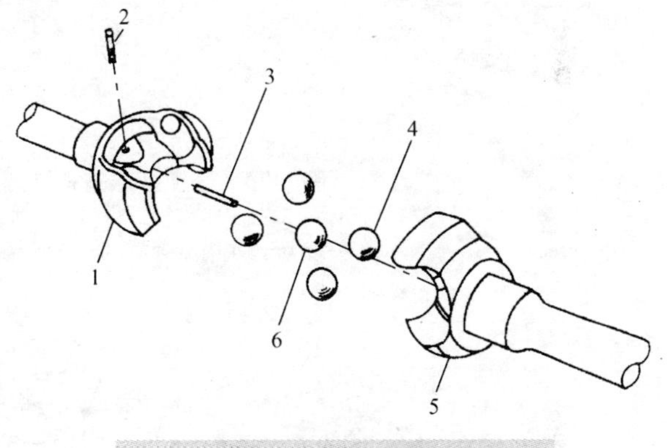

图 1-72 球叉式万向节

1—从动叉 2—锁止销 3—定位销
4—传动钢球 5—主动叉 6—中心钢球

球叉式万向节在工作的时候，只有两个钢球传力，磨损快，影响使用寿命，现在应用越来越少。

(2) 球笼式等速万向节

常见的球笼式万向节按其内、外滚道结构不同，可分为固定型球笼式等速万向节（RF 节）、伸缩型球笼式等速万向节（VL 节）和球笼式双补偿万向节等。

1）固定型球笼式等速万向节（RF 节）。固定型球笼式等速万向节由 6 个钢球、星形套、球形壳和保持架等组成，如图 1-73 所示。万向节星形套与主动轴用花键固接在一起，星形套外表面有 6 条弧形凹槽滚道，球形壳的内表面有相应的 6 条凹槽，6 个钢球分别装在各条凹槽中，由球笼使其保持在同一平面内。动力由主动轴、钢球、球形壳输出。

RF 节在工作时，6 个钢球都参与传力，故承载能力强、磨损小、寿命长。它被广泛应用于各种型号的转向驱动桥和独立悬架的驱动桥。

2）伸缩型球笼式等速万向节（VL 节）。伸缩型球笼式等速万向节的结构如图 1-74 和图 1-75 所示，其内、外滚道为圆筒形，且内、外滚道不与轴线平行，而是以相同的角度相

对于轴线倾斜着。装合后，同一周向位置内、外滚道的倾斜方向刚好相反，即对称交叉，而钢球则处于内外滚道的交叉部位。当内半轴与中半轴以任意夹角相交时，所有传动钢球都位于轴间交角的平分面上，从而实现等角速传动。在动力传递过程中，内、外球座可以沿轴向相对移动。因此，采用这种万向节可以省去万向传动装置中的滑动花键。

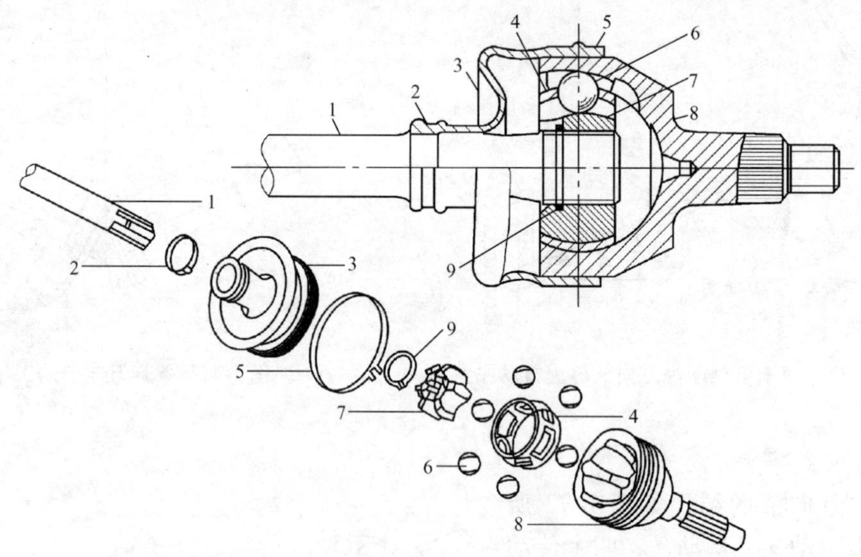

图 1-73　固定型球笼式等速万向节（RF 节）

1—主动轴　2、5—钢带箍　3—外罩　4—保持架（球笼）　6—钢球　7—星形套（内滚道）　8—球形壳（外滚道）　9—卡环

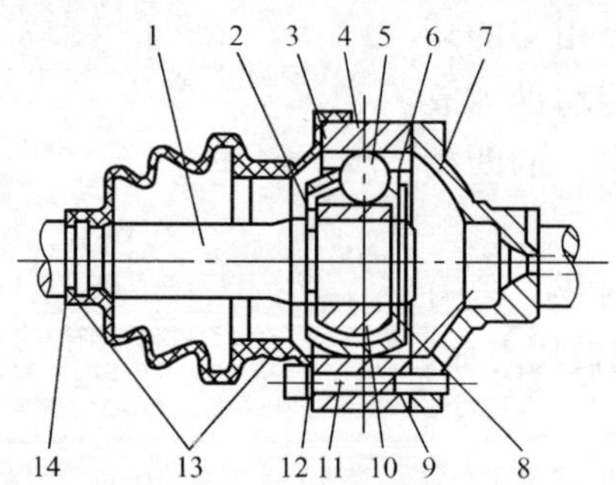

图 1-74　伸缩型球笼式等速万向节结构

1—中半轴　2—挡圈　3—外罩　4—外球座　5—钢球　6—球笼　7—内半轴　8—卡环　9—密封圈　10—内球座　11—圆头内六角头螺栓　12—锁片　13—箍带　14—防尘罩

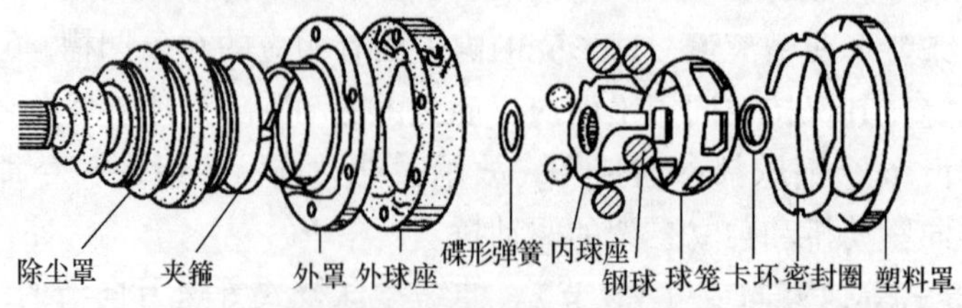

图 1-75　伸缩型球笼式等速万向节零件分解图

伸缩型球笼式等速万向节允许两轴最大交角为15°~21°，且具有轴向滑动的特性，寿命长、刚度高，不但满足了车轮转向性能的要求，还具有结构简单、尺寸小、质量轻等优点。

RF节和VL节广泛应用于采用独立悬架的轿车转向驱动桥，如红旗、桑塔纳、捷达、宝来、奥迪等轿车的前桥。其中RF节用于靠近车轮处，VL节用于靠近驱动桥处，图1-76和图1-77所示分别为桑塔纳2000传动轴示意图和零件分解图。

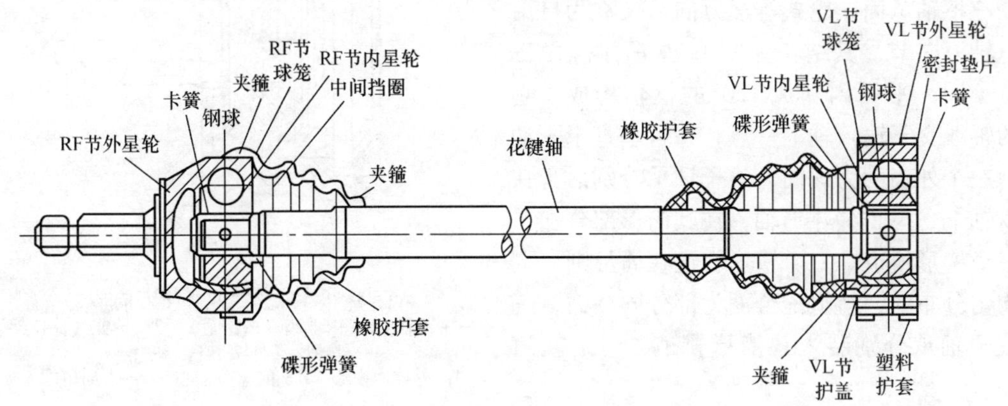

图1-76 桑塔纳2000传动轴示意图

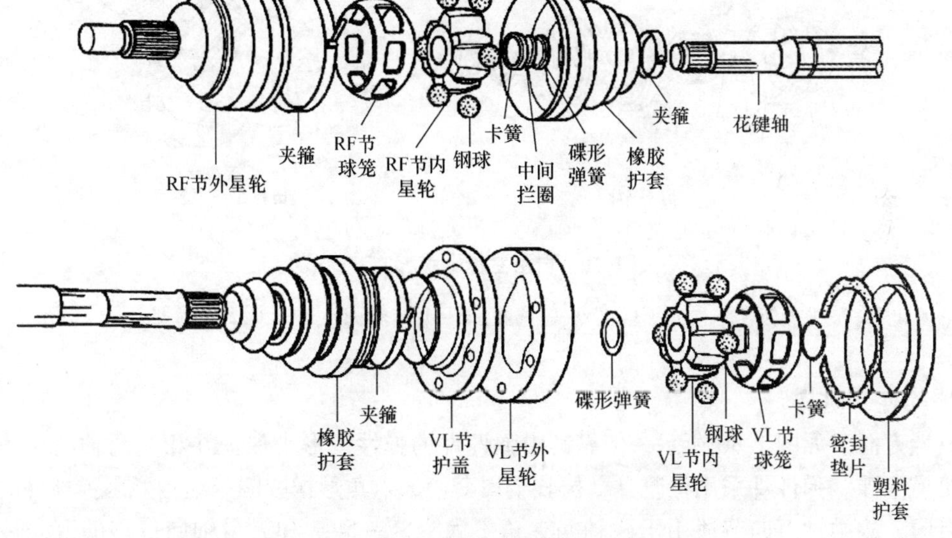

图1-77 桑塔纳2000传动轴零件分解图

3）球笼式双补偿万向节。球笼式双补偿万向节又称为球笼式万向节的滑动式，如图1-78所示。其外球座4为圆筒形，内外滚道是与轴线平行的直线凹槽（即圆筒形），在传递转矩时，内球座2与外球座4可以相对轴向移动。球笼3的内外球面在轴线方向是偏心的，内球面中心B与外球面中心A分别位于万向节中心O的两边，且$OA=OB$。同样，钢球中心C到A、B的距离相等，以保证万向节作等速传动。

同样，这种万向节能轴向相对移动，因此可省去万向传动装置中的滑动花键等伸缩机构，使结构简化，且轴向位移是通过钢球沿内、外滚道的滚动来实现，与滑动花键相比，滚动阻力小，磨损轻，寿命长，故最适用于断开式驱动桥。

（3）三枢轴球面滚轮式等速万向节

三枢轴球面滚轮式等速万向节又称为自由三枢轴万向节，其结构如图1-79所示。由三个位于同一平面内互成120°的枢轴构成，它们的轴线交于输入轴上一点，并且垂直于驱动轴。三个外表面为球面，滚子轴承分别活套在各枢轴上，一个漏斗形轴，在其筒形部分加工出三个槽形轨道。三个槽形轨道在筒形圆周上是均匀分布的，轨道配合面为部分同柱面，三个滚子轴承分别装入各槽形轨道，可沿轨道滑动。

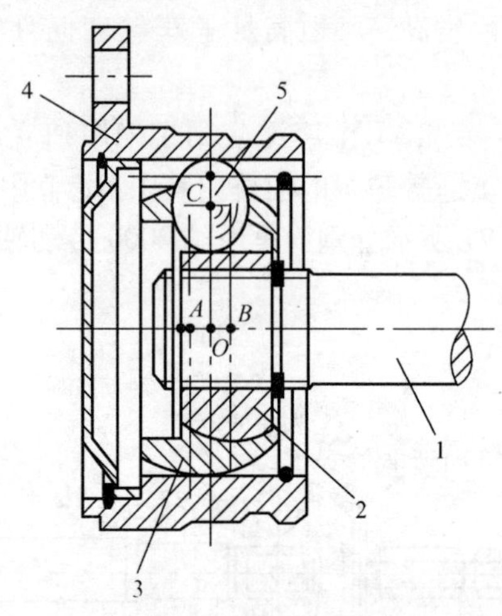

图1-78 球笼式双补偿万向节
1—主动轴 2—内球座（内滚道） 3—球笼（保持架） 4—外球座（外滚道） 5—钢球
A—外球面中心 B—内球面中心 O—万向节中心

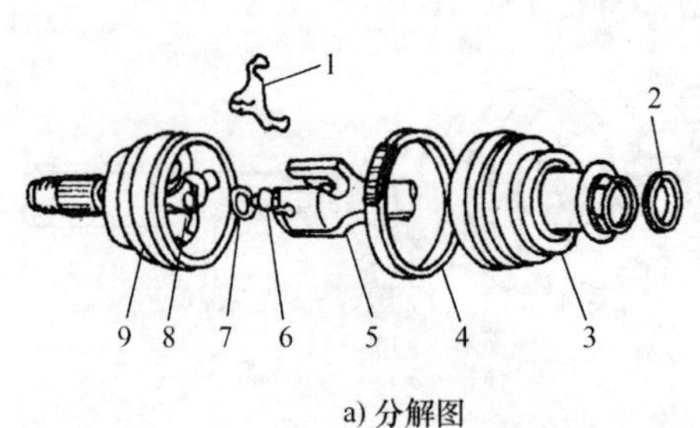

a) 分解图

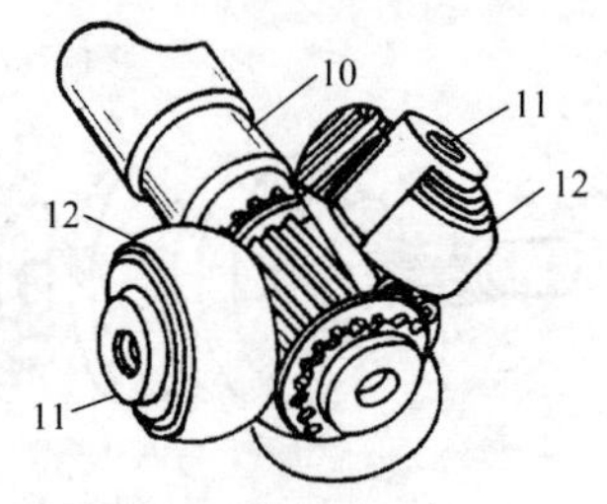

b) 自由三枢轴组件

图1-79 自由三枢轴式等速万向节
1—锁定三角架 2—橡胶紧固件 3—保护罩 4—保护罩卡箍 5—漏斗形轴 6—止推块 7—垫圈 8—三枢轴组件 9—外座圈 10—传动轴 11—枢轴 12—滚子轴承

3. 柔性万向节

柔性万向节如图1-80所示，依靠其中弹性件的弹性变形来保证在相交两轴间传动时不发生机械干涉。弹性件采用橡胶盘、橡胶金属套筒、六角形橡胶圈等结构。因弹性件的弹性变形有限，故柔性万向节适用于两轴间夹角不大（3°~5°）和微量轴向位移的万向传动装置。如有的汽车发动机与变速器之间、变速器与分动器之间装有柔性万向节，以消除制造安装误差和车架变形对传动的影响。

（三）传动轴

传动轴是万向传动装置中的主要传力部件。通常用来连接变速器（或分动器）和驱动桥，在转向驱动桥和断开式驱动桥中，则用来连接差速器和驱动车轮。

图1-81所示为传动轴的构造。传动轴有实心轴和空心轴之分。为了减轻传动轴的质量，节省材料，提高轴的强度、刚度，传动轴多为空心轴，超重型货车则直接采用无缝钢管。转

向驱动桥、断开式驱动桥或微型汽车的传动轴通常制成实心轴。传动轴两端的连接件装好后，应进行动平衡试验，在质量轻的一侧补焊平衡片，使其不平衡量不超过规定值。

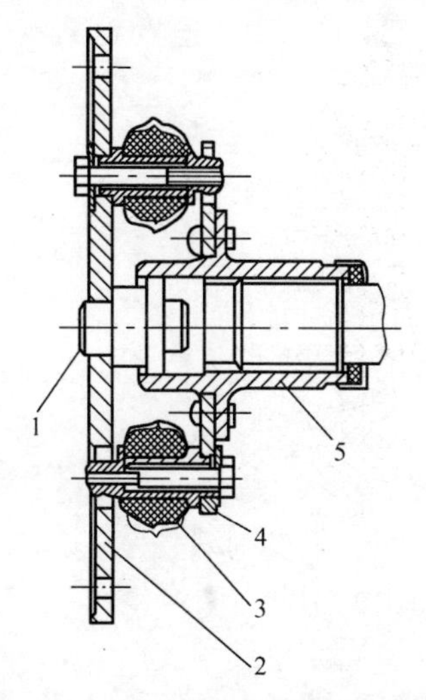

图 1-80 柔性万向节

1—中心轴 2—大圆盘 3—弹性连接件 4—连接圆盘 5—花键毂

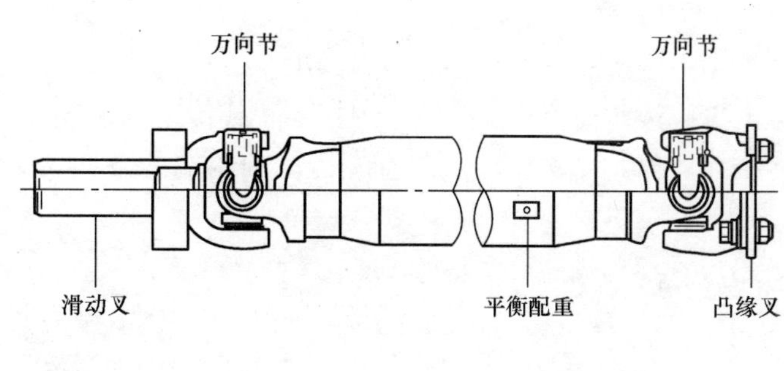

图 1-81 传动轴的构造

汽车行驶过程中，变速器与驱动桥的相对位置会发生变化，随着传动轴角度的改变，其长度也会改变，因此采用滑动叉和花键组成的滑套连接，以实现传动轴长度的变化，如图 1-82所示。

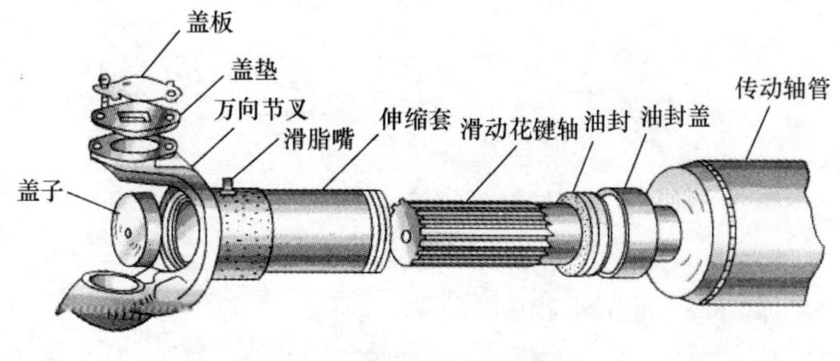

图 1-82 滑动叉的构造

（四）中间支承

传动轴分段时需加中间支承，中间支承通常装在车架横梁上，能补偿传动轴轴向和角度方向的安装误差，以及汽车行驶过程中因发动机窜动或车架变形等引起的位移。

图 1-83 所示的中间支承是由支架和轴承等组成的，轴承固定在中间传动轴后部的轴颈上。带油封的支承盖之间装有弹性元件橡胶垫环，用三个螺栓紧固。紧固时，橡胶垫环会径向扩张，其外圆被挤紧于支架的内孔。

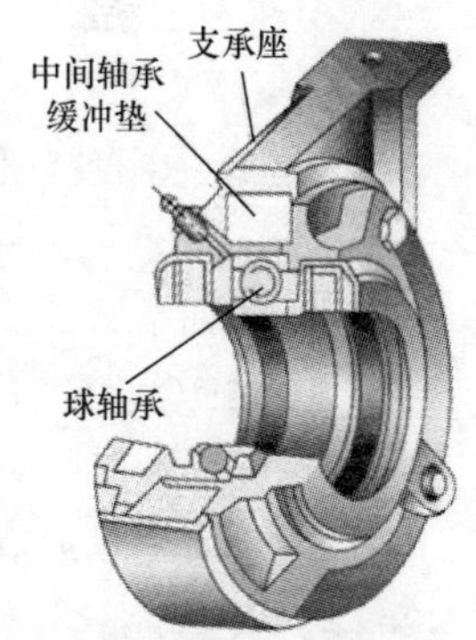

图 1-83 中间支承

（五）万向传动装置故障诊断与排除

万向传动装置由于经常受汽车在复杂道路上行驶的影响，使传动轴在其角度和长度不断变化的情况下传递转矩，因此常出现传动轴动不平衡、万向节与中间支承松旷、发响等故障。

1. 传动轴动不平衡

（1）故障现象

在万向节和伸缩叉技术状况良好时，汽车行驶中发出周期性的响声；速度越高响声越大，甚至伴随有车身振动，握转向盘的手感觉麻木。

（2）故障原因

1）传动轴上的平衡块脱落。

2）传动轴弯曲或传动轴管凹陷。

3）传动轴管与万向节叉焊接不正或传动轴未进行过动平衡试验和校准。

4）伸缩叉安装错位，造成传动轴两端的万向节叉不在同一平面内，不满足等速传动条件。

（3）故障诊断与排除

1）检查传动轴管是否凹陷：有凹陷，则故障由此引起；无凹陷，则继续检查。

2）检查传动轴管上的平衡片是否脱落，如脱落，则故障由此引起；否则继续检查。

3）检查伸缩叉安装是否正确，不正确，则故障由此引起；否则继续检查。

4）拆下传动轴进行动平衡试验，动不平衡，则应校准以消除故障。弯曲应校直。

2. 万向节松旷

（1）故障现象

在汽车起步或突然改变车速时，传动轴发出“抗”的响声；在汽车缓行时，发出“咣当、咣当”的响声。

（2）故障原因

1）凸缘盘联接螺栓松动。

2）万向节主、从动部分游动角度太大。

3）万向节十字轴磨损严重。

（3）故障诊断与排除

1）用榔头轻轻敲击各万向节凸缘盘连接处，检查其松紧度。太松旷则故障由联接螺栓松动引起，否则继续检查。

2）用双手分别握住万向节主、从动部分转动，检查游动角度。游动角度太大，则故障由此引起。

3. 中间支承松旷

（1）故障现象

汽车运行中出现一种连续的“呜呜”响声，车速越高响声越大。

（2）故障原因

1）滚动轴承缺油烧蚀或磨损严重。

2）中间支承安装方法不当，造成附加载荷而产生异常磨损。

3）橡胶圆环损坏。

4）车架变形，造成前后连接部分的轴线在水平面内的投影不同线而产生异常磨损。

（3）故障诊断与排除

1）给中间支承轴承加注润滑脂，响声消失，则故障由缺油引起；否则继续检查。

2）松开夹紧橡胶圆环的所有螺钉，待传动轴转动数圈后再拧紧，若响声消失，则故障由中间支承安装方法不当引起。否则故障可能是橡胶圆环损坏或滚动轴承技术状况不佳或车架变形等引起的。

（六）传动轴总成的检修

南京依维柯轻型客车采用三节式传动轴，其结构如图1-84所示。其前端与变速器相连，后端与后桥相连，后轴总成和前传动轴总成都分别有一个支架支承，前后传动轴通过自锁螺栓联接。

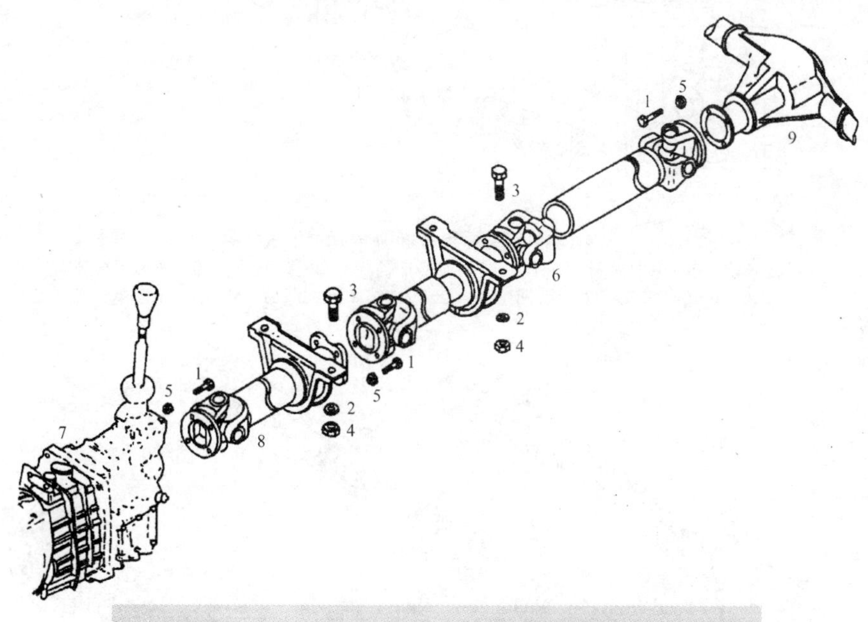

图1-84 依维柯轻型客车三节式传动轴的结构
1—螺钉（12个） 2—弹性垫圈 3—六角头螺栓 4、5—六角螺母
6—后传动轴总成 7—发动机及变速器 8—前传动轴总成 9—后桥

图1-85和图1-86分别为三节式传动轴的前传动总成及后传动总成的构造。

检修前，应用柴油清洗所有零件，用汽油浸泡刷洗轴承，然后用压缩空气将零件吹干。

1. 十字节（轴）检修

十字轴应完整、密封好以及没有变形，十字轴转动时，不应有噪声或有受阻的感觉，如有前述缺陷，应更换十字轴。

如图1-87所示，将传动轴握紧，左右、上下地转动连接轴叉，此时十字轴上应轻微感到有少许的松动，则它的径向间隙是合格的。如感到有明显的松旷，则它的径向间隙不符合标准，应更换厚度适当的弹性卡环进行调整，必要时，可更换十字轴轴承或十字轴。在更换了十字轴后，应将其径向间隙调整至0.03mm，调整仍可以通过更换厚度适当的弹性卡环进行。

2. 中间支承和万向节凸缘盘的检修

1）检查中间支承的橡胶垫环是否开裂、油封磨损是否过甚而失效、轴承松旷或内孔磨损是否严重，如图1-88所示，如果是，均应更换新的中间支承。

2）中间支承轴承经使用磨损后，需及时检查和调整，以恢复其良好的技术状况。

3）检查中间支承吊架固定螺栓是否松动，如有松动，按规定力矩拧紧。

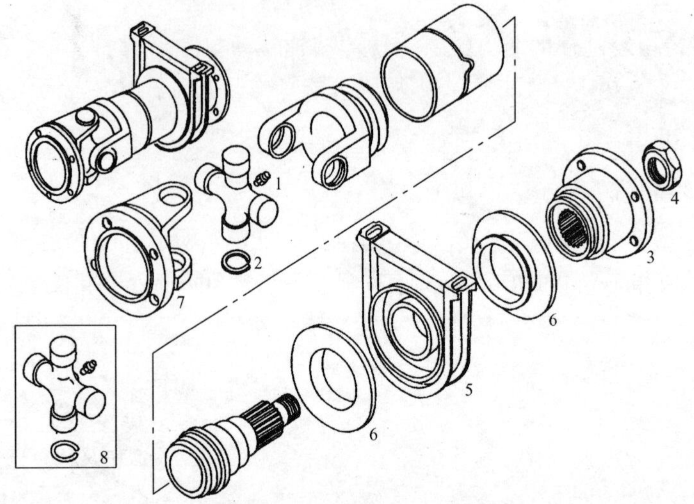

图 1-85　三节式传动轴前传动总成

1—黄油嘴　2—弹性锁圈（四个）　3—前传动轴法兰盘　4—螺母　5—前传动轴支架
6—前传动轴支架垫圈（两个）　7—传动轴叉形连接盘　8—十字节总成

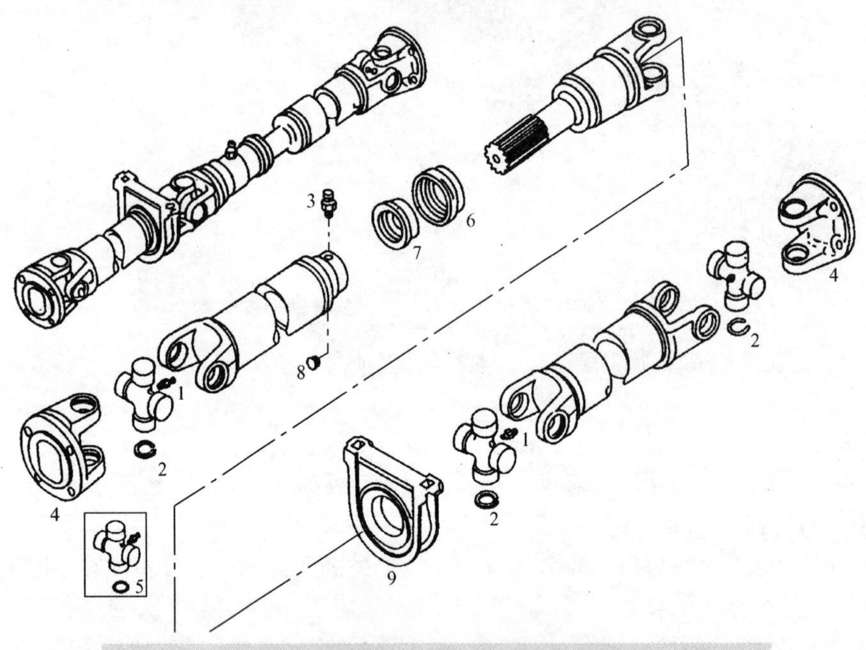

图 1-86　三节式传动轴后传动总成

1、3、8—滑脂嘴　2—弹性锁圈（三个）　4—传动轴叉形连接盘（两个）
5—十字节总成（三个）　6—密封圈　7—衬套　9—后传动轴中间支架

4）检查万向节凸缘盘联接螺栓是否松动，如有松动，按规定力矩拧紧。

3. 传动轴花键检修

如图 1-89 所示，在两个相反的方向上来回转动传动轴数次，不应感觉有明显的间隙。检查花键部分是否过度磨损、传动轴管部有无焊接缺陷，还应检查传动轴上有无裂纹、变形或过度磨损，如有则应更换传动轴。

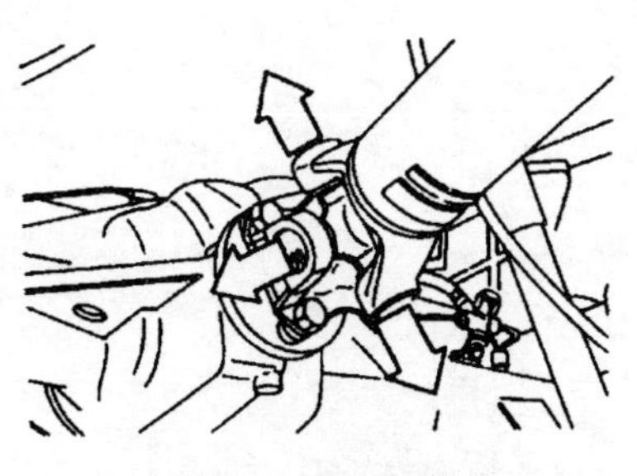
图 1-87 十字轴的检查

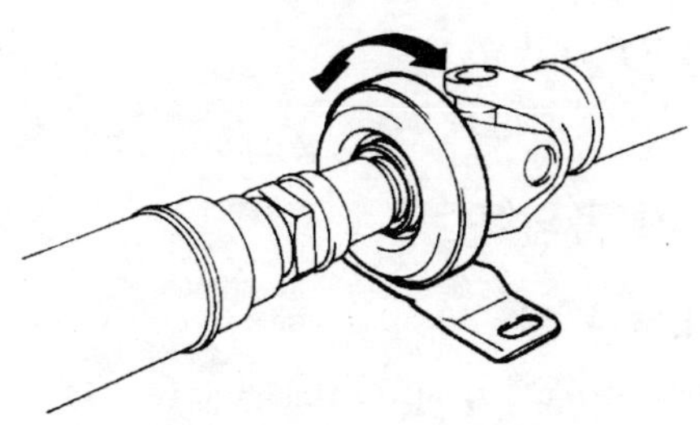
图 1-88 检查中间支承

4. 传动轴的平衡

在更换了凸缘或十字轴后，应对传动轴进行动平衡。若难以对整个传动轴总成进行平衡，那么也可以分段进行，但应在装上各自的万向节之后，注意两端的万向节叉在同一平面上。

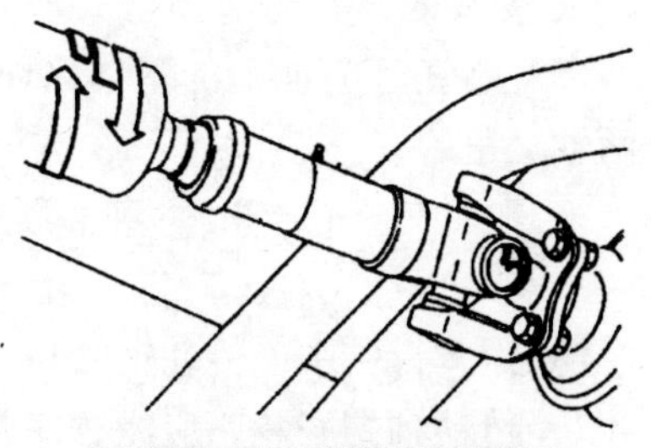
图 1-89 传动轴花键的检查

三、实训内容

案例导入：一辆南京依维柯轻型客车进厂修理。客户反映：该车行驶过程中，在某一车速以上时，车底部发出“哐、哐”有节奏异响，车速提高节奏加快，车底板也有明显振动。经维修人员检查确认离合器、变速器技术状况良好，需对万向传动装置进行检修。

1. 实训准备

1）实训车辆：南京依维柯轻型客车。

2）实训工具及器材：组合工具、扭力扳手、台虎钳、直尺、柴油、空气压缩机、油石、同轴度检测装置、百分表、弹性卡环等。

3）掌握本次实训课所用仪器及设备的使用方法。

4）强调实训中的安全注意事项。

2. 实训流程

万向传动装置故障会造成传动轴动不平衡、万向节和中间支承松旷、传动轴异响等现象。实训教师可根据实训条件对万向传动装置进行检测；然后设置一些与万向传动装置常见故障相关的故障，在实训教师的监督下，由学生独立完成故障的诊断与排除；最后由教师充当客户模拟一个或几个故障场景，让学生分别扮演维修工对客户进行故障诊断的说明。

（1）让学生分析并说出检查步骤和方法

1）检修十字轴。

2）检修中间支承和万向节凸缘盘。

3）检修传动轴花键。

4）传动轴的平衡。

（2）学生根据下列问题，对教师进行解释并提出解决方案

1）根据检查情况，分析出可能导致上述故障的原因有哪些？

2）如何确定上述故障？

3）对检查结果进行理论分析。

3. 实训记录

完成实训记录单。

【思考与练习】

1. 选择题

1）不等速万向节指的是（　　）。

A. 球叉式万向节　B. 三销轴式万向节　C. 十字轴刚性万向节　D. 球笼式万向节

2）十字轴式不等速万向节，当主动轴转过一周时，从动轴转过（　　）。

A. 一周　B. 小于一周　C. 大于一周　D. 不一定

(3）等角速万向节的基本原理是从结构上保证万向节在工作过程中，其传力点永远位于两轴交角的（　　）。

A. 平面上　B. 垂直平面上　C. 平分面上　D. 平行面上

2. 判断题

1）汽车行驶中，传动轴的长度可以自动变化。（　　）

2）传动轴的安装，应注意使两端万向节叉位于同一平面内。（　　）

3. 问答题

1）举例说明万向传动装置在汽车上的典型应用。

2）什么是十字轴万向节的不等速特性，如何才能实现等速传动？

3）常用的等速万向节有哪些，各有什么特点？

任务四　驱动桥检修

一、任务描述

发动机的动力经过离合器、变速器、万向传动装置，传到了驱动桥。驱动桥的结构是什么样的？它有什么功用？它是如何工作的？如何对驱动桥进行检修？要掌握这些知识，应完成下面的学习任务：

1）驱动桥概述。

2）主减速器。

3）差速器。

4）半轴和桥壳。

5）驱动桥故障诊断与排除。

6）车辆齿轮油的选择。

7）手动变速驱动桥油的检查和更换。

8）差速器零部件的检查。

二、相关知识及技能

（一）驱动桥概述

1. 驱动桥的组成

驱动桥一般是由主减速器、差速器、半轴、桥壳等组成的，如图 1-90 所示。

驱动桥是传动系统的最后一个总成，发动机的动力传到驱动桥后，首先传到主减速器，在这里将转矩放大并降低转速后，经差速器分配给左右半轴，最后通过半轴外端的凸缘传到驱动车轮的轮毂。驱动桥的主要零部件都装在驱动桥的桥壳中。桥壳由主减速器壳和半轴套管组成。

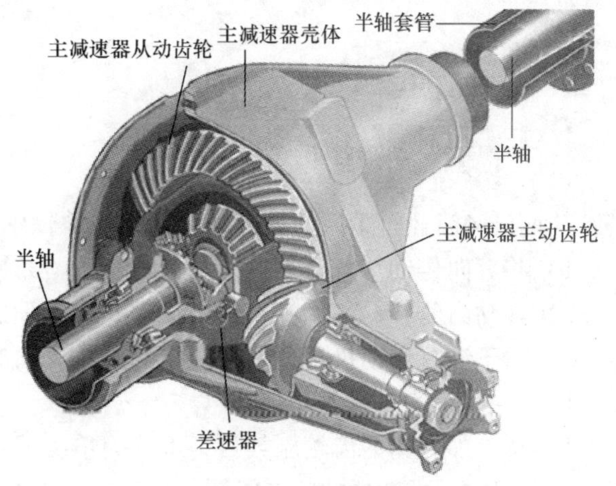

图 1-90 驱动桥的组成

2. 驱动桥的功用

驱动桥的功用是将由万向传动装置传来的发动机转矩传给驱动车轮，并经降速增矩，改变动力传动方向，使汽车行驶，而且允许左右驱动车轮以不同的转速旋转。具体来说，主减速器的功用为降速增矩，改变动力传动方向；差速器的功用是允许左右驱动车轮以不同的转速旋转；半轴的功用是将动力由差速器传给驱动车轮。

3. 驱动桥的分类

按照悬架结构的不同，驱动桥可以分为整体式驱动桥和断开式驱动桥。整体式驱动桥又称为非断开式驱动桥。

（1）整体式驱动桥

整体式驱动桥如图 1-91 所示，与非独立悬架配用。其驱动桥壳为一刚性的整体，驱动桥两端通过悬架与车架或车身连接，左右半轴始终在一条直线上，即左右驱动轮不能相互独立地跳动。当某一侧车轮通过地面的凸出物或凹坑升高或下降时，整个驱动桥及车身都要随之发生倾斜，车身波动大。

（2）断开式驱动桥

断开式驱动桥如图 1-92 所示，与独立悬架配用。其主减速器固定在车架或车身上，驱动桥壳制成分段并用铰链连接，半轴也分段并用万向节连接。驱动桥两端分别用悬架与车架或车身连接。这样，两侧驱动车轮及桥壳可以彼此独立地相对于车架或车身上下跳动。

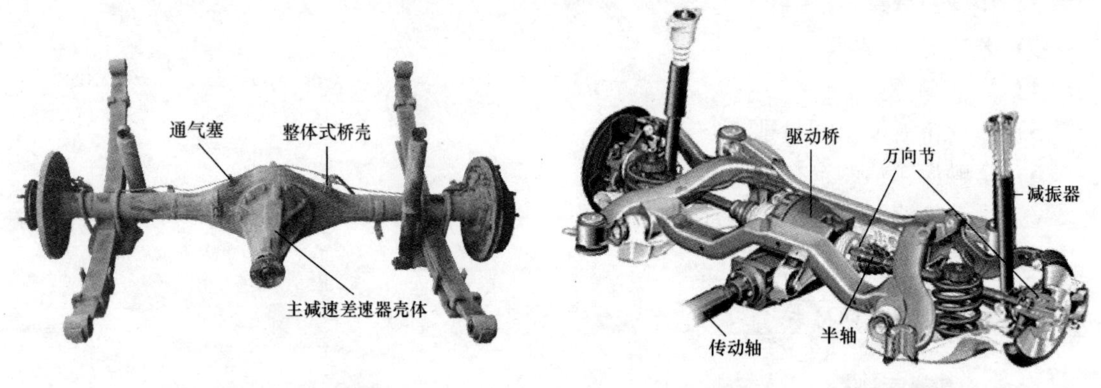

图 1-91　整体式驱动桥

图 1-92　断开式驱动桥

（二）主减速器

1. 主减速器概述

（1）主减速器的功用

前面已经简述过主减速器的功用，这里将详细说明。

1）将万向传动装置传来的发动机转矩传给差速器。

2）在动力的传动过程中将转矩增大并相应降低转速。

3）对于纵置发动机，还要将转矩的旋转方向改变 90°。

（2）主减速器的类型

1）按参加传动的齿轮副数目，可分为单级式主减速器和双级式主减速器。有些重型汽车又将双级式主减速器的第二级圆柱齿轮传动设置在两侧驱动车轮附近，称为轮边减速器。

2）按主减速器传动比个数，可分为单速式和双速式主减速器。单速式的传动比是固定的，而双速式则有两个传动比供驾驶人选择。

3）按齿轮副结构形式，可分为圆柱齿轮式（又可分为定轴轮系和行星轮系）主减速器和锥齿轮式（又可分为弧齿锥齿轮式和准双曲面齿轮式）主减速器。

目前，在轿车中主要是应用单级式主减速器。

2. 单级式主减速器

单级式主减速器结构简单，质量小，体积小，传动效率高，主要用于轿车及中型以下客货车。

对于发动机纵向布置的汽车，由于需要改变动力传递方向，单级式主减速器都采用一对圆锥齿轮传动，如桑塔纳 2000、东风 EQ1090 等；对于发动机横向布置的汽车，单级式主减速器采用一对圆柱齿轮即可，如夏利 7130、宝来 1. 8T、别克凯越、丰田卡罗拉轿车等。

（1）上海桑塔纳 2000 轿车单级式主减速器

图 1-93 所示为桑塔纳 2000 轿车主减速器和差速器图。由于发动机前置前轮驱动，整个传动系统都集中布置在汽车前部，因此其主减速器装于变速器壳体内，没有专门的主减速器

壳体。由于省去了变速器到主减速器之间的万向传动装置，所以变速器输出轴即为主减速器主动轴。图 1-94 所示为主减速器和差速器的零件分解图。

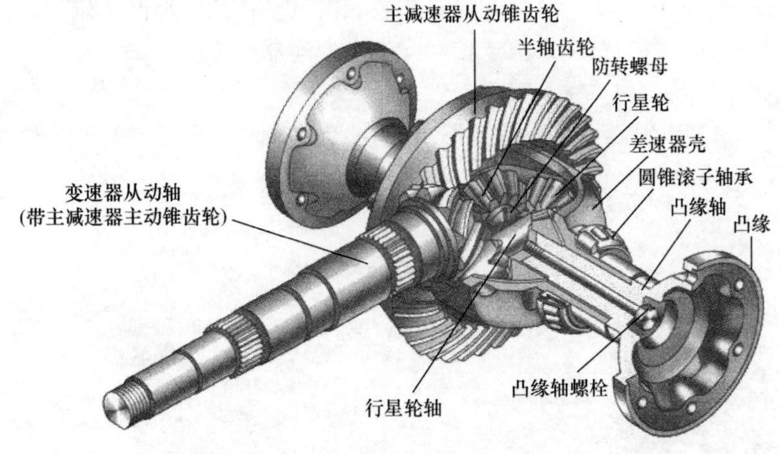

图 1-93 桑塔纳 2000 轿车主减速器和差速器

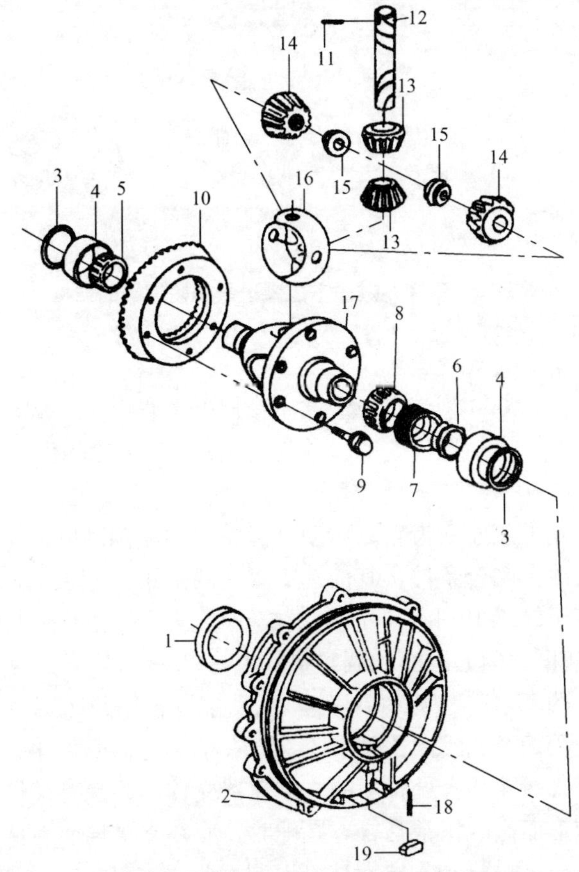

图 1-94 桑塔纳 2000 轿车主减速器和差速器的零件分解图

1—密封圈 2—主减速器盖 3—从动锥齿轮的调整垫片 4—轴承外座圈 5—差速器轴承 6—锁紧套筒 7—车速表主动齿轮 8—差速器轴承 9—螺栓（拧紧力矩 70N · m） 10—从动锥齿轮 11—夹紧销 12—行星轮轴 13—行星轮 14—半轴齿轮 15—螺纹套 16—复合式止推垫片 17—差速器壳 18—磁铁固定销 19—磁铁

主减速器由一对准双曲面齿轮组成，主动锥齿轮的齿数为9，从动锥齿轮的齿数为40，其传动比为4.444。主动锥齿轮与变速器输出轴制为一体，用双列圆锥滚子轴承和圆柱滚子轴承支承在变速器壳体内，属于悬臂式支撑。环状的从动锥齿轮靠凸缘定位，并用螺栓与差速器壳联接。差速器壳由一对圆锥滚子轴承支撑在变速器壳体上。

（2）别克凯越轿车单级式主减速器

图1-95所示为别克凯越轿车主减速器和差速器的零件分解图，由于发动机横置，主减速器采用一对圆柱齿轮。

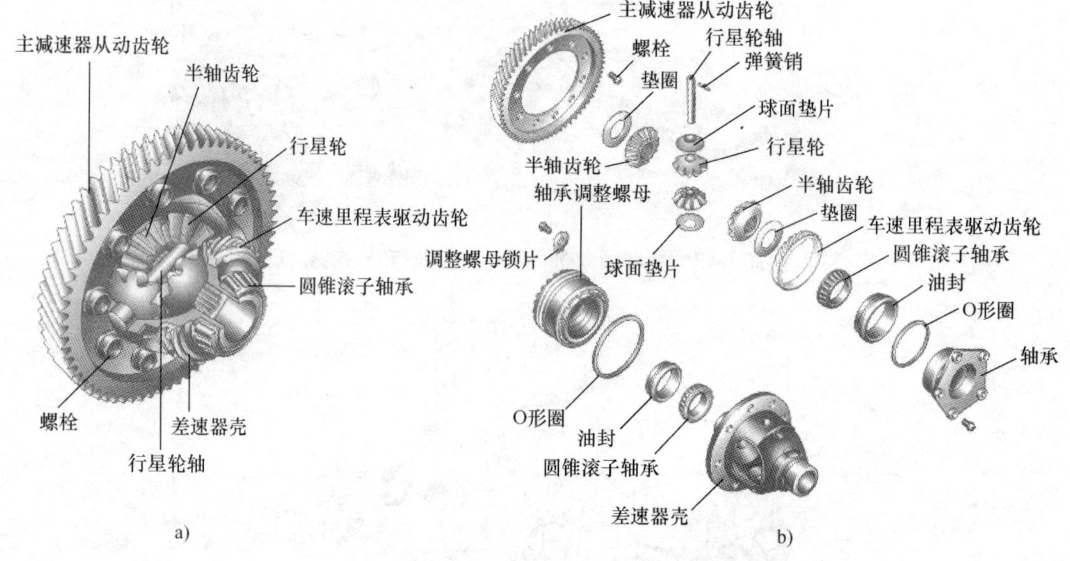

图1-95 别克凯越轿车主减速器和差速器的结构

（3）东风EQ1090单级式主减速器

图1-96所示为东风EQ1090型汽车单级式主减速器。它由主、从动锥齿轮及其支撑调整装置、主减速器壳等组成。主动锥齿轮的齿数为6，从动锥齿轮的齿数为38，因此其传动比$i=6.33$。

主、从动锥齿轮采用准双曲面齿轮。主动锥齿轮与主动轴制成一体。为了保证主动锥齿轮有足够的支撑刚度，改善啮合条件，其前端支撑在两个距离较近的圆锥滚子轴承13和17上，后端支撑在圆柱滚子轴承19上，形成跨置式支撑。圆锥滚子轴承13和17的外座圈支撑在轴承座15上，内座圈之间有隔套和调整垫片14。轴承座依靠凸缘定位，用螺栓固装在主减速器壳体的前端，两者之间有调整垫片9。从动锥齿轮靠凸缘定位，用螺栓紧固在差速器壳上，而差速器壳则用两个圆锥滚子轴承3支撑在主减速器壳体中，并用轴承调整螺母2进行轴向定位。在从动锥齿轮啮合处背面的主减速器壳体上，装有支撑螺柱，用以限制大负荷下从动锥齿轮过度变形而影响正常啮合。装配时，应在支撑螺柱与从动锥齿轮背面之间预留一定间隙（0.3~0.5mm），转动支撑螺柱可以调整此间隙。

3. 双级式主减速器

有些汽车需要较大的主减速器传动比，单级式主减速器已不能满足足够的离地间隙，这就需要采用由两对齿轮降速的双级式主减速器。图1-97所示为解放CA1092汽车的双级式主

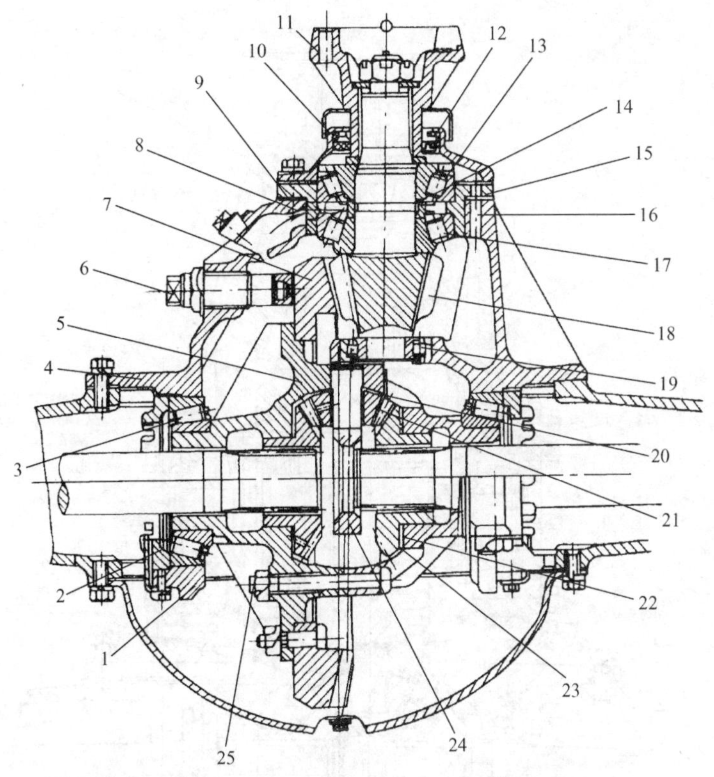

图 1-96 东风 EQ1090 型汽车单级式主减速器

1—差速器轴承盖 2—轴承调整螺母 3、13、17—圆锥滚子轴承 4—主减速器壳 5—差速器壳 6—支承螺柱 7—从动锥齿轮 8—进油道 9、14—调整垫片 10—防尘罩 11—叉形凸缘 12—油封 15—轴承座 16—回油道 18—主动锥齿轮 19—圆柱滚子轴承 20—行星轮垫片 21—行星轮 22—半轴齿轮止推垫片 23—半轴齿轮 24—行星轮轴（十字轴） 25—螺栓

减速器。

第一级传动为第一级主动锥齿轮和第一级从动锥齿轮，这是一对弧齿锥齿轮，而不是桑塔纳 2000 和东风 EQ1090 主减速器采用的准双曲面齿轮，其传动比为 25/13 = 1.923；第二级传动为第二级主动齿轮和第二级从动齿轮，这是一对斜齿圆柱齿轮，其传动比为 45/15 = 3。

第一级主动锥齿轮和第一级主动齿轮轴制成一体，用两个圆锥滚子轴承（相距较远）支撑在轴承座的座孔中，因主动锥齿轮悬伸在两轴承之后，故称为悬臂式支撑。第一级从动锥齿轮用铆钉铆接在中间轴的凸缘上。第二级主动齿轮与中间轴制成一体，用两个圆锥滚子轴承支撑在两端轴承盖的座孔中，轴承盖用螺栓与主减速器壳固定联接。第二级从动齿轮夹在左右两半差速器壳之间，并用螺栓将它们紧固在一起，其支撑形式与东风 EQ1090 型汽车主减速器中差速器壳的支撑形式相同。

（三）差速器

1. 差速器的功用、类型

（1）功用

差速器的功用是将主减速器传来的动力传给左、右两半轴，并在必要时允许左、右半轴以不同转速旋转，使左、右驱动车轮相对地面纯滚动而不是滑动。

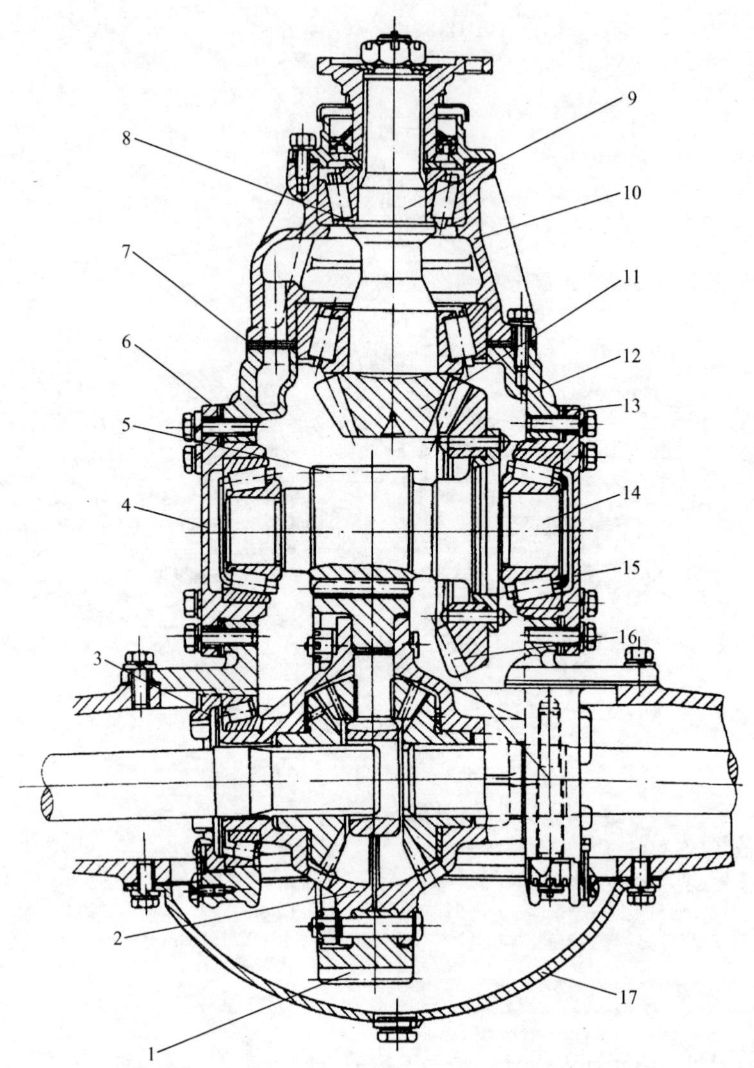

图 1-97 解放 CA1092 汽车的双级式主减速器

1—第二级从动齿轮 2—差速器 3—调整螺母 4、15—轴承盖 5—第二级主动齿轮 6、7、8、13—调整垫片 9—第一级主动锥齿轮轴 10—轴承座 11—第一级主动锥齿轮 12—主减速器 14—中间轴 16—第一级从动锥齿轮 17—后盖

汽车行驶过程中，车轮相对路面有两种运动状态：滚动和滑动。滑动又有滑转和滑移两种。设车轮中心相对路面的速度为 v，车轮旋转角速度为 ω，车轮滚动半径为 r。如果 $v=\omega r$，则车轮对路面的运动为滚动，这是最理想的运动状态；如果 $\omega>0$，但 $v=0$，则车轮的运动为滑转；如果 $v>0$，但 $\omega=0$，则车轮的运动为滑移。

当汽车转弯行驶时，内外两侧车轮中心在同一时间内移过的曲线距离显然不同，即外侧车轮移过的距离大于内侧车轮，如图 1-98 所示。若两侧车轮都固定在同一刚性转轴上，两轮角速度相等，则此时外轮必然是边滚动边滑移，内轮必然是边滚动边滑转。

同样，汽车在不平路面上直线行驶时，两侧车轮实际移过的曲线距离也不相等。因此在角速度相同的条件下，在波形较显著的路面上运动的一侧车轮是边滚动边滑移，另一侧车轮则是边滚动边滑转。即使路面非常平直，但由于轮胎制造尺寸误差，磨损程度不同，承受的载荷不同或充气压力不等，各个轮胎的滚动半径实际上不可能相等，因此，只要各轮角速度相等，车轮对路面的滑动就必然存在。

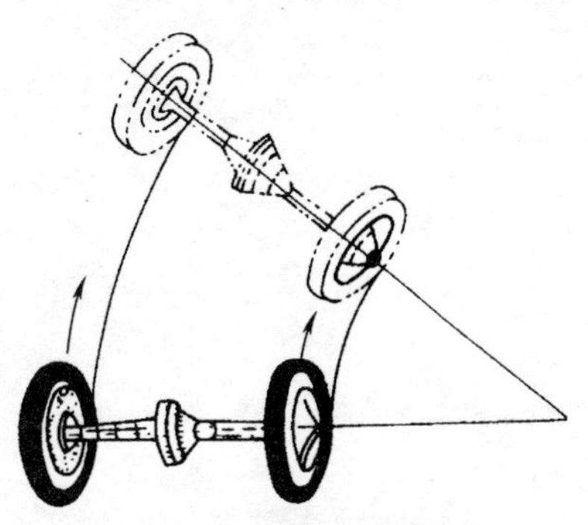

图 1-98 汽车转向时驱动车轮的运动示意图

车轮对路面的滑动不仅会加速轮胎磨损，增加汽车的动力消耗，而且可能导致转向和制动性能的恶化。所以，在正常行驶条件下，应使车轮尽可能不发生滑动，差速器的作用就在于此。

（2）类型

差速器按其工作特性可分为普通齿轮式差速器和防滑差速器两大类。本部分仅介绍普通齿轮式差速器。

2. 普通齿轮式差速器

应用最广泛的普通齿轮式差速器为锥齿轮差速器。图 1-99 所示为桑塔纳 2000 轿车差速器。

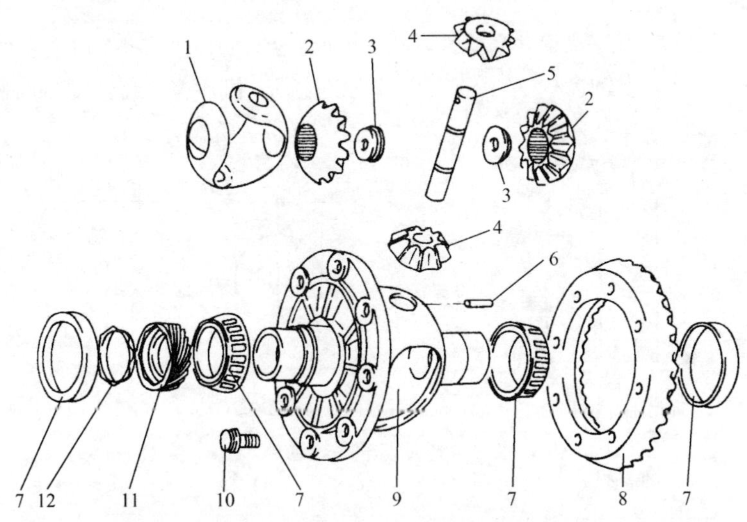

图 1-99 桑塔纳 2000 轿车差速器

1—复合式推力垫片 2—半轴齿轮 3—螺纹套 4—行星轮 5—行星轮轴 6—止动销 7—圆锥滚子轴承 8—主减速器从动锥齿轮 9—差速器壳 10—螺栓 11—车速表齿轮 12—车速表齿轮锁紧套筒

（1）结构

由差速器壳、行星轮轴、两个行星齿轮、两个半轴齿轮、复合式止推垫片等组成。行星轮轴装入差速器壳体后用止动销定位。行星轮和半轴齿轮的背面制成球面，与复合式的止推垫片相配合，以减摩、耐磨。螺纹套用于紧固半轴齿轮。差速器通过一对圆锥滚子轴承支撑在变速器壳体中。

（2）工作原理

差速器的差速原理如图 1-100 所示。主减速器传来的动力带动差速器壳转动，经过行星

轮轴、行星轮、半轴齿轮、半轴，最后传给两侧驱动车轮。

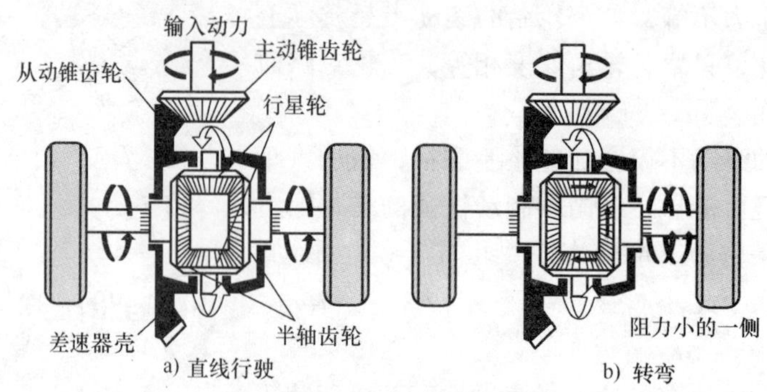

图 1-100　差速器差速原理

驱动轴在差速器内分成左右两段，并装上半轴齿轮。差速器壳固定在从动锥齿轮上，半轴齿轮和行星齿轮啮合，行星齿轮支承在差速器壳上。当从动锥齿轮旋转时，行星轮公转。当单侧半轴齿轮受到阻力时，行星轮一边公转一边自转。

如图 1-101 和图 1-102 所示，主减速器传来的动力带动差速器壳（转速为 n_0）转动，经过行星轮轴、行星轮、半轴齿轮、半轴（转速分别为 n_1 和 n_2），最后传给两侧驱动车轮。

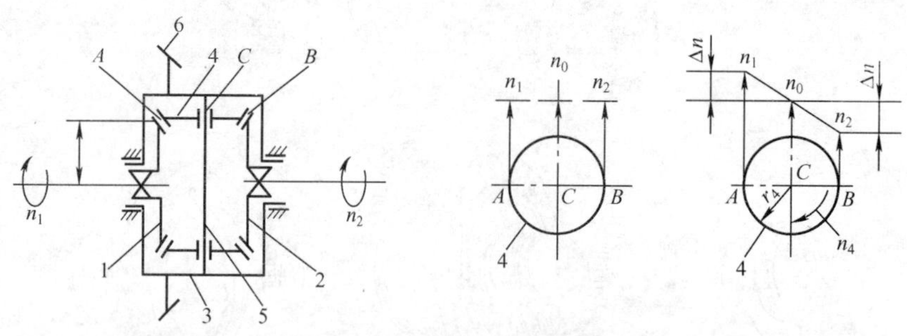

图 1-101　差速器运动原理

1、2—半轴齿轮　3—差速器壳　4—行星轮　5—行星轮轴　6—主减速器从动齿轮

1）汽车直线行驶时。此时两侧驱动车轮所受到的地面阻力相同，并经半轴、半轴齿轮反作用于行星轮两啮合点 A 和 B（图 1-101）。这时行星轮相当于等臂杠杆，即行星轮不自转，只随差速器壳和行星轮轴一起公转，两半轴无转速差，即 $n_1=n_2=n_0$，$n_1+n_2=2n_0$。

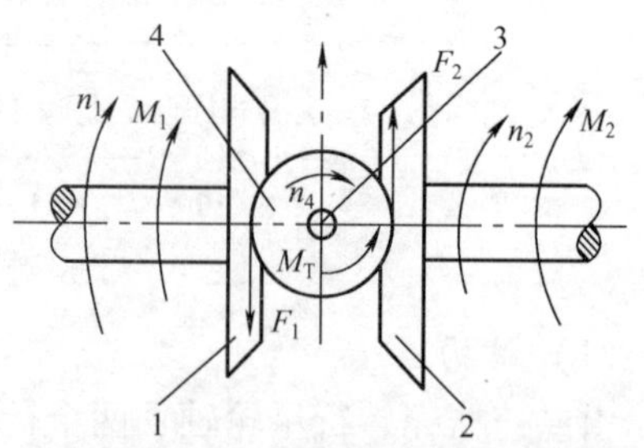

图 1-102　差速器转矩分配原理

1、2—半轴齿轮　3—行星轮轴　4—行星轮

同样，由于行星轮相当于等臂杠杆，主减速器传给差速器壳体上的转矩 M_0 等分给两半轴齿轮（半轴），即 $M_1=M_2=M_0/2$。

2）汽车转向行驶时。此时两侧驱动车轮所受到的地面阻力不同。如果车辆右转，右侧（内侧）驱动车轮所受的阻力大，左侧（外侧）驱动车轮所受的阻力小。这两个阻力经半轴、半轴齿轮反作用于行星轮两啮合点 A 和 B（图 1-101），使行星轮除了随差速器壳公转外还顺时针自转，设自转转速为 n_4，则左半轴齿轮的转速增加，右半轴齿轮的转速降低，且左半轴齿轮增加的转速等于右半轴齿轮降低的转速。设半轴齿轮的转速变化为 Δn，则 $n_1=n_0+\Delta n$，$n_2=n_0-\Delta n$，即汽车右转时，左侧（外侧）车轮转得快，右侧（内侧）车轮转得慢，实现纯滚动。此时依然有 $n_1+n_2=2n_0$。

由于行星轮的自转，行星轮孔与行星轮轴轴径间以及齿轮背部与差速器壳体之间都产生摩擦。如图 1-102 所示，行星轮所受的摩擦力矩 M_T 方向与其自转方向相反，并传到左、右半轴齿轮，使转得快的左半轴的转矩减小，转得慢的右半轴的转矩增加。所以当左、右驱动车轮存在转速差时，$M_1=(M_0-M_T)/2$，$M_2=(M_0+M_T)/2$。但由于有止推垫片的存在，实际中的 M_T 很小，可以忽略不计，则 $M_1=M_2=M_0/2$，即转矩等量分配特性。

普通锥齿轮式差速器转矩等量分配的特性对于汽车在好路面上行驶是有利的。但汽车在坏路面上行驶时却会严重影响其通过能力。例如，当汽车的一个驱动轮处于泥泞路面因附着力小而原地打滑时，即使另一驱动轮处于附着力大的路面上未滑转，汽车仍不能行驶。这是因为附着力小的路面只能对驱动车轮作用一个很小的反作用力矩，而驱动转矩也只能等于这一很小的反作用力矩。由于差速器等量分配转矩的特性，附着力好的驱动轮也只能分配到同样小的转矩，以致总的牵引力不足以克服行驶阻力，汽车便不能前进。

（四）半轴和桥壳

1. 半轴

（1）半轴的功用和构造

1）功用。半轴的功用是将差速器传来的动力传给驱动轮。因其传递的转矩较大，常制成实心轴。

2）构造。半轴的结构因驱动桥结构形式的不同而异。整体式驱动桥中的半轴为一刚性整轴，如图 1-103 所示。而转向驱动桥和断开式驱动桥中的半轴则分段并用万向节连接。半轴内端一般制有外花键与半轴齿轮连接。半轴外端有的直接在轴端锻造出凸缘盘；也有的制成花键与单独制成的凸缘盘滑动配合；还有的制成锥形并通过键和螺母与轮毂固定联接。

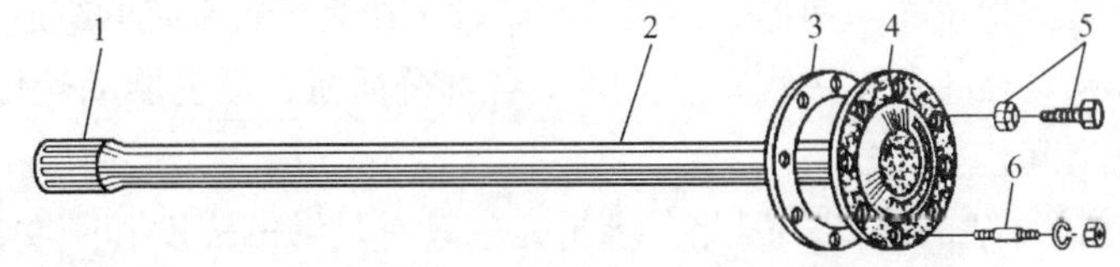

图 1-103 汽车半轴

1—花键 2—杆部 3—垫圈 4—半轴凸缘 5—半轴起拔螺栓 6—半轴紧固螺栓

（2）支撑形式

现代汽车常采用全浮式和半浮式两种半轴支撑形式。

全浮式半轴支撑广泛应用于各型货车上。图 1-104 所示为全浮式半轴支撑示意图。半轴外端锻造有半轴凸缘，用螺栓紧固在轮毂上，轮毂用一对圆锥滚子轴承支撑在半轴套管上，半轴套管与空心梁压配成一体，组成驱动桥壳。这种支撑形式的半轴与桥壳没有直接联系，半轴内端用花键与半轴齿轮套合，并通过差速器壳支撑在主减速器壳的座孔中。

这种半轴支撑形式，半轴只在两端承受转矩，不承受其他任何反力和弯矩，所以称为全

浮式半轴支撑。所谓“浮”是对卸除半轴的弯曲载荷而言。

全浮式半轴支撑便于拆装，只需拧下半轴凸缘上的轮毂螺栓，即可将半轴抽出，而车轮和桥壳照样能支持住汽车。

图 1-105 所示为半浮式半轴支撑的示意图。半轴外端制成锥形，锥面上铣有键槽，最外端制有螺纹。轮毂以其相应的锥孔与半轴上锥面配合，并用键联接，用锁紧螺母紧固。半轴用一个圆锥滚子轴承直接支撑在桥壳凸缘的座孔内。车轮与桥壳之间无直接联系，而支撑于悬伸出的半轴外端。因此，地面作用于车轮的各种反力都须经半轴外端的悬伸部分传给桥壳，使半轴外端不仅要承受转矩，而且还要承受各种反力及其形成的弯矩。半轴内端通过花键与半轴齿轮联接，不承受弯矩。故称这种支撑形式为半浮式半轴支撑。

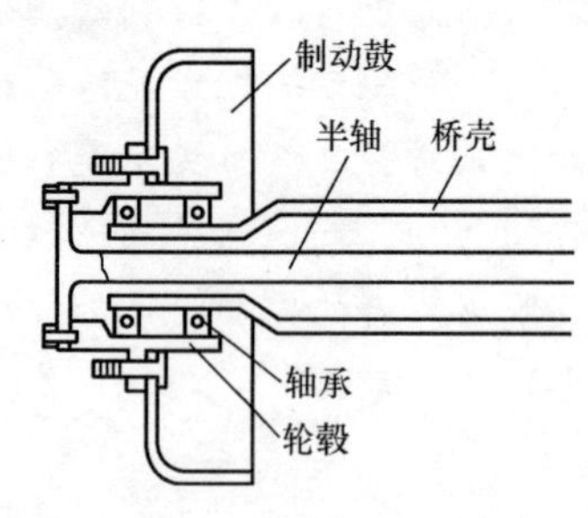

图 1-104　全浮式半轴支撑示意图

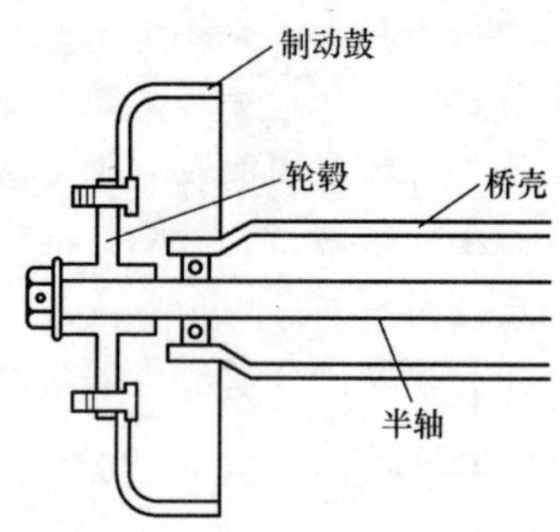

图 1-105　半浮式半轴支撑示意图

半浮式半轴支撑结构简单，但半轴受力情况复杂且拆装不便，多用于反力、弯矩较小的各类轿车上。

2. 桥壳

（1）桥壳的功用

驱动桥壳既是传动系统的组成部分，同时也是行驶系统的组成部分。作为传动系统的组成部分，其功用是安装并保护主减速器、差速器和半轴。作为行驶系统的组成部分，其功用是安装悬架或轮毂，和从动桥一起支撑汽车悬架以上各部分质量，承受驱动轮传来的反力和力矩，并在驱动轮与悬架之间传力。

由于桥壳承受较复杂的载荷，因此要求桥壳应具有足够的强度和刚度，质量小，还要便于主减速器的拆装和调整。

（2）桥壳的类型

驱动桥壳可分为整体式桥壳和分段式桥壳两种类型，如图 1-106 所示。

整体式桥壳一般是铸造的，具有较大的强度和刚度，且便于主减速器的拆装和调整。缺点是质量大，铸造质量不易保证。因此，适用于中型以上货车。

分段式桥壳一般分为两段，由螺栓将两段连成一体。分段式桥壳最大的缺点是拆装、维修主减速器、差速器十分不便，必须把整个驱动桥从车上拆下来，现已很少应用。

（五）驱动桥故障诊断与排除

驱动桥的主减速器、差速器、半轴、轴承和油封等长期承受冲击载荷，使其各配合副磨损严重、各零部件损坏，导致驱动桥过热、异响和漏油等故障发生。

1. 过热

(1) 故障现象

汽车行驶一段里程后，用手探试驱动桥壳中部或主减速器壳，有无法忍受的烫手感觉。

(2) 故障原因

1）齿轮油变质、油量不足或牌号不符合要求。

2）轴承调整过紧。

3）齿轮啮合间隙和行星轮与半轴齿轮啮合间隙调整太小。

4）止推垫片与主减速器从动齿轮背隙过小。

5）油封过紧和各运动副、轴承润滑不良而产生干（或半干）摩擦。

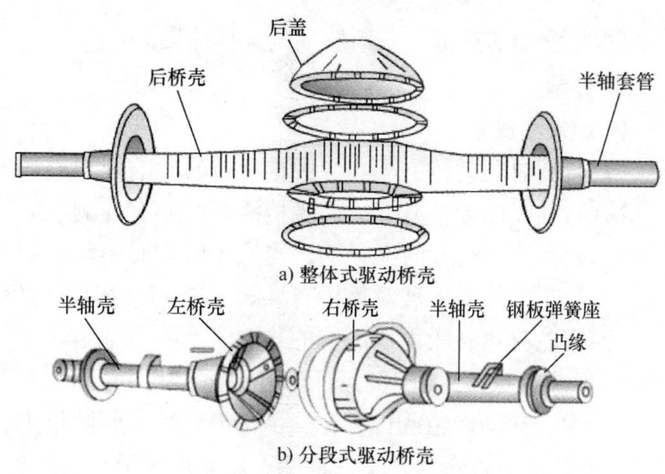

图 1-106 桥壳的类型

(3) 故障诊断与排除

检查驱动桥中各部分受热情况。

1）局部过热

① 油封处过热，则故障由油封过紧引起。

② 轴承处过热，则故障由轴承损坏或调整不当引起。

③ 油封和轴承处均不过热，则故障由止推垫片与主减速器从动齿轮背隙过小引起。

2）普遍过热

① 检查齿轮油油面高度，油面太低，则故障由齿轮油油量不足引起；否则，检查齿轮油规格、黏度或润滑性能。

② 检查结果不符合要求，则故障由齿轮油变质或规格不符引起；否则，检查主减速器齿轮啮合间隙的大小。

③ 松开驻车制动器，变速器置于空档，轻轻转动主减速器的凸缘盘；若转动角度太小，则故障由主减速器齿轮啮合间隙太小引起；若转动角度正常，则故障由差速器行星轮与半轴齿啮合间隙太小引起。

2. 漏油

(1) 故障现象

从驱动桥加油口、放油口螺塞处或油封、各接合面处可见到明显漏油痕迹。

(2) 故障原因

1）加油口、放油口螺塞松动或损坏。

2）油封磨损、硬化，油封装反，油封与轴颈不同轴，油封轴颈磨成沟槽。

3）接合平面变形、加工粗糙，密封衬垫太薄、硬化或损坏，紧固螺钉松动或损坏。

4）通气孔堵塞。

5）桥壳有铸造缺陷或裂纹。

6）齿轮油加注过多，运转中壳体内压增高，使齿轮油渗出。

（3）故障诊断与排除

根据漏油痕迹部位判断漏油的具体原因。

3. 异响

（1）故障现象

1）行驶时驱动桥有异响，脱档滑行时异响减弱或消失。

2）行驶时驱动桥有异响，脱档滑行时亦有异响。

3）汽车直线行驶时无异响，当汽车转弯时驱动桥处有异响。

4）汽车上坡或下坡时后桥有异响，或上、下坡时驱动桥都有异响。

5）车轮有运转噪声或沉重的异响。

（2）故障原因

1）主、从动齿轮或行星轮、半轴齿轮啮合间隙过大；半轴齿轮花键槽与半轴的配合松旷；主、从动锥齿轮啮合不良；主、从动齿轮啮合间隙不均；齿轮齿面损伤或轮齿折断。

2）主动锥齿轮轴承松旷；主动圆柱齿轮轴承松旷；差速器圆锥滚子轴承松旷；后桥中某个轴承由于预紧力过大，导致间隙过小；主、从动锥齿轮调整不当，间隙过小。

3）差速器行星轮、半轴齿轮不匹配，使其啮合不良；行星轮、半轴齿轮磨损或折断；差速器十字轴轴颈磨损；行星轮支撑垫圈磨薄；行星轮与差速器十字轴卡滞或装配不当（如行星轮支撑垫圈过厚），使行星轮转动困难；主减速器从动齿轮与差速器壳的紧固铆钉松动。

4）驱动桥某一部位的齿轮啮合间隙过小，导致汽车上坡时发响；后桥某一部位的齿轮啮合间隙过大，导致汽车下坡时发响；后桥某一部位的齿轮啮合印痕不当或齿轮轴支撑轴承松旷，导致汽车上、下坡时都发响。

5）车轮轮毂轴承损坏，轴承外圈松动；制动鼓内有异物；车轮轮辋破碎；车轮轮辋轮胎螺栓孔磨损过大，使轮辋固定不牢。

（3）故障诊断与排除

根据异响部位的不同判断异响的具体原因。

（六）车辆齿轮油的选用

1. 车辆齿轮油的分类

目前世界上广泛采用美国汽车工程学会（SAE）的车辆齿轮油黏度分类法和美国石油学会（API）的车辆齿轮油使用性能分类法对车辆齿轮油进行分类。

（1）SAE 车辆齿轮油黏度分类

SAE J306—1991《驱动桥和手动变速器润滑油黏度分类》的规定见表 1-6。该标准采用含有尾缀字母 W 和不含尾缀字母 W 两种黏度等级系列。黏度等级代号由一组数字和字母 W（70W、75W、80W、85W）或一组数字（90、140、250）组成，共 7 种。含有尾缀字母 W 是冬季用齿轮油，是根据齿轮油黏度达到 150Pa · s 的最高温度和 100℃时的最小运动黏度划分的。不带尾缀 W 的是夏季用齿轮油，以 100℃的运动黏度范围划分的。

车辆齿轮油的黏度等级不同于发动机润滑油的黏度等级。当车辆齿轮油与发动机润滑油有相同的黏度时，根据两黏度分类规定的黏度等级相差很大。例如，70W 车辆齿轮油与 10W 的发动机润滑油具有相同的黏度，90 的车辆齿轮油与 40、50 的发动机润滑油黏度相当，但黏度等级不同。

车辆齿轮油的黏度等级也有单黏度等级和多黏度等级之分。一个多黏度等级的车辆齿轮油，其低温黏度满足表1-6中一个含W级的要求，并且100℃运动黏度在一个不含W级规定的黏度范围之内。例如80W/90，它满足80W的低温性能，并且在90的高温性能规定范围之内。

表1-6 SAE车辆齿轮油黏度分类

SAE黏度级别	黏度达到150Pa·s时的最高温度/℃	100℃时的运动黏度/（mm^2/s）	
		最低	最高
70W	−55	4.1	
78W	−40	4.1	
80W	−26	7.0	
85W	−12	11.0	
90		13.5	<24.0
140		24.0	<41.0
250		41.0	

（2）API车辆齿轮油使用性能分类

世界上广泛采用美国石油学会（API）的车辆齿轮油使用性能分类法。根据齿轮的形式和负载情况对车辆齿轮油进行质量等级分类，该分类将车辆齿轮油分为GL-1、GL-2、CL-3、GL-4、GL-5、GL-6六级，数字越大，品质越高。

（3）我国车辆齿轮油的分类

目前我国车辆齿轮油是根据GB/T 17477—2012《汽车齿轮润滑剂黏度分类》标准进行黏度分类的，其方法与SAE黏度分类相同。而车辆齿轮油的使用性能只分为CLC、CLD、CLE三类，分别与API（美国石油学会）的车辆齿轮油使用性能分类中的GL-3、GL-4、GL-5相对应。其中，CLC相当于普通车辆齿轮油（分为80W/90、85W/90和90号3个黏度牌号），CLD相当于中负荷车辆齿轮油（分为80W/90、85W/90和90号三个黏度牌号），CLE相当于重负荷车辆齿轮油（分为75W、80W/90、85W/90、85W/140、90和140号六个牌号），其详细分类见表1-7。

表1-7 我国车辆齿轮油详细分类

代号	组成、特性和使用说明	使用部位
CLC	精制矿物油加抗氧剂、防锈剂、抗泡剂和少量极压剂等制成。适用于中等速度和负荷比较苛刻的手动变速器和弧齿锥齿轮驱动桥	手动变速器和弧齿锥齿轮驱动桥
CLD	精制矿物油加抗氧剂、防锈剂、抗泡剂和极压剂等制成。适用于低速高转矩和高速低转矩下操作的各种齿轮，特别是客车和其他各种车辆用的准双曲面齿轮	手动变速器和弧齿锥齿轮驱动桥和使用条件不太苛刻的准双曲面齿轮驱动桥
CLE	精制矿物油加抗氧剂、防锈剂、抗泡剂和极压剂等制成。适用于在高速冲击载荷、低速高转矩和高速低转矩下操作的各种齿轮，特别是客车和其他各种车辆用的准双曲面齿轮	操作条件缓和或苛刻的准双曲面齿轮及其他各种齿轮的驱动桥，也可用于手动变速器

2. 齿轮油的选择

正确选用齿轮油必须做到两点：一是根据齿轮的类型和工作条件确定油品的质量档次；二是根据最低使用环境温度和齿轮传动装置的运行最高温度来确定黏度等级（牌号）。为使

车辆中的齿轮装置能可靠润滑，保证车辆始终保持良好的工作状况，必须依据主减速器齿轮的类型及工作条件，正确选用相应质量档次的齿轮油。

部分汽车要求使用的齿轮油规格见表1-8。

表1-8 部分汽车要求使用的齿轮油规格

汽车型号	齿轮油规格
桑塔纳2000GSi	API-GL5，SAE75W-90
长安铃木羚羊世纪星	API GL-4 或 GL-5
奇瑞A5	API-GL4，SAE75W-90
帕萨特B5	G052 911A 齿轮油 SAE75W-90 合成油
一汽奔腾	API GL-4 或 API GL-5
捷达	GL-4（MIL-L2105）SAE 80 或 G50 SAE75W-90
奥迪A6	G052 911A SAE 75W 90（合成油）
丰田卡罗拉	丰田纯正手动变速器齿轮油 LV API GL-4
别克凯越	SAE80W
中华轿车	SAE 75W-85W，API GL-4 及以上级

（七）手动变速驱动桥油的检查和更换

丰田卡罗拉轿车手动变速驱动桥齿轮油容量为1.9L；齿轮油类型为TOYOTA Genuine Manual Transmission Gear Oil LV API GL-4（丰田纯正手动变速器齿轮油LV API GL-4）。

1. 检查手动变速驱动桥油

1）拆下变速器注油螺塞和衬垫。

2）检查并确认油面在变速器注油螺塞开口最低点以下5mm范围内，如图1-107所示。

小心：油液过多或过少都可能引起故障；更换机油后，驾驶车辆并再次检查油位。

3）油位低时，检查机油是否泄漏。

4）安装变速器注油螺塞和新衬垫。拧紧力矩：39N · m。

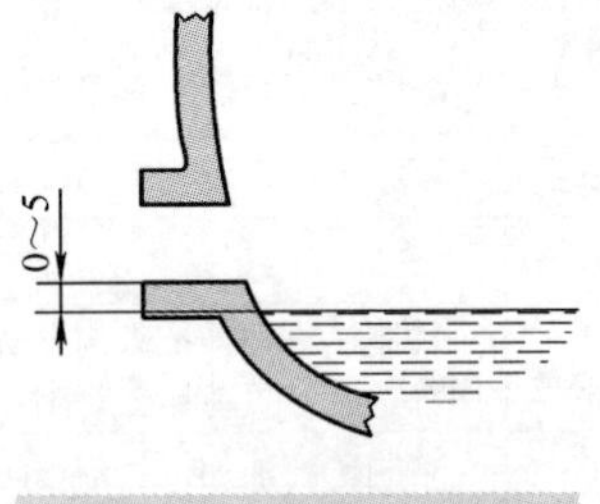

图1-107 检查油面高度

2. 手动变速驱动桥油的更换

1）排净手动驱动桥油。

① 拆下注油螺塞和衬垫。

② 拆下放油螺塞和衬垫，排净手动驱动桥油。

2）添加手动驱动桥油。

① 安装新衬垫和放油螺塞。拧紧力矩：39N · m

② 添加手动驱动桥油。

③ 安装变速器注油螺塞和新衬垫。拧紧力矩：39N · m

3）检查手动驱动桥油，如图1-107所示。

（八）差速器零部件的检查

丰田卡罗拉轿车差速器结构如图1-108所示。

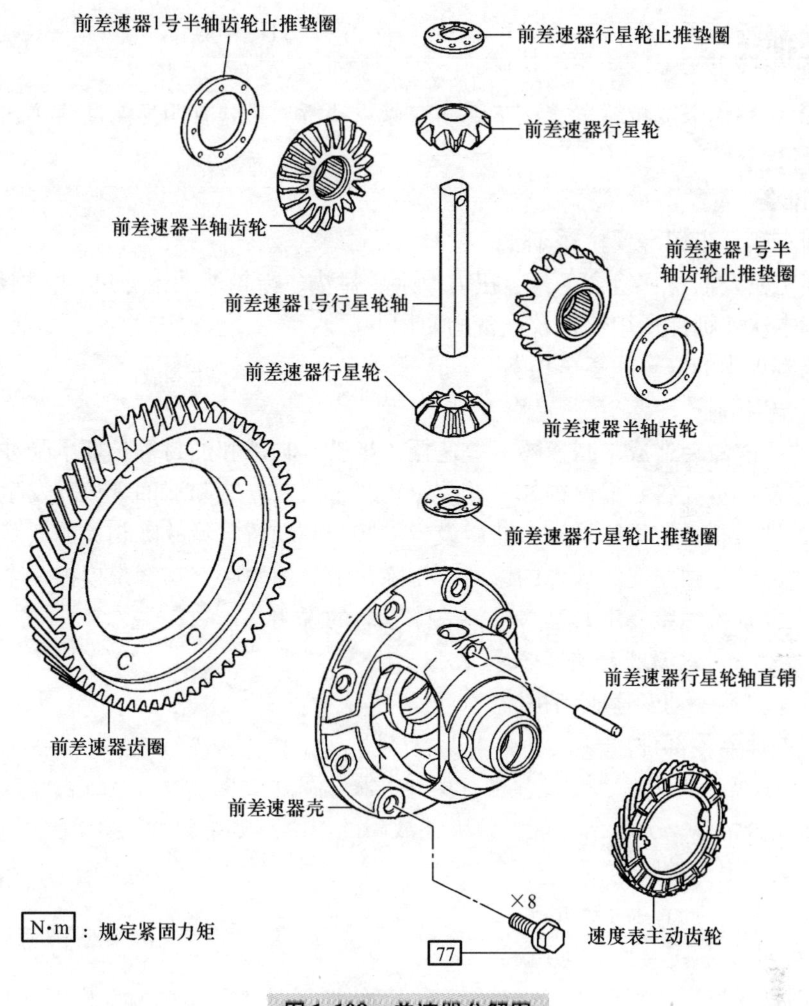

图 1-108 差速器分解图

1）用千分尺测量前差速器行星轮止推垫圈的厚度，如图 1-109 所示。最小厚度：0.92mm。如果厚度小于最小值，更换前差速器行星轮止推垫圈。

2）用千分尺测量前差速器 1 号行星轮轴的外径，如图 1-110 所示。最小外径：16.982mm。如果外径小于最小值，更换前差速器 1 号行星轮轴。

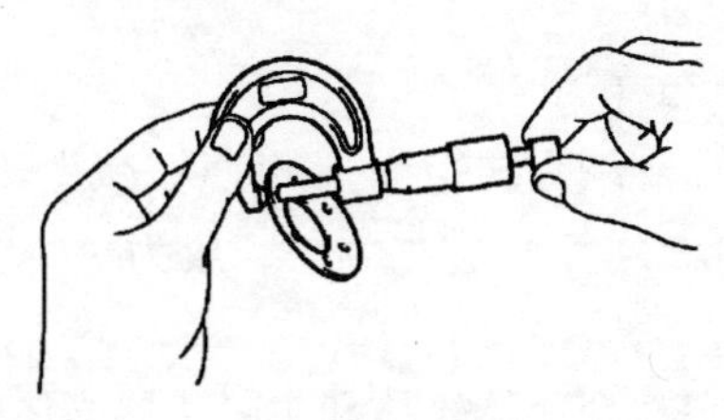

图 1-109 测量前差速器行星轮止推垫圈的厚度

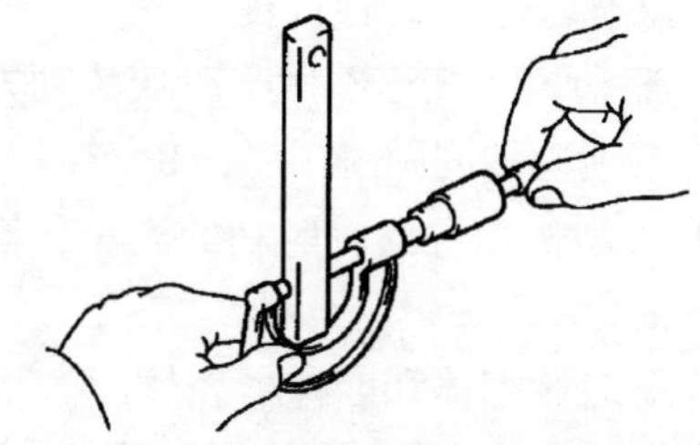

图 1-110 测量前差速器 1 号行星轮轴的外径

三、实训内容

案例导入：一辆卡罗拉轿车，该车手动变速驱动桥油封处有明显漏油痕迹，需对手动变速驱动桥进行检修。

1. 实训准备

1）实训车辆：丰田卡罗拉轿车。

2）实训工具及器材：组合工具、扭力扳手、衬垫、齿轮油、千分尺、止推垫圈等。

3）掌握本次实训课所用仪器及设备的使用方法。

4）强调实训中的安全注意事项。

2. 实训流程

汽车驱动桥故障会造成主减速器、差速器、半轴、轴承和油封等长期承受冲击载荷，使其各配合副磨损严重、各零部件损坏，导致驱动桥过热、异响和漏油等故障发生。实训教师可根据实训条件对驱动桥进行检测；然后设置一些与驱动桥常见故障相关的故障，在实训教师的监督下，由学生独立完成故障的诊断与排除；最后由教师充当客户模拟一个或几个故障场景，让学生分别扮演维修工对客户进行故障诊断的说明。

（1）让学生分析并说出检查步骤和方法

1）检查及更换手动变速驱动桥油。

2）检查差速器零部件。

（2）学生根据下列问题，对教师进行解释并提出解决方案

1）根据检查情况，分析出可能导致上述故障的原因有哪些？

2）如何确定上述故障？

3）对检查结果进行理论分析。

3. 实训记录

完成实训记录单。

【思考与练习】

1. 单选题

1）汽车转弯行驶时，差速器中的行星轮（　　）。

A. 只有自转，没有公转　　B. 只有公转，没有自转

C. 既有公转，又有自转　　D. 静止不动

2）驱动桥主减速器用来改变传动方向，降低转速和（　　）。

A. 产生离地间隙　　B. 产生减速比　　C. 增大转矩　　D. 减少转矩

3）发动机前置前轮驱动的汽车，变速驱动桥是将（　　）合二为一，成为一个统一的整体。

A. 驱动桥壳体和变速器壳体　　B. 变速器壳体和主减速器壳体

C. 主减速器壳体和差速器壳体　　D. 差速器壳体和驱动桥壳体

2. 判断题

1）当差速器中行星轮没有自转时，总是将转矩平均分配给左、右两半轴齿轮。（　　）

2）差速器的作用是保证两侧车轮以相同转速旋转。（　　）

3）对于发动机纵向布置的汽车，由于需要改变动力传递方向，单级主减速器都采用一对圆锥齿轮传动。 （ ）

3. 问答题

1）驱动桥一般由哪些元件组成，它的功用是什么？

2）主减速器的功用有哪些，常见的主减速器有哪些类型？

3）简述差速器的结构及其工作原理。

项目二 汽车行驶系统检修

知识点

1）汽车上采用的车架有边梁式车架、中梁式车架、综合式车架和无梁式车架。

2）按悬架结构不同，车桥分为整体式和断开式两种。按车桥上车轮的作用不同，车桥分为转向桥、驱动桥、转向驱动桥和支持桥。

3）基本概念：车轮定位、主销后倾、主销内倾、车轮外倾、前束。

4）汽车车轮总成是由车轮和轮胎两大部分组成。车轮一般是由轮毂、轮辋和轮辐组成。

5）无内胎轮胎俗称真空胎，在外观上与普通轮胎相似，但是没有内胎及垫带。

6）外胎是轮胎的主要组成部分，它直接与地面接触，主要由胎面、胎圈和胎体等组成。按照帘布层帘线排列方式的不同，外胎可以分为斜交轮胎和子午线轮胎。

7）基本概念：非独立悬架和独立悬架。

8）悬架一般都由弹性元件、减振器、导向机构等组成，轿车一般还有横向稳定器。

9）汽车上应用最广泛的是双向作用筒式减振器。

10）独立悬架按车轮的运动方式分为横臂式独立悬架、纵臂式独立悬架、车轮沿主销移动的独立悬架（包括烛式悬架和麦弗逊式悬架）。现代轿车中越来越多的采用多连杆式独立悬架。

知识目标

1）了解车架及车桥的结构。

2）掌握车辆定位参数的含义。

3）掌握车轮及轮胎的结构。

4）掌握轮胎规格的表示方法。

5）了解悬架的组成、功用及分类。

6）了解弹性元件的种类及结构特点。

7）掌握双向作用筒式减振器的结构及工作原理。

8）掌握非独立悬架和独立悬架的种类及结构。

技能目标

1）能够正确使用车轮定位仪检查并调整车轮定位。

2）能够正确分析并排除车桥常见故障。

3）能够正确拆卸与安装车轮总成。

4）能够正确更换轮胎。

5）能够正确检查与维护轮胎。

6）能够正确检查并调整车轮动平衡。

7）能够正确分析并排除轮胎常见故障。

8）能够正确对悬架装置进行检修。

9）能够正确分析并排除悬架常见故障。

项目概述

汽车行驶系统的主要作用是：将传动系统传来的转矩转化为汽车行驶的驱动力；支承汽车的总质量；承受并传递路面作用于车轮上的力和力矩；减少振动，缓和冲击，保证汽车的平稳行驶。

本项目设置三个学习任务，任务内容如下：

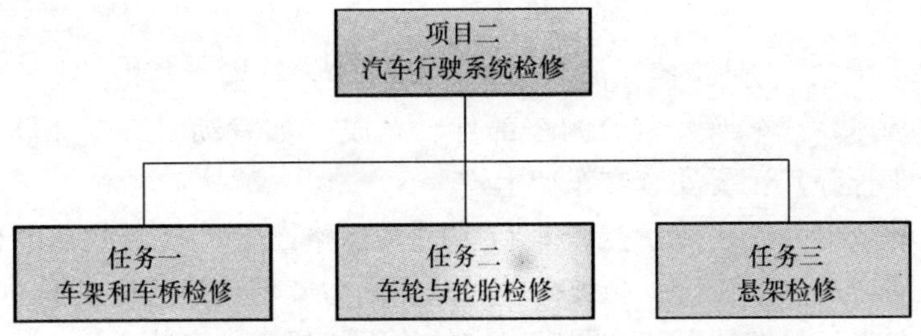

任务一 车架和车桥检修

一、任务描述

车架是构成整个汽车的骨架，是整个汽车的装配基体。车桥位于悬架与车轮之间，其两端安装车轮，通过悬架与车架（或车身）相连。车架和车桥的结构是什么样的？它们是如何工作的？什么是车轮定位？车轮定位如何进行检查和调整？要掌握这些知识，应完成下面的学习任务：

1）车架。

2）车桥。

3）车轮定位。

4）车桥故障诊断与排除。

5）车轮定位的检查与调整。

二、相关知识及技能

（一）车架

车架俗称“大梁”，它是跨接在前后车轮上的桥梁式结构，是构成整个汽车的骨架，是整个汽车的装配基体，汽车绝大多数的零部件、总成（如发动机、变速器、传动机构、操纵机构、车桥、车身等）都要安装在车架上。

车架除承受静载荷外，还要承受汽车行驶时来自路面各种复杂载荷的作用，如汽车加速、制动时的纵向力，汽车转弯、侧坡行驶时的侧向力，不良路面传来的冲击等。因此，车架必须满足下列要求：足够的强度、刚度；在结构上应使零件安装方便，受力均匀，不造成应力集中；在保证强度、刚度的条件下质量尽可能小；满足汽车总布置的要求，各运动件不发生运动干涉，能获得较低的汽车重心（保证离地间隙）和获得较大的前轮转向角，保证汽车行驶稳定性和转向灵活性。

汽车上采用的车架有四种类型：边梁式车架、中梁式车架、综合式车架和无梁式车架。目前汽车上多采用边梁式车架和无梁式车架。

（1）边梁式车架

边梁式车架由两根位于两边的纵梁和若干横梁组成，用铆接法或焊接法将纵梁与横梁连接成坚固的刚性构架，如图 2-1、图 2-2 所示。

纵梁通常用低碳合金钢板冲压而成，断面形状一般为槽形，也有的做成 Z 字形或箱形断面。根据汽车不同结构布置的要求及其受力情况，纵梁可以在水平面内或纵向平面内做成弯曲的，以及等断面或非等断面的。

横梁一般也用钢板冲压成槽形，不仅用来连接左右两个纵梁，使之成为一个完整的框架构件，保证车架的扭转刚度和承受纵向载荷，而且还可以支撑发动机、散热器等主要部件。

边梁式车架结构简单、便于整车的布置，所以在各种类型的汽车上都广泛应用。

纵梁的结构具有以下特点：一是从宽度上看有前窄后宽、前宽后窄和前后等宽三种形式。前窄使前轮具有足够的偏转角度，提高了车辆的机动性能；后窄用于重型车辆，便于布置双胎。二是从平面度上看有水平的和弯曲的两种形式。水平的纵梁便于零部件、总成的安装和布置；弯曲的纵梁可以降低车辆重心。三是从断面形状上看有槽形、Z 字形、工字形和箱形几种，这些形状主要是为了满足质量小的前提下，车架具有足够的强度和刚度，以承受各种载荷。

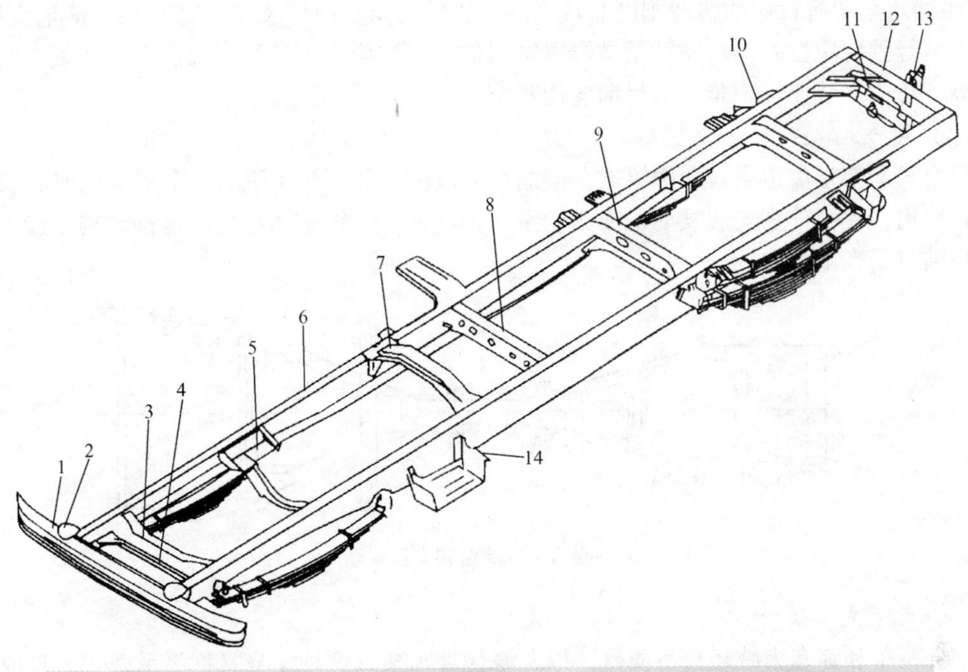

图 2-1 货车边梁式车架

1—保险杠 2—挂钩 3—前横梁 4—发动机前悬置横梁 5—发动机后悬支架及横梁 6—纵梁 7—驾驶室后悬置横梁 8—第四横梁 9—后钢板弹簧前支架横梁 10—后钢板弹簧后支架横梁 11—角撑横梁组件 12—后横梁 13—拖钩 14—蓄电池托架

(2) 中梁式车架

中梁式车架又称脊梁式车架，由一根贯穿汽车纵向的中央纵梁和若干根横向悬伸托架所组成，如图 2-3 所示。中梁的断面一般是管形或箱形，其前端做成伸出支架，用以固定发动机。传动轴在中梁内穿过。主减速器壳通常固定在中梁的尾端，形成断开式后驱动桥，中梁上的悬伸托架用以支撑汽车车身和安装其他机件。

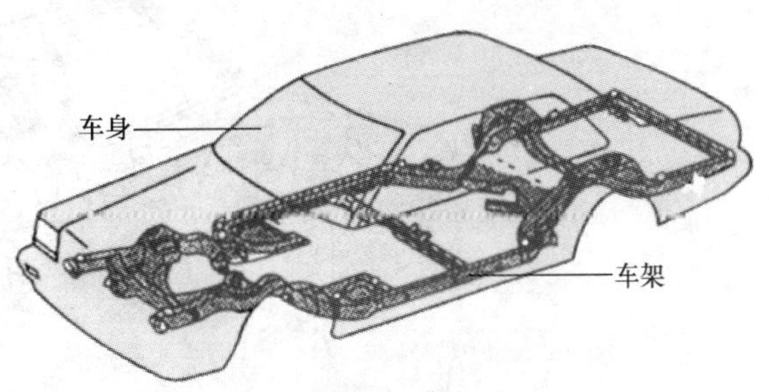

图 2-2 轿车边梁式车架

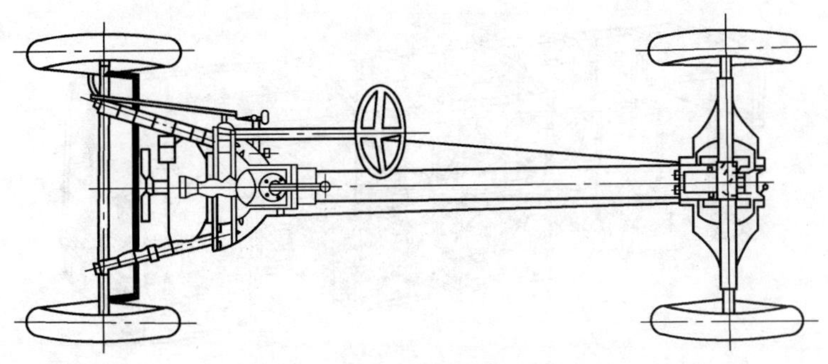

图 2-3 中梁式车架

中梁式车架有较好的扭转刚度和较大的前轮转向角，便于装用独立悬架，整车质量小，重心低，行驶稳定性好，传动轴是被脊梁密封的，可防尘。但这种车架制造工艺复杂，精度要求高，总成安装比较困难，故目前应用不多。

(3) 综合式车架

综合式车架是由边梁式和中梁式车架结合而成的，如图 2-4 所示。车架前段或后段近似边梁式结构，便于分别安装发动机或驱动桥。传动轴从中梁中间穿过。这种结构制造工艺复杂，目前应用也不多。

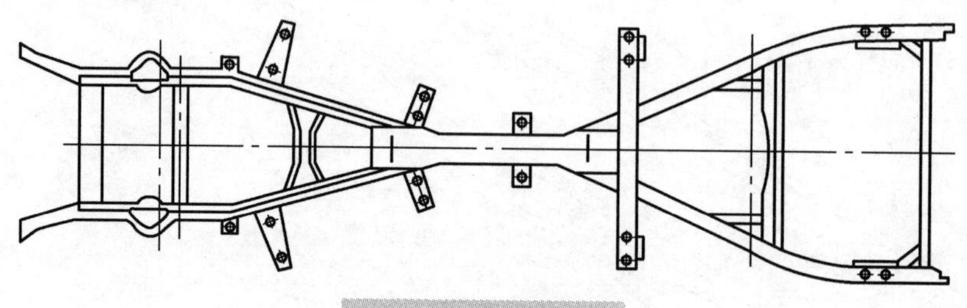

图 2-4 综合式车架

(4) 无梁式车架

部分轿车和客车为减轻自身质量，以车身代替车架，这种车身又称为承载式车身或无梁式车架，如图 2-5 和图 2-6 所示。采用承载式车身的特点是没有车架（大梁），车身就作为发动机和底盘各总成的安装基础，各种载荷全部由车身承受。

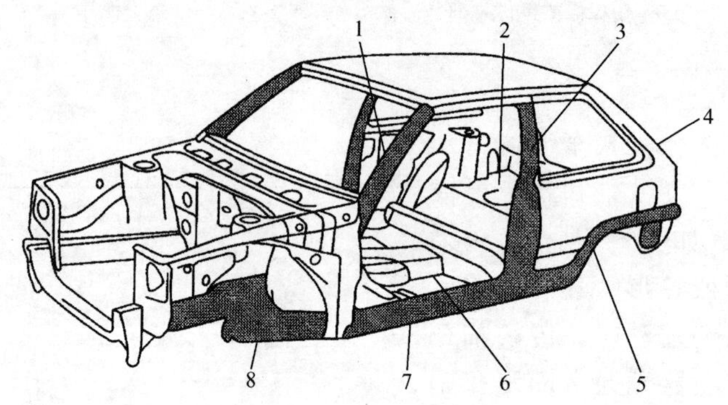

图 2-5 轿车承载式车身
1—A 柱 2—行李舱底板 3—B 柱 4—后围侧板 5—后纵梁 6—底板 7—车门拦板 8—前纵梁

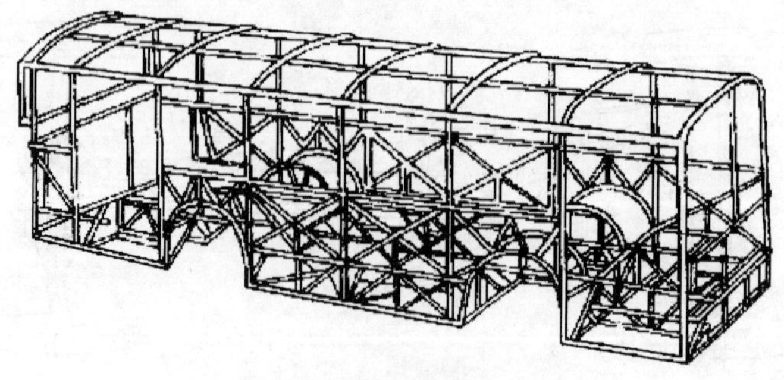

图 2-6 客车承载式车身

图 2-7 所示为桑塔纳 2000 型轿车的车身组成件，主要包括：车身壳体、车门、车窗、车前后钣金件、车身内外装饰件、车身附件、坐椅以及通风装置等。车身壳体是一切车身部件和零件的安装基础，由纵、横梁支柱等主要承力元件，以及与它们相连接的钣金件经焊接而共同组成的刚性空间结构。车前后钣金件包括散热器框架前后围板、发动机舱盖、前后翼子板、挡泥板等。这些钣金件形成了容纳发动机、车轮等部件的空间。

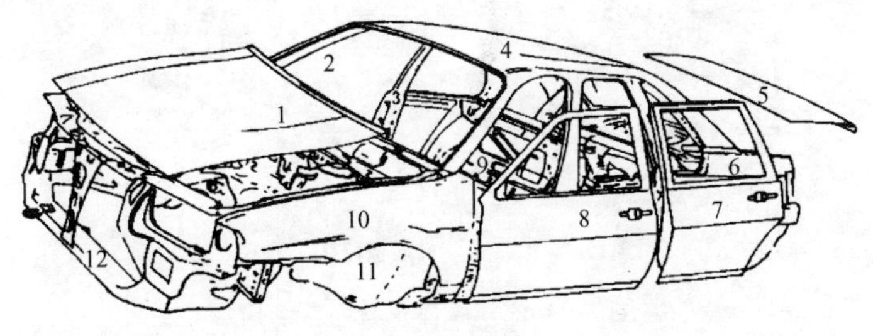

图 2-7 桑塔纳 2000 型车身组成件

1—发动机舱盖 2—前柱 3—中柱 4—顶盖 5—行李舱盖 6—后翼子板 7—后车门 8—前车门 9—地板 10—前翼子板 11—挡泥板 12—前围

（二）车桥

车桥位于悬架与车轮之间，其两端安装车轮，通过悬架与车架（或车身）相连，其功用是传递车架（或车身）与车轮之间各种载荷的作用。

按悬架结构不同，车桥分为整体式和断开式两种，如图 2-8 所示。整体式车桥的中部是刚性实心或空心梁，与非独立悬架配用；断开式车桥为活动关节式结构，与独立悬架配用。

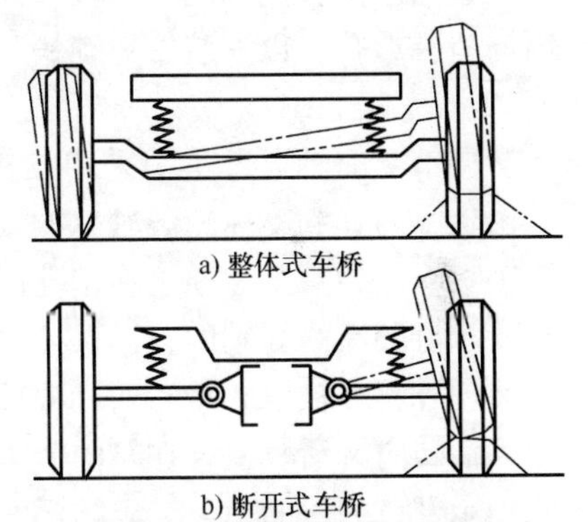

图 2-8 整体式和断开式车桥

按车桥上车轮的作用不同，车桥分为转向桥、驱动桥、转向驱动桥和支持桥四种类型。其中转向桥和支持桥都属于从动桥。

在后轮驱动的汽车中，前桥不仅用于承载，而且兼起转向作用，称为转向桥；后桥不仅用于承载，而且兼起驱动的作用，称为驱动桥。

越野汽车和前轮驱动汽车的前桥，除了承载和转向的作用外，还兼起驱动作用，所以称为转向驱动桥。

只起支撑作用的车桥称为支持桥。挂车的车桥就是支持桥。支持桥除不能转向外，其他功能和结构与转向桥相同。

1. 转向桥

转向桥通常位于汽车前部，故也称为前桥。转向桥的作用是支撑部分重量，安装前轮及制动器（前），连接车架，承受车架与车轮之间的作用力及其产生的弯矩和转矩，同时还要使前轮偏转以实现转向。转向桥基本结构由前轴、转向节、主销、轮毂四部分组成。前轴是转向桥的主体，根据断面形状分有“工”字梁式和管式两种。东风 EQ1092 汽车转向桥的结构如图 2-9 所示，图 2-10 所示为转向桥的分解图。

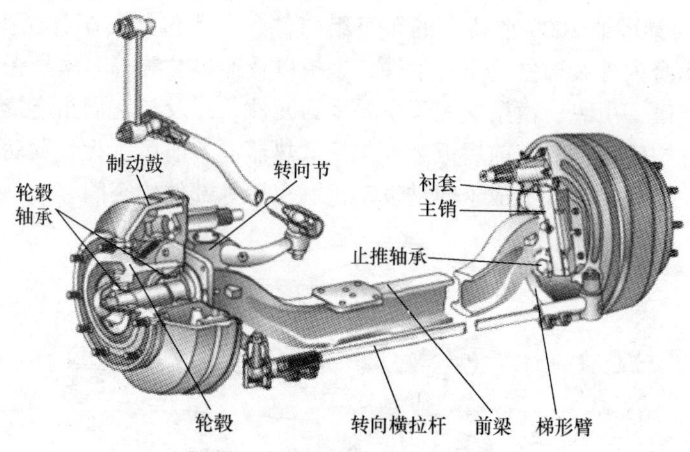

图 2-9 汽车整体式转向桥结构

(1) 前轴

前轴是转向桥的主体，一般由中碳钢经模锻而成。前轴为“工”字形断面，提高了抗弯强度，故又称“工”字梁，其两端向上翘起呈拳形，以提高抗扭刚度，并有上下相通的圆孔，主销插入孔内，将前轴与转向节联接起来。在前轴凹形上平面的两端各有一块安装钢板弹簧用的底座，其上钻有安装 U 形螺栓用的四个通孔和一个位于中心的钢板弹簧定位孔。中部向下弯曲，使发动机位置得以降低，从而降低汽车质心，扩展驾驶人视野，并减小传动轴与变速器输出轴之间的夹角。在前轴两端还制有转向轮最大转向角限位凸块。在主销孔内侧纵向有锥形孔，以安装锥形锁销，防止主销转动。

(2) 转向节

转向节与前轴通过主销采用铰接联接方式，形似羊角，故又称为羊角。它是一个叉形件，由上下两耳和支撑轮毂轴承的轴颈构成。上下两耳各制有安装主销的同轴孔，通过主销与前轴相连。为减少磨损，在销孔内压入衬套，并在衬套上开有润滑油槽。转向节上的两主销孔要求有较高的同轴度，以保证主销的安装精度。转向节轴上有两道轴颈，内大外小，用来安装内外轮毂轴承。靠近两耳根部有呈方形的凸缘，凸缘四周有螺栓孔，用来固定制动底板。为使转向灵活轻便，在转向节下耳轴孔的上平面装有滚子推力轴承。安装推力轴承时，应使轴承开口的一面向下，以防污泥侵入。

在转向节上耳与前轴拳部之间装有调整垫片，用以调整两者之间的轴向间隙。在左、右转向节下耳的下端各装有与左、右梯形臂制成一体的端盖，两梯形臂与横拉杆左、右两端相连。在左转向节上耳的上端装有与转向节臂制成一体的端盖，这样就可以通过转向直拉杆前后推拉转向节臂，使左、右转向节同时绕主销摆动，实现转向。

为了防止转向时轮胎与转向直拉杆或翼子板相碰擦，转向轮的最大转角不能超过规定值，为此在转向节上装有限位螺栓。它与前轴两端的限位凸块相配合，可以调整转向轮的最大转角。

(3) 主销

主销的作用是铰接前轴与转向节，使转向节能绕着主销摆动，以使车轮偏转实现转向。主销的中部切有凹槽，安装时用锥形锁销与它配合，使其固定在前轴的销孔中，防止其相对前轴转动。

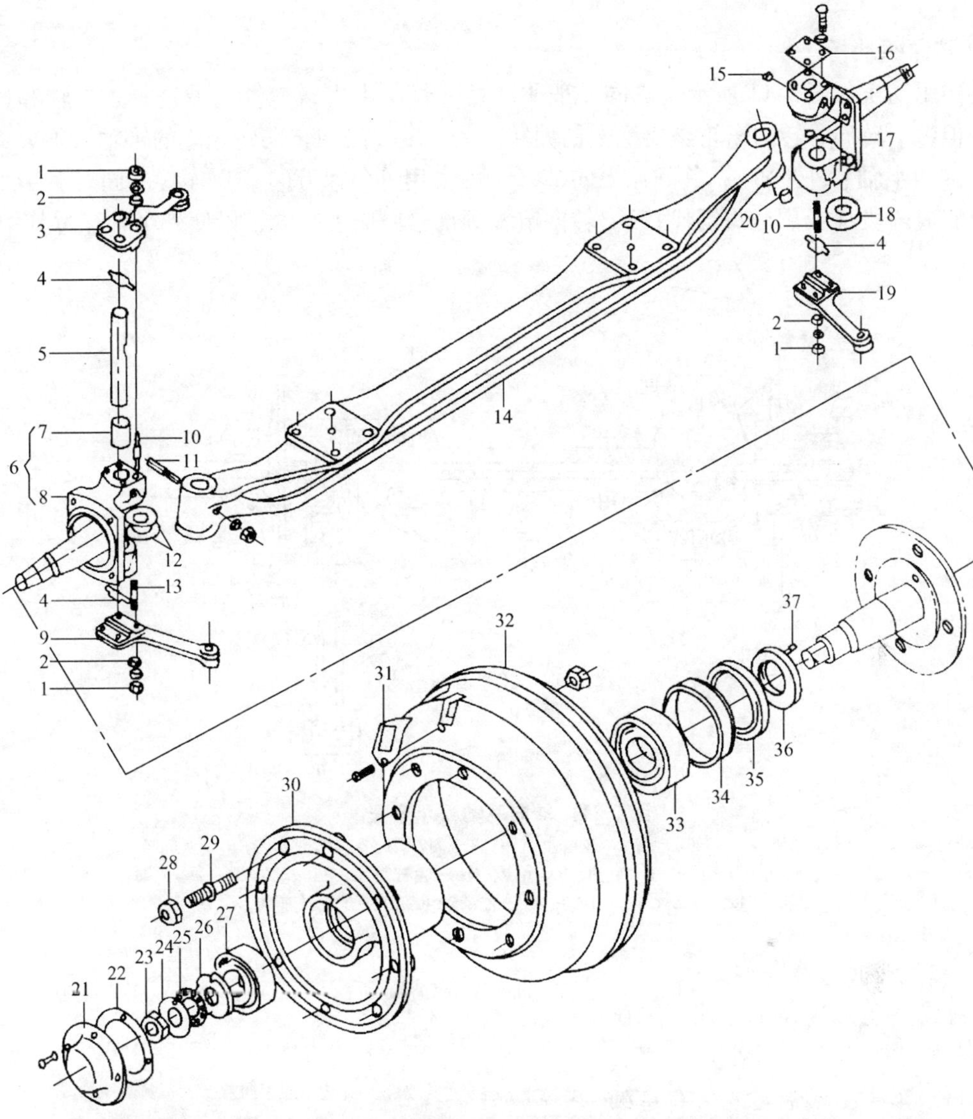

图 2-10 转向桥分解图

1—紧固螺母 2—锥套 3—转向节臂 4—密封垫 5—主销 6—左转向节总成 7—衬套 8—左转向节 9—左转向梯形臂 10、13—双头螺柱 11—楔形锁销 12—调整垫片 14—前轴 15—滑脂嘴 16—右转向节上盖 17—右转向节 18—止推轴承 19—右转向梯形臂 20—限位螺栓 21—轮毂盖 22—衬垫 23—锁紧螺母 24—止动垫圈 25—锁紧垫圈 26—调整螺母 27—前轮毂外轴承 28—螺母 29—螺栓 30—车轮轮毂 31—检查孔堵塞 32—制动鼓 33—前轮毂内轴承 34—轮毂油封外圈 35—轮毂油封总成 36—轮毂油封内圈 37—定位销

（4）轮毂

轮毂的作用是将车身或半轴传来的各种作用力或转矩传递到整个车轮以及在车辆行驶过程中随车轮一起旋转的旋转件（如制动鼓或制动盘、轮速传感器的齿圈等）。前轮轮毂通过内外两轮毂轴承装在转向节轴颈上，轴承的预紧度可以用调整螺母调整，调好后，套上锁环和锁紧垫圈，再拧紧锁紧螺母，并用锁紧垫圈弯曲片包住锁紧螺母，以防松动。在轮毂外端装有端盖，以防泥水和尘土侵入。轮毂内侧装有油封和挡油盘，以防润滑脂进入车轮制动

器内。

2. 转向驱动桥

转向驱动桥如图 2-11 所示，它同一般驱动桥一样，由主减速器、差速器、半轴和桥壳组成。但由于转向时转向车轮需要绕主销偏转一个角度，故与转向轮相连的半轴必须分成内外两段（内半轴和外半轴），其间用万向节（一般多用等角速万向节）连接，同时主销也因此而分制成两段（或用球头销代替）。转向节轴颈部分做成中空的，以便外半轴穿过其中。

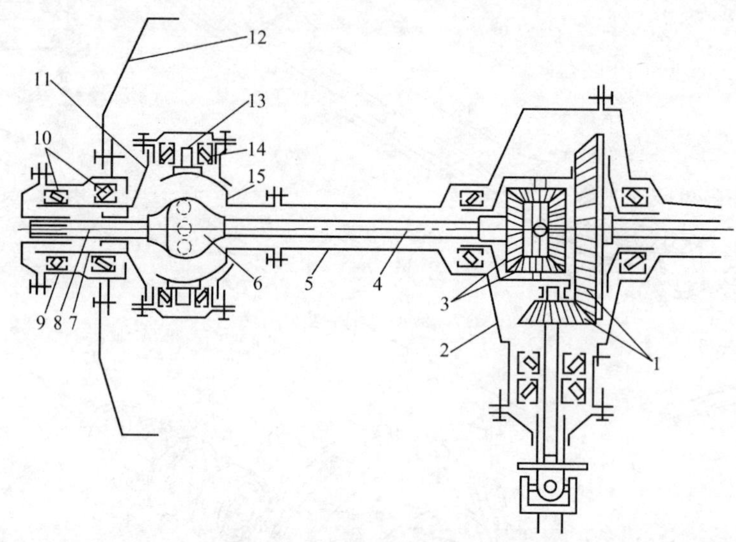

图 2-11 转向驱动桥示意图

1—主减速器 2—主减速器壳 3—差速器 4—内半轴 5—半轴套管 6—万向节 7—转向节轴颈 8—外半轴 9—轮毂 10—轮毂轴承 11—转向节壳体 12—车轮 13—主销 14—主销轴承 15—球形支座

图 2-12 所示为桑塔纳 2000 轿车的前桥总成（主减速器和差速器未画出），采用的是断开式、独立悬架转向驱动桥。车桥上端通过左、右悬架与承载式车身相连接，下端通过左、右下摆臂与固定在车身上的副车架相连接。悬架车轮轴承壳与下摆臂之间通过可移动球形接头连接，从而使前轮固定，并通过下摆臂上的长孔可调整车轮外倾角，为了减小车辆转向时的车身倾斜，在副车架与下摆臂之间还装有横向稳定器。

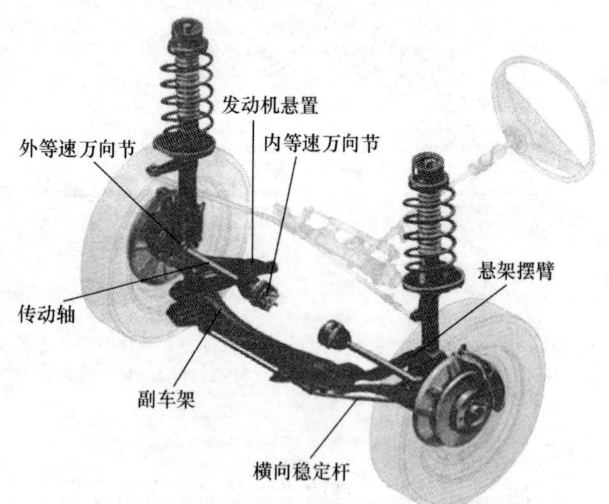

图 2-12 桑塔纳 2000 轿车的转向驱动桥

3. 支持桥

桑塔纳 2000GSi 轿车后桥是纵向摆臂式非驱动桥，后悬架为非独立悬架，其结构如图 2-13 所示。

后桥桥架由一根 6mm 厚的 V 形冲压横梁和两根圆柱管状的悬架臂以及内加强筋和外加

强覆板焊接组成，并通过安装在悬架臂前的金属橡胶支承的支承座和后减振器支承杆座与车身相连接。后桥轮毂（制动鼓）内侧轴承压在轮毂短轴上，其上带有密封圈，防止润滑脂泄漏；外侧轴承靠自锁螺母锁紧，轮毂短轴凸缘用四个螺栓固定在悬架臂总成上的轴端支承面上。轮毂和车轮由轮胎螺栓紧固在一起。

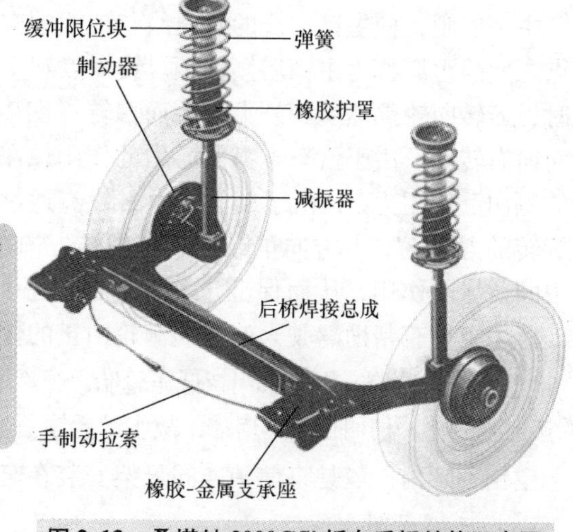

图 2-13 桑塔纳 2000GSi 轿车后桥结构示意图

该车桥轮毂、制动鼓以及车轮与车桥的连接方式与转向桥一样，通过轴承支撑，轴向定位。车桥只向其传递横、纵向推力或拉力，不传递转矩，这一点是驱动桥和非驱动桥上车轮与车桥连接方式不同的地方。

（三）车轮定位

1. 转向轮定位

为了保证汽车直线行驶的稳定性和操纵的轻便性，减少轮胎和其他机件的磨损，转向轮、转向节和前轴三者与车架的安装应保持一定的相对位置关系，这种安装位置关系称为转向车轮定位，也称前轮定位。

对于两端装有主销的转向桥，汽车转向时，转向车轮会围绕主销轴线偏转，如图 2-14a 所示。但在大多数断开式转向桥中没有主销，采用上、下球头销代替主销，上、下球头销球头中心的连心线相当于主销轴线，如图 2-14b所示。

转向轮定位包括前轮外倾、主销后倾、主销内倾及前轮前束四个参数。现以有主销的转向桥为例说明转向车轮定位。

（1）主销后倾

主销安装在前轴上，其上端略向后倾斜，这种现象称为主销后倾。在垂直于汽车支撑平面的纵向平面内，主销轴线与汽车支撑平面垂线之间的夹角 γ 称为主销后倾角，如图 2-15 所示。

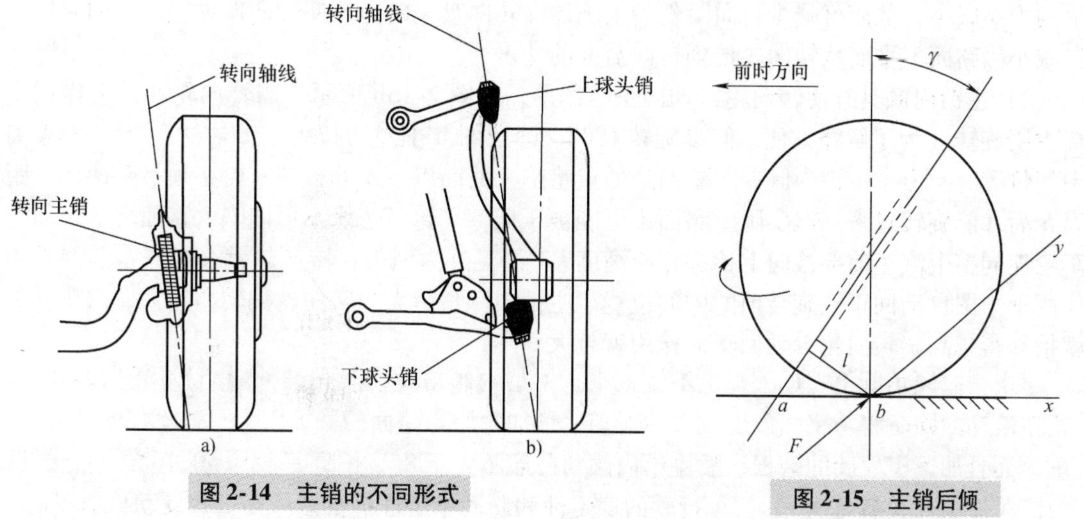

图 2-14 主销的不同形式

图 2-15 主销后倾

主销后倾的功用是形成回正力矩，保证汽车直线行驶的稳定性，并使汽车转向后回正操纵轻便。

主销后倾，使主销轴线的延长线与地面的交点 a 位于车轮与路面的接触点 b 之前，a、b 两点之间的距离称为主销后倾移距。设 b 点到主销轴线延长线之间的距离为 l，汽车直线行驶时，若转向轮偶然受到外力作用而偏转（图 2-15 中所示为向右偏转），汽车将偏离行驶方向而向右转弯。由于汽车本身离心力的作用，在轮胎与路面接触点 b 处将产生一个路面对车轮的侧向反作用力 F，由于反作用力 F 没有通过主销轴线，因而形成了一个使车轮绕主销轴线旋转的力矩 Fl，其方向正好与车轮偏转方向相反。在力矩作用下，使车轮具有回复到原来中间位置的作用，从而保证了汽车直线行驶的稳定性。同理，在汽车转向后的回正过程中，此力矩具有帮助驾驶人使转向车轮回正的作用，使汽车转向后回正操纵轻便。

此外，有些汽车由于采用超低压轮胎，弹性增加，转向时因轮胎弹性变形而使轮胎与路面的接触点后移，使回正力矩增加，故主销后倾角可以减小，甚至为负值（即主销前倾）。

主销后倾角一般是将前轴连同悬架安装在车架上时，使前轴向后倾斜而形成的。

（2）主销内倾

主销安装在前轴上，其上端略向内侧倾斜，这种现象称为主销内倾。在垂直于汽车支撑平面的横向平面内，主销轴线与汽车支承平面垂线之间的夹角 β 称为主销内倾角，如图 2-16 所示。

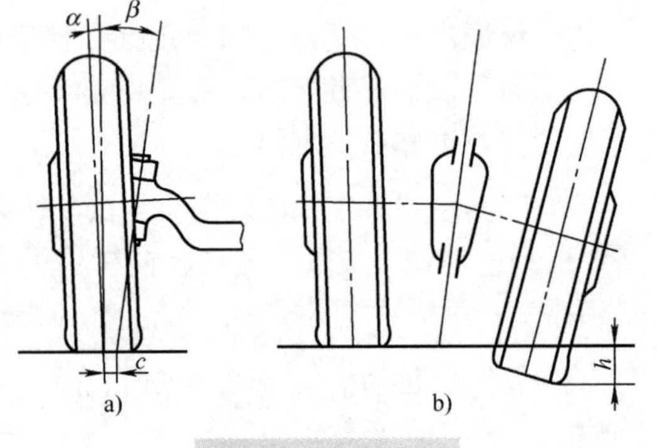

图 2-16 主销内倾

主销内倾的功用是使转向轮自动回正，并使转向操纵轻便。

主销内倾原理如下：

1）主销内倾具有使转向轮转向操纵轻便的作用，如图 2-16a 所示。由于主销内倾，使主销轴线的延长线与地面的交点至车轮中心平面与地面交点之间的距离 c 缩短（在有些维修资料中将距离 c 称为偏置或磨胎半径），转向时，路面作用在转向轮上的阻力对主销轴线产生的力矩减小，从而可减少转向时驾驶人施加在转向盘上的力，使转向操纵轻便。同时还可以减小因路面不平而从转向轮传到转向盘上的冲击力。

2）主销内倾具有使转向轮自动回正的作用，如图 2-16b 所示。当转向轮在外力作用下绕主销旋转（为了解释方便，假设旋转 180°，即由图 b 中左边位置转到右边位置）而偏离中间位置时，由于主销内倾，车轮的最低点将陷入路面以下 h 处，即车轮必须将路面压低距离 h 后才能旋转过来，但实际上路面不可能被压低，车轮下边缘不可能陷入路面之下，而是车轮连同整个汽车前部被向上抬起相应高度 h。一旦外力消失，转向轮就会在汽车前部重力作用下力图自动回正到旋转前的中间位置。主销内倾角越大、转向轮偏转角越大，汽车前部就抬起得越高，转向轮自动回正的作用就越大。

主销内倾角既不宜过大，也不宜太小。主销内倾角过大（偏置 c 减小），转向时，车轮在滚动的同时将与路面产生较大的滑动，增加轮胎与路面的摩擦阻力，这不仅使转向沉重，而且加速了轮胎的磨损，故主销内倾角一般不大于 8°，偏置一般为 40～60mm；主销内倾角过小（偏置增大），汽车行驶的稳定性和制动稳定性将变差。在一些发动机前置前

轮驱动的轿车上，为了使汽车具有良好的行驶稳定性，特别是制动稳定性，其主销内倾角均较大。

整体式转向桥的主销内倾角是在制造前轴时将销孔轴线上端向内倾斜而获得的。

主销后倾和主销内倾都具有使车轮自动回正及保证汽车直线行驶稳定性的作用。其区别在于：主销后倾角的回正作用随着车速的增高而增大，而主销内倾的回正作用几乎与车速无关。

(3) 车轮外倾

转向轮安装在转向节上时，其旋转平面上端向外倾斜，这种现象称为转向车轮外倾。车轮旋转平面与垂直于车辆支撑面的纵向平面之间的夹角 α 称为车轮外倾角，如图 2-17 所示。

车轮外倾角的功用是提高车轮工作的安全性和转向操纵的轻便性。

由于主销与衬套之间、轮毂与轴承等处都存在着装配间隙，若空车时车轮的安装正好垂直于路面，则满载时上述间隙将发生变化，车桥也因承载而变形，从而引起车轮向内倾斜。车轮内倾将使路面对车轮的垂直反作用力的轴向分力压向轮毂外端的小轴承，使该轴承及其锁紧螺母等件承受的载荷增大，降低了它们的使用寿命，严重时会损坏锁紧螺母而使车轮脱落。为此，安装车轮时预先留有一定的外倾角，以防止上述不良影响。车轮外倾与主销内倾相配合可进一步缩短距离 c（图 2-16a），使汽车转向轻便。此外，车轮有一定的外倾角也可以与拱形路面相适应。但车轮外倾角不宜过大，否则会使轮胎产生偏磨损。一般前轮外倾角为 1°左右。

有的汽车其前轮外倾角为负值（如 F1 赛车），这样在汽车转向时可避免车身过分倾斜。

(4) 前轮前束

车轮安装在车桥上，两前车轮的中心平面不平行，其前端略向内侧收束，这种现象称为前轮前束。两前轮后端距离 A 大于前端距离 B，其差值 $A-B$ 称为前轮前束值，如图 2-18 所示。

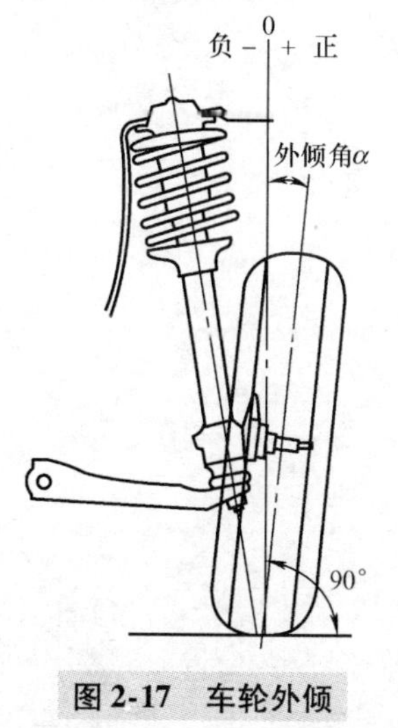

图 2-17 车轮外倾

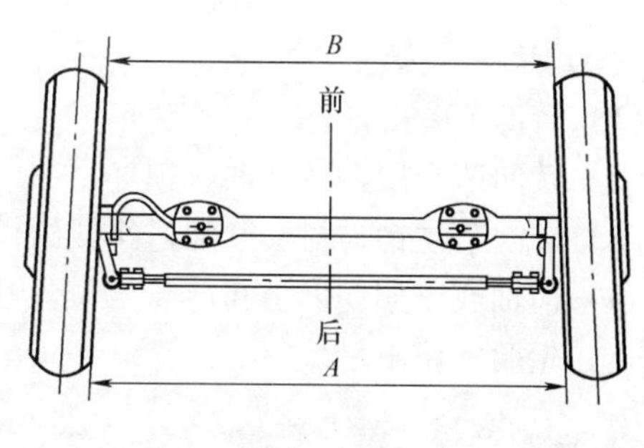

图 2-18 前束

前轮前束的功用是消除因车轮外倾所造成的不良后果，保证车轮不向外滚动，防止车轮侧滑和减轻轮胎的磨损。

由于车轮外倾，汽车行驶时，两个车轮的滚动类似于两个锥体的滚动，其轨迹不再是直线而是逐渐向各自的外侧滚开，如图 2-19 所示。但因受车桥和转向横拉杆的约束，两侧车

轮不可能向外滚开，这样，车轮在路面上滚动行驶的同时又被强制地拉向内侧，产生向内的侧滑，从而加剧轮胎的磨损。有了前束，车轮滚动的轨迹是向内侧偏斜，只要前束值与车轮外倾角配合适当，车轮向内、外侧滚动的偏斜量就会相互抵消，使车轮每一瞬间的滚动方向都朝着正前方，从而消除了侧滑，减轻了轮胎的磨损。

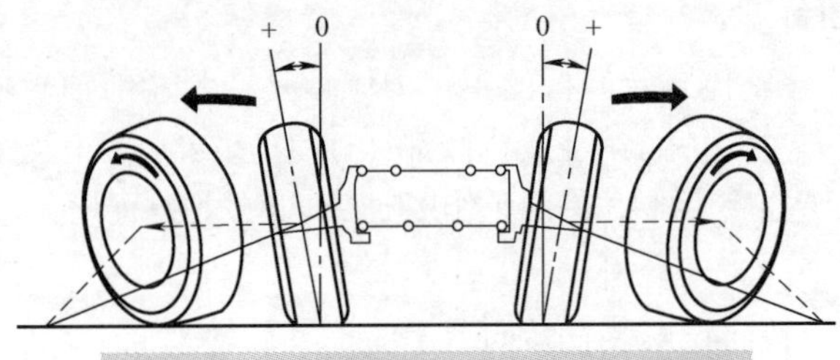

图 2-19　车轮外倾产生的车轮运动示意图

前轮前束值可以通过改变转向横拉杆的长度来调整，一般前束值为 0～12mm。

2. 非转向轮定位

后轮与后轴之间的相对安装位置关系，称为后轮定位。随着车速的不断提高，为了提高汽车高速行驶的稳定性，在结构设计上应确保汽车具有不足转向特性。为此，转向轮定位的内容已扩展到非转向轮（后轮）。后轮定位内容主要包括后轮外倾角和后轮前束。

（1）后轮外倾角

为了对载荷进行补偿，采用独立后悬架的大多数车辆常带有一个较小的负后轮外倾角。

（2）后轮前束

后轮前束的作用与前轮前束基本相同。一般前驱汽车，前驱动轮宜采用正前束，后从动轮宜采用负前束；对于后驱汽车，前从动轮宜采用负前束，后驱动轮宜采用正前束。

（四）车桥故障诊断与排除

车桥的技术状况会直接影响汽车的各项性能，因此，对于汽车车桥要按规定的维护里程进行维护，并对故障要及时诊断、排除。

1. 转向沉重

（1）故障现象

汽车转向时，转动转向盘感到沉重费力，并且没有回正感。

（2）故障原因

1）转向节臂变形。

2）转向节止推轴承缺油或损坏。

3）转向节主销与衬套间隙过小或缺油。

4）前轴或车架变形引起前轮定位失准。

5）轮胎气压不足。

（3）故障诊断与排除

诊断时先支起前桥，用手转动转向盘，若感到转向很容易，不再有转动困难的感觉，这说明故障部位在前桥与车轮。因为支起前桥后，转向时已不存在车轮与路面的摩擦阻力，而只是取决于转向器等的工作状况。此时应仔细检查前轮胎气压是否过低，前轴有无变形；同时也要考虑检查前钢板弹簧是否良好，车架有无变形。必要时，检查车轮定位角度是否正确。

2. 低速摆头

（1）故障现象

汽车低速直线行驶时前轮摇摆，感到方向不稳。转弯时大幅度转动转向盘，才能控制汽车的行驶方向。

（2）故障原因

1）转向节臂装置松动。

2）转向节主销与衬套磨损松旷。

3）轮毂轴承间隙过大。

4）前束过大。

5）轮毂螺栓松动或数量不全。

（3）故障诊断与排除

前轮低速摆头和转向盘自由空程大，一般是各部分间隙过大或有连接松动的现象，诊断时应采用分段区分的方法进行检查。可支起前桥，并用手沿转向节轴轴向推拉前轮，凭感觉判断是否松旷。若松旷，说明转向节主销与衬套的配合间隙过大或前轴主销孔与主销配合间隙过大。若此处不松旷，说明前轮毂轴承松旷，应重新调整轴承的预紧度。若非上述原因，应检查前轮定位是否正确，检查前轴是否变形。如果前轮轮胎异常磨损，则应检查前束是否正确。

3. 高速摆振

（1）故障现象

随着车速的提高，摆振逐渐增大；在某一较高车速范围内出现摆振，出现行驶不稳，甚至还会造成转向盘抖动。

（2）故障原因

1）轮毂轴承松旷，使车轮歪斜，在运行时摇摆。

2）轮盘不正或制动鼓磨损过度失圆，歪斜失正。

3）使用翻新轮胎。

4）转向节主销或止推轴承磨损松旷。

5）横、直拉杆弯曲。

6）前轮定位值调整不当。前束失调，两前轮主销后倾角或内倾角不一致等，汽车向前行驶时，前轮摇摆晃动。

7）车轮不平衡。

8）转向节弯曲。

9）前钢板弹簧刚度不一致。

（3）故障诊断与排除

1）在进行高速摆振故障的诊断时，应先检查前桥、转向器以及转向传动机构连接是否松动，悬架弹簧是否固定可靠。

2）支起驱动桥，用楔块固定非驱动轮，起动发动机并逐步换入高速档，使驱动轮达到产生摆振的转速。若这时转向盘出现抖动，说明是传动轴不平衡引起的，应拆下传动轴进行检查；若此时不出现明显抖动，则说明摆振原因在汽车转向桥部分。

3）怀疑摆振的原因在前桥部分时，应架起前桥试转动车轮，检查车轮是否晃动，

车轮静平衡是否良好，以及车轮轮辋是否偏摆过大。

4）检查车架是否变形，铆钉有无松动以及前轴是否变形。另外，还需检查前钢板弹簧的刚度。

5）检查前轮定位是否正确。

6）检查高速摆振的故障，有时还需借助一定的测试仪具。当缺少必要的测试仪具时，也可以采用替换法。例如，在怀疑某车轮有动不平衡时，可以另换一车轮试验，或者将可能引起的高速摆振的车轮拆装到不发生摆振的车辆上进行对比试验。

4. 行驶跑偏

（1）故障现象

汽车在直线行驶时必须紧握转向盘，方能保持直线行驶。若稍放松转向盘，汽车会自动偏向一边行驶。

（2）故障原因

1）前轮定位值不正确，前束调整不当，过大或过小。

2）左、右前轮主销后倾角或车轮外倾角不相等。

3）制动鼓与制动蹄摩擦片间隙调整不均匀，一边过紧，一边过松。

4）钢板弹簧一边折断，造成两边弹力不等。

5）转向节或转向节臂弯曲变形。

6）前轴或车架弯曲或扭转。

7）左右两边轮胎气压不相等。

8）前轮毂轴承调整不当，左、右轮毂轴承松紧度不一致。

（3）故障诊断与排除

1）检查左、右前轮轮胎气压是否一致；如果是在换上新轮胎后出现跑偏现象，则应检查左、右轮胎规格以及轮胎花纹是否一致。

2）用手触摸一下跑偏一侧的制动鼓和轮毂轴承部位是否发热。若发热，说明制动拖滞或是车轮轮毂轴承调整过紧，造成一边紧一边松的现象。

3）测量左右轴距是否相等。

4）检查前钢板弹簧有无折断，前轴是否变形。

5）若以上均属正常，应对前轮定位进行检查调整。

（五）车轮定位的检查与调整

1. 四轮定位仪的结构

按照测试方式及原理不同，四轮定位仪基本上可分为拉线式、光学式、图像式三种类型。其中光学式又可分为红外式四轮定位仪、激光式四轮定位仪、红外 CCD 式四轮定位仪等。

目前使用的四轮定位仪均由微机控制，它们的测量原理基本是一致的，但不同类型的四轮定位仪的使用方法有一定的差异，所以应严格按使用说明书的要求和方法进行操作。

四轮定位仪由主机、探测杆、通信线、支架、转盘、转向盘固定架、制动踏板固定架等组成。图 2-20 所示为四轮定位仪的结构。

2. 四轮定位仪的使用

为便于检测和调整，被检汽车需放在地沟上或举升平台上，地沟或举升平台应处于水平状态，四轮定位仪则安装在地沟两旁或举升平台上。

用四轮定位仪检测车轮定位的操作方法如下。

(1) 检测前准备工作

1）将汽车行驶到举升机上，当前轮正好位于转盘中心时停车。车停稳后，拉紧驻车制动以确保车辆不移动，松开转盘的锁紧销。

2）检查底盘各零部件，包括检查胶套、轴承、摆臂、球头、减振器、拉杆球头和转向盘是否有松动及磨损，检查轮胎气压和轮胎规格以及两前轮花纹是否相同，两后轮花纹深浅是否一致。

3）将支架安装在四个车轮上，旋转手柄锁紧支架。将支架绑带绑在支架上，绑带两端的钩子分别钩在轮辋上。

4）将探测杆通过支架的滑杆，分别安装在支架的规定位置上，如图 2-21 所示。前探测杆有一个 3 针通信线接口，用于与电子转盘连接线相连。

5）调节探测杆，使水平仪气泡处于中间位置，以保证传感器探测杆处于水平状态。

6）分别将四根电缆线连接到四个传感器的接线插座上，如图 2-22 所示。

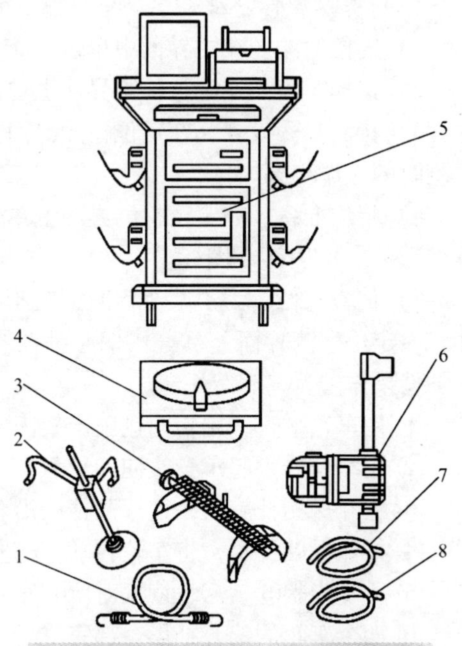

图 2-20 四轮定位仪的结构图

1—轮夹绑带 2—转向盘固定架 3—轮夹 4—转盘 5—主机 6—探测杆 7—8 针探测杆连接线 8—7 针探测杆连接线

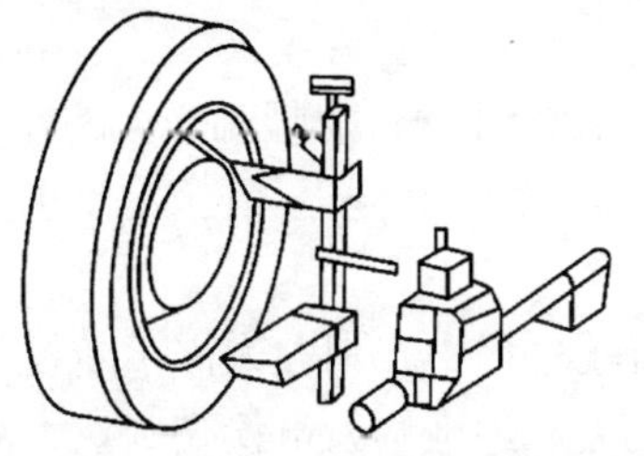
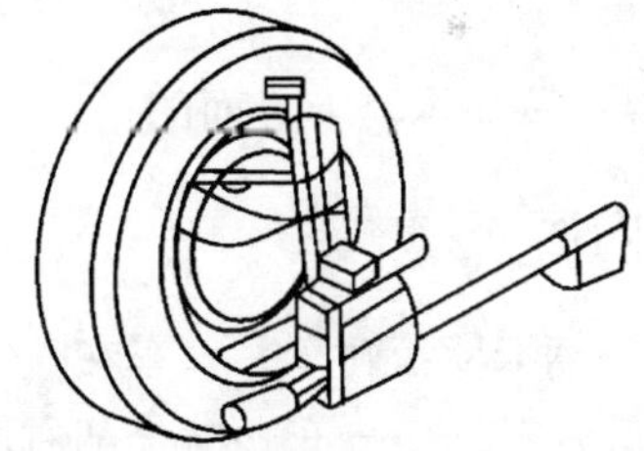

图 2-21 安装探测杆

7）将四轮定位仪接上电源。

8）将转向盘固定架放在驾驶人座椅上，压下手把，使之顶住转向盘以锁定转向盘。

9）将制动踏板固定架下端顶在制动踏板上，上端卡在座椅上，使车辆制动。

10）打开电源，起动电脑，进入测量程序主界面。主界面显示有五项功

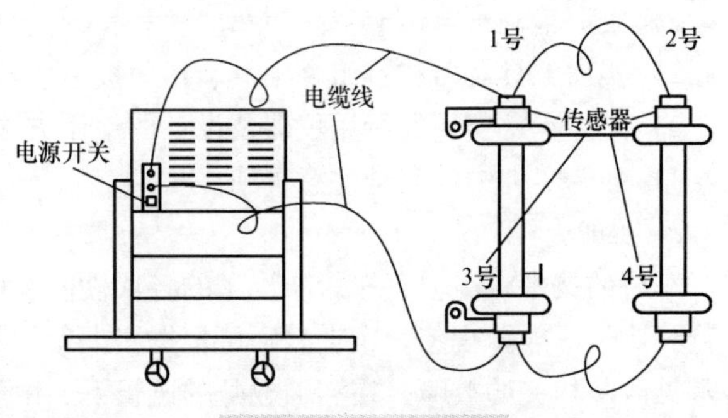

图 2-22 连接传感器

能：用户管理、定位检测、帮助系统、语言选择和退出。

（2）基本操作方法

1）定位检测。在主界面中单击［定位检测］图标，按要求输入车牌号和车主信息。

2）选择车型。在定位检测界面上单击［选择车型］图标，进入车型选择程序。

3）检测步骤设置。在定位检测界面上单击［检测步骤设置］图标，可以设置四轮定位检测时的操作步骤。

4）定位准备。在定位检测界面上单击［定位准备］图标，或执行完“检测步骤设置”操作后单击［确认］图标。

5）偏心补偿。为了减小钢圈、轮胎的变形和装夹而引起的误差，检测前应进行偏心补偿。在定位检测界面上单击［偏心补偿］图标，按屏幕右方显示方框中的提示要求进行偏心补偿操作。

① 使车轮平直，用转向盘固定架固定转向盘，取下制动踏板固定架。

② 用举升器举起车身，使四轮悬空。

③ 松开探测杆旋钮，使探测杆能沿着转轴转动。

④ 按照电脑提示，将车轮转动90°进行补偿。

⑤ 重复步骤③、④，依次对所有车轮进行补偿。

⑥ 四个车轮的偏心补偿全部完成后，放下车身，单击［确认］图标进入下一步骤或返回定位检测界面。

6）初始测量。在定位检测界面上单击［初始测量］图标，测量前后车轮的前束值、外倾角、推力角、轴距差、轮距差等。

首先进入车辆停放调试程序。四轮定位仪会自动检测车辆是否摆正，如有偏差，屏幕上显示出偏差值，则应装上制动踏板固架，并按屏幕中箭头指示方向转动转向盘，直至箭头消失，进入初始测量。

7）检测结果。按显示器上界面的提示，逐项进行检测和调整。

三、实训内容

案例导入：一辆卡罗拉轿车，该车在直线行驶过程中，驾驶人需不断校正方向，才能保持直线行驶，若轻扶转向盘，车辆就会朝右侧驶去。经维修人员检查确认，需对车轮定位参数进行检查和调整。

1. 实训准备

1）实训车辆：丰田卡罗拉轿车。

2）实训工具及器材：组合工具、扭力扳手、转向半径仪、四轮定位检测仪等。

3）掌握本次实训课所用仪器及设备的使用方法。

4）强调实训中的安全注意事项。

2. 实训流程

车桥的技术状况会直接影响汽车的各项性能，可能导致转向沉重、低速摆头、高速摆振及行驶跑偏等故障现象。实训教师可根据实训条件对车轮定位进行检测；然后设置一些与车桥常见故障相关的故障，在实训教师的监督下，由学生独立完成故障的诊断与排除；最后由教师充当客户模拟一个或几个故障场景，让学生分别扮演维修工对客户进行故障诊断的

说明。

(1) 让学生分析并说出检查步骤和方法

1) 检查并调整前轮定位。

2) 检查并调整后轮定位。

(2) 学生根据下列问题，对教师进行解释并提出解决方案

1) 根据检查情况，分析出可能导致上述故障的原因有哪些?

2) 如何确定上述故障?

3) 对检查结果进行理论分析。

3. 实训记录

完成实训记录单。

【思考与练习】

1. 选择题

1) 转向轮绕着（ ）摆动。

A. 转向节 B. 主销 C. 前梁 D. 车架

2) 车轮定位中，（ ）可通过改变横拉杆的长度来调整。

A. 主销后倾 B. 主销内倾 C. 前轮外倾 D. 前轮前束

3) 汽车车架的结构形式主要有中梁式车架、（ ）和边梁式车架等几种形式。

A. 后梁式车架 B. 下梁式车架 C. 综合式车架 D. 前梁式车架

4) 越野汽车的前桥属于（ ）。

A. 转向桥 B. 驱动桥 C. 转向驱动桥 D. 支承桥

5) 前轮定位中，转向操纵轻便主要是靠（ ）。

A. 主销后倾 B. 主销内倾 C. 前轮外倾 D. 前轮前束

2. 判断题

1) 转向轮偏转时，主销随之转动。 ( )

2) 主销后倾角和主销内倾角都起到使车轮自动回正，沿直线行驶的作用。 ( )

3) 主销内倾角能使汽车转向系统在转向后回复直线行驶的位置。 ( )

4) 车轮前束为两侧轮胎上缘间的距离与下缘间的距离之差。 ( )

5) 汽车转向轮定位参数中的主销后倾角，直接影响汽车的操纵稳定性，若倾角过大，汽车将因转向过于灵敏而行驶不稳，过小则转向沉重。 ( )

6) 一般载货汽车的前桥是转向桥，后桥是驱动桥。 ( )

7) 越野汽车的前桥通常是转向兼驱动。 ( )

8) 主销内倾角导致轮胎形成圆锥滚动效应，为了避免这种效应带来的不良后果，将两前轮适当向内偏转，即形成前轮前束。 ( )

3. 问答题

1) 车桥是如何进行分类的，都有哪些类型?

2) 与转向桥相比，转向驱动桥有哪些不同?

3) 转向轮定位包括哪些参数，各有什么功用?

任务二 车轮与轮胎检修

一、任务描述

汽车车轮总成由车轮和轮胎两大部分组成，是汽车行驶系统中极其重要的部件之一。车轮和轮胎的结构是什么样的？它们是如何工作的？如何对车轮和轮胎进行检修？要掌握这些知识，应完成下面的学习任务：

1）车轮。

2）轮胎。

3）车轮动平衡。

4）轮胎故障诊断与排除。

5）车轮总成的拆卸与安装。

6）轮胎的更换。

7）轮胎的检查与维护。

8）车轮动平衡的检查与调整。

二、相关知识及技能

汽车车轮总成如图2-23所示，是由车轮和轮胎两大部分组成，是汽车行驶系统中极其重要的部件之一。它处于车轴和地面之间，具有如下基本功用：

1）支承整车质量，包括在汽车质量上下运动时产生的惯性动载荷。

2）缓和由路面传递来的冲击载荷。

3）通过轮胎和路面之间的附着作用，产生驱动和阻止汽车运动的外力，即为汽车提供驱动力和制动力。

4）产生平衡汽车转向离心力的侧向力，以便顺利转向，并通过轮胎产生的自动回正力矩，使车轮具有保持直线行驶的能力。

5）承担跨越障碍的作用，保证汽车的通过性。

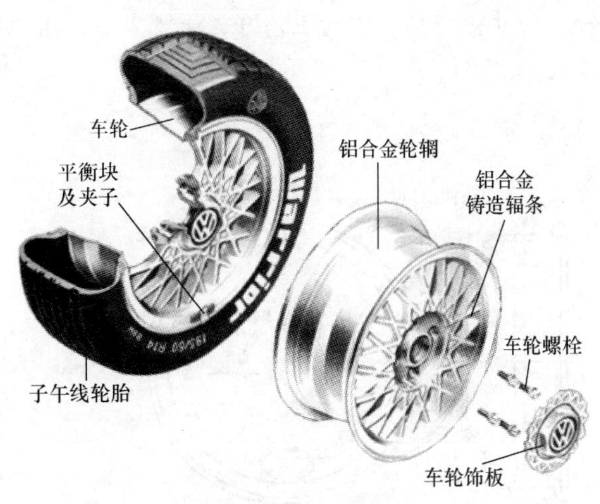

图 2-23 车轮总成

由于汽车高速行驶时车轮处于高速旋转的状态，车轮与轮胎的动平衡性能显得尤其重要，若车轮存在动不平衡，驾驶的操纵性能和行驶平顺性能将遭破坏，轮胎磨损加剧，轮毂轴承使用寿命下降。另外，车轮属于悬架弹簧以下的质量，该质量的大小与汽车的行驶平顺性和操纵稳定性有相当密切的关系，过大的簧下质量往往会引起上述性能的恶化。

针对车轮和轮胎的使用特点，要求它们具有足够的强度和刚度，质量轻，散热能力强；轮胎具有良好的弹性特性和摩擦特性，足够的使用寿命。

（一）车轮

车轮是介于轮胎和车桥之间承受负荷的旋转组件，其功用是安装轮胎，承受轮胎与车桥之间的各种载荷的作用。

车轮一般是由轮毂、轮辋和轮辐组成，如图 2-24 所示。轮毂通过圆锥滚子轴承装在车桥或转向节轴径上，用于连接车轮与车桥。轮辋用于安装和固定轮胎。轮辐用于将轮毂和轮辋连接起来，并通过螺栓与轮毂联接起来。

1. 轮辐

按轮辐结构的不同，车轮可以分为两种形式：辐板式车轮和辐条式车轮。

（1）辐板式车轮

目前，普通轿车和轻、中型货车普遍采用辐板式车轮，这种车轮如图 2-25 所示，由挡圈、轮辋、辐板和气门嘴伸出口组成。车轮中用以连接轮毂和轮辋的钢质圆盘称为辐板，大多是冲压制成的，少数是和轮毂铸成一体，后者主要用于重型汽车。

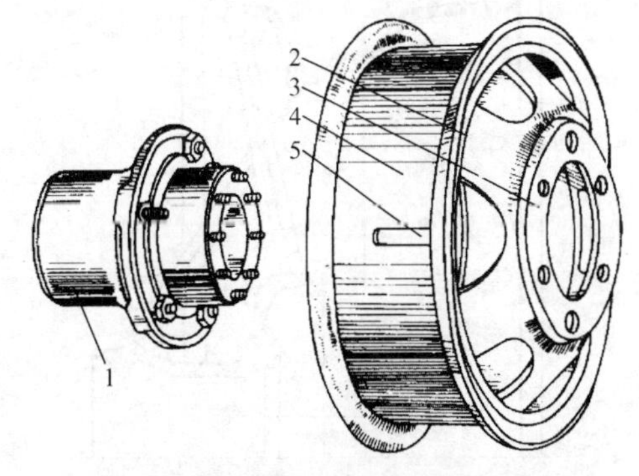

图 2-24 车轮的组成
1—轮毂 2—挡圈 3—轮辐（辐板式） 4—轮辋 5—气门嘴出口

辐板与轮辋通过焊接或铆接的方式固定成为一个整体，辐板通过螺栓安装在轮毂上，辐板上的孔可以减轻质量，有利于制动器的散热，方便手接近气门嘴，同时可作为安装时的把手。六个孔加工成锥形，以便在用螺栓把辐板固定在轮毂上时对正中心。

轿车的辐板所用板料较薄，常冲压成起伏多变的形状，以提高其刚度，目前广泛采用的

轿车车轮为铝合金车轮，如图2-26所示，且多为整体式的，即轮辋和轮辐铸成一体。它质量轻，尺寸精度高，生产工艺好，美观大方，可以明显改善车轮的空气动力学特性，降低汽车油耗。

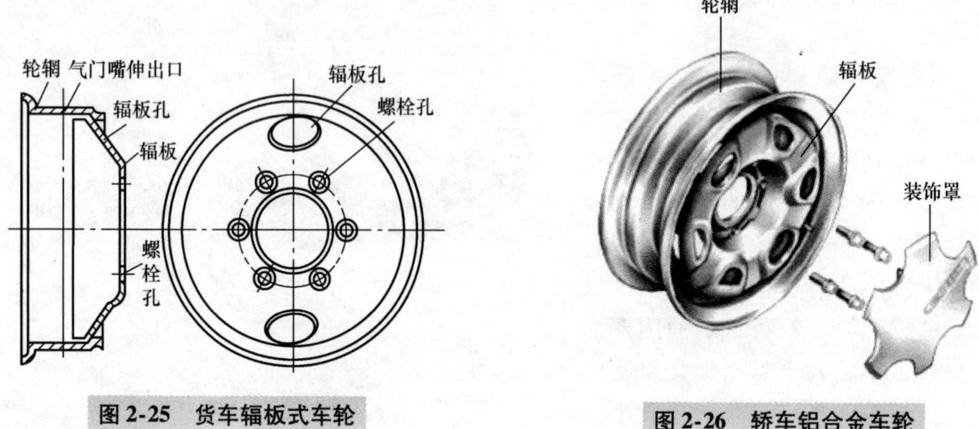

图2-25 货车辐板式车轮

图2-26 轿车铝合金车轮

（2）辐条式车轮

按辐条结构的不同，辐条式车轮又分为钢丝辐条式车轮和铸造辐条式车轮，如图2-27所示。钢丝辐条式车轮的结构与自行车车轮完全一样，由于其价格昂贵、维修安装不便，故仅用于赛车和某些高级轿车。另外，钢丝辐条式车轮还不能与无内胎轮胎组合使用。铸造辐条式车轮常用于重型货车上，辐条与轮毂铸成一体，轮辋是用螺栓和特殊形状的衬块固定在辐条上，为了使轮辋和辐条很好地对中，在轮辋和辐条上都加工出配合锥面。

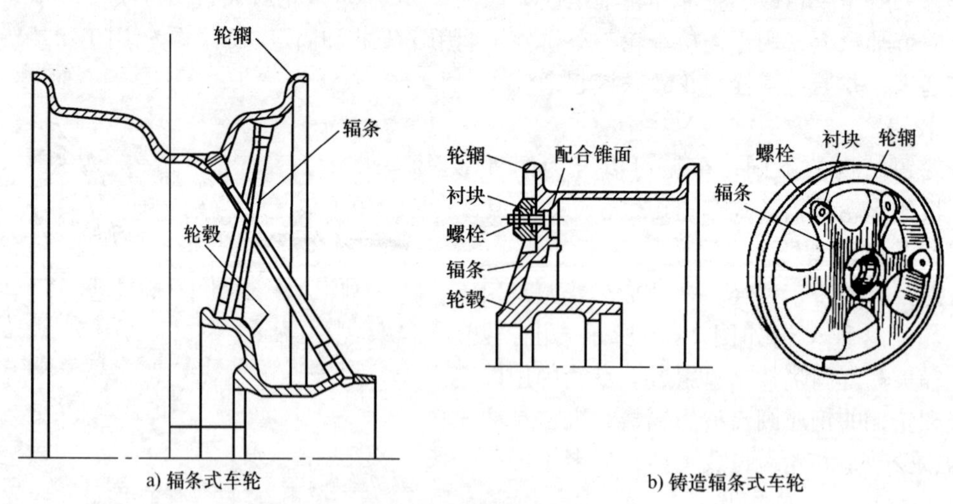

图2-27 辐条式车轮

2. 轮辋

轮辋用于安装和固定轮胎。按其结构不同，轮辋的常见结构形式有深槽轮辋、平底轮辋和对开式轮辋，如图2-28所示。此外，还有半深槽轮辋、深槽宽轮辋、平底宽轮辋、全斜底轮辋等。

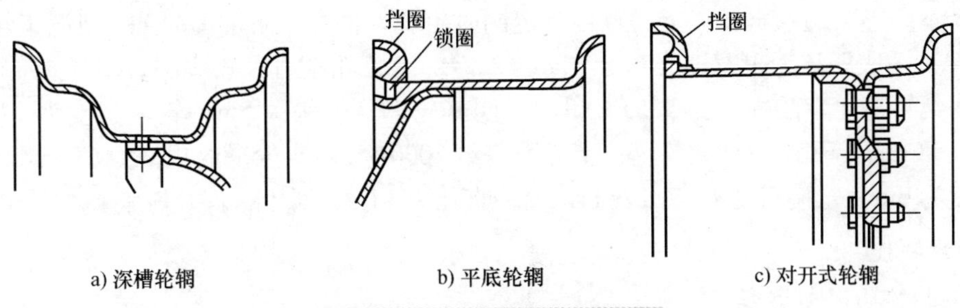

图 2-28 轮辋的常见结构形式

国产轮辋的规格用一组数字、字母和符号组合表示，分为几部分，各部分的含义及具体内容如下。

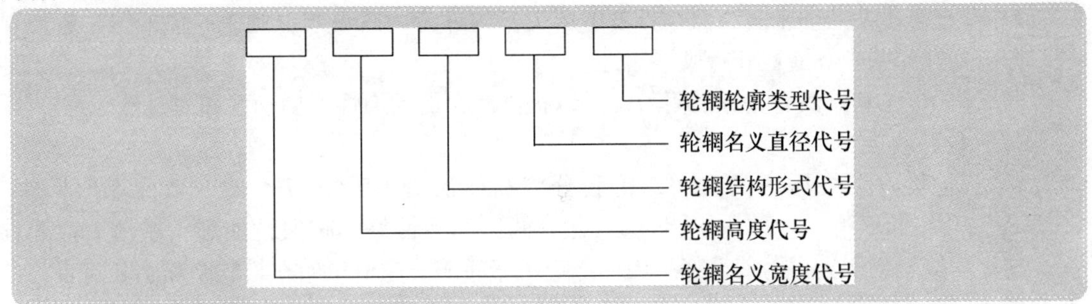

1）轮辋名义宽度代号：以数字表示，一般取小数点后两位，单位为英寸（当以毫米表示时，要求轮胎与轮辋的单位一致）。

2）轮辋高度代号：用一个或几个字母表示，如 C、D、E、F、J、K、L、V 等。常用代号及相应高度值（mm）见表 2-1。

表 2-1 轮辋的高度代号及高度值 （单位：mm）

C	D	E	F	G	H	J	K
15.88	17.45	19.81	22.23	27.94	33.73	17.27	19.26
L	P	R	S	T	V	W	
21.59	25.40	28.58	33.33	38.10	44.45	50.80	

3）轮辋结构形式代号：用符号“×”表示一件式轮辋；用“-”表示多件式轮辋。一件式轮辋是指轮辋为整体式的，只有一件，而多件式轮辋由轮辋体、挡圈、锁圈等多个部件组成。

4）轮辋名义直径代号：以数字表示，单位为英寸（当以毫米表示时，要求轮胎与轮辋的单位一致）。

5）轮辋轮廓类型代号：用几个字母表示，每个代号所表示的轮辋轮廓类型如图 2-29所示。

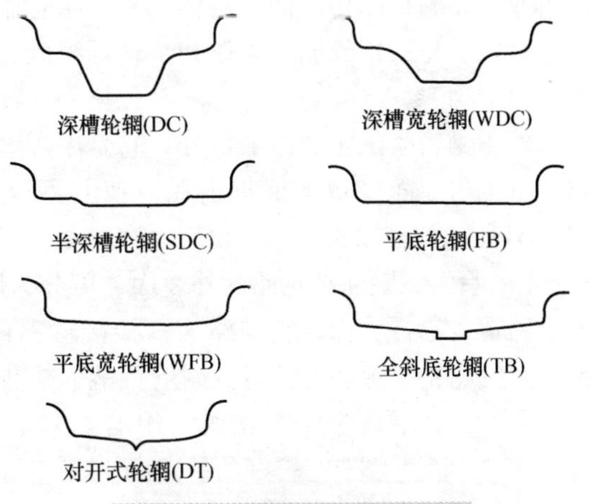

图 2-29 轮辋轮廓类型及代号

对于不同形式的轮辋，以上代号不一定同时出现。例如，解放 CA1092 型汽车轮辋的规格为6.5-20，表明该轮辋宽度为6.5（1in = 25.4mm），轮辋直径为20in，属于多件式轮辋；上海桑塔纳轿车轮辋的规格为5.5J×13，表明其轮辋宽度为5.5in，轮辋高度为17.27mm，轮辋直径为13in，属于一件式轮辋；上海桑塔纳2000GSi 轿车轮辋的规格为6J×14，表明其轮辋宽度为6in，轮辋高度为17.27mm，轮辋直径为14in，属于一件式轮辋。

（二）轮胎

1. 轮胎的功用和类型

（1）轮胎的功用

现代汽车都采用充气式轮胎，轮胎安装在轮辋上，直接与路面接触，它的功用如下：

1）支承汽车的质量，承受路面传来的各种载荷的作用。

2）和汽车悬架共同来缓和汽车行驶中所受到的冲击，并衰减由此而产生的振动，以保证汽车有良好的乘坐舒适性和行驶平顺性。

3）保证车轮和路面有良好的附着性，以提高汽车的动力性、制动性和通过性。

（2）轮胎的类型

1）按轮胎内空气压力的大小，轮胎分为高压胎（0.5～0.7MPa）、低压胎（0.2～0.5MPa）和超低压胎（0.2MPa以下）三种。低压胎弹性好、减振性能强、壁薄、散热性好、与地面接触面积大、附着性好，因而广泛用于轿车。超低压胎在松软路面上具有良好的通过能力，多用于越野汽车及部分高级轿车。

2）按轮胎有无内胎，轮胎分为有内胎轮胎和无内胎轮胎（俗称真空胎）两种。目前轿车上普遍采用无内胎轮胎。

3）按胎体帘布层结构的不同，轮胎分为斜交轮胎和子午线轮胎。目前，子午线轮胎在汽车上广泛应用。

4）根据花纹不同分为普通花纹轮胎、组合花纹轮胎、越野花纹轮胎。

5）根据帘线材料不同分为人造丝（R）轮胎、棉帘线（M）轮胎、尼龙（N）轮胎、钢丝（G）轮胎。

目前轿车上应用的轮胎主要是低压（超低压）、无内胎的子午线轮胎。

2. 充气轮胎的结构

充气轮胎按结构不同，可分为有内胎轮胎和无内胎轮胎两种。

有内胎轮胎由外胎、内胎和垫带等组成，使用时安装在轮辋上，如图2-30所示。

（1）外胎

外胎是轮胎的主要组成部分，它是用耐磨橡胶以及帘线制成的强度较高而又有弹性的外壳，直接与地面接触来保护内胎，使其不受损伤，主要由胎面、胎圈和胎体等组成，如图2-31所示。

1）胎面。胎面是轮胎的外表面，可分为胎冠、胎肩和胎侧三部分。

胎冠也称行驶面，它与路面直接接触，直接承受冲击与摩擦，并保护胎体免受机械损伤。为使轮胎与地面有良好的附着性能，防止纵、横向滑移，在胎面上制有各种形状的花纹（图2-32），主要有普通花纹、组合花纹、越野花纹等。普通花纹中的纵向折线花纹（图2-32a）最适合于在较好的硬路面上高速行驶，广泛用于轿车、客车及货车等各种车辆；横向花纹（图2-32b）仅用于货车。组合花纹（图2-32c）由纵向折线花纹和横向花纹组合而成，在好路面和不良路面上都可提供稳定的驾驶性能，广泛用于客车和货车。越野花纹（图 2-32d）的凹部深而粗，在软路面上与地面附着性好，越野能力强，适用于矿山、建筑工地及其他一些松软路面上使用。

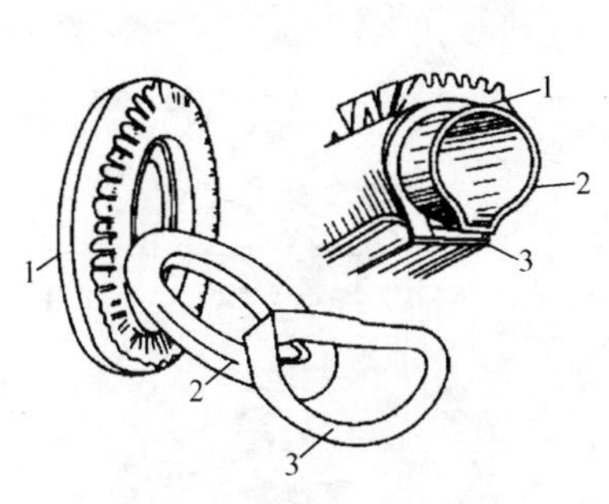

图 2-30 有内胎轮胎
1—外胎 2—内胎 3—垫带

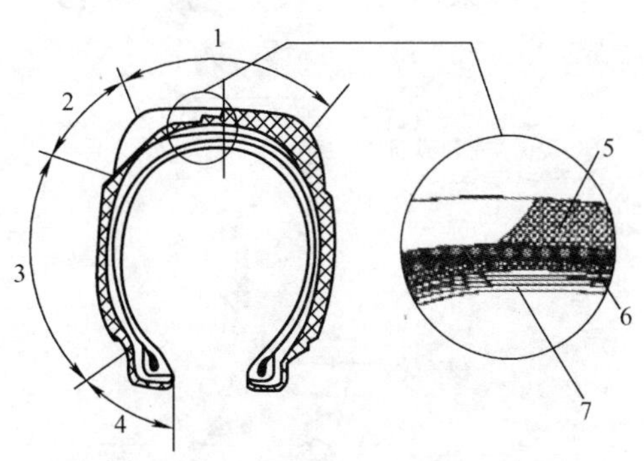

图 2-31 外胎的结构
1—胎冠 2—胎肩 3—胎侧 4—胎圈 5—胎面 6—缓冲层（带束层） 7—帘布层

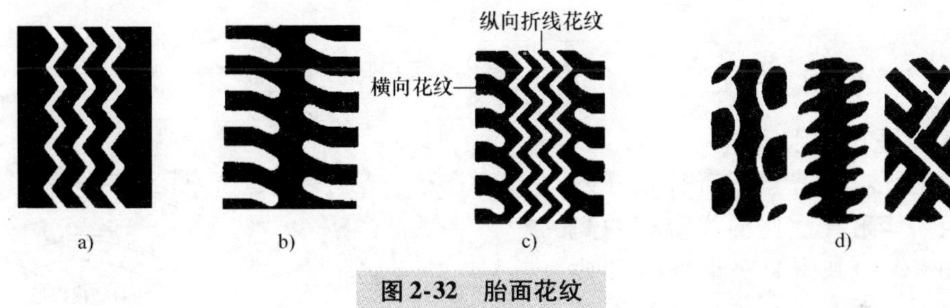

图 2-32 胎面花纹

胎侧又称胎壁，它由数层橡胶构成，覆盖轮胎两侧，保护内胎免受外部损坏。胎侧可承受较大的挠曲变形，在行驶过程中，不断地在载荷作用下挠曲变形。胎侧上标有厂家名称、轮胎尺寸及其他资料，如图 2-33 所示。

胎肩是较厚的胎冠和较薄的胎侧间的过渡部分，一般也制有各种花纹，以提高该部位的散热性能。

胎冠部分磨损到磨损标记以下后将会非常危险。胎面磨损标志位于胎面花纹沟底部，如图 2-34 所示，当胎面磨损到此处时，花纹沟断开，表明轮胎必须停止使用并送去翻新或报废。为便于用户找到磨损标志，通常在磨损标志对应的胎肩处标出“△”符号。这种磨损标志按国家标准的规定，每只轮胎应沿圆周等距离设置，不少于四个。

2）胎圈。胎圈是帘布层的根基，由钢丝圈、帘布层包边和胎圈包布组成，具有很大的刚度和强度，可以使外胎牢固地安装在轮辋上。

3）胎体。胎体由帘布层和缓冲层组成。

① 帘布层是外胎的骨架，主要用于承受载荷，保持外胎的形状和尺寸，并使其具有足够的强度。为使载荷均匀分布，帘布层通常由成偶数的多层帘布用橡胶贴合而成，相邻层的帘线交叉排列。帘布层数越多，轮胎的强度越大，但弹性下降。在外胎表面上标有帘布层数。

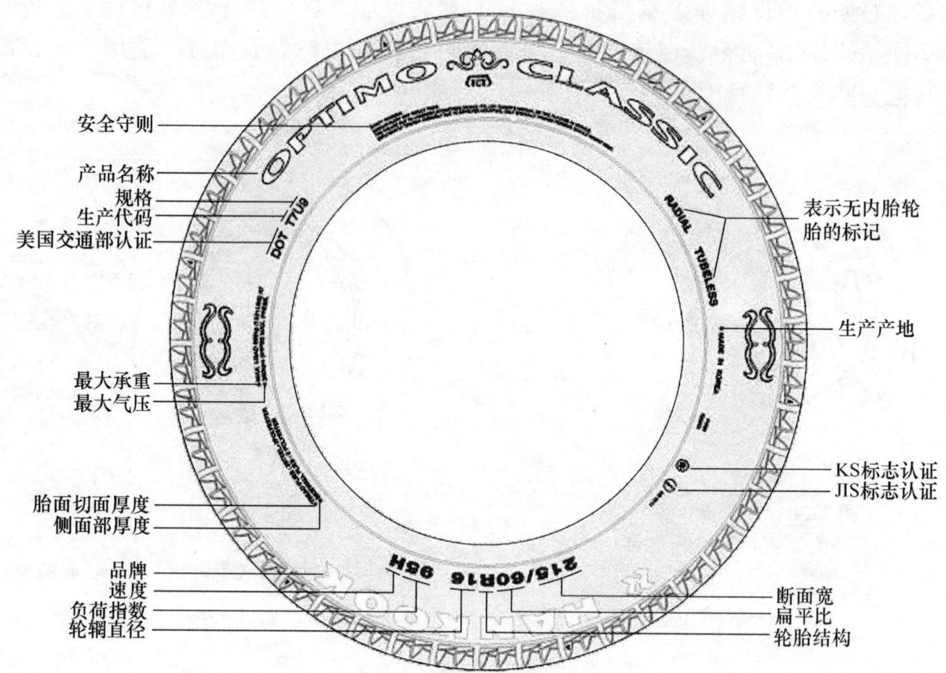

图 2-33 轮胎侧面标记

帘线材料可以是棉线、人造丝、尼龙和钢丝等。人造丝帘布有较好的力学性能，其耐久性比棉线帘布约高60%～70%，但缺点是吸湿性强和残余伸长率大，为此它与橡胶的结合性能较差。

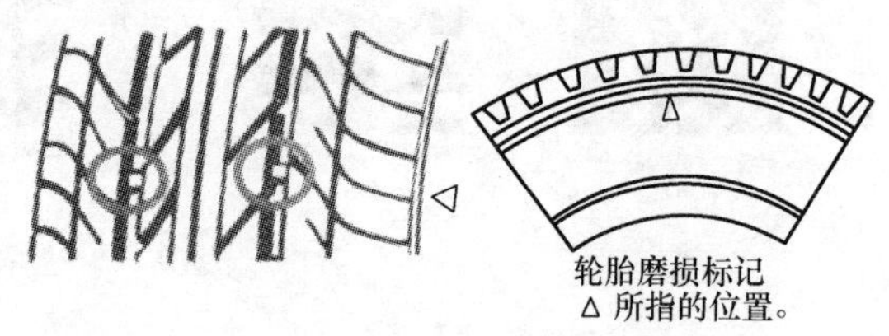

图 2-34 轮胎磨损标记

现在愈来愈多地采用聚酰纤维（卡普纶、披尔纶和尼龙等）和金属丝做帘线，使帘布层数减少到四层甚至两层。这样，既减少了橡胶消耗，提高了轮胎质量，又降低了滚动阻力，延长了轮胎的使用寿命。

按照帘布层帘线排列方式的不同，外胎可以分为斜交轮胎和子午线轮胎，如图 2-35 所示。

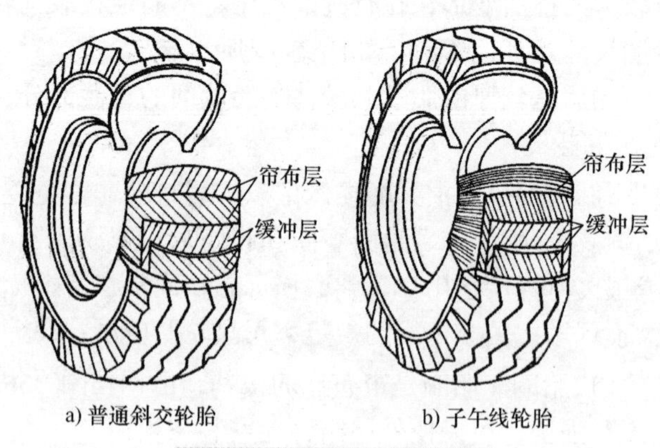

a) 普通斜交轮胎　　b) 子午线轮胎

图 2-35 轮胎的结构形式

斜交轮胎帘布层的帘线按一定角度交叉排列，帘线与轮胎横断面的交角通常为50°。子午线轮胎帘布层帘线排列的方向与轮胎横断面一致，即垂直于轮胎胎面中心线，类似于地球仪上的子午线。子午线轮胎胎侧比斜交轮胎软，在径向上容易变形，可以增加轮胎的接地面积，即使在充足气后，两侧壁上也有一个特殊的凸起部。

子午线胎与斜交轮胎相比较具有行驶里程长、滚动阻力小、节约燃料、承载能力大、减振性能好、附着性能好、不易爆胎等优势，目前在汽车上应用广泛。

② 缓冲层夹在胎面和帘布层之间，质软而弹性大，一般由两层或数层较稀疏的帘布和橡胶制成，其相邻两层的帘线也是交叉排列的。其作用是加强胎面与帘布层之间的结合，防止汽车紧急制动时胎面与帘布层脱离，并缓和汽车行驶时所受到的路面冲击。

(2) 内胎

内胎是一个环形的橡胶管，上面装有气门嘴，以便充入或排出空气，为使内胎在充气状态下不产生褶皱，其尺寸应稍小于外胎的内壁尺寸。内胎强度很低，单独几乎不能承载。

(3) 垫带

垫带是一个环形的橡胶带，它垫在内胎与轮辋之间，保护内胎不被轮辋和胎圈磨坏，还可防止尘土及水汽侵入胎内。

3. 无内胎轮胎

无内胎轮胎俗称真空胎，在外观上与普通轮胎相似，但是没有内胎及垫带。它的气门嘴固定在轮辋一侧，用橡胶垫圈和螺母拧紧密封。空气直接充入外胎中，其密封性由外胎和轮辋来保证，如图 2-36 所示。

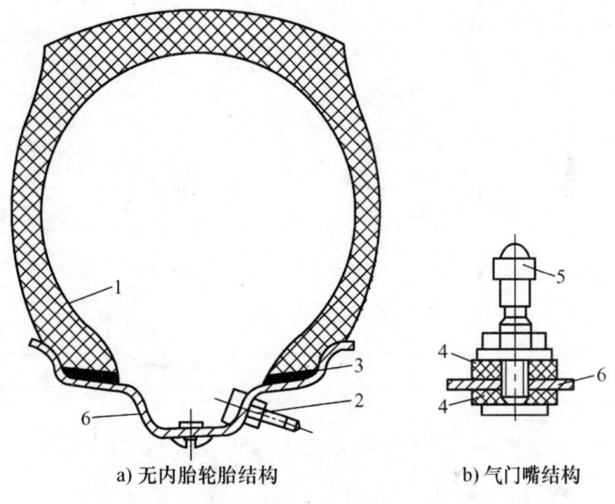

图 2-36 无内胎轮胎

1—橡胶密封层 2—气门嘴 3—胎圈橡胶密封层 4—橡胶垫圈 5—气门螺母 6—轮辋

无内胎轮胎的内壁有一层橡胶密封层，有的在该层下面还有一层自黏层，能自行将刺穿的孔黏合，这些措施是为了提高胎壁的气密性。在胎圈外侧也有一层橡胶密封层，用以加强胎圈与轮辋之间的气密性。轮辋底部是倾斜的，并涂有均匀的漆层。

无内胎轮胎一旦被刺破，穿孔不会扩大，故漏气缓慢，胎压不会急剧下降，仍能继续行驶一定距离，可消除爆胎的危险。因无内胎，摩擦生热少、散热快，适用于高速行驶；此外，结构简单，质量较轻，维修也方便。但密封层和自粘层易漏气，途中修理也较困难。无内胎轮胎必须配用深槽轮辋，故目前在轿车上应用较多。

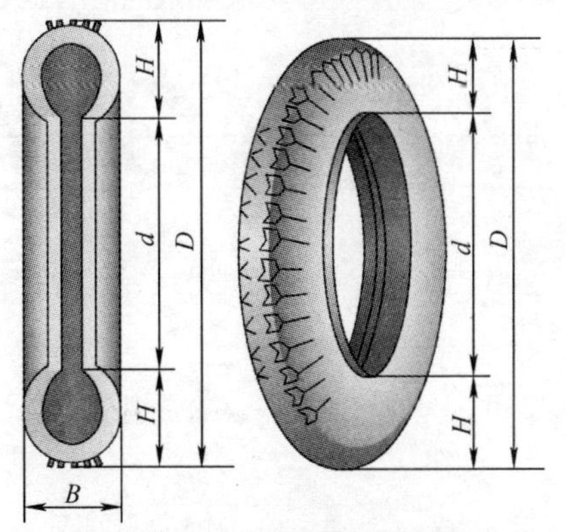

图 2-37 轮胎的尺寸标注

D—轮胎外径 *d*—轮胎内径 *B*—轮胎断面宽度 *H*—轮胎断面高度

4. 轮胎规格的表示方法

轮胎的尺寸标注如图 2-37 所示。

(1) 斜交轮胎的规格

普通斜交轮胎的规格用 $B—d$ 表

示，载货汽车斜交轮胎和轿车斜交轮胎的尺寸 B 和 d 均使用英寸为单位，B：轮胎名义断面宽度代号，d：轮辋名义直径代号。示例如下：

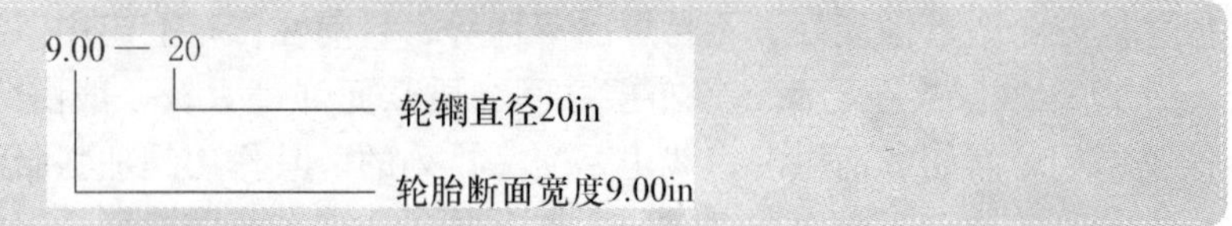

（2）子午线轮胎的规格

子午线轮胎的规格如图 2-38 所示。

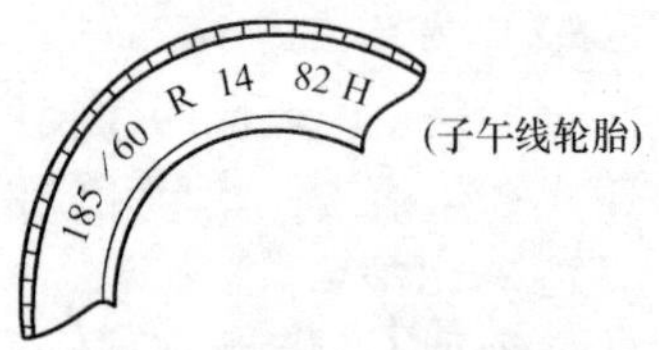

图 2-38 子午线轮胎的规格

1）185：轮胎名义断面宽度代号，表示轮胎宽度 185mm。

2）60：轮胎名义扁平比代号，表示扁平比为 60%。扁平比为轮胎高度 H 与宽度 B 之比，有 60、65、70、75、80 五个级别，如图 2-39 所示。

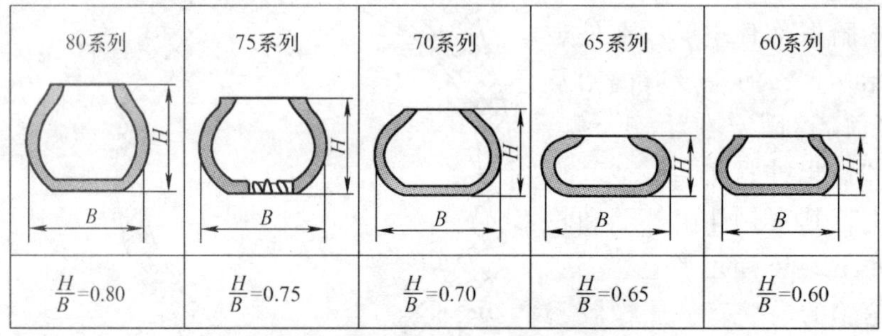

图 2-39 轮胎扁平率-高宽比系列

3）R：子午线轮胎结构代号，即 Radial 的第一个字母。

4）14：轮胎名义直径代号，表示轮胎内径 14in。

5）82：荷重等级，即最大载荷质量。荷重等级为 82 的轮胎的最大载荷质量为 475kg。常见的荷重等级及对应的最大载荷质量见表 2-2。

6）H：速度等级代号，表明轮胎能行驶的最高车速。常见的速度等级及对应的最高车速见表 2-3。

表 2-2 荷重等级及对应的最大载荷质量

荷重等级	最大载荷质量/kg	荷重等级	最大载荷质量/kg
71	345	81	462
72	355	82	475
73	365	83	487
74	375	84	500
75	387	85	515
76	400	86	530
77	412	87	545
78	425	88	560
79	437	89	580
80	450	90	600

（续）

荷重等级	最大载荷质量/kg	荷重等级	最大载荷质量/kg
91	615	109	1030
92	630	110	1060
93	650	111	1095
94	670	112	1129
95	690	113	1164
96	710	114	1200
97	730	115	1237
98	750	116	1275
99	775	117	1315
100	800	118	1355
101	825	119	1397
102	850	120	1440
103	875	121	1485
104	900	122	1531
105	925	126	1578
106	950	124	1627
107	975	125	1677
108	1000		

表 2-3 速度等级及对应的最高车速

速度等级	最高车速/（km/h）	速度等级	最高车速/（km/h）
L	120	T	190
M	130	U	200
N	140	H	210
P	150	V	240
Q	160	Z	240 以上
R	170	W	270 以下
S	180	Y	300 以下

另外，在轮胎规格前加“P”表示轿车轮胎；在胎侧标有“REINFORCED”表示经强化处理，“RADIAL”表示子午线胎，“TUBELESS”（或 TL）表示无内胎（真空胎），“M + S”（Mud and Snow）表示适于泥地和雪地，“→”表示轮胎旋向，不可装反。

（三）车轮动平衡

汽车车轮是旋转构件，如果车轮不平衡，在高速行驶时会引起车轮上下跳动和横向摇摆，不仅影响汽车乘坐舒适性，而且使驾驶人难以控制行驶方向，以及汽车制动性能变差，影响行车安全。车轮不平衡还会大大增加各部件所受的力，加大轮胎的磨损和行驶噪声等。因此，汽车在使用和维修中必须进行车轮平衡试验和校准。

车轮不平衡的原因如下：

1）轮毂、制动鼓（盘）加工时轴心定位不准、加工误差大、非加工面铸造误差大、热处理变形、使用中变形或磨损不均。

2）轮胎螺栓质量不等、轮辋质量分布不均或径向圆跳动、轴向圆跳动太大。

3）轮胎质量分布不均，尺寸或形状误差太大，使用中变形或磨损不均，使用翻新胎或垫、补胎。

4）并装双胎的充气嘴未相隔 180°安装，单胎的充气嘴未与不平衡点标记错开 180°安装。

5）轮毂、制动鼓（盘）、轮胎螺栓、轮辋、内胎、衬带、轮胎等拆卸后重新组装成车轮时，累计的不平衡质量或形位偏差太大，破坏了原来的平衡。

（四）轮胎故障诊断与排除

轮胎的常见故障是轮胎的异常磨损。

1. 胎肩或胎面中间磨损

（1）现象

如图 2-40 所示，轮胎的胎肩和胎面出现了磨损。

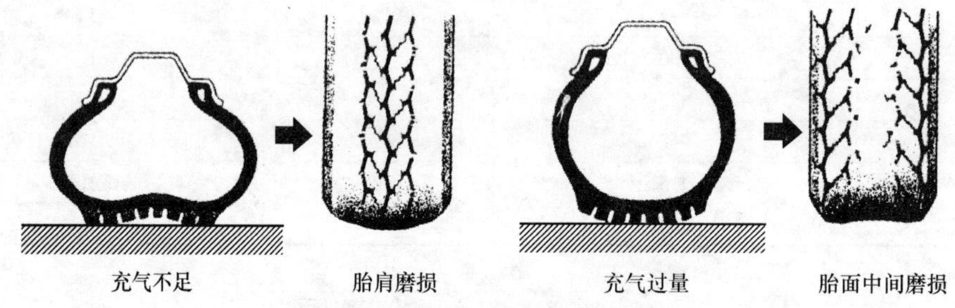

图 2-40　胎肩或胎面中间磨损

（2）故障原因

集中在胎肩上或胎面中间的磨损，主要是由于未能正确保持充气压力所致。如果轮胎充气压力过低，轮胎的中间便会凹入，将载荷转移到胎肩上，使胎肩磨损快于胎面中间。另一方面，如果充气压力过高，轮胎中间便会凸出，承受了较大的载荷，使轮胎中间磨损快于胎肩。

（3）故障排除步骤

1）检查是否超载。

2）检查充气压力，如果充气过量或充气不足，应调整充气压力。

3）调换轮胎位置。

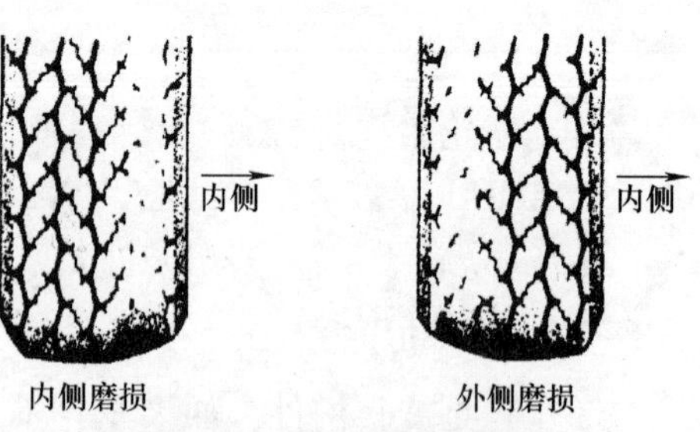

图 2-41　内侧或外侧磨损

2. 内侧或外侧磨损

（1）现象

图 2-41 所示为轮胎的内侧或外侧磨损。

（2）故障原因

1）在过高的车速下转弯会造成转弯磨损。转弯时轮胎滑动，便产生了斜形磨损。这是较常见的轮胎磨损原因之一。驾驶人所能采取的唯一补救措施就是在转弯时减低车速。

2）悬架部件变形或间隙过大，会影响前轮定位，造成不正常的轮胎磨损。

3）如果胎面某一侧的磨损，快于另一侧的磨损，其主要原因可能是外倾角不正确。由于轮胎与路面接触面积大小因载荷而异，对具有正外倾角的轮胎而言，其外侧直径要小于其内侧直径。因此胎面必须在路面上滑动，以便其转动距离与胎面的内侧相等。这种滑动便造成了外侧胎面的过量磨损。反之，具有负外倾角的轮胎，其内侧胎面磨损较快。

（3）故障排除步骤

1）询问驾驶人是否高速转弯，如果是，则要避免。

2）检查悬架部件，如松动，则将其紧固；如变形和磨损，应修理或更换。

3）检查外倾角，如不正常，应校正。

4）调换轮胎位置。

3. 前束和后束磨损（羽状磨损）

（1）现象

如图 2-42 所示，车轮出现了前束和后束磨损。

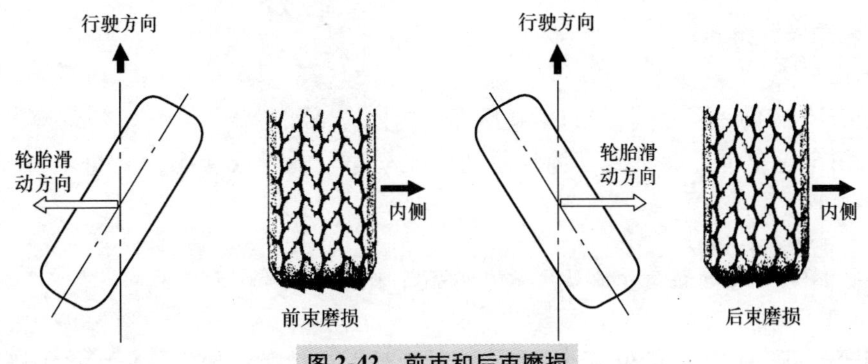

图 2-42 前束和后束磨损

（2）故障原因

胎面的羽状磨损，主要是由于前束调节不当所致，过量的前束，会迫使轮胎向外滑动，并使胎面的接触面在路面上朝内拖动，造成前束磨损。如图 2-42 所示，胎面呈明显的羽毛形。用手指从轮胎的内侧至外侧划过胎面，便可加以辨别。另一方面，过量的后束，会将轮胎向内拉动，并使胎面的接触面在路面上朝外拖动，造成如图 2-42 所示的后束磨损。

（3）故障排除步骤

1）检查前束和后束，如果前束过量或后束过量，应该加以调整。

2）调换轮胎位置。

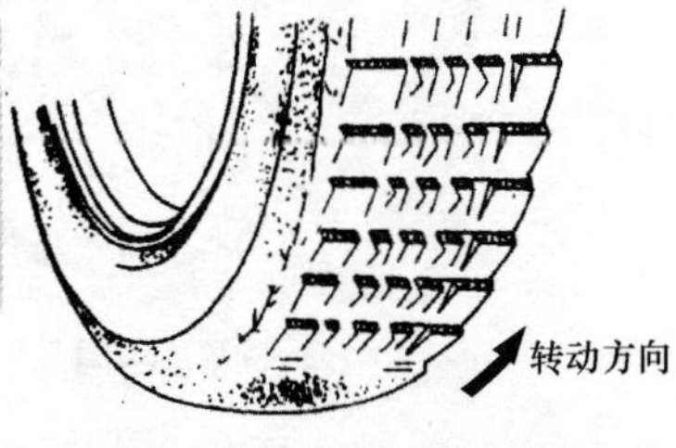

转动方向

图 2-43 前端和后端磨损

4. 前端和后端磨损

（1）现象

如图 2-43 所示为前端和后端磨损。

（2）故障原因

1）前端和后端磨损是一种局部磨损，常常出现在具有横向花纹和区间花纹的轮胎上，胎面上的区间发生斜向磨损（与鞋跟的磨损方式相同），最终变成锯齿状。

2）具有纵向折线花纹的胎面，磨损时会产生波状花纹。

3）非驱动轮的轮胎只受制动力的影响，而不受驱动力的影响，因此往往会有前后端形式的磨损，如反复使用和放开制动器，便会使轮胎每次发生短距离滑动而磨损，前后端磨损

的形式便与这种磨损相似。

4）另一方面，如果是驱动轮的轮胎，则驱动力所造成的磨损，会在制动力所造成的磨损的相反的方向上出现，所以驱动轮轮胎极少出现前后端磨损。客车和大货车由于制动时产生了大得多的摩擦力，故具有横向花纹的轮胎，便会出现与非驱动轮相似的前后端磨损。

（3）故障排除步骤

1）检查充气压力，如果充气不足，就将其充至规定值。

2）检查车轮轴承，如果磨损或松动，应更换或调整。

3）检查外倾角和前束，如果不正确，应加以调整。

4）检查轴颈或悬架部件，如果损坏，应修理或更换。

5）调换轮胎位置。

（五）车轮总成的拆卸与安装

1. 车轮总成的拆卸

1）停稳车辆。

2）用套筒扳手或者一字槽螺钉旋具撬开车轮外盖（如装备）。

3）利用车轮螺母拆装机或套筒扳手初步放松车轮螺母或者螺栓（每个各一转），如图2-44所示。

小心：在将车轮升起离开地面之前，不要拆除任何螺母或者螺栓。

4）用千斤顶顶住指定的位置（图2-45），使被拆车轮稍离地面；也可将车辆停在举升架上，升起车辆，使车轮稍离开地面。

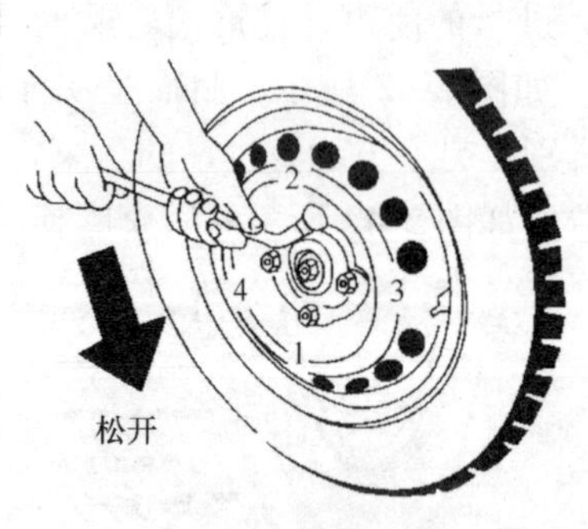

图2-44 拆卸车轮

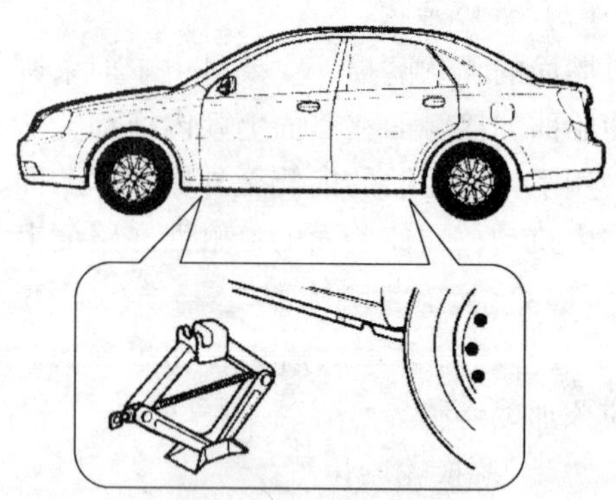

图2-45 顶起车辆

小心：在千斤顶开始提升起车辆的过程中，确保千斤顶适当放置而不滑动。在车辆由千斤顶支撑的时候不要在汽车下方工作、起动或者运行发动机。车辆可能滑脱千斤顶，从而导致严重伤害或者死亡。

5）逆时针转动，完全拆除车轮螺母或者螺栓。

6）拆下车轮总成。

如果车轮从车上拆卸困难，原因可能是有异物或车轮中心孔与轮毂或制动盘之间装配过紧。采用如下方法拆卸这类车轮：

① 重新紧固受影响的车轮上的车轮螺栓，然后再松开车轮螺栓两扣。

② 降下车辆并尽量用力向两侧摇动，用力松开车轮。

③ 举升车辆并拆卸车轮。

注意： 勿使机油渗入车轮和轮毂（或制动盘）之间的垂直面，否则机油进入该部位会导致车辆行驶时车轮松动，从而导致车辆失控和伤人事故。渗入机油对拆卸过紧车轮没有作用。但如果使用机油，应少量滴入，而且仅滴在车轮中心孔上。

2. 车轮总成的安装

特别注意事项： 在安装车轮前，用钢丝刷清除车轮安装面和制动鼓或制动盘安装面上的锈蚀。安装车轮时，如果安装面的金属之间接触不良，会导致车轮螺母松动，在车辆行驶时车轮脱落。必须按顺序紧固车轮螺栓至规定力矩，以免车轮、制动鼓或制动盘弯曲。

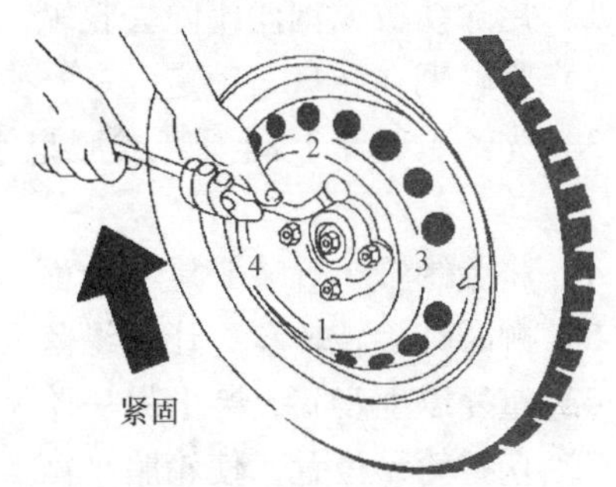

图 2-46 安装车轮

1）顶起车桥，安装车轮，初步拧上车辆螺母或者螺栓。

2）按图 2-46 所示顺序安装车轮螺栓。勿紧固车轮螺栓。

3）下降车辆。

4）稳妥紧固车轮螺母或者螺栓至 100N · m。

5）安装车轮盖（如装备）。

（六）轮胎的更换

目前，轿车几乎都采用无内胎的子午线轮胎，最常见的拆装轮胎的专用设备是轮胎拆装机，如图 2-47 所示。

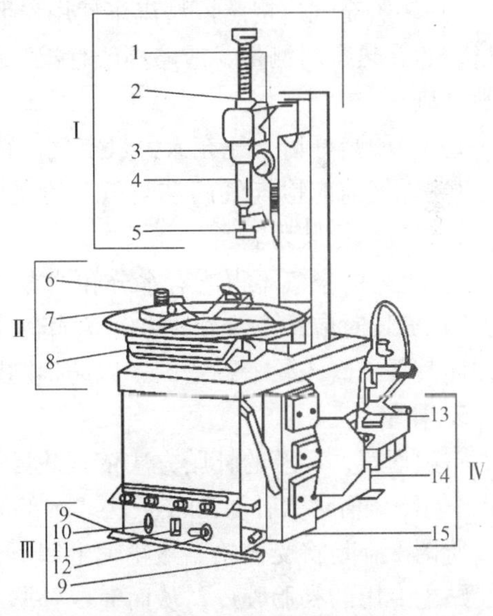

图 2-47 轮胎拆装机的结构

1—定位螺栓 2—锁紧杆 3—悬臂 4—垂直立杠 5—拆装头 6—卡爪 7—滑动卡座 8—转盘 9—转盘转动踏板 10—卡爪闭合踏板 11—卡爪开启踏板 12—大铲压胎踏板 13—大铲臂 14—大铲 15—支撑胶板 Ⅰ—操作杆系统 Ⅱ—自动定心卡 Ⅲ—脚踏板控制系统 Ⅳ—胎唇拆卸器

1. 轮胎脱开

1）将轮胎内空气放尽，去掉车轮上的平衡块，以免发生危险。

2）把车轮竖起放在地上，靠近支撑胶板，压好后，踩下踏板，慢慢转动车轮，重复上述动作，直到把胎唇全部撬开。

2. 轮胎分解

1）扳动锁紧杆，松开垂直立杆。

2）将轮胎锁紧在转盘上，锁紧方式有两种。

① 外夹：将轮胎放于旋转工作台上，踩踏开启踏板，使卡爪锁紧轮胎。

② 里夹：先将卡爪向外张开，将轮胎放置

在转盘上，踩踏锁紧踏板，使卡爪锁紧轮辋外缘。对胎口较紧的轮胎而言，建议使用里夹锁紧方式。

3）按下垂直立杆，使拆装头靠近轮胎边缘，并用锁紧杆锁紧垂直立杆。调整悬臂定位螺栓，使机头滚轮与钢圈外缘隔离间隙为5~7mm，上下提升3mm左右。

4）用撬杠将胎缘撬在拆装头上，点踩踏板，让转盘顺时针旋转，直到胎缘脱落为止。

注意：如拆胎受阻，应立即停车，点踩踏板，让转盘逆时针转动，消除障碍。

3. 轮胎装配

1）用除锈机或钢丝刷除去轮辋、挡圈和锁圈上的锈迹。

2）将轮辋在转盘上锁定。

3）先给胎唇涂上润滑膏或肥皂水，然后把轮胎套在钢套上，把拆装头固定到工作位置上。

4）将胎缘置于拆装头尾部上面，机头下部，同时压低胎肚。

5）顺时针旋转转盘，让胎缘落入钢圈槽内。

6）重复以上步骤，装上另一胎缘。

7）调整轮胎位置，使轮胎平衡点位置与气门嘴呈180°角安装。

8）松开钳住钢圈的卡爪，给轮胎充气。

4. 轮胎充气

1）轮胎充气应按照该型汽车使用说明书上规定的标准气压执行，并在冷态时用气压表测量，若在热态时测量，应略高于标准气压，取适当的修正值。气压表应定期校准，以保证读数准确。

2）轮胎装好后，先充入少量空气，待内胎充气伸展后再继续充至要求气压。

3）充气前应检查气门芯与气门嘴是否配合平整，并擦净灰尘。充气后应检查是否漏气，并将气门帽装紧。

4）充入的空气不得含有水分和油雾。

5）充气时应注意安全防护。对于采用多件式轮辋的轮胎，充气开始时用手锤轻击锁圈，使其平稳嵌入轮辋圈槽内，以防锁圈跳出。

5. 补胎

一般而言，坏胎的补胎方法依据轮胎受损程度，大致可分为三种：冷补（内补或粘贴补）、热补（俗称火补）和胶条法。本部分仅介绍冷补法。

所谓冷补是将受伤轮胎从轮辋上卸下，找到创口之后，将创口处的异物清理后，从轮胎内层贴上专用的补胎胶皮，从而完成补漏。这种方法类似自行车的补胎方法，只不过需要专用的扒胎机及补胎胶皮才能完成。其优点是可以对较大的创口进行修补，缺点是不够耐用，在经过一段时间的水浸或车辆高速行驶之后，修补处很可能再次出现漏气现象。

（七）轮胎的检查与维护

1）举升车辆，缓慢转动轮胎，检查轮胎是否有胎体变形、鼓包、橡胶开裂、异常磨损及穿刺异物等现象。检查并清除轮胎花纹中堆积的杂物等。

2）胎面花纹深度检查。擦净轮胎花纹顶面及纹槽；将深度尺垂直插入纹槽中，保持深度尺的测量平面与两侧花纹顶面可靠接触；观察并读取深度尺外壳顶端与标尺对齐的刻度线指示的数值，该数值即为轮胎花纹深度值，如图2-48所示。

如果轮胎花纹接近磨损指示器，应更换轮胎。如果经过测量，前轮轮胎比后轮轮胎花纹磨损严重，应进行车轮换位。这样可保持汽车各个轮胎磨损基本均匀，达到延长轮胎使用寿命的目的。

3）检查轮胎的径向圆跳动。如图2-49所示，用百分表检测轮胎的径向圆跳动。

图2-48 胎面花纹深度检查

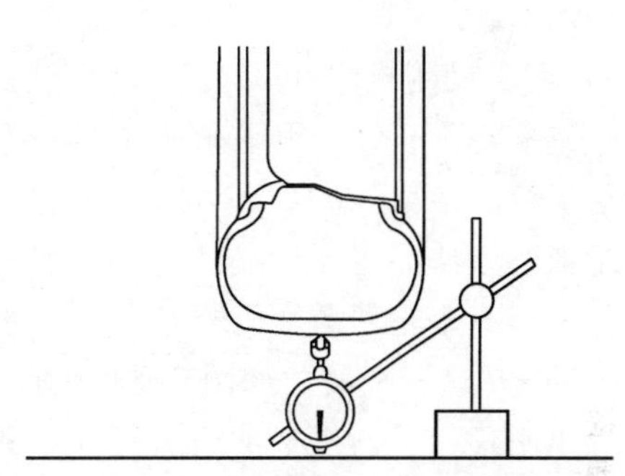
图2-49 检测轮胎径向圆跳动

4）检查轮胎的气压。轮胎气压可用气压表进行检查。不同的车辆，轮胎的气压值也许不同，检查时应参看相应车辆的维修手册。别克凯越轿车轮胎气压值见表2-4。

表2-4 满载充气压力

轮胎尺寸	前/kPa	后/kPa
195/55 R15	205	205

5）轮胎换位

① 按时换位可使轮胎磨损均匀，约可延长20%的使用寿命，应结合车辆二级维护定期换位。在路面拱度较大的地区或夏季，轮胎磨损差别较大，可适当增加换位次数。

② 轮胎换位方法常用的有交叉换位法和单边换位法，如图2-50所示。

③ 轮胎换位后，应按所换的胎位要求，重新调整气压。

④ 轮胎换位后须做好记录，下次换位仍要按上次选定的换位方法换位。

（八）车轮动平衡的检查与调整

由于车轮不平衡对汽车危害很大，因此，必须对车轮的不平衡进行试验，并进行调平衡工作。车轮的动平衡试验有离车式和就车式两种方法。

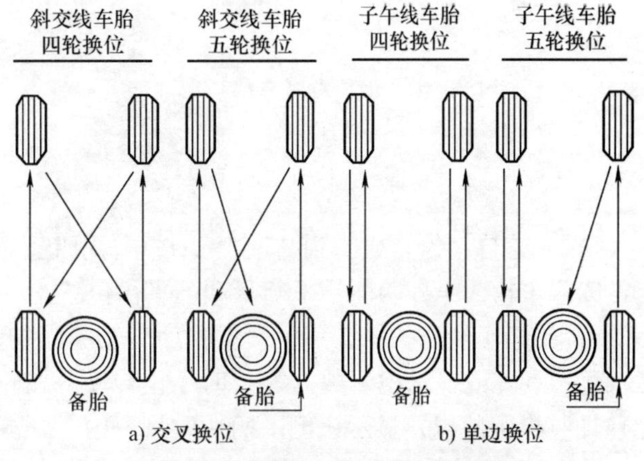

图2-50 四轮二桥汽车轮胎换位法

图2-51所示为常见的离车式车轮动平衡机。该动平衡机主要由驱动装置、转轴与支撑装置、显示与控制装置、制动装置及防护罩组成。为了使显示的不平衡量恰是轮辋边缘所加平衡块的质量，必须将测得的轮辋直径（d）、轮辋宽度（b）和轮辋边缘至平衡机机箱的距离（a，轮辋外悬尺寸），通过键盘或选择器旋钮输入电脑。

1）根据轮辋中心孔的大小选择锥体，仔细地装上车轮，用大螺距螺母上紧。

2）打开电源开关，检查指示与控制装置的面板是否指示正确。

3）用卡尺测量（也可由胎侧读出）轮辋宽度（b）、轮辋直径（d），用平衡机上的标尺测量轮辋边缘至机箱的距离（a），再用键入或选择器旋钮对准测量值的方法，将a、b、d值输入到指示与控制装置。离车式车轮动平衡机的专用卡尺如图2-52所示，a、b、d这三个尺寸如图2-53所示。为了适应不同计量制式，平衡机上的所有标尺一般都同时标有英制和米制刻度。

4）放下车轮防护罩，按下启动键，车轮旋转，平衡测试开始，电脑自动采集数据。

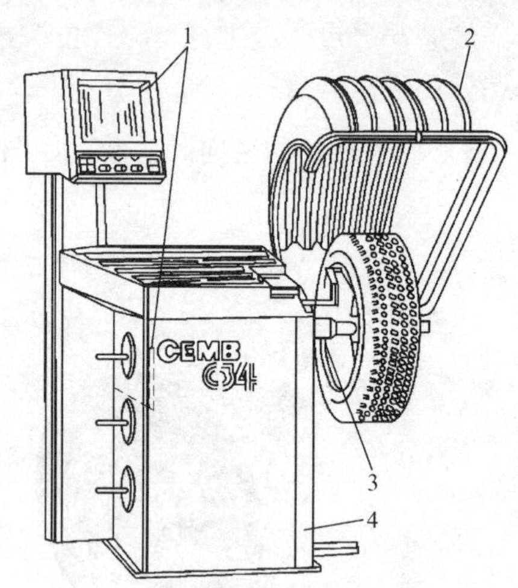

图2-51 离车式车轮动平衡机

1—显示与控制面板
2—车轮防护罩 3—转轴 4—机箱

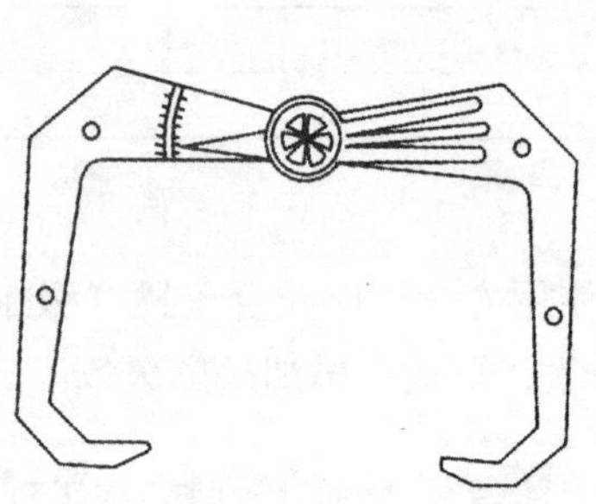

图2-52 动平衡机专用卡尺

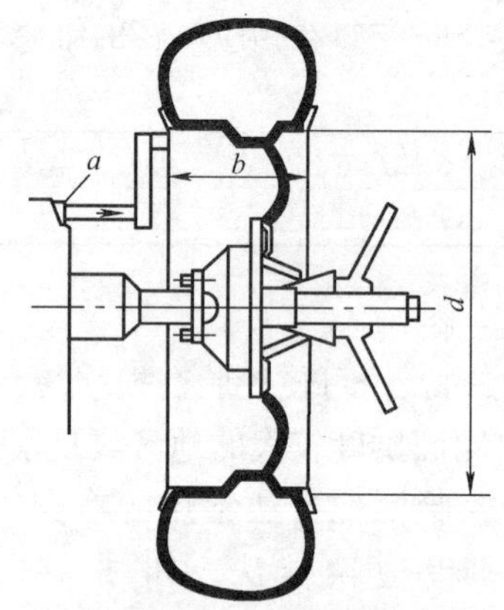

图2-53 车轮在平衡机上的安装

a—轮辋边缘至右支撑的距离
b—轮辋宽度 d—轮辋直径

5）车轮自动停转或听到“嘀”声按下停止键，并操纵制动装置使车轮停转后，从指示装置读取车轮内、外两侧不平衡量和不平衡位置。

6）抬起车轮防护罩，用手慢慢转动车轮。当指示装置发出指示（音响、指示灯亮、制动、显示点阵或显示检测数据等）时停止转动。在轮辋的内侧或外侧的上部（时钟12点位置）加装指示装置，显示该侧平衡块质量。内、外侧要分别进行，平衡块装卡要牢固。

7）安装平衡块后有可能产生新的不平衡，应重新进行平衡试验，直至不平衡量<5g，

指示装置显示“00”或“OK”时才能满意。当不平衡量相差10g左右时，应按图2-54所示沿轮辋边缘左、右移动平衡块，可获得满意的效果。平衡过程中，实践经验越丰富，平衡速度越快。

8）测试结束，关闭电源开关。

车轮动平衡机的平衡重也称配重，通常有卡夹式和粘贴式两种类型。图2-55为卡夹式配重，适用于轮辋有卷边的车轮。对于铝镁合金轮辋，因无卷边可夹，可使用图2-56所示的粘贴式配重。粘贴式配重的外弯面有不干胶，粘贴于轮辋内表面。标准的平衡重有两种系列。一种系列以盎司（oz）为基础单位，分为9档。其中，最小为0.5oz（14.2g），最大为6oz（170.1g）。另一种以克（g）为基础单位，分14档。其中最小为5g，最大为80g，配重的最小间隔为5g。因此，过分苛求车轮动平衡机的精度和灵敏度并无太大的实际意义。特殊情况下，如高速小轿车和赛车，可使用特制的平衡重块。

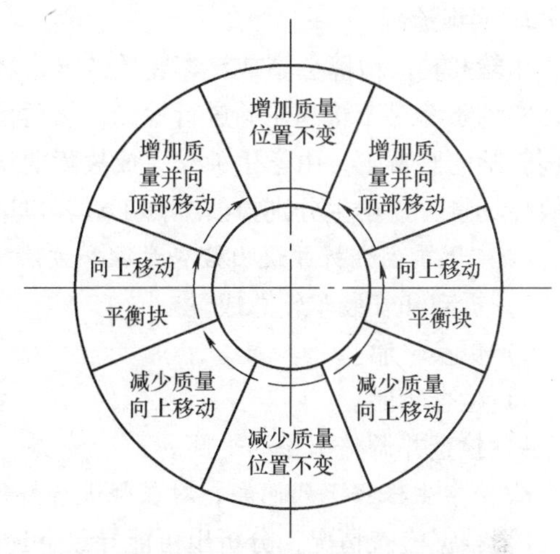

图2-54 复查时平衡块质量和位置的调整方法

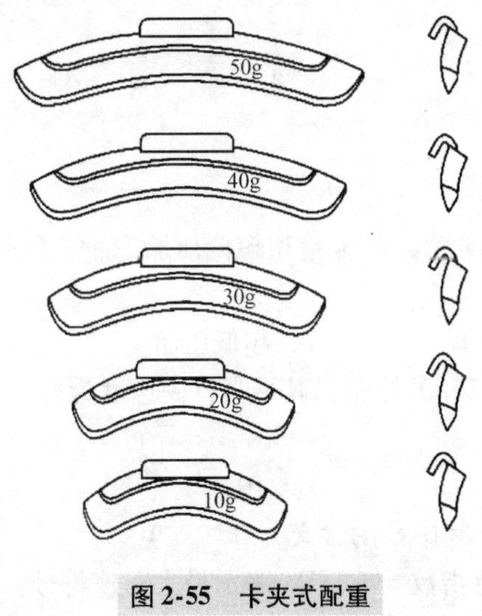

图2-55 卡夹式配重

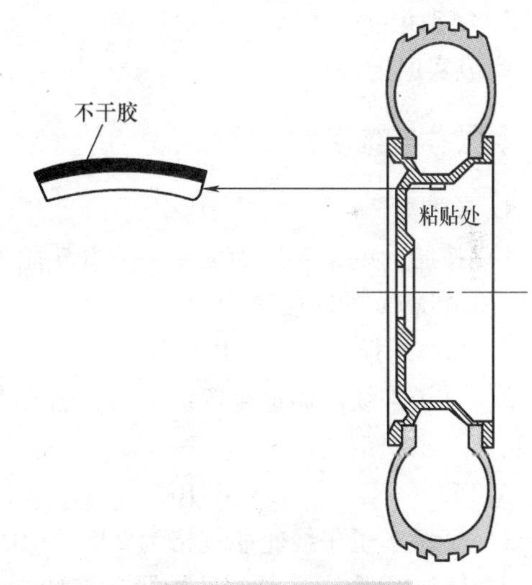

图2-56 粘贴式配重

三、实训内容

案例导入：一辆别克凯越轿车，该车右前轮胎冠部位出现异常磨损，且车辆在行驶过程中有跑偏感觉。经维修人员检查确认需对轮胎进行检查。

1. 实训准备

1）实训车辆：别克凯越轿车。

2）实训工具及器材：组合工具、扭力扳手、车轮螺母拆装机、千斤顶（或举升机）、

轮胎拆装机、除锈机或钢丝刷、空气压缩机、轮胎气压表、轮胎深度计或游标卡尺、百分表、车轮动平衡机等。

3）掌握本次实训课所用仪器及设备的使用方法。

4）强调实训中的安全注意事项。

2. 实训流程

车轮和轮胎故障会造成汽车轮胎的异常磨损、行驶跑偏、油耗增加等现象。实训教师可根据实训条件对车轮和轮胎进行检测；然后设置一些与车轮和轮胎常见故障相关的故障，在实训教师的监督下，由学生独立完成故障的诊断与排除；最后由教师充当客户模拟一个或几个故障场景，让学生分别扮演维修工对客户进行故障诊断的说明。

（1）让学生分析并说出检查步骤和方法

1）拆卸和安装车轮总成。

2）更换轮胎。

3）检查轮胎。

4）检查并调整车轮动平衡。

（2）学生根据下列问题，对教师进行解释并提出解决方案

1）根据检查情况，分析出可能导致上述故障的原因有哪些？

2）如何确定上述故障？

3）对检查结果进行理论分析。

3. 实训记录

完成实训记录单。

【思考与练习】

1. 单选题

1）按胎内的空气压力大小，充气轮胎可分为高压胎、低压胎和超低压胎三种。气压在0.15～0.45MPa的轮胎称为（　　）。

A. 超高压胎　　B. 高压胎　　C. 低压胎　　D. 超低压胎

2）某子午线轮胎速度等级为H，名义直径为195in的轮胎，其最高行驶速度为（　　）km/h。

A. 150　　B. 160　　C. 180　　D. 210

3）某轿车子午线轮胎规格为205/70 R15 100S，其中S的含义为（　　）。

A. 行驶里程　　B. 国际单位秒　　C. 负荷指数　　D. 表示最大车速符号

4）现代汽车几乎都采用充气轮胎，轮胎按胎体帘布层结构不同可分为（　）。

A. 有内胎轮胎和无内胎轮胎　　B. 低压胎和高压胎

C. 斜交轮胎和子午线轮胎　　D. 普通花纹轮胎和越野花纹轮胎

2. 判断题

1）现在一般汽车均采用高压胎。（　　）

2）为了使轮胎磨损均匀，子午线轮胎的轮胎换位，应按照左右交叉换位的规范进行。（　　）

3）子午线轮胎虽比斜交轮胎有较大的滚动阻力，但它抗磨能力强，耐冲击性能好，故

子午线轮胎仍得到广泛的使用。（ ）

3. 问答题

1）车轮总成由哪几部分组成，它的功用是什么？

2）轮胎的功用有哪些？

3）子午线轮胎和普通斜交胎相比，有什么区别和特点？

4）以 195/60R14 85H 为例说明子午线轮胎的规格的含义。

任务三 悬架检修

一、任务描述

悬架是车架（或车身）与车桥（或车轮）之间一切传力连接装置的总称。悬架的结构是什么样的？它们是如何工作的？如何对悬架进行检修？要掌握这些知识，应完成下面的学习任务：

1）悬架概述。

2）弹性元件。

3）减振器。

4）横向稳定器。

5）非独立悬架。

6）独立悬架。

7）悬架的故障诊断与排除。

8）悬架的检修。

二、相关知识及技能

（一）悬架概述

1. 悬架的组成

悬架是车架（或车身）与车桥（或车轮）之间一切传力连接装置的总称。现代汽车的悬架虽有不同的结构形式，但一般都由弹性元件、减振器、导向机构等组成，轿车一般还有横向稳定器。悬架的组成如图 2-57 所示。

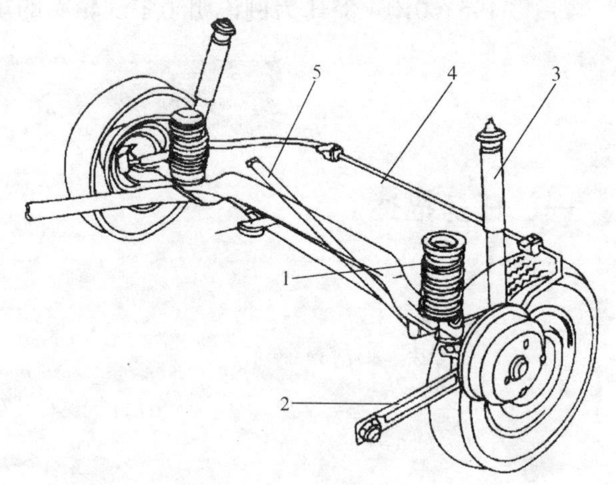

图 2-57 悬架的组成

1—弹性元件（螺旋弹簧） 2—纵向推力杆 3—减振器 4—横向稳定器 5—横向推力杆

弹性元件使车架（或车身）与车桥（或车轮）之间做弹性连接，可以缓和由于不平路面带来的冲击，并承受和传递垂直载荷。减振器可以衰减由于路面冲击产生的振动，使振动的振幅迅速减小。

导向机构包括纵向推力杆和横向推力杆，用于传递纵向载荷和横向载荷，并保证车轮相对于车架（或车身）的运动关系。

横向稳定器可以防止车身在转向等情况下发生过大的横向倾斜。

2. 悬架的功用

从悬架的组成，可以总结出悬架具有如下的功用：

1）连接车架（或车身）和车轮，把路面作用到车轮的各种力传给车架（或车身）。

2）缓和冲击，衰减振动，使乘坐舒适，具有良好的平顺性。

3）保证汽车具有良好的操纵稳定性。

第二、三项功用与弹性元件和减振器的性能有关，具体来说是与弹性元件的刚度和减振器的阻尼力有关。只有悬架系统的软硬合适才能使车辆乘坐舒适、操纵稳定。

3. 悬架的分类

汽车悬架可分为两大类：非独立悬架和独立悬架，如图 2-58 所示。

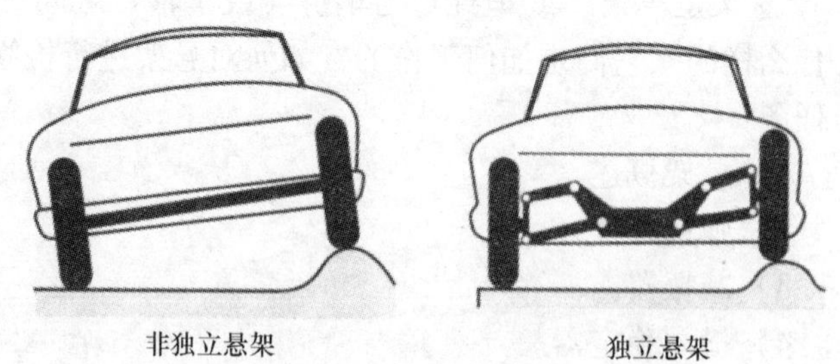

图 2-58 非独立悬架与独立悬架的示意图

非独立悬架的特点是左右车轮安装在一根整体式车桥两端，车桥则通过悬架与车架相连。当一侧车轮发生位置变化后会导致另一侧车轮的位置也发生变化。

独立悬架的结构特点是车桥做成断开的，每一侧车轮单独通过悬架与车架（或车身）连接。与非独立悬架相比较，汽车采用独立悬架有以下优点：

1）两侧车轮可以单独运动而互不影响，这样在不平道路上可减少车架和车身的振动，而且有助于消除转向轮不断偏摆的不良现象。

2）减少了汽车的非簧载质量（即不由弹簧支承的质量）。在非独立悬架的情况下，整个车桥和车轮都属于非簧载质量部分。在采用独立悬架时，对驱动桥而言，由于主减速器、差速器及其外壳固定在车架上，成了簧载质量；对转向桥而言，它仅具有转向主销和转向节，没有中部的整体梁，非簧载质量只包括车轮质量和悬架系统中的一部分零件的全部或部分质量，这比用非独立悬架时的非簧载质量要小得多。在道路条件和车速相同时，非簧载质量越小，悬架受到的冲击载荷也就越小，因而采用独立悬架可以提高汽车的平均行驶速度。

3）由于采用断开式车桥，发动机总成的位置可以降低和前移，使汽车重心下降，因而可提高汽车的行驶稳定性；同时，由于给予了车轮较大的上下运动的空间，故可以将悬架刚度设计得较小，以降低车身振动频率，改善行驶平顺性。

4）越野汽车全部车轮采用独立悬架还可保证汽车在不平道路上行驶时，所有车轮和路面有良好的接触，从而可增大牵引力；此外，可增大汽车的离地间隙，使汽车的通过性能大大提高。

由于具有以上优点，独立悬架被现代汽车广泛采用。但是，独立悬架结构复杂，制造成本高，保养维修不便，在一般情况下，车轮跳动时，由于车轮外倾角与轮距变化较大，轮胎磨损较严重。

（二）弹性元件

汽车上常用的弹性元件包括钢板弹簧、螺旋弹簧、扭杆弹簧和气体弹簧等。

1. 钢板弹簧

钢板弹簧也称叶片弹簧，其结构如图 2-59 所示，在车桥靠近车架或车身时靠钢板弹簧的弹性形变来起缓冲作用，并在车桥靠近和离开车架或车身的整个过程中，通过各片相互之间的滑动摩擦，部分衰减路面的冲击作用。

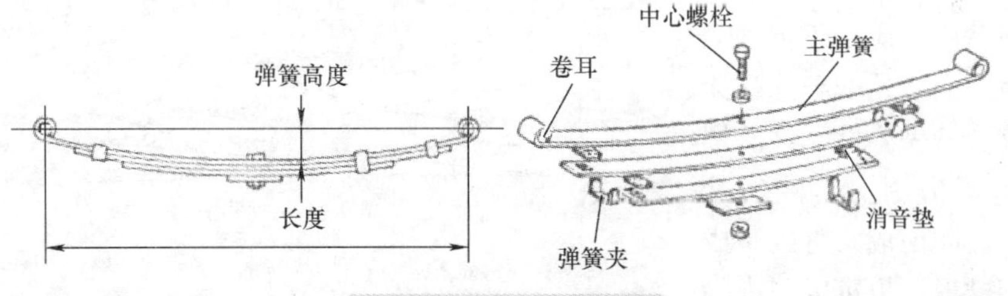

图 2-59 钢板弹簧结构

如图 2-60 所示，一副钢板弹簧通常由很多曲率半径不同、长度不等、宽度一样、厚度相等的弹簧钢板片叠成，在整体上近似等强度的弹性梁。第一片最长的钢板弹簧，称为主片，其两端或一端弯成卷耳状，内装衬套以便用钢板销与车架连接。

为了避免钢板弹簧反向变形时（车架离开车桥）各片相互分开而造成主片单独承受载荷，并防止各片横向滑动，在钢板弹簧全长内装有 2～4 个钢板夹。钢板夹开口两端穿入带有套管的螺栓，套管的长度比钢板宽度大些，以保证钢板夹与钢板侧面有一定的间隙，使钢板受扭变形时第一、第二片的侧面不至于刮伤钢板夹。同时，套管与第一片钢

板上平面也有一定距离，以保证钢板跳动时各片之间能够相对滑动。由于汽车轮胎内侧与钢板弹簧外侧距离很近，当穿入螺栓时应使螺栓从钢板弹簧内侧向外侧穿出，以防螺栓松脱时刮伤轮胎。钢板弹簧的中部通过U形螺栓和压板与车桥刚性固定，两端用销子铰接在车架的支架和吊耳上。

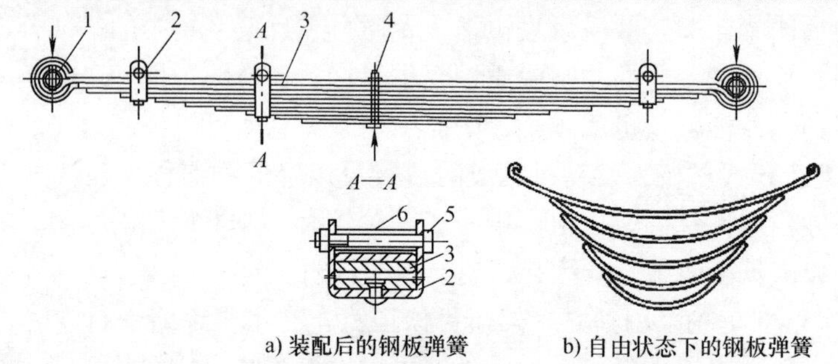

图2-60 钢板弹簧

1—卷耳 2—钢板夹 3—钢板 4—U形螺栓 5—钢板夹螺栓 6—套钢板夹螺栓管

钢板弹簧在载荷作用下变形时，各片之间会相对滑动而产生摩擦，这可以衰减车架的振动。但摩擦会加速弹簧片的磨损，所以在装配钢板弹簧时，各片之间要涂抹石墨润滑脂或装有塑料垫片以减磨。

钢板弹簧作为悬架弹性元件既起弹性元件的作用，又起导向装置的作用，自身可以在车桥和车架或车身之间传递纵向和横向力矩，可不必单设导向装置，使结构简化，不足之处是占用空间较大。目前，主要是一些货车和一些高级轿车的后悬架采用钢板弹簧作弹性元件。

2. 螺旋弹簧

螺旋弹簧广泛应用于独立悬架，有些轿车的后轮非独立悬架也采用螺旋弹簧做弹性元件。螺旋弹簧如图2-61所示，由特殊的弹簧钢棒卷制而成，可以制成圆柱形或圆锥形，也可以制成等螺距或不等螺距。圆柱形等螺距螺旋弹簧的刚度是不变的，圆锥形或不等螺距螺旋弹簧的刚度是可变的。

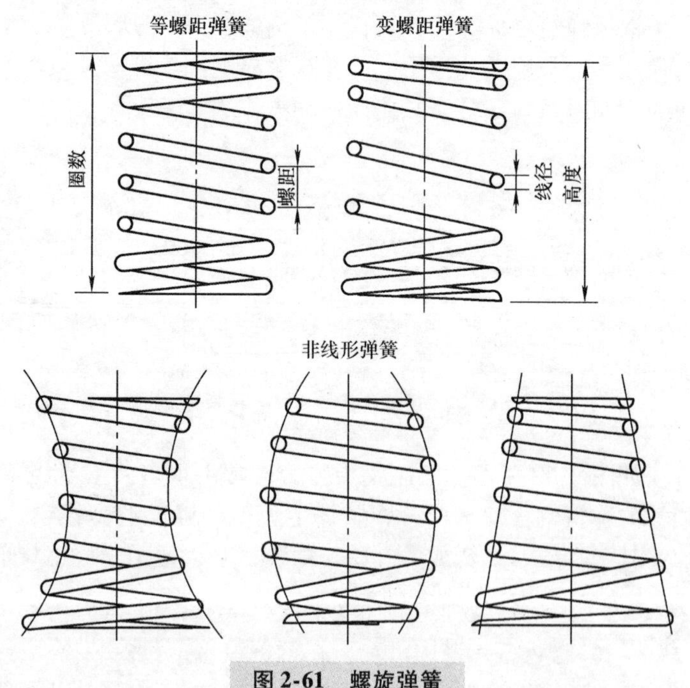

图2-61 螺旋弹簧

螺旋弹簧与钢板弹簧相比，无需润滑，防污能力强，质量小，单位质量的能量吸收率较高。但是，螺旋弹簧本身减振作用很差，因此在螺旋弹簧悬架中，必须另装减振器；螺旋弹簧只能承受垂直载荷，故必须加装导向装置，以传递垂直力以外的各种力和力矩。

3. 扭杆弹簧

扭杆弹簧是一根由铬钒弹簧钢制成的扭杆，如图 2-62 所示。扭杆断面通常为圆形，少数为矩形和管形，其两端可以做成花键、方形、六角形或带平面的圆柱形等形状，以便一端固定在车架上，另一端固定在悬架的摆臂上，摆臂则与车轮相连。当车轮跳动时，摆臂便绕着扭杆轴线而摆动，使扭杆产生扭转导致弹性变形，以保证车轮与车架的弹性联系。有的扭杆由一些矩形断面的薄条（扭片）组合而成，这样，弹簧更为柔软。

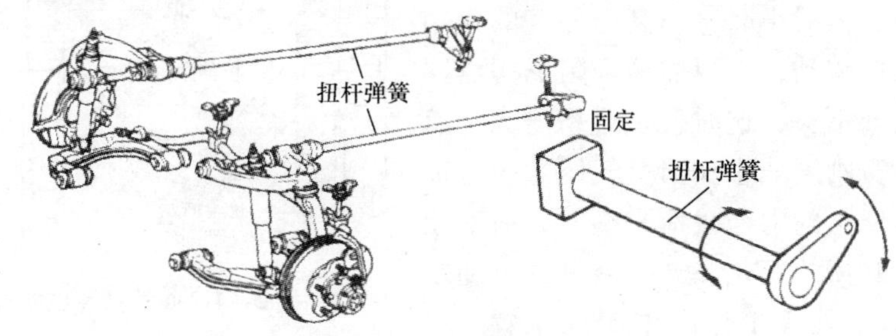

图 2-62　扭杆弹簧示意图

扭杆弹簧表面经加工后很光滑。它在使用中必须实施有效的保护。通常是在扭杆弹簧表面涂装和包覆数层保护材料，以防碰撞、刮伤和腐蚀，从而提高扭杆弹簧的使用寿命。

扭杆弹簧在制造时，经热处理后预先施加一定的扭转力矩，使之产生一个永久的扭转变形，从而使其具有一定的预应力。左、右扭杆的预加扭转的方向都与扭杆安装在车上后承受工作载荷时扭转的方向相同，目的是减少工作时的实际应力，以延长使用寿命。如果左、右扭杆换位安装，则将导致扭杆弹簧的实际工作应力加大，使用寿命缩短。因此，左右扭杆弹簧刻有不同的标记，不可互换。

扭杆弹簧具有如下特点：结构简单，便于布置，维修方便。扭杆弹簧与其他弹簧相比，其单位质量的能量吸收率较高，可减轻悬架的质量。但与螺旋弹簧一样，减振作用也很小，所以需要与减振器一起使用。

4. 气体弹簧

气体弹簧主要有空气弹簧和油气弹簧两种。

气体弹簧是以空气做弹性介质，即在一个密闭的容器内装入压缩空气（气压为 0.5～1MPa），利用气体的可压缩性实现弹簧的作用。

空气弹簧又有囊式和膜式两种形式，如图 2-63 所示。空气弹簧在轿车上有采用，尤其是在主动悬架中使用较多。

油气弹簧以气体氮（惰性气体）作为弹性介质，用油液作为传力介质。图 2-64 所示为单气室式油气弹簧，油气弹簧的球形室固定在工作缸上，室的内腔用橡胶油

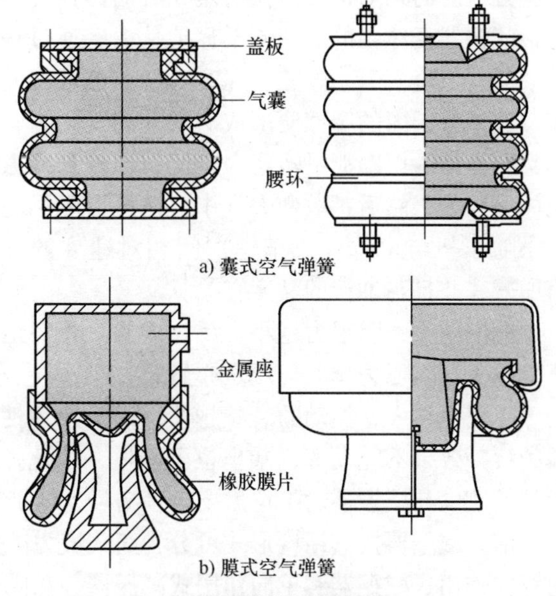

图 2-63　空气弹簧

气隔膜隔开，充入高压氮气的一侧为气室，与工作缸相通并充满油液的一侧为油室。工作缸内装有活塞、阻尼阀及其阀座。

当载荷增加且车架与车桥相互靠近时，活塞上移，使工作缸内容积减小，油压升高，油液顶开阻尼阀进入球形室，推动隔膜向气室方向移动，使气室容积减少，氮气压力升高，油气弹簧的刚度增大。当载荷减小时，在高压氮气的作用下隔膜向油室方向移动，室内油液经阻尼阀流回工作缸，推动活塞下移，这时气室容积增大，氮气压力下降，弹簧刚度减小。当氮气压力通过油液传递作用在活塞上的力与载荷平衡时，活塞便停止移动。随着载荷的变化，气室内氮气也随之变化，相应地活塞处于工作缸中不同位置。可见，油气弹簧具有变刚度的特性。

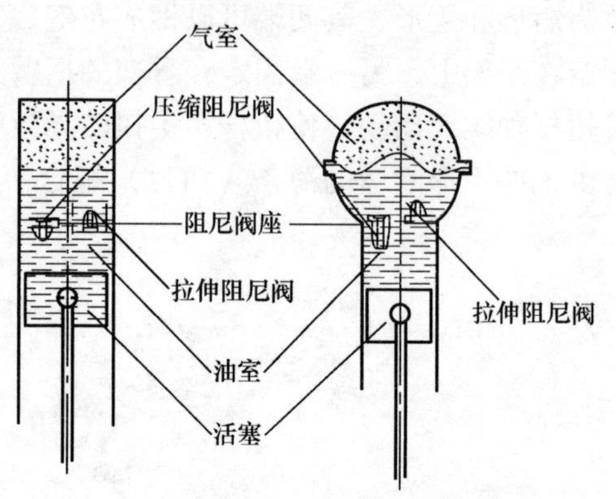

图 2-64　油气弹簧结构原理图

5. 橡胶弹簧

橡胶弹簧是利用橡胶本身的弹性来起作用的弹性元件，它可以承受压缩载荷和扭转载荷。当橡胶弹簧在外力作用下变形时，便产生内部摩擦，以吸收振动。橡胶弹簧的优点是可以制成任何形状，使用时无噪声，不需要润滑。但橡胶弹簧不适用于支撑重载荷。所以，橡胶弹簧主要用作辅助弹簧，或用作悬架部件的衬套、垫片、垫块、挡块及其他支撑件。

（三）减振器

减振器在汽车中的作用是迅速衰减由车轮通过悬架弹簧传给车身的冲击和振动，提高汽车行驶的平顺性能。

目前，汽车悬架系统中广泛采用液压减振器，其基本原理如图 2-65 所示。当车架与车桥进行往复的相对运动而使活塞在缸筒内往复移动时，减振器壳体内的油液便反复地从内腔通过一些窄小的孔隙流入另一内腔，此时孔壁与油液间的摩擦及液体分子内的摩擦便形成对振动的阻尼力，使车身和车架的振动能量转化为热能被油液和减振器壳体所吸收，然后扩散到大气中。减振器阻尼力的大小随车架与车桥（或车轮）间相对速度的变化而增减，并且与油液的黏度有关。

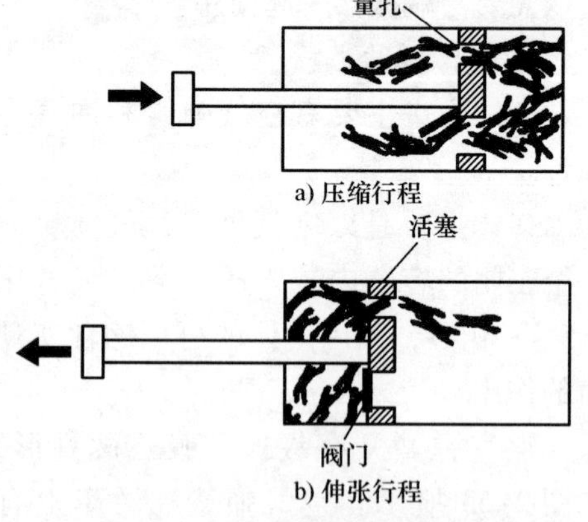

图 2-65　液压减振器的基本原理

阀门越大，阻尼力越小，反之亦然。相对运动速度越大，阻尼力越大，反之亦然。

阻尼力越大，振动的衰减越快，但悬架弹性元件的缓冲效果不能发挥，乘坐也不舒适，因此弹性元件的刚度与减振器的阻尼力要合理搭配，才能保证乘坐舒适性和操纵稳定性的要求。

液力减振器按其结构形式可分为筒式液力减振器和摇臂式液力减振器。按作用方式可分为双向作用式减振器和单向作用式减振器。双向作用式减振器在伸张行程和压缩行程都具有阻尼减振作用；单向作用式减振器只在伸张行程内起阻尼减振作用。目前汽车上应用最广泛的是双向作用筒式减振器，近年来，在高级轿车上有的采用充气式减振器。

1. 双向作用筒式减振器

双向作用筒式减振器的基本组成如图 2-66 所示，它有三个同心缸筒，外面的缸筒是防尘罩，其上部的吊耳与车架相连。中间是储油缸筒，内装有一定量的油液，其下端的吊耳与车桥相连，里面是工作缸筒，其内装满油液。它还有四个阀，即压缩阀、伸张阀、流通阀和补偿阀。流通阀和补偿阀是一般的单向阀，其弹簧很弱，当阀上的油压作用力与弹簧弹力同向时，阀处于关闭状态，完全不通油液；而当油压作用力与弹簧弹力反向时，只要很小的油压，阀便能开启。压缩阀和伸张阀是卸载阀，其弹簧刚度较大，预紧力较大，只有当油压增高到一定程度时，阀才能开启；而当油压减低到一定程度时，阀即自行关闭。

双向作用筒式减振器的工作原理可用压缩和伸张两个行程加以说明。

（1）压缩行程

当车桥移近车架（或车身）时，减振器受压缩，活塞下移，使其下方腔室容积减小，油压升高。具有一定压力的油液顶开流通阀进入活塞上方腔室。由于活塞杆占去上腔室的部分容积，使上腔室增加的容积小于下腔室减小的容积，因此还有一部分油液不能进入上腔室而只能压开压缩阀，流回储油缸筒。油液流经上述阀孔时，受到一定的节流阻力，为克服这种阻力而消耗了振动能量，使振动衰减。

（2）伸张行程

当车桥相对远离车架（或车身）时，减振器受拉伸，活塞上移，使其上腔室油压升高。上腔室的油液便推开伸张阀流入下腔室。同样由于活塞杆的存在，上腔室减小的容积小于下腔室增加的容积，因而从上腔室流出来油液不足以充满下腔室所增加的容积，使下腔室产生一定的真空度，这时储油缸筒中的油液在真空度作用下推开补偿阀流进下腔室进行补充。

从上面的原理可以得知，这种减振器在压缩、伸张两个行程都能起减振作用，因此称为双向作用减振器。

2. 充气式减振器

充气式减振器如图 2-67 所示，其结构特点是在缸筒的下部装有一个浮动活塞，高压的氮气充在浮动活塞与缸筒一端形成的密闭气室里，在浮动活塞的上面是减振器油液。O 形密封圈把油和气完全分开，因此活塞也叫封气活塞。在工作活塞上装有压缩阀和伸张阀。这两个阀都是由一组厚度相同、直径不等、由大到小而排列的弹簧钢片组成。

当车轮上下跳动时，工作活塞在油液中进行往复运动，使工作活塞的上、下腔之间产生油压差，压力油便推开压缩阀或伸张阀而来回流动。由于阀孔对压力油产生较大的阻尼力，使振动衰减。

（四）横向稳定器

横向稳定器如图 2-68 和图 2-69 所示。横向稳定器利用扭杆弹簧原理，将左右车轮通过横向稳定杆连接起来。在车身倾斜时，稳定杆两边的纵向部分向不同方向偏转，于是横向稳定杆便被扭转。弹性的稳定杆产生的扭转内力矩就阻碍了悬架弹簧的变形，从而减少车身的横向倾斜。

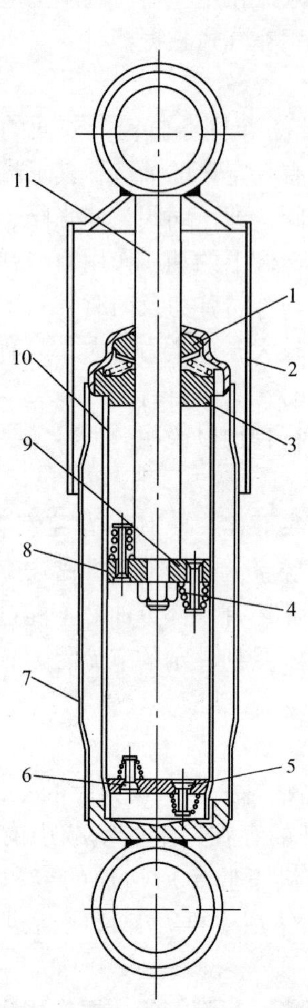

图 2-66 双向作用筒式减振器的基本组成
1—油封 2—防尘罩 3—导向座
4—流通阀 5—补偿阀 6—压缩阀
7—储油缸筒 8—伸张阀 9—活塞
10—工作缸筒 11—活塞杆

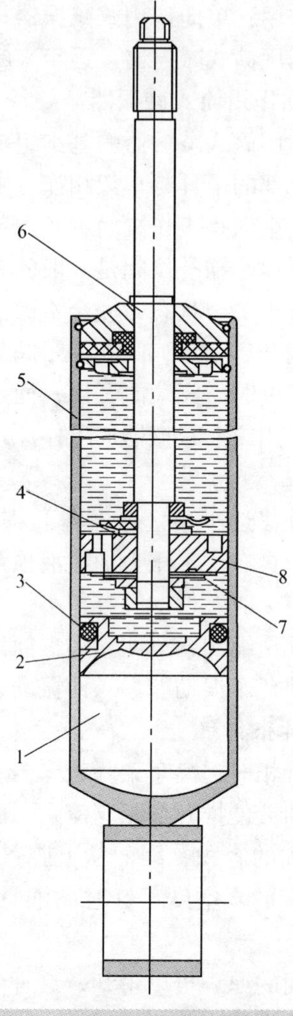

图 2-67 充气式减振器的基本组成
1—密封气室 2—浮动活塞
3—O 形密封圈 4—压缩阀
5—工作缸 6—活塞杆
7—工作活塞 8—伸张阀

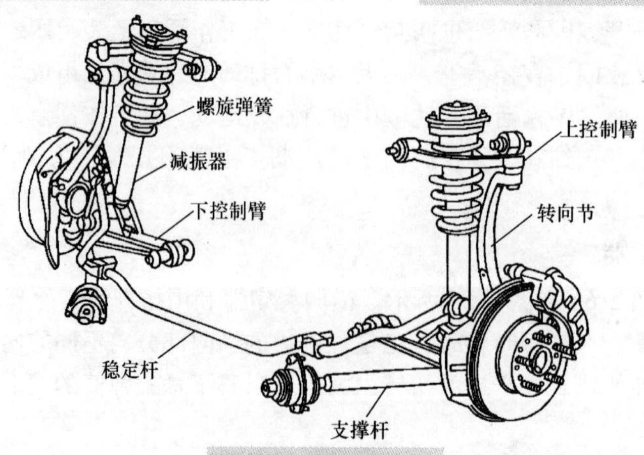

图 2-68 横向稳定器

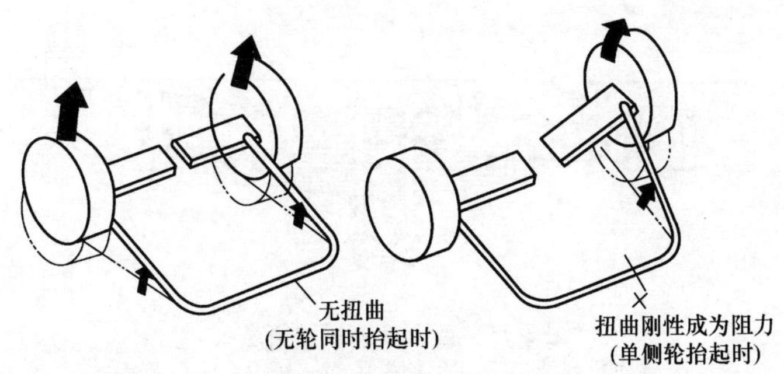

图 2-69 横向稳定器的作用

(五) 非独立悬架

非独立悬架结构简单，工作可靠。货车的前、后悬架大多属于这种类型，一些轿车的后悬架中也采用这一结构类型。

非独立悬架有如下特点：组成悬架的构件少、结构简单、易于维修、寿命长、适合重载，转弯时车身倾斜度小，车轮定位几乎不因其上、下运动而改变，轮胎磨损较少。但存在左、右车轮的运动相互影响，容易产生跳动和摇摆现象，汽车行驶平顺性差。

按照采用弹性元件的不同，非独立悬架可以分为钢板弹簧非独立悬架和螺旋弹簧非独立悬架。

1. 钢板弹簧非独立悬架

这种悬架的钢板弹簧一般纵向布置，所以也称为纵置板簧式非独立悬架。如图 2-70 所示，钢板弹簧中部通过 U 形螺栓（骑马螺栓）固定在前桥上。钢板弹簧的前端卷耳用弹簧销与前支架相连，形成固定式铰链支点，起传力和导向作用；而后端卷耳则用吊耳销与可在车架上摆动的吊耳相连，形成摆动式铰链支点，从而保证了弹簧变形时两卷耳中心线间的距离有改变的可能。

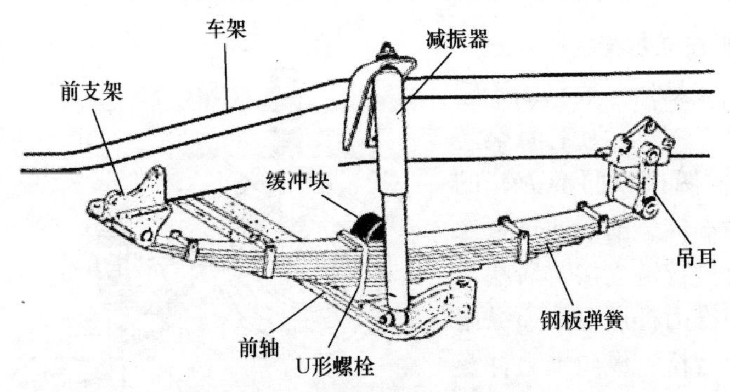

图 2-70 钢板弹簧非独立悬架

减振器的上、下两个吊环通过橡胶衬套和连接销分别与车架上的上支架和车桥上的下支架相连接。盖板上装有橡胶缓冲块，以限制弹簧的最大变形，并防止弹簧直接碰撞车架。

有些中型货车后悬架由主、副钢板弹簧叠合而成，其刚度是可变的，以适应装载质量的不同，如图 2-71 所示。

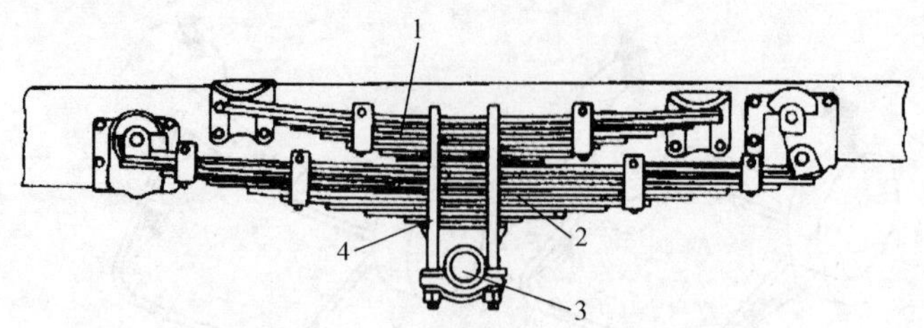

图 2-71 变刚度钢板弹簧悬架

1—副钢板弹簧 2—主钢板弹簧 3—车桥 4—U 形螺栓

当汽车空载或实际装载质量不大时，副钢板弹簧不承受载荷而由主钢板弹簧单独工作。在重载或满载情况下，车架相对车桥下移，使车架上副簧滑板式支座与副簧接触，主、副簧共同参加工作，一起承受载荷而使悬架刚度增大，以保证车身振动频率不致因载荷增大而变化过大。

有些汽车采用了渐变刚度钢板弹簧悬架，如图 2-72 所示。主簧由五片较薄的弹簧钢片叠加而成，副簧由五片较厚的弹簧钢片叠加而成。小载荷时，仅主簧工作；随着载荷的增加，副簧逐渐参与工作，刚度逐渐增加。

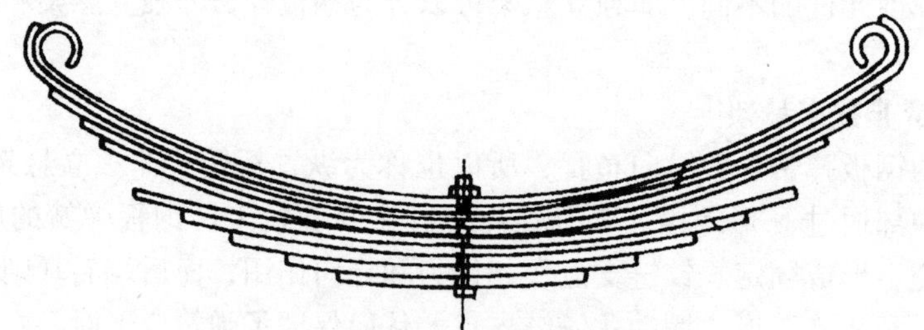

图 2-72 渐变刚度钢板弹簧悬架

2. 螺旋弹簧非独立悬架

螺旋弹簧非独立悬架一般只用于轿车的后悬架。图 2-73 所示为上海桑塔纳 2000 的后悬架。两根纵向推力杆的中部与后桥焊接为一体，前端通过带橡胶的支承座与车身做铰链连接，后端与轮毂相连接。纵向推力杆用以传递纵向力及其力矩。整个后桥、纵向推力杆及车轮可以绕支承座的铰支点连线相对于车身作上、下纵向摆动。螺旋弹簧的上端装在弹簧上座中，下端则支撑在减振器外壳上的弹簧下座上，它只承受垂直力。减振器的上端与弹簧上座一起装在车身底部的悬架支座中，下端则与纵向推力杆相连接。

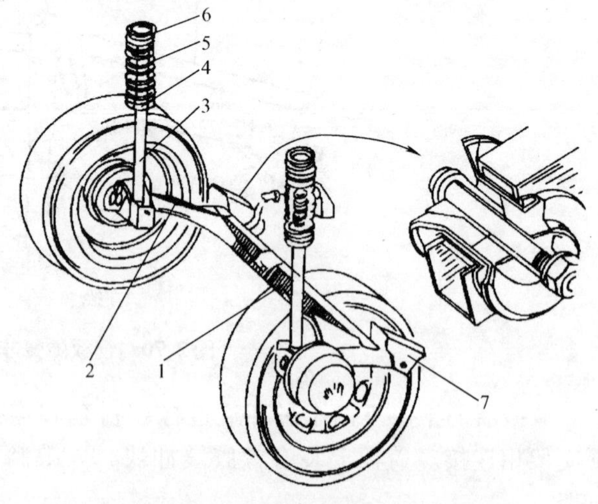

图 2-73 螺旋弹簧非独立悬架

1—后桥 2—纵向推力杆 3—减振器 4—弹簧下座 5—螺旋弹簧 6—弹簧上座 7—支撑座

（六）独立悬架

现代汽车，特别是轿车上广泛采用独立悬架。独立悬架的结构类型很多，一般可按车轮的运动方式分为三类，如图2-74所示。

1）横臂式独立悬架：车轮在汽车横向平面内摆动的悬架，如图2-74a所示。

2）纵臂式独立悬架：车轮在汽车纵向平面内摆动的悬架，如图2-74b所示。

3）车轮沿主销移动的独立悬架，包括烛式悬架和麦弗逊式悬架，分别如图2-74c和图2-74d所示。

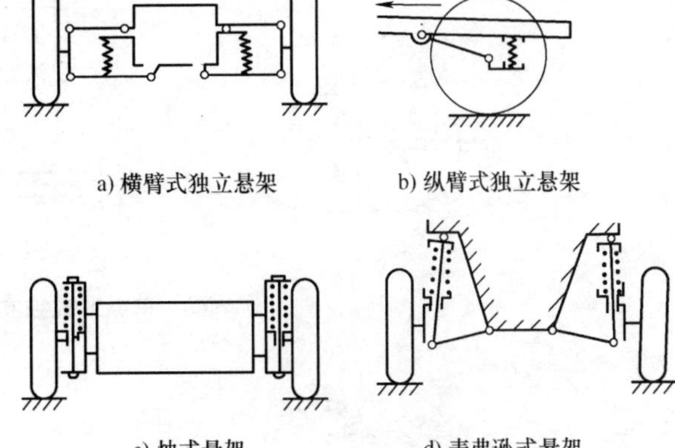
a) 横臂式独立悬架　b) 纵臂式独立悬架　c) 烛式悬架　d) 麦弗逊式悬架

图2-74　独立悬架的类型示意图

1. 横臂式独立悬架

横臂式独立悬架分为单横臂式和双横臂式两种。

双横臂式独立悬架如图2-75所示，其两个横摆臂有等长的(图2-75a)和不等长的(图2-75b)。摆臂等长的独立悬架当车轮上下跳动时，虽然车轮平面不倾斜、主销轴线的方向也不发生变化，但轮距发生较大的变化，这将引起车轮的侧滑和轮胎的磨损。而摆臂不等长的独立悬架当车轮上下跳动时，虽然车轮平面、主销轴线、轮距都发生变化，但如果选择长度比例合适，可使车轮和主销的角度及轮距变化不大，这种独立悬架被广泛用在轿车前轮上。图2-76所示为奥迪轿车不等长双横臂式螺旋弹簧独立悬架。

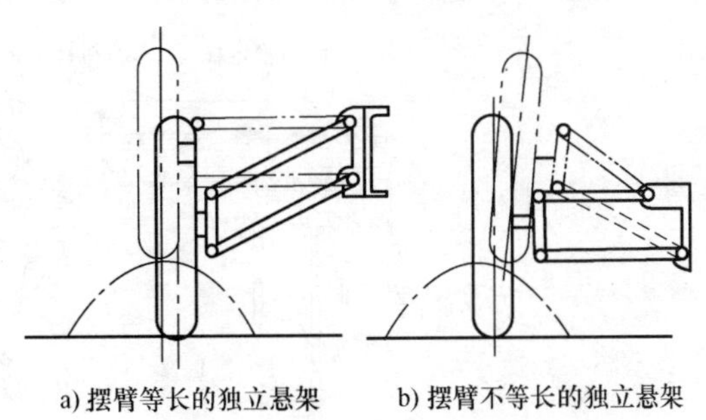
a) 摆臂等长的独立悬架　b) 摆臂不等长的独立悬架

图2-75　双横臂式独立悬架示意图

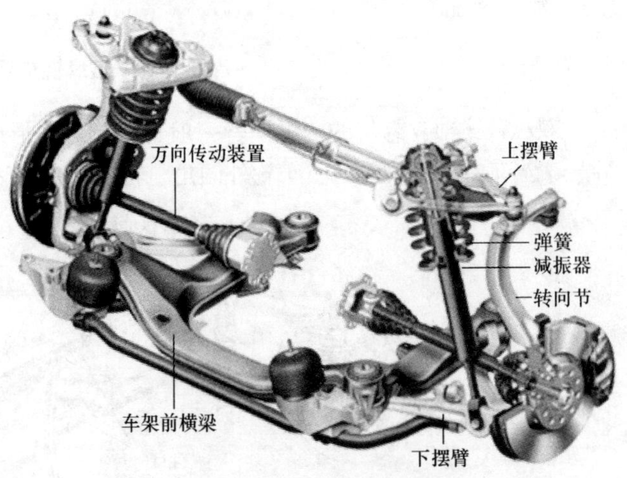

图2-76　不等长双横臂式独立悬架

2. 纵臂式独立悬架

纵臂式独立悬架可分为单纵臂式和双纵臂式两种。

单纵臂式独立悬架如果用于前轮，车轮上下跳动时会使主销后倾角变化很大，所以单纵臂式独立悬架都用于后轮，如图2-77所示。纵摆臂是一片宽而薄的钢板，一端与半轴套管铰接，另一端带有套筒，套筒通过花键与扭杆弹簧的外端相连，扭杆的内端固定在车架上。图2-78所示为

富康轿车单纵臂式后独立悬架。

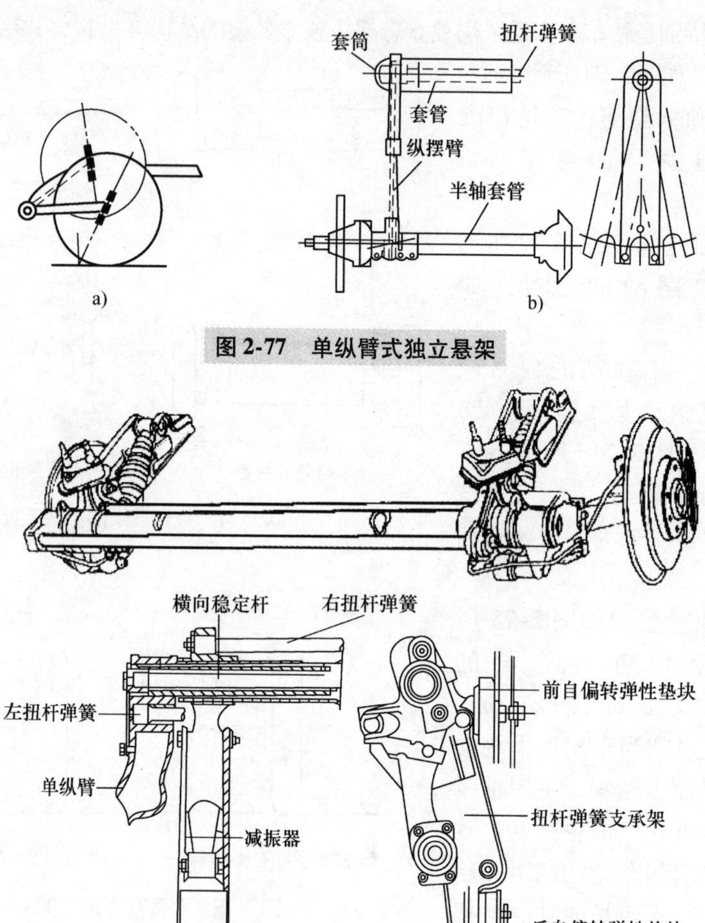

图 2-77 单纵臂式独立悬架

图 2-78 富康轿车后悬架

双纵臂式独立悬架的两纵摆臂一般长度相等，形成平行四连杆机构，如图 2-79 所示。这种悬架当车轮上下跳动时，车轮外倾角、轮距和主销后倾角都不发生变化，所以适用于前轮。

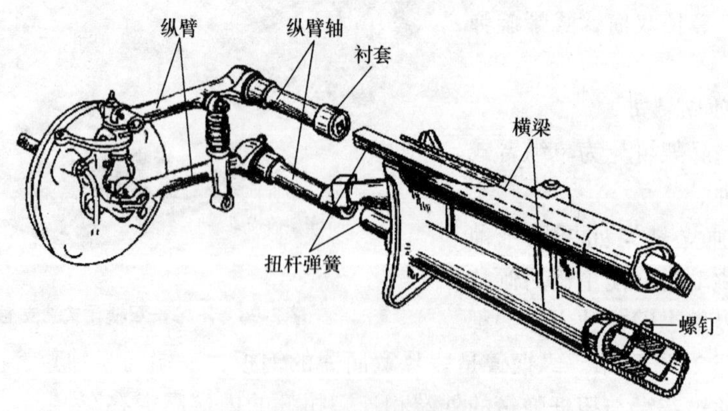

图 2-79 双纵臂式独立悬架

3. 斜臂式独立悬架

单斜臂式独立悬架如图 2-80 所示，当车轮上下跳动时，摆臂的摆动轴线与车轴轴线斜交叉，故称为单斜臂式独立悬架。选择好摆臂的摆动轴线与车轴轴线的夹角，可使这种悬架接近单横臂式或单纵臂式独立悬架，兼有两者的特点，适用于轿车的后悬架。

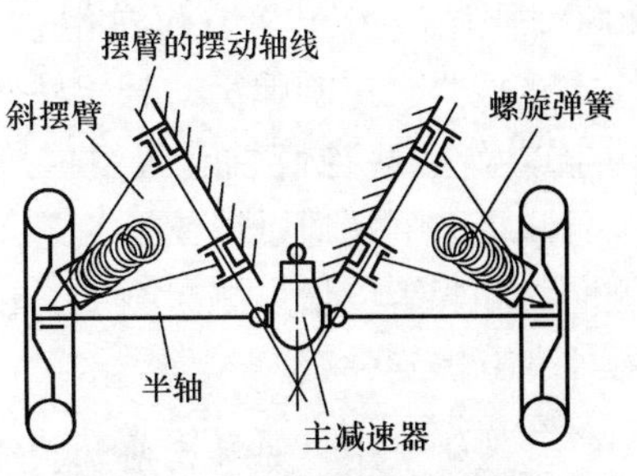

图 2-80 单斜臂式独立悬架

4. 车轮沿主销移动的独立悬架

车轮沿主销移动的独立悬架可以分为两种形式，一种是车轮沿固定不动的主销移动的烛式独立悬架，另一种是车轮沿摆动的主销轴线移动的麦弗逊式独立悬架。

(1) 烛式独立悬架

图 2-81 所示为烛式独立悬架，主销的上下两端刚性地固定在车架上。套在主销上的套管固定在转向节上。套管的中部固定装着螺旋弹簧的下支座。筒式减振器的下端与转向节相连，上端与车架相连。悬架的摩擦部分套着防尘罩。通气管与防尘罩内腔相通，以免罩中空气被密封而影响悬架的弹性。

汽车在不平路面上行驶时，车轮、转向节一起沿主销的轴线移动。螺旋弹簧只承受垂直载荷，而车轮上所受的纵向力、侧向力及其力矩则由转向节、套筒经主销传给车架。当悬架变形时，仅轮距、轴距稍有改变，而主销和车轮的倾角都不会发生变化，因此有利于汽车的转向操纵和行驶稳定性。但是，由于主销和套筒起传力作用，当两者之间相对轴向移动时，摩擦阻力大，磨损严重，故应用较少。

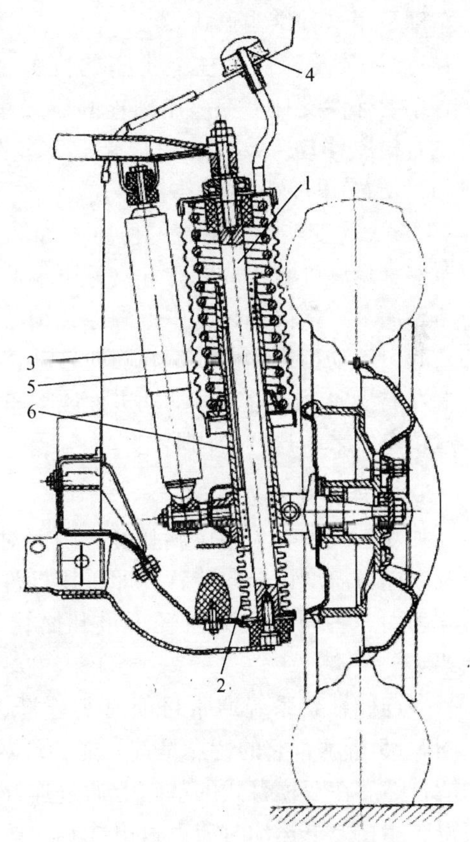

图 2-81 烛式独立悬架
1—主销 2、5—防尘罩
3—减振器 4—通气管 6—套筒

(2) 麦弗逊式独立悬架

麦弗逊式独立悬架目前在轿车中应用很广泛，其结构如图 2-82 所示，由减振器、螺旋弹簧、横摆臂、横向稳定杆（图中未画出）等组成。减振器与套在它外面的螺旋弹簧合为一体，构成悬架的弹性支柱，支柱上端与车身挠性连接，支柱的下端与转向节刚性连接。横摆臂的外端通过球头销 *B* 与转向节的下部连接，内端与车身铰接。

麦弗逊式独立悬架没有传统的主销实体，转向轴线为上下铰接中心的连线 *AB*（一般与弹性支柱的轴线重合）。当车轮上下跳动时，*B* 点随横摆臂摆动，因而主销轴线 *AB* 随之摆动（弹性支柱也摆动），这说明车轮沿着摆动的主销轴线而运动。

麦弗逊式独立悬架结构较简单，布置紧凑，用于前悬架时能增大两前轮内侧的空间，故多用于发动机前置前轮驱动的轿车上。图 2-83 所示为桑塔纳 2000 轿车前悬架装置（又称滑柱连杆式悬架），主要由双向筒式减振器、螺旋弹簧、悬架柱焊接件、限位缓冲器、橡胶防尘罩及金属-橡胶轴套等组成。筒式减振器上端用螺栓与车身联接，下端通过球铰链与悬架下摇臂相连，承受前桥的侧向力和弯矩以增加侧向刚度，使前轮不易发生偏摆，减振器外套有螺旋弹簧。

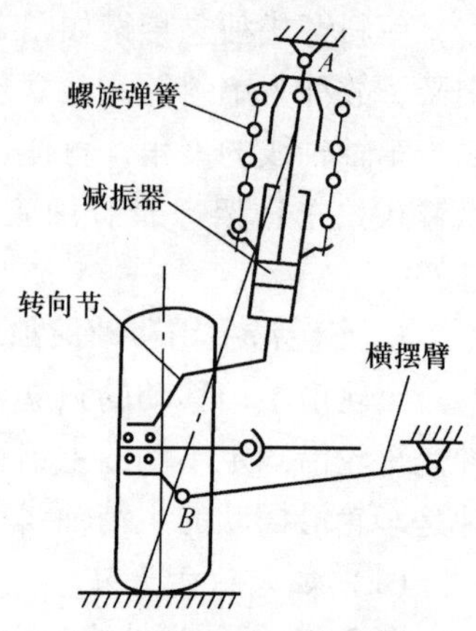

图 2-82 麦弗逊式独立悬架的结构示意图

前轮采用麦弗逊式独立悬架时，前轮定位各参数的变化较小，除前束可调整外，其他参数有的车型规定不可调整，有的车型则规定可以调整。常见的调整部位及调整方法如下：

1）改变转向节与横摆臂外端的位置。如图 2-84a 所示，松开转向节球头销与横摆臂的联接螺栓，左右横向移动球头销及转向节，可以改变车轮外倾角。上海桑塔纳轿车即采用这种结构形式。

2）改变弹性支柱上支座的位置。如图 2-84a 所示，悬架的弹性支柱上支座用螺栓固定在车身上，松开螺栓，左右横向移动上支座，可以调整车轮外倾角。一汽奥迪 100 型轿车即采用这种结构形式。

3）改变转向节上端的位置。如图 2-84b 所示，由减振器和螺旋弹簧组成的弹性支柱下端通过上、下两个螺栓与转向节上端固定，其中上螺栓经偏心凸轮将两者连接在一起。转动上螺栓可使偏心凸轮转动，从而带动转向节上端左右横向（A 向）移动，进而改变车轮外倾角。丰田花冠轿车即采用这种结构形式。

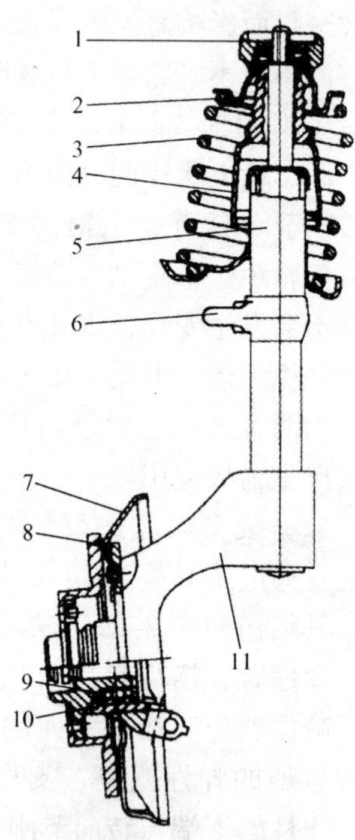

图 2-83 桑塔纳 2000 麦弗逊式前悬架
1—螺母盖 2—限位缓冲器 3—螺旋弹簧 4—防尘罩 5—减振器 6—转向臂 7—挡泥板 8—制动盘 9—车轮轴承 10—卡簧 11—车轮轴承壳

5. 多连杆式独立悬架

独立悬架中多采用螺旋弹簧，因而对于侧向力、垂直力以及纵向力需增设导向装置，即采用杆件来承受和传递这些力，因而一些轿车上为减轻车重和简化结构采用多连杆式悬架。

多连杆悬架系统通常可能有三连杆、四连杆、五连杆，如图 2-85 所示，它的特点是首先能实现双横臂式悬架的所有功能，然后在双横臂式的基础上通过连杆连接轴的约束作用使得轮胎在上下运动时前束角也能相应改变，这就意味着弯道适应性更好。多连杆式独立悬架如果用在前轮驱动车辆的前悬架，可以在一定程度上缓解转向不足，给人带来精确转向的感觉；如果用在后悬架上，能在转向侧倾的作用下改变后轮的前束角，这就意味着后轮在一定程度上可以随前轮一同转向，达到舒适、操控两不误的目的。图 2-86 所示为广州本田雅阁轿车的后悬架装置，它采用的是五连杆式独立悬架，五连杆分别指上横臂、下横臂、控制臂、前置定位臂和后置定位臂。

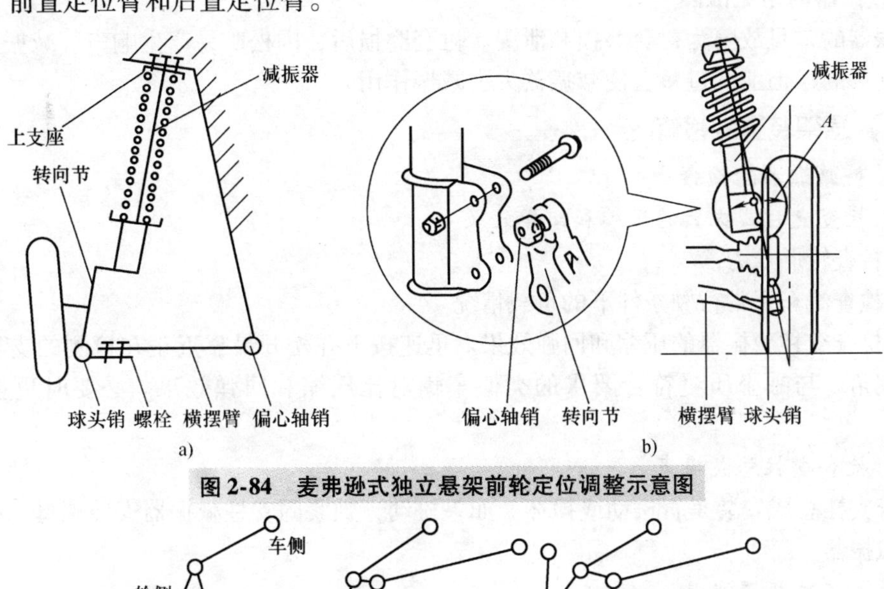

图 2-84 麦弗逊式独立悬架前轮定位调整示意图

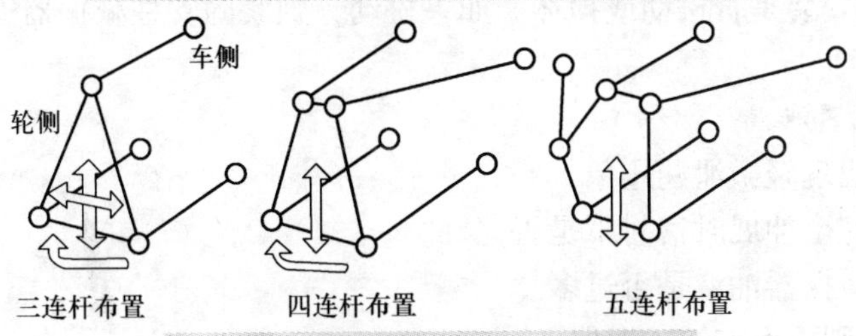

图 2-85 多连杆独立悬架连杆的布置

(七) 悬架的故障诊断与排除

1. 独立悬架总成常见故障

独立悬架总成主要由螺旋弹簧、上下摆臂、横向稳定杆及减振器等组成，总成铰接点多，总成常见的故障有如下几项：

(1) 现象

1) 异响，尤其在不平路面上转弯时。

2) 车身倾斜，汽车在转弯时车身过度倾斜等。

3) 前轮定位参数改变。

4) 轮胎异常磨损。

5) 车辆摆振及行驶不稳。

(2) 原因

1) 螺旋弹簧弹力不足。

2) 稳定杆变形。

3) 上、下摆臂变形。

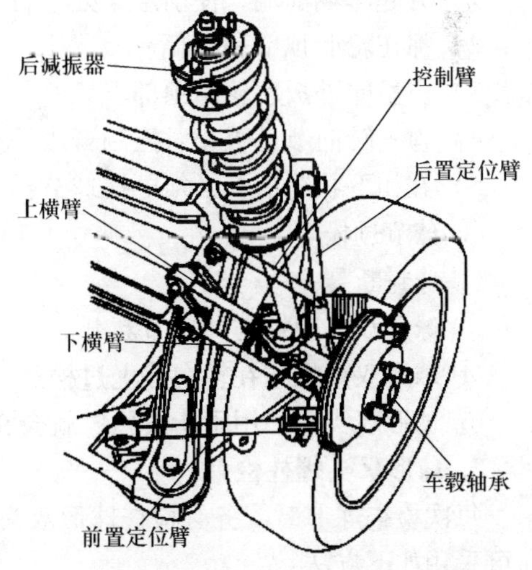

图 2-86 本田雅阁轿车的后悬架装置

4）各铰接点磨损、松旷。

当汽车产生上述现象时，应对悬架系统进行仔细检查，即可发现故障部位及原因。

2. 减振器的常见故障

减振器的常见故障为衬套磨损和泄漏。衬套磨损后，因松旷易产生响声。减振器轻微的泄漏是允许的，但泄漏过多会使减振器失去减振作用。

（八）悬架装置的检修

1. 支柱减振器的检查

（1）检查支柱减振器的压缩和回弹效果

1）检查轮胎压力。

2）检查汽车正常行驶条件下的负载情况。

3）检查支柱减振器的压缩和回弹效果。迅速按下并松开最靠近正在检测的支柱减振器保险杠拐角。与乘坐质量符合要求的类似车辆对比压缩和回弹效果。必要时更换支柱减振器。

（2）检查支柱总成噪声

检查支柱总成安装是否松动或损坏。如果松动，则紧固支柱减振器安装螺母。必要时更换支柱减振器。

（3）检查减振器泄漏

1）检查是否出现轻微泄漏迹象。

2）检查支柱完全伸展时密封罩是否完好。

3）检查支柱减振器油液是否过多。

如果不正常，则更换支柱减振器。

2. 球节检查

1）升起车辆前端，使前悬架处于自由状态。

2）抓住轮胎顶部和底部。

3）由里向外扳动轮胎顶部。

4）检查转向节是否相对控制臂水平移动。

5）在如下状况下，必须更换球节：

① 球节过松。

② 球封断裂。

③ 球形双头螺柱与转向节断开。

④ 球形双头螺柱在转向节上过松。

⑤ 球形双头螺柱用手指按压，就会在座中扭动。

3. 球形双头螺柱检查

每次检查球节时，务必检查球形双头螺柱在转向节凸起中的紧度。检查球形双头螺柱磨损可采用如下方法：

方法一：摇动车轮并感觉螺柱头是否在转向节凸起中移动。

方法二：检查夹紧螺母的紧固力矩。螺母过松表明双头螺柱在转向节凸起中承受应力或有孔。

必须更换磨损或损坏的球节和转向节。

三、实训内容

案例导入：一辆别克凯越轿车，在行驶过程中，车身容易产生左右摇摆，且在车速较低及路面不平时最易出现。经检查确认需对悬架装置进行检修。

1、实训准备

1）实训车辆：别克凯越轿车。

2）实训工具及器材：组合工具、扭力扳手、举升机等。

3）掌握本次实训课所用仪器及设备的使用方法。

4）强调实训中的安全注意事项。

2、实训流程

悬架装置故障会造成车身过度倾斜、轮胎异常磨损、车辆摆振及行驶不稳、减振器失去减振作用等现象。实训教师可根据实训条件对悬架装置进行检测；然后设置一些与悬架装置常见故障相关的故障，在实训教师的监督下，由学生独立完成故障的诊断与排除；最后由教师充当客户模拟一个或几个故障场景，让学生分别扮演维修工对客户进行故障诊断的说明。

（1）让学生分析并说出检查步骤和方法

1）检查支柱减振器。

2）检查球节。

3）检查球形双头螺柱。

（2）学生根据下列问题，对教师进行解释并提出解决方案

1）根据检查情况，分析出可能导致上述故障的原因有哪些？

2）如何确定上述故障？

3）对检查结果进行理论分析。

3、实训记录

完成实训记录单。

【思考与练习】

1. 单选题

1）横向稳定杆的作用是防止（　　）。

A. 车身的上下跳动　B. 汽车转弯时倾斜　C. 制动时点头　D. 加速前进时后仰

2）汽车麦弗逊式悬架为（　　）。

A. 非独立悬架　B. 组合式　C. 独立悬架　D. 刚性式

3）关于汽车减振器，以下正确的说法是（　　）。

A. 减振器承担一部分车身质量　B. 减振器的阻尼力减弱后车身高度降低

C. 减振器将汽车振动的机械能转变为热能　D. 以上都不正确

4）汽车减振器广泛采用的是（　　）。

A. 单向作用筒式　B. 双向作用筒式　C. 阻力可调式　D. 摆臂式

2. 判断题

1）采用独立悬架的车桥通常为断开式。（　　）

2）钢板弹簧各片在汽车行驶过程中会出现滑移。（　　）

3）扭杆弹簧的左右扭杆，经过一段时间的装车使用后，为了避免疲劳损坏，只要安装位置合适，左右扭杆可以互换安装使用。（ ）

4）汽车悬架的作用是弹性地连接车桥和车架（或车身），缓和行驶中车辆受到的冲击力。（ ）

3. 问答题

1）说明悬架的功用和种类，为什么现在的汽车广泛采用独立悬架？

2）悬架由哪几部分组成，各有什么功用？

3）双向作用筒式减振器的工作原理是什么？

4）横向稳定器的作用是什么，它是如何工作的？

项目三 汽车转向系统检修

知识点

1）转向系统是指由驾驶人操纵，能实现转向轮偏转和回位的一套机构。

2）汽车转向系统按转向动力源的不同分为机械转向系统和动力转向系统两大类。

3）汽车机械转向系统由转向操纵机构、机械转向器和转向传动机构三大部分组成。

4）转向器：齿轮齿条式、循环球式、蜗杆曲柄指销式等。

5）动力转向装置由机械转向器、转向控制阀、转向动力缸以及转向油泵、转向油罐等组成。

知识目标

1）了解汽车转向系统的功用及类型。

2）了解机械转向系统的基本组成及工作原理。

3）掌握转向器的结构及工作原理。

4）了解转向操纵机构、转向传动机构的结构及原理。

5）了解动力转向系统的种类。

6）了解液压常流滑阀式动力转向装置的结构及工作原理。

7）掌握液压常流转阀式动力转向装置的结构及工作原理。

8）掌握转向油泵的结构及工作原理。

技能目标

1）能够正确检修机械转向系统。

2）能够正确检查并添加动力转向油液。

3）能够正确检查动力转向系统压力。

4）能够正确检查动力转向系统泄漏情况。

5）能够正确分析并排除液压动力转向系统常见故障。

项目概述

汽车转向系统是指由驾驶人操纵，能实现转向轮偏转和回位的一套机构。汽车转向系统的功用是按照驾驶人的意愿改变汽车的行驶方向和保持汽车稳定的直线行驶。按转向动力源的不同汽车转向系统分为机械转向系统和动力转向系统两大类。

本项目设置两个学习任务，任务内容如下：

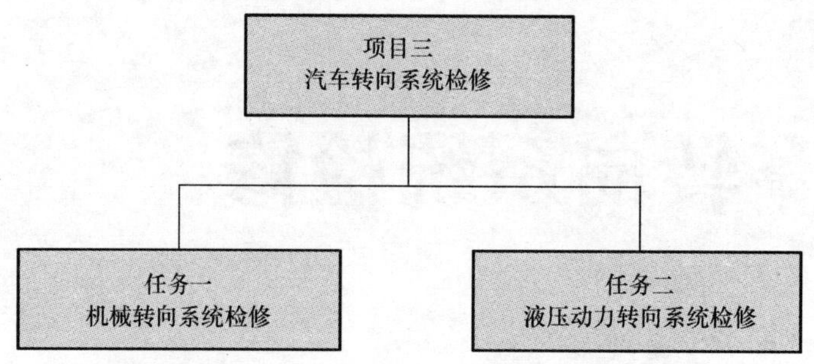

任务一 机械转向系统检修

一、任务描述

汽车机械转向系统以驾驶人的体力作转向动力源。机械转向系统的结构是什么样的?它是如何工作的?如何对机械转向系统进行检修?要掌握这些知识，应完成下面的学习任务：

1）转向系统概述。

2）机械转向器。

3）转向操纵机构。

4）转向传动机构。

5）机械转向系统的检修。

二、相关知识及技能

（一）转向系统概述

1. 转向系统的功用、类型

转向系统是指由驾驶人操纵，能实现转向轮偏转和回位的一套机构。转向系统的功用是按照驾驶人的意愿改变汽车的行驶方向和保持汽车稳定的直线行驶。

汽车转向系统按转向动力源的不同分为机械转向系统和动力转向系统两大类。机械转向系统以驾驶人的体力作为转向动力源，系统的所有传动件都是机械的，如图 3-1 所示。动力转向系统是兼用驾驶人体力和发动机（或电动机）的动力作为转向能源的转向系统。动力转向系统是在机械转向系统的基础上加设一套转向加力装置而形成的，如图 3-2 所示。

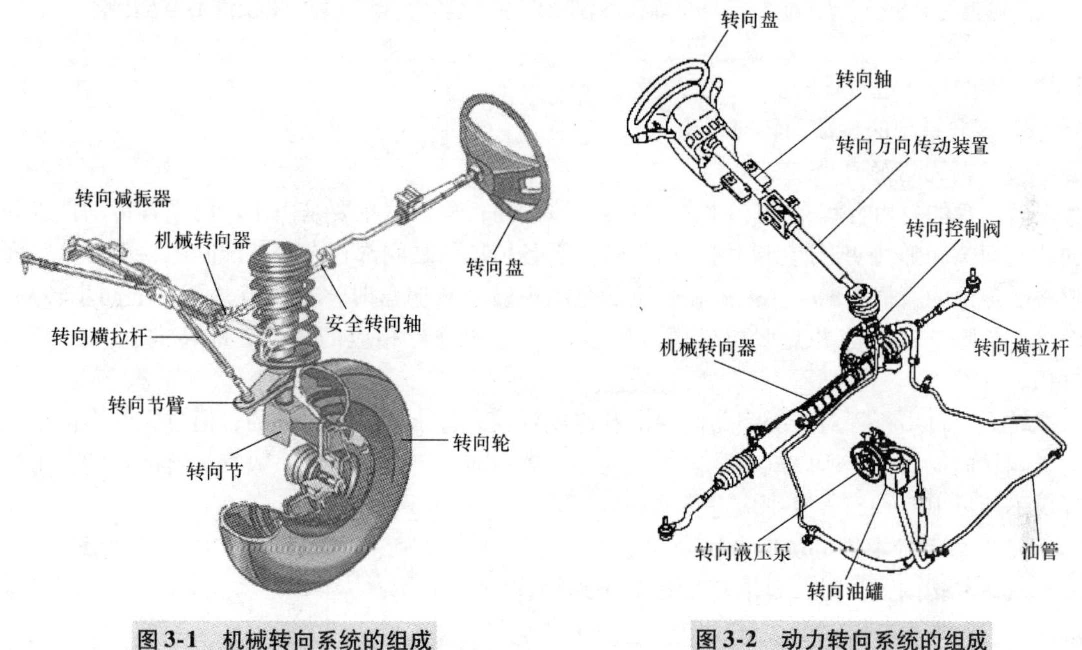

图 3-1 机械转向系统的组成

图 3-2 动力转向系统的组成

2. 机械转向系统的基本组成和工作原理

汽车机械转向系统由转向操纵机构、机械转向器和转向传动机构三大部分组成，其具体组成如图 3-3 所示。转向操纵机构包括转向盘、转向轴、万向节、转向传动轴；机械转向器有多种类型，轿车上常采用齿轮齿条转向器；转向传动机构包括转向摇（垂）臂、转向直（纵）拉杆、转向节臂、转向梯形臂、转向横拉杆等。

如图 3-3 所示，汽车转向时，驾驶人转动转向盘，通过转向轴、转向节和转向传动轴，将转向力矩输入转向器。转向器中有 1 ~ 2 级啮合传动副，具有降速增矩的作用。转向器输出的转矩经转向摇臂，再通过转向直拉杆传给固定在左转向节上的转向节臂，使左转向节及装于其上的左转向轮绕主销偏转。左、右转向梯形臂的一端分别固定在左、右转向节上，另一端则与转向横拉杆作球铰链连接。当左转向节偏转时经左转向梯形臂、转向横拉杆和右转向梯形臂的传递，右转向节及装于其上的右转向轮随之绕主销同向偏转一定的角度。

左、右转向梯形臂和转向横拉杆构成转向梯形，其作用是在汽车转向时，使左、右转向

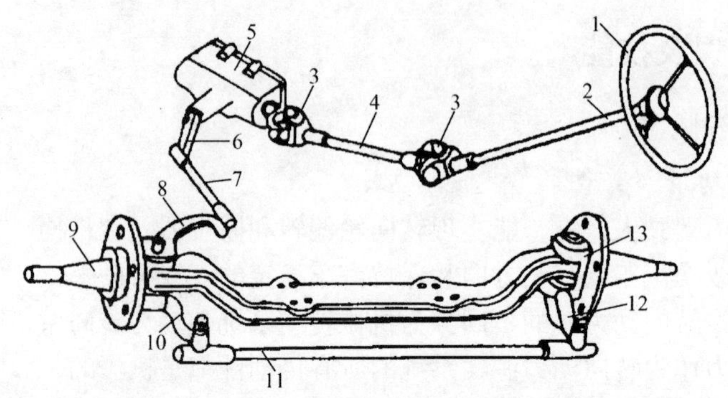

图 3-3 机械转向系统示意图

1—转向盘 2—转向轴 3—转向万向节 4—转向传动轴 5—转向器 6—转向摇臂 7—转向直拉杆 8—转向节臂 9—左转向节 10—左转向梯形臂 11—转向横拉杆 12—右转向梯形臂 13—右转向节

轮按一定的规律进行偏转。

3. 转向系统的参数和转向理论

（1）转向盘的自由行程

转向盘的自由行程是指转向盘在空转阶段的角行程，这主要是由于转向系各传动件之间的装配间隙和弹性变形所引起的。由于转向系各传动件之间都存在着装配间隙，而且这些间隙将随零件的磨损而增大，因此在一定的范围内转动转向盘时，转向节并不马上同步转动，而是在消除这些间隙并克服机件的弹性变形后，才进行相应的转动，即转向盘有一空转过程。

转向盘自由行程对于缓和路面冲击及避免驾驶人过于紧张是有利的，但过大的自由行程会影响转向灵敏性。所以汽车维护中应定期检查转向盘自由行程。一般汽车转向盘的自由行程应不超过 10°～15°，否则应进行调整。

（2）转向时车轮运动规律

汽车在转向行驶时，要求车轮相对于地面作纯滚动，否则如果有滑动的成分，车轮边滚边滑会导致转向行驶阻力增大，动力损耗，油耗增加，也会导致轮胎磨损增加。

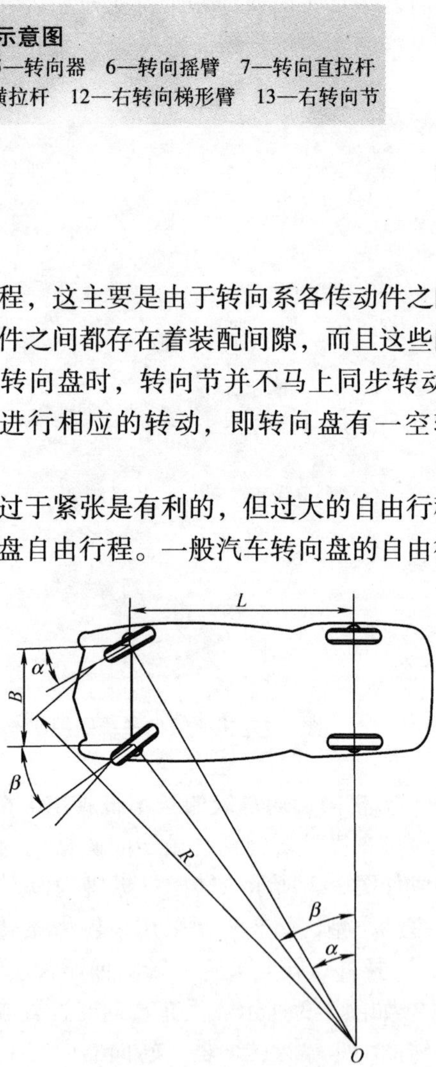

汽车转向时，内侧车轮和外侧车轮滚过的距离是不等的。对于一般汽车而言，后桥左右两侧的驱动轮由于差速器的作用，能够以不同的转速滚过不同的距离。但前桥左右两侧的转向轮要滚过不同的距离，保证车轮作纯滚动就要求所有车轮的轴线都交于一点方能实现。此交点 O 称为汽车的转向中心，如图 3-4 所示。汽车转向时内侧转向轮偏转角 β 大于外侧转向轮偏转角 α。α 与 β 的关系是

图 3-4 汽车转向示意图

$$\cot\alpha = \cot\beta + \frac{B}{L}$$

式中 B——两侧主销中心距（可近似认为是转向轮轮距）；

L——汽车轴距。

这一关系是由转向梯形保证的。所有汽车转向梯形的设计实际上都只能保证在一定的车轮偏转角范围内，使两侧车轮偏转角大体上接近以上关系式。

从转向中心 O 到外侧转向轮与地面接触点的距离 R 称为汽车转弯半径。转弯半径 R 越小，则汽车转向所需要场地就越小，汽车的机动性也越好。当外侧转向轮偏转角达到最大值 α_{max} 时，转弯半径 R 最小。

4. 转向特性

驾驶人将转向盘转过一定角度后固定，保持汽车以某一稳定车速开始转向，可能出现以下几种转向特性，如图 3-5 所示。

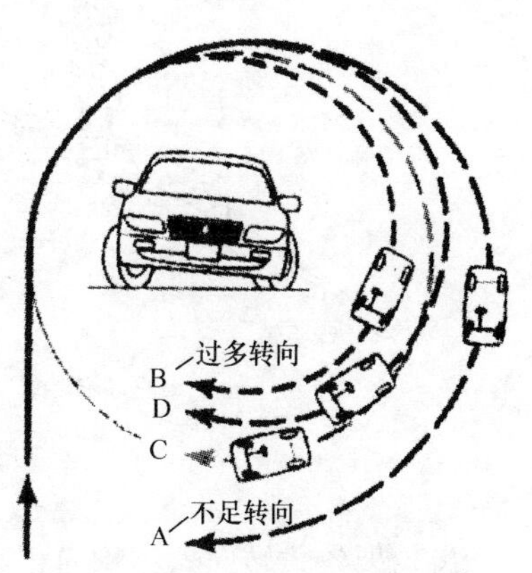

图 3-5 汽车转向特性

不足转向（A）：偏离圆周轨迹向外运动，且转弯半径越来越大。

过多转向（B）：偏离圆周轨迹向内运动，且转弯半径越来越小。

中性转向（C）：沿着圆周轨迹运动。

交变转向（D）：最初偏离轨迹向外运动，过一段时间后突然开始向内运动。

对于不足转向，汽车转弯半径越来越大，这种运动状态和人的运动感觉一致。对于过多转向，转弯半径越来越小，这和人的运动感觉不一致，转弯时驾驶人重心向内倾斜，使驾驶人难以往回打转向盘。因此除了特殊的赛车，一般都将汽车设计成具有轻微的不足转向特性。交变转向特性只极少地应用于后置发动机的汽车。

（二）机械转向器

转向器是转向系统中的降速增矩传动装置，其功用是增大由转向盘传到转向节的力，并改变力的传动方向。

转向器传动效率是指转向器输出功率与输入功率之比。当功率由转向盘输入，从转向摇臂输出时，所求得的传动效率称为正传动效率；反之，转向摇臂受到道路冲击而传到转向盘的传动效率则称为逆效率。

按转向器中传动副的结构形式，可以分为循环球式、齿轮齿条式、蜗杆曲柄指销式、蜗杆滚轮式等几种。

按传动效率的不同，转向器还可以分为可逆式转向器、极限可逆式转向器和不可逆式转向器。

1. 齿轮齿条式转向器

齿轮齿条式转向器采用一级传动副，主动件是齿轮，从动件是齿条。齿轮齿条式转向器分为两端输出式和中间（或单端）输出式两种，如图 3-6 所示。

齿轮齿条式转向器是利用齿轮顺时针或逆时针方向的转动带动齿条左右移动，再通过横拉杆推动转向节，达到转向的目的，如图 3-7 所示。

转向器壳体中间的凸缘上装转向器补偿机构，主要由压块、压紧弹簧、调整螺塞、锁紧螺母等组成，如图 3-8 所示，作用是用来自动调整齿轮与齿条的啮合间隙。调整螺塞用来调整补偿机构中压紧弹簧的预紧力，出厂时已调好，一般不需要再调整。

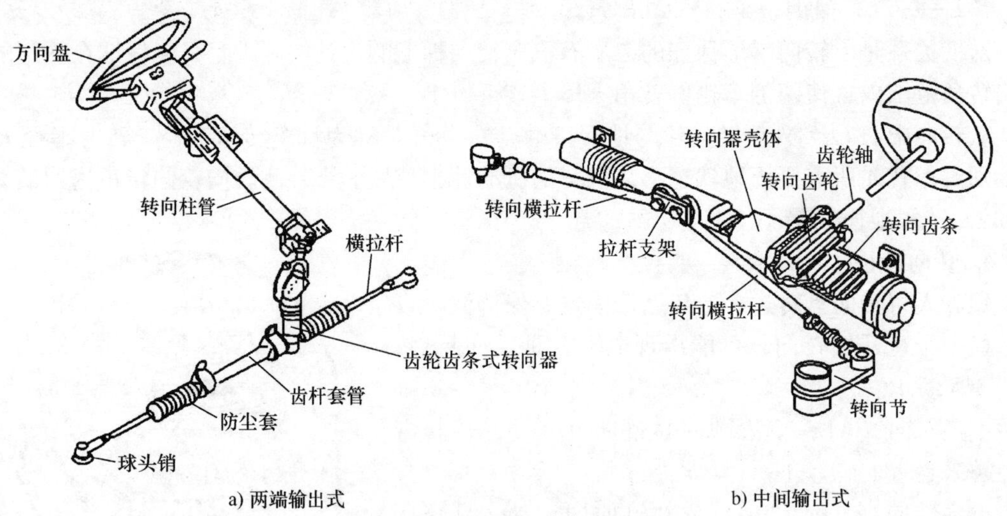

图 3-6 齿轮齿条式转向器结构

齿轮齿条式转向器结构简单，可靠性好，也便于独立悬架的布置；由于齿轮齿条直接啮合，转向灵敏、轻便。因此齿轮齿条式转向器在各类型汽车上的应用越来越多。

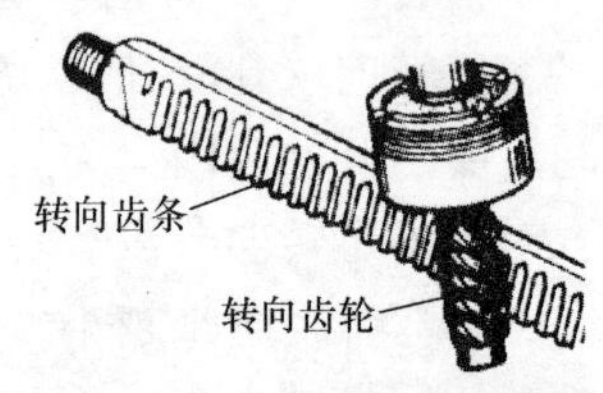

图 3-7 齿轮齿条传动原理

2. 循环球式转向器

循环球式转向器由侧盖、底盖、壳体、钢球、带齿扇的摇臂轴、轴承、制有齿形的螺母、转向螺杆等组成，如图 3-9 所示。

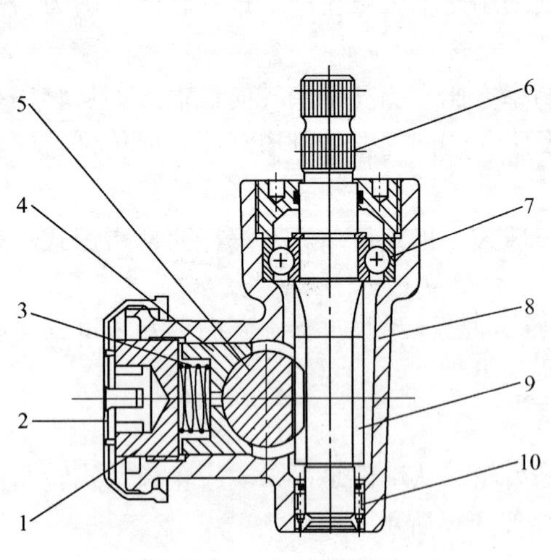

图 3-8 齿轮齿条式转向器补偿机构

1—调整螺塞 2—罩盖 3—压簧 4—压簧垫块 5—转向齿条 6—齿轮轴 7—球轴承 8—转向器壳体 9—转向齿轮 10—滚柱轴承

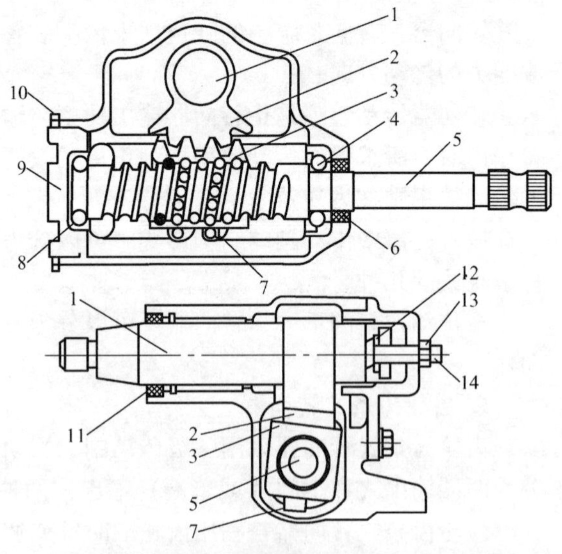

图 3-9 循环球式转向器

1—转向摇臂轴（输出轴） 2—齿扇 3—转向螺母 4、8—轴承 5—转向螺杆（输入轴） 6、11—油封 7—钢球导管 9—可调轴承盖 10—锁紧螺母 12—调整垫片 13—锁紧螺母 14—调整螺钉循环球式转向器采用两级传动副，第一级是螺杆与螺母，第二级是齿条与齿扇。螺杆通过一对向心球轴承安装于壳体内，其上装有制成方形的螺母，形成第一级传动副。在螺杆和螺母之间形成的螺旋形通道内和螺母侧面的两根 U 形导管内装有很多钢球，螺杆转动时钢球在球道内进行循环运动，形成“球流”，以提高传动效率，并减少螺杆、螺母的磨损。摇臂轴通过滚针轴承装于壳体内，齿扇与摇臂轴制成一体并与螺母上的齿相啮合，形成第二级传动副。当螺杆转动时，螺母不能转动，只能沿螺杆轴线进行轴向移动，并通过螺母下端面的齿条带动齿扇及摇臂轴转动。钢球在螺母内绕行两周后，流出螺母进入导管，再由导管流回螺母通道，同时两列钢球在各自的封闭通道内循环。

转向器通过托架安装于车架上，其侧盖上装有调整螺栓和锁紧螺母，用来调整齿扇和螺母上齿的啮合间隙；其底盖与壳体之间装有调整垫片，以调整螺杆两端轴承的预紧度。壳体上方装有通气螺塞，兼作加油用；下方装有放油螺塞。

循环球式转向器的最大优点是传动效率高、操纵轻便且工作可靠、使用寿命长。其主要缺点是结构复杂、制造精度要求高且逆效率也高。

3. 蜗杆曲柄指销式转向器

EQ1090E 型汽车采用的是蜗杆曲柄双指销式转向器，主要由转向器壳体、转向蜗杆、曲柄和指销、上盖、下盖、调整螺栓及螺母等组成，如图 3-10 所示。转向器壳体固定在车架的转向器支架上。壳体内装有传动副，其主动件是转向蜗杆，从动件是装在摇臂曲柄端部的指销。

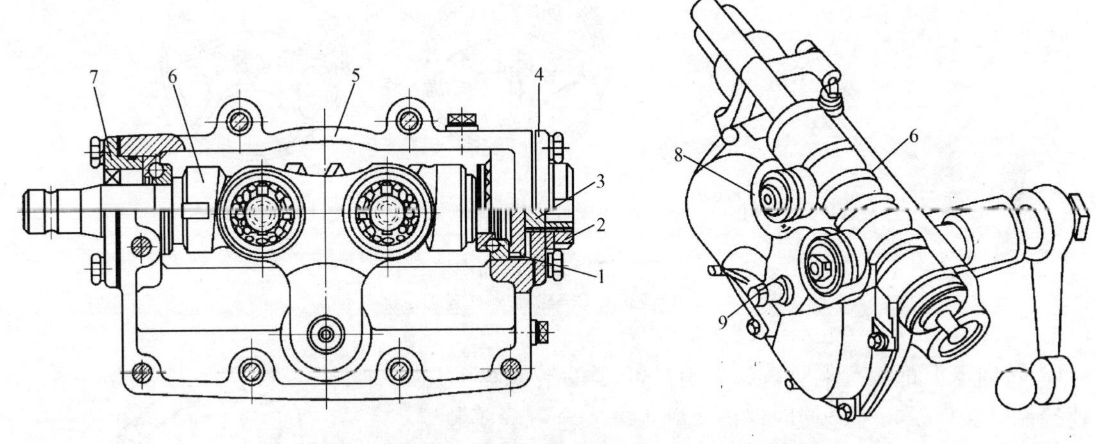

图 3-10 EQ1090E 型汽车转向器

1—推力球轴承 2—螺母 3—调整螺塞 4—下盖 5—转向器壳体 6—转向蜗杆 7—上盖 8—指销 9—摇臂轴

汽车转向时，驾驶人通过转向盘转动转向蜗杆（主动件），与其相啮合的指销（从动件）一边自转，一边以曲柄为半径绕摇臂轴轴线在蜗杆的螺纹槽内进行圆弧运动，从而带动曲柄、转向摇臂摆动，实现汽车转向。

（三）转向操纵机构

汽车转向操纵机构主要由转向盘、转向轴、转向柱管等组成，如图 3-11 所示。它的功用是产生转动转向器所必需的操纵力，并具有一定的调节和安全性能。转向操纵机构要将驾

驶人操纵转向盘的力传给转向器，同时为了驾驶人的舒适驾驶，还要求转向操纵机构可以进行调节，以满足不同驾驶人的需求；为了防止车辆撞击后对驾驶人的损伤，还要求转向操纵机构具有一定的安全保护装置。

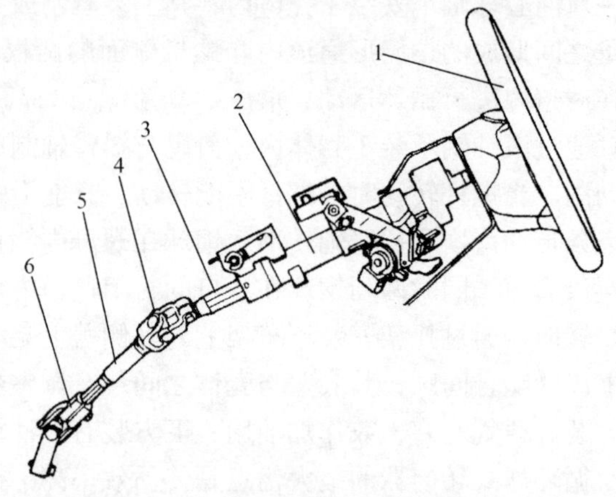

图 3-11 转向操纵机构
1—转向盘 2—转向管柱 3—上转向轴 4—十字轴 5—转向传动轴 6—转向万向节滑动叉

1. 转向盘

转向盘由轮缘、轮辐和轮毂组成，如图 3-12 所示。轮辐一般有三根或四根辐条。轮毂 3 有圆孔及键槽，利用键和螺母将其固定在转向轴的轴端。转向盘内部是由成形的金属骨架构成，骨架外面一般包有柔软的合成橡胶或树脂，也有包皮革的，以具有良好的手感，并防止手心出汗时转向盘打滑。

出于安全考虑，不仅要求转向盘具有可起缓冲作用的柔软表皮，而且还要求转向盘在汽车发生碰撞时，其骨架能产生变形（图 3-13），以吸收冲击能量，减轻对驾驶人的伤害。

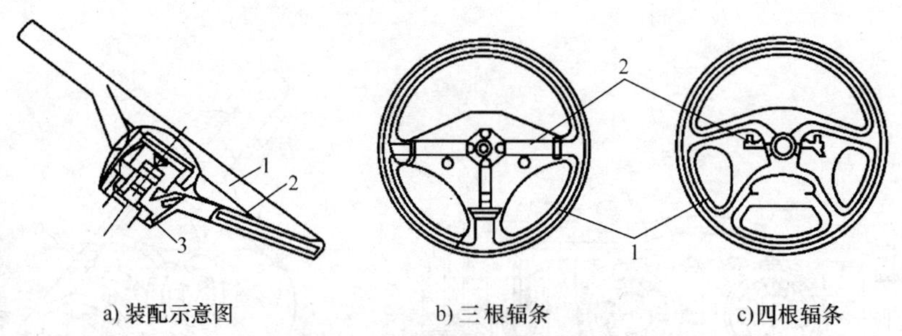

图 3-12 转向盘的构造
1—轮缘 2—轮辐 3—轮毂

转向盘上都装有喇叭按钮，有些轿车的转向盘上还装有车速控制开关以及发生碰撞时保护驾驶人的安全气囊等装置。

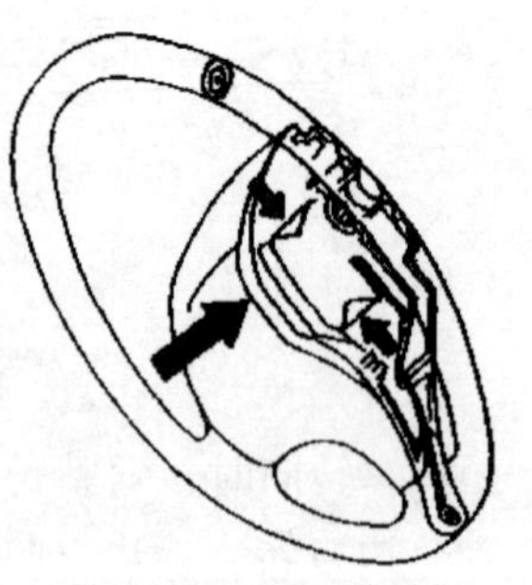

图 3-13 吸能式转向盘骨架变形示意图

2. 转向轴与转向柱管

转向轴是连接转向盘和转向器的传动件，并传递它们之间的转矩。转向柱管安装在车身上，支撑着转向盘。转向轴下端与转向万向节相连，上端用轴承或衬套支撑在转向柱管内，固定在支架内的轴承中。轴承下端装有弹簧，可自动消除转向柱管与转向轴之间的轴向间隙。转向柱管上端通过上支架固定在驾驶室前围仪表板上，下端压装在下固定支架孔内，下固定支架用两个螺栓固定在驾驶室底板上。转向轴从转向柱管中穿过，支承在柱管内的轴承和衬套上。转向管柱上端装有喇叭接触环、转向灯开关、刮水器开关总

成、转向盘锁总成等。

随着汽车车速的提高，对于轿车，除要求装有吸能式转向盘外，还要求转向柱管也必须备有缓和冲击的吸能装置。另外，还要求当汽车受到碰撞而产生较大变形时，转向轴和转向柱管能够朝上倾斜，以避免转向盘撞击驾驶人的胸部和头部。

汽车撞车时，首先车身被撞坏（第一次碰撞），转向操纵机构被后推，从而挤压驾驶人，使其受到伤害；接着，随着汽车速度的降低，驾驶人在惯性力的作用下前冲，再次与转向操纵机构接触（第二次碰撞）而受到伤害。缓冲吸能式转向操纵机构对这两次冲击都具有吸收能量、减轻驾驶人受伤程度的作用。

吸能式转向柱的形式很多，其结构有波纹管式、网格管式、管柱式及支架变形式（或断裂式）等（图3-14）。其中波纹管式和支架变形式（或断裂式）转向柱是靠碰撞时产生的弹性变形来吸能；网格管式转向柱是靠碰撞时产生的塑性变形来吸能；而管柱式是靠碰撞时产生的摩擦来吸能。

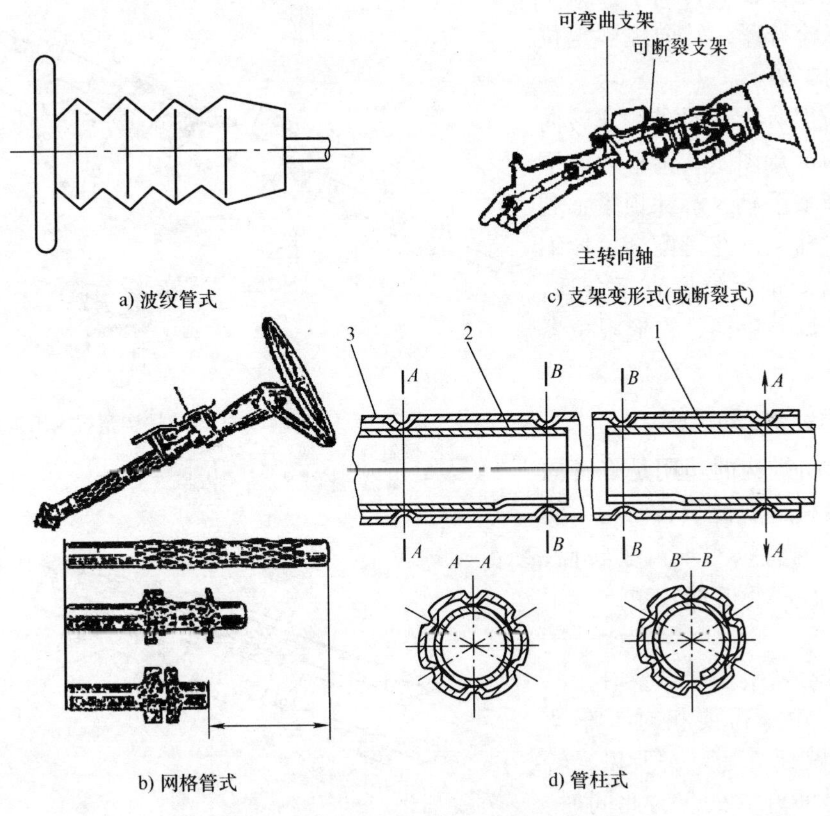

图3-14 吸能式转向柱管
1—上转向轴 2—下转向轴 3—转向柱管

上海桑塔纳轿车采用了可分离式安全转向操纵机构，图3-15所示为转向操纵机构的正常工作位置。此类转向操纵机构的转向轴分为上下两段，用安全联轴节连接。一旦发生撞车事故，驾驶人因惯性以胸部扑向转向盘时，迫使转向柱管压缩位于转向柱上方的安全元件

而向下移动，使两个销子7迅速从下转向轴凸缘的孔中退出，从而形成缓冲而减少对驾驶人的伤害。

为方便不同身高及体形的驾驶人操纵，现代轿车越来越多地采用可倾斜和可伸缩的转向柱机构。图3-16所示为手动倾斜式转向柱调整机构示意图。首先向下扳动倾斜调整手柄，使锁紧螺栓松动，为防止转向柱下落，用两只弹簧保持平衡；然后将转向柱以下支架的枢轴为中心向上扳动在长孔范围内移动，直到满意位置，最后再向上扳动手柄，锁紧螺栓拧紧，转向柱被定位在倾斜机构支架上。

图3-17所示是手动伸缩式转向柱调整机构示意图。其调整为向下扳动伸缩调整手柄，解除锁紧，利用两根转向轴上的花键配合，伸缩调整转向盘的前后位置直至合适，再向上扳动调整手柄，楔形限位器紧固转向轴。

（四）转向传动机构

转向传动机构的功用是将转向器输出的力和运动传给转向轮，使两侧转向轮偏转以实现汽车转向，并保证左右转向轮的偏转角按一定关系变化。

当转向轮采用独立悬架时，由于每个转向轮都需要相对于车架（或车身）做独立运动，所以，转向桥必须是断开式的。与此同时，转向传动机构中的转向梯形也必须分成两段或三段。图3-18所示为几种独立悬架配用的转向传动机构示意图。其中图3-18a、b所示的机构与循环球式转向器配用，图3-18c、d所示的机构与齿轮齿条式转向器配用。

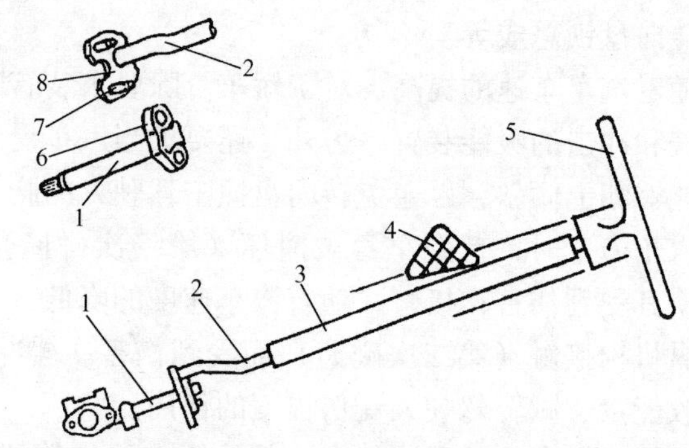

图3-15 上海桑塔纳轿车可分离式安全转向操纵机构

1—下转向轴 2—上转向轴 3—转向管柱 4—可折叠安全元件 5—转向盘 6—凸缘 7—驱动销 8—半月形凸缘盘

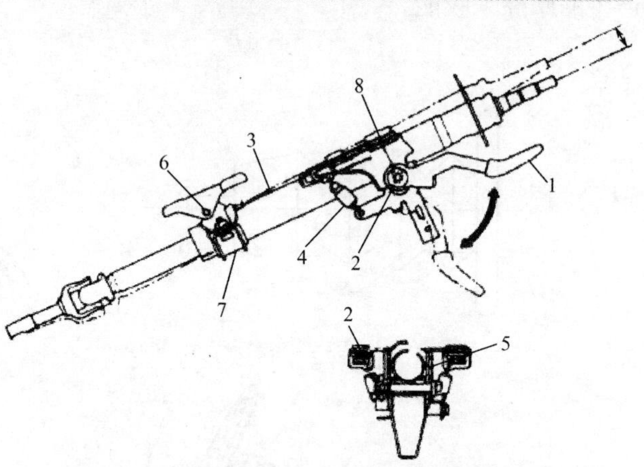

图3-16 手动倾斜式转向柱调整机构示意图

1—倾斜调整手柄 2—锁紧螺柱 3—转向柱 4—弹簧 5—倾斜机构支架 6—枢轴 7—下支架 8—长孔

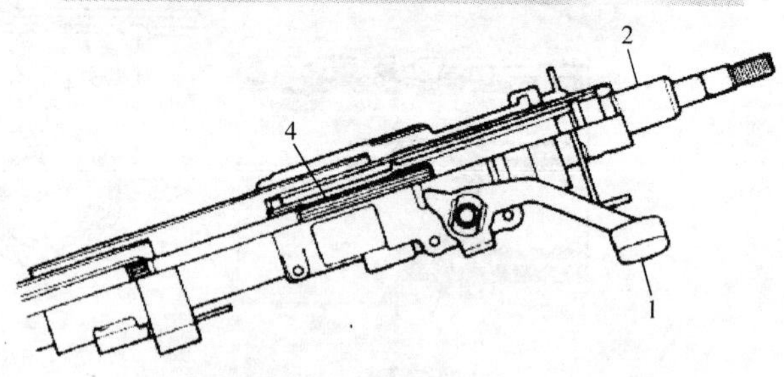

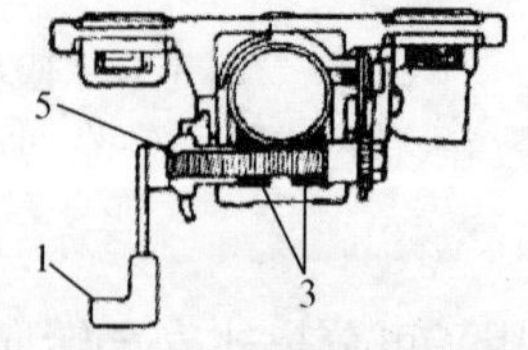

图3-17 手动伸缩式转向柱调整机构示意图

1—伸缩调整手柄 2—转向轴 3—限位器 4—花键 5—手柄枢轴

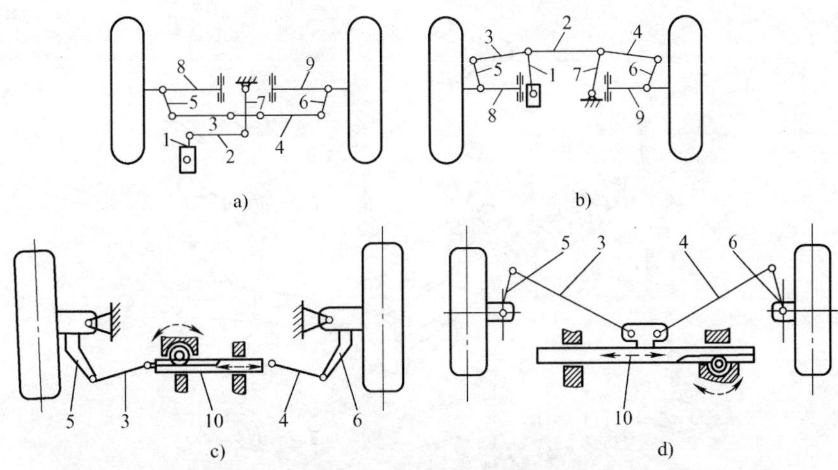

图 3-18 与独立悬架配用的转向传动机构示意图

1—转向摇臂 2—转向直拉杆 3—左转向横拉杆 4—右转向横拉杆 5—左梯形臂 6—右梯形臂 7—摇杆 8—悬架左摆臂 9—悬架右摆臂 10—齿轮齿条式转向器

图 3-19 所示为断开式转向桥的横拉杆组成。转向器齿条的两端制有内螺纹。转向横拉杆的内端装有带螺纹的球头，并将其旋入齿条中。横拉杆的外端也通过螺纹与横拉杆接头联接，并用螺母锁紧。横拉杆接头外端通过球头销与转向节联接。松开锁紧螺母，转动转向横拉杆（左右两侧横拉杆的转动量应相同）可以调整前轮前束。

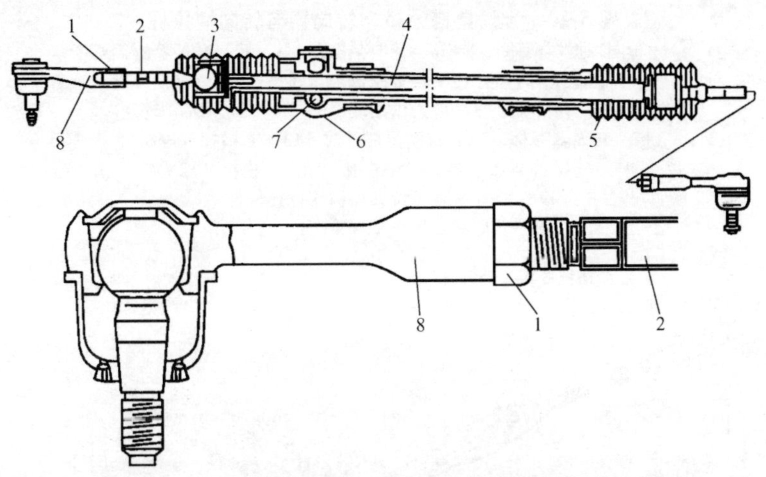

图 3-19 断开式转向桥的横拉杆

1—锁紧螺母 2—转向横拉杆 3—球头 4—转向器齿条 5—防尘罩 6—转向器壳体 7—转向器齿轮 8—转向横拉杆接头

上海桑塔纳轿车的转向传动机构如图 3-20 所示。转向齿条一端输出动力，输出端 8 铣有平面并钻孔，用两个螺栓与转向支架 17 联接。支架 17 下端的两个孔分别与左、右转向横拉杆总成 15、12 的内端相连。横拉杆外端的球头销 16、13 分别与左、右转向节臂联接。通过调节杆 A、B 可以改变两根横拉杆总成的长度，以调整前束。

（五）机械转向系统的检修

1. 转向器的检查

丰田卡罗拉轿车转向器总成如图 3-21 所示。

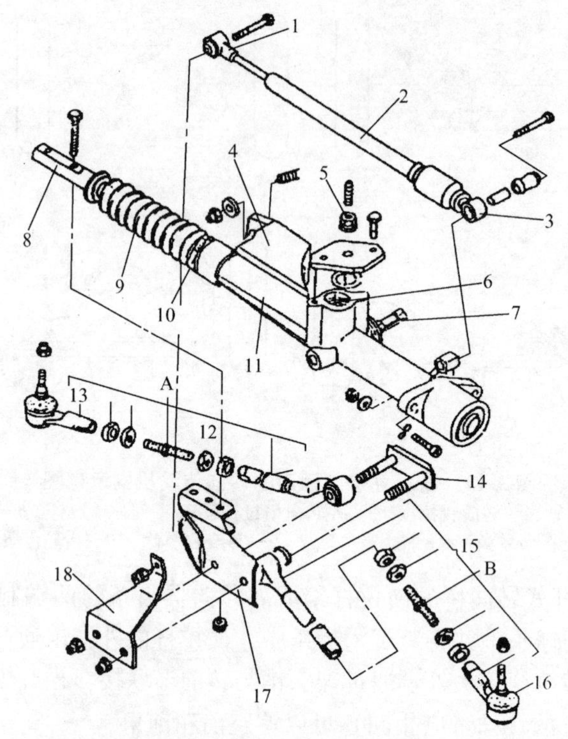

图 3-20 上海桑塔纳轿车转向器与转向横拉杆

1—转向减振器活塞杆端 2—转向减振器 3—转向减振器缸筒端
4—转向器壳体凸台 5—锁紧螺母与调整螺栓 6—补偿弹簧
7—转向齿轮轴 8—齿条输出端 9—防尘罩 10—卡箍
11—转向器壳体 12—右横拉杆总成 13—右横拉杆球头销
14—连接件 15—左横拉杆总成 16—左横拉杆球头销
17—转向支架（齿条与横拉杆连接件）
18—转向减振器支架 A、B—调节杆

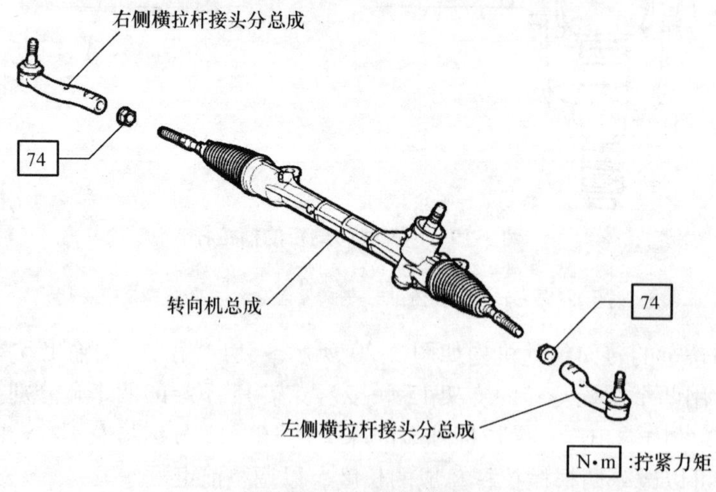

图 3-21 转向器总成

（1）检查左侧横拉杆接头分总成

1）将左侧横拉杆接头分总成固定在台虎钳上。

小心：不要过度紧固台虎钳。

2）将螺母安装至双头螺柱。

3）前后晃动球节五次，如图3-22所示。

4）将扭力扳手置于螺母上，以3～5s一圈的速度连续转动球节，并检查第五圈的力矩。标准力矩：0.98～3.92N·m。

提示：如果力矩不在规定范围内，换上新的左侧横拉杆接头分总成。

（2）检查右侧横拉杆接头分总成

提示：执行与左侧相同的操作程序。

（3）检查总预紧力

如图3-23所示，用SST 09616-00011（转向蜗杆轴承调整套筒）和扭力扳手检查总预紧力矩。标准预紧力矩：0.5～1.1N·m。

小心：检查转向齿条中心位置周围。

提示：如果总预紧力矩不在规定范围内，换上新的转向机总成。

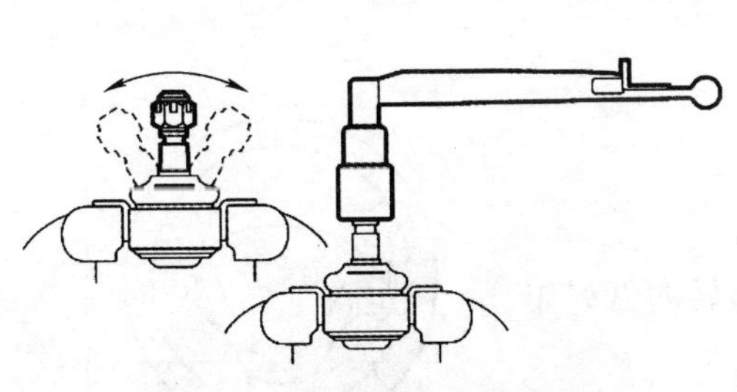

图3-22 检查横拉杆接头总成

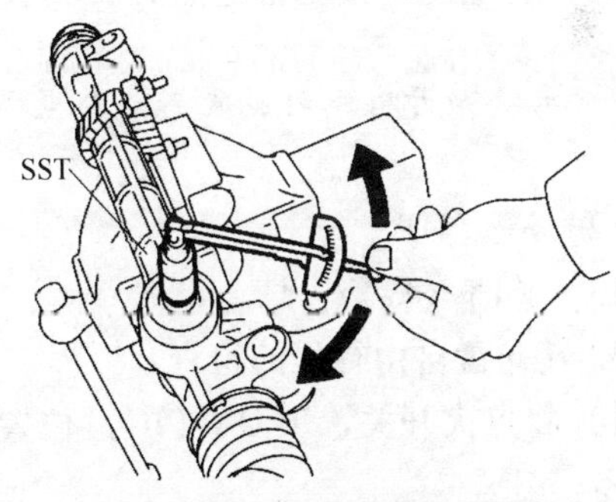

图3-23 检查总预紧力矩

2. 转向力矩的检查

小心：某些维修操作会影响SRS气囊。维修前要阅读关于SRS气囊系统的注意事项。

1）将车辆停在水平、铺筑的路面上，并将车轮对准正前位置。

2）从蓄电池负极端子断开电缆。

注意：断开电缆后等待90s，以防止气囊工作。

小心：断开电缆时，重新连接电缆后要对一些系统进行初始化。

3）拆下转向盘装饰盖。

4）将电缆连接至蓄电池负极端子。

小心：断开电缆时，重新连接电缆后要对一些系统进行初始化。

5）用扭力扳手检查并确认转向盘固定螺母是否正确拧紧。力矩：50N·m。

6）将点火开关置于ON（IG）位置（发动机停止）以使动力转向做好工作准备。

7）如图3-24所示，将转向盘向右转动90°，并在同一方向进一步转动过程中检查转向力矩。转向力矩（参考）：5.5N·m。

8）将前轮对准正前位置。

9）从蓄电池负极端子断开电缆。

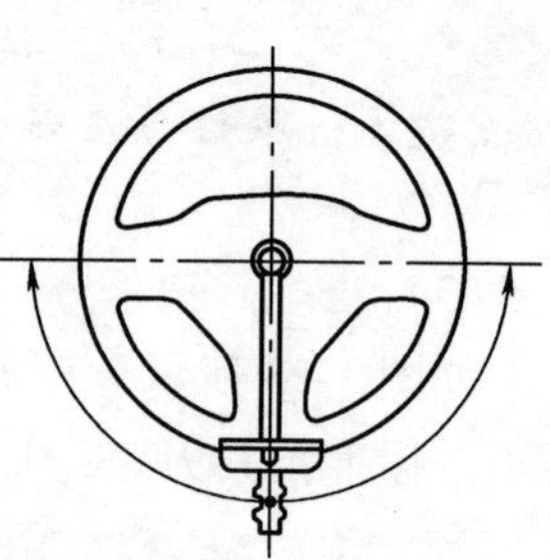

图3-24 检查转向力矩

小心：断开电缆时，重新连接电缆后要对一些系统进行初始化。

10）安装转向盘装饰盖。

11）将电缆连接至蓄电池负极端子。

小心：断开电缆时，重新连接电缆后要对一些系统进行初始化。

12）清除DTC。

13）检查气囊警告灯。

3. 转向盘自由行程的检查

1）将点火开关置于ON（IG）位置以使动力转向做好工作准备。

2）将车轮对准正前位置。

3）用手向左和向右慢慢转动转向盘，并检查转向盘的自由行程，如图3-25所示。

最大自由行程：30mm。

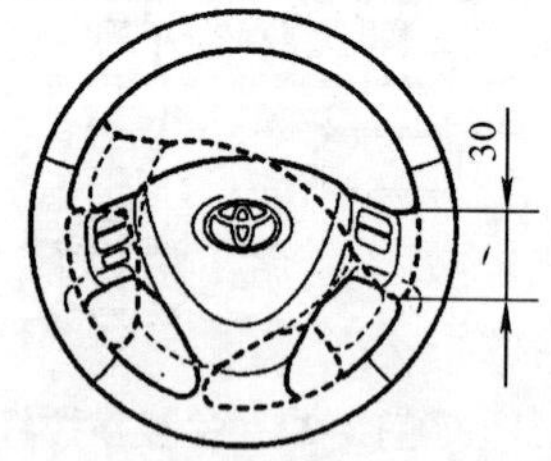

图3-25 检查转向盘自由行程

提示：如果自由行程超出规定范围，换上新的2号中间轴或动力转向机。

三、实训内容

案例导入：一辆卡罗拉轿车，直线行驶时，转向盘不在中间位置；必须紧握转向盘，预先校正一角度后，汽车才能保持直线行驶，若稍放松转向盘，汽车会自动向一侧跑偏。经检查确认需对转向系统进行检修。

1. 实训准备

1）实训车辆：丰田卡罗拉轿车。

2）实训工具及器材：组合工具、扭力扳手、台虎钳、SST09616-00011（转向蜗杆轴承调整套筒）等。

3）掌握本次实训课所用仪器及设备的使用方法。

4）强调实训中的安全注意事项。

2. 实训流程

转向系统故障会造成汽车转向沉重，行驶跑偏等现象。实训教师可根据实训条件对机械转向系统进行检测。然后设置一些与机械转向系统常见故障相关的故障，在实训教师的监督下，由学生独立完成故障的诊断与排除；最后由教师充当客户模拟一个或几个故障场景，让学生分别扮演维修工对客户进行故障诊断的说明。

（1）让学生分析并说出检查步骤和方法

1）检查转向器。

2）检查转向力矩。

3）检查转向盘自由行程。

（2）学生根据下列问题，对教师进行解释并提出解决方案

1）根据检查情况，分析出可能导致上述故障的原因有哪些？

2）如何确定上述故障？

3）对检查结果进行理论分析。

3. 实训记录

完成实训记录单。

【思考与练习】

1. 单选题

1）对转向器而言，汽车在行驶过程中，路面作用在车轮的力经过转向系统可大部分传递给转向盘，这种转向器称为（　　）。

A. 可逆式的　　B. 不可逆式的　　C. 极限可逆式的　　D. 极限不可逆式的

2）汽车转向传动机构中的横拉杆，对中间拉杆两端与球销总成相连接的部分而言，以下哪项正确？（　　）

A. 两端都是左旋螺纹　　B. 两端都是右旋螺纹

C. 一端为左旋螺纹，另一端为右旋螺纹　　D. 没有一定的要求

3）汽车转向时，外侧转向轮的偏转角度（　　）内侧转向轮的偏转角度。

A. 大于　　B. 小于　　C. 等于　　D. 大于或等于

4）转弯半径是指由转向中心到（　　）。

A. 内转向轮与地面接触点间的距离　　B. 外转向轮与地面接触点间的距离
C. 内转向轮之间的距离　　D. 外转向轮之间的距离

5）当汽车转向且外转向轮转角达最大值时，其转弯半径（　　）。

A. 最大　　B. 不能确定　　C. 最大与最小之间　　D. 最小

2. 判断题

1）可逆式转向器有利于转向轮和转向盘自动回正，但汽车在坏路面上行驶时易发生转向打手现象。（　　）

2）转向系统角传动比是指转向盘的转角与转向盘同侧的车轮偏转角度的比值。（　　）

3）转向盘自由行程对于缓和路面冲击，使操纵柔和以及避免使驾驶人过度紧张是有利的。（　　）

4）汽车转向器的角传动比愈大，就越容易实现迅速转向，即灵敏性较高。（　　）

5）循环球式转向器中的转向螺母既是第一级传动副的主动件，又是第二级传动副的从动件。（　　）

3. 问答题

1）什么是转向盘的自由行程，它有什么功用？

2）汽车的转向特性有哪些，各有什么特点？

3）循环球式转向器的工作原理是什么？

任务二　液压动力转向系统检修

一、任务描述

为了减轻驾驶人的疲劳强度，改善转向系统的技术性能，目前很多汽车都采用了动力转向装置。汽车动力转向系统的结构是什么样的？它是如何工作的？如何对液压动力转向系统进行检修？要掌握这些知识，应完成下面的学习任务：

1）动力转向装置的分类。

2）液压常流滑阀式动力转向装置。

3）液压常流转阀式动力转向装置。

4）转向油泵。

5）液压动力转向系统故障诊断与排除。

6）液压动力转向系统的检修。

二、相关知识及技能

（一）动力转向装置的分类

动力转向装置按传能介质的不同，可以分为气压式和液压式两种。气压动力转向系统主要用于采用气压制动的货车和客车。液压动力转向器的工作压力可高达10MPa以上，故其部件结构紧凑、尺寸很小。液压系统工作时无噪声，工作滞后时间短，而且能吸收来自不平路面的冲击。因此，液压式动力转向装置已在各级各类汽车上得到了广泛应用。

液压式动力转向装置按液流形式，又可分为常压式和常流式两种。两种液压式动力转向装置相比，常压式的优点在于有蓄能器积蓄液压能，可以使用流量较小的转向油泵，而且还可以在油泵不运转的情况下保持一定的转向加力能力，使汽车有可能续驶一定距离。这一点对于重型汽车尤为重要。常流式的优点则是结构简单，油泵寿命较长，漏泄较少，消耗功率也较小。因此，目前除少数重型汽车采用常压式动力转向装置外，其余多采用常流式动力转向装置。

液压式动力转向装置按其转向控制阀阀芯的运动力式，还可分为滑阀式和转阀式两种形式。

（二）液压常流滑阀式动力转向装置

液压常流滑阀式动力转向装置的基本组成如图3-26所示，主要包括转向储油罐、转向油泵、转向控制阀、转向动力缸等。动力转向系统内各处充满油液，当滑阀在阀体中移动时，可使动力缸活塞在L、R两腔油压差推动下来回移动，从而起到助力作用。

汽车直线行驶时，如图3-26a所示，滑阀1靠装在阀体内的复位弹簧3和反作用柱塞2的作用下保持在中间位置。由油泵输送出来的油液自进油孔进入阀体4的环槽A之后，经环槽B和C分别流入动力缸8的R腔和L腔，同时又经环槽D和E进入回油管道流回储油罐14。这时，滑阀与阀体各环槽槽肩之间的间隙大小相等，油路畅通，动力缸8因左右腔油压相等而不起加力作用。

当汽车右转弯时，如图3-26b所示，驾驶人操纵转向盘带动转向螺杆5顺时针旋转，由于转向轮受到路面的阻力，起初转向摇臂和转向螺母保持不动。驾驶人顺时针转动转向盘，与转向轴连成一体的滑阀和左螺旋杆便克服回位弹簧和反作用柱塞一侧的油压力而向右移动。这时环槽A与C、B与D分别连通，而环槽C与E、A与B分别隔绝，因而动力缸中活塞左侧L腔与进油道相通，形成高油压区，而活塞右侧R腔与回油道相通，形成低油压区。

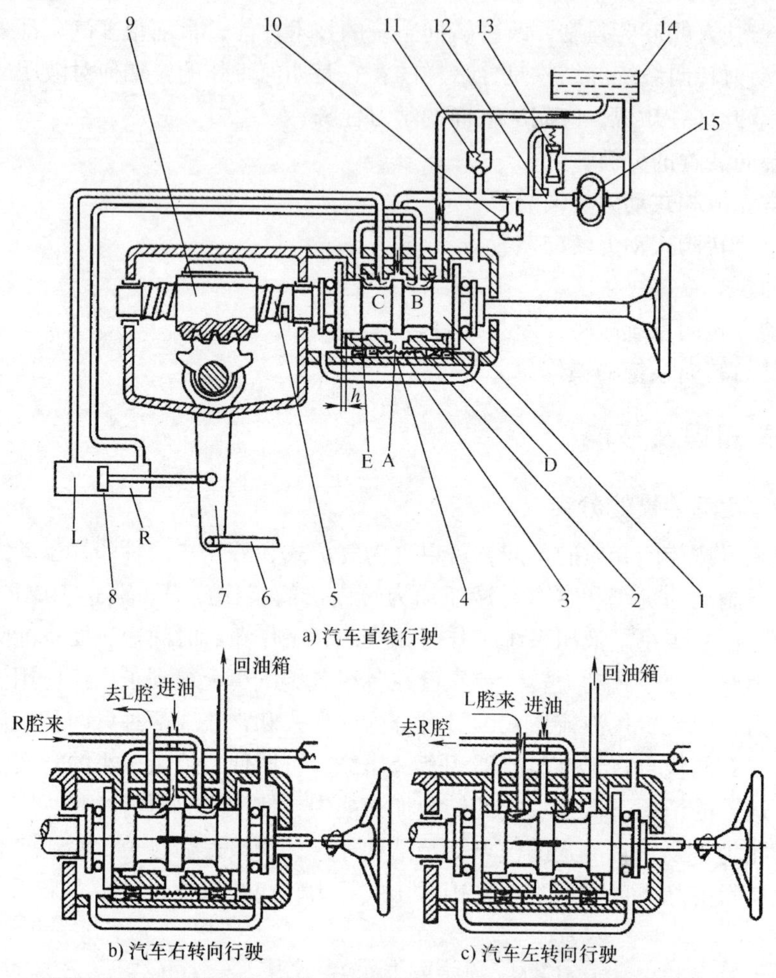

a) 汽车直线行驶

b) 汽车右转向行驶

c) 汽车左转向行驶

图 3-26　液压常流滑阀式动力转向装置示意图

1—滑阀　2—反作用柱塞　3—滑阀复位弹簧　4—阀体　5—转向螺杆　6—转向直拉杆　7—转向摇臂　8—转向动力缸　9—转向螺母　10—单向阀　11—安全阀　12—节流孔　13—溢流阀　14—转向储油罐　15—转向油泵

在油压差的推动下，活塞向右移动，推动转向摇臂 7 逆时针转动，并带动转向直拉杆 6 使转向轮偏转，从而起加力作用。由于油压很高，因此汽车转向主要靠活塞推力，从而大大减小驾驶人作用在转向盘上的转向力。

只要转向盘和转向螺杆 5 沿顺时针方向继续转动，上述的液压加力作用一直存在。当转向盘转过一定角度而保持不动时，转向螺杆不转动，螺杆加于螺母的向左的作用力消失，螺母也不能再继续相对于螺杆左移。但在油压差作用下，螺母仍将带动螺杆和滑阀一起继续左移，直到滑阀回复到中间偏右的位置。此时 L 腔的油压仍高于 R 腔的油压。此压力差在动力缸活塞上的作用力用来克服转向轮的回正力矩，使转向轮的偏转角维持不动，这就是转向的维持过程。如转向轮进一步偏转，则需继续转动转向盘，重复上述全部过程。

汽车向左转弯时，如图 3-26c 所示，滑阀左移，改变油路，动力缸加力方向相反。在转向过程中，动力缸中的油压随转向阻力而变化，两者互相保持平衡（在油泵的负荷范围内）。如果油压过高，克服了转向阻力后还有剩余时，车轮便会加速转向。一旦车轮偏转角度超过了转向盘所给定的转向角度时，则由转向螺母带动螺杆进行轴向移动，此时螺杆移动的方向与转向开始时的移动方向相反。结果，滑阀改变了油路，减小了动力缸中的油压，转向轮的转速又复减慢，以保证转向轮偏转与转向盘的转动相适应。这就是动力转向机构具有的随动作用，动力缸只提供推力，而转向过程仍由驾驶人通过转向盘进行控制。

松开转向盘，滑阀在复位弹簧3和反作用柱塞2上的油压的作用下回到中间位置，动力缸停止工作。转向轮在前轮定位产生的回正力矩的作用下自动回正，通过转向螺母9带动转向螺杆5反向转动，使转向盘回到直线行驶位置。如果滑阀不能回到中间位置，汽车将在行驶中跑偏。

如果动力转向系统（如转向油泵）失效，动力转向不但不能使转向轻便，反而增加了转向阻力。为了减小这一阻力设置了单向阀，单向阀安装在控制阀的进油道与回油道之间。在正常情况下，进油道中油压为高压，回油道则为低压，单向阀被弹簧和油压所关闭，两油道不相通。在油泵失效后转向时，进油道变为低压，而回油道却有一定的压力（由于此时动力缸活塞起泵油作用）。进、回油道的压力差使得单向阀打开，两油道相通，油自动力缸的一边（被活塞挤压的一边）流向另一边（活塞离开后产生低压的一边），这就减小了转向阻力。

对装的反作用柱塞2之间，在转向过程中总是充满高压油液，而油压又与转向阻力成正比。在转向时，要反作用柱塞移动，必须克服弹簧3和油压产生的反力，此力传到驾驶人的手上，可以感到转向阻力的变化情况，这种作用称为“路感”。显然，反作用柱塞是起“路感”作用的。有的动力转向系统中没有反作用柱塞，因而没有“路感”作用，在任何情况下转向力大致相同。回位弹簧的作用有二：一是在汽车直线行驶时保证滑阀处于中间位置；二是转向后能使转向轮自动回正。

转向油泵15由发动机带动，其作用是向动力转向系统提供高压油液，油泵应该保证在发动机怠速运转时供油充足，而在发动机以最高转速运转时，供油量又不过大，为此设有溢流阀13。当油泵供油量超过某一定值时，多余的油经此阀流回到油泵入口处，以限制最大供油量。安全阀11的作用是限制油泵的最大压力，以避免油泵及其他机构过载而损坏。

（三）液压常流转阀式动力转向装置

转阀式动力转向装置的结构如图3-27所示，由齿轮齿条式机械转向器、转向助力缸和转阀式转向控制阀等组成。转向器的壳体同时作为动力缸，转向助力缸活塞与齿条制成一体，活塞将助力缸分成左右两腔。转向控制阀与转向器组成整体，并且由转向轴直接操纵。

转向控制阀的结构如图3-28所示，主要由阀体、阀套、阀芯及扭杆等组成。阀套制成圆筒形，外表面切有三条较宽深和三条较浅窄的环形槽。宽深的槽是油槽，其底部有与内壁相通的孔。窄浅的槽用于安装密封圈。阀套与转向齿轮制成一体。

阀芯也呈圆筒形，其外表面与阀套滑动配合，两者可以相对转动。阀芯与阀套配合间隙很小，配合精度很高，组成偶件不可单独更换。阀芯外表面切成与阀套相对应的八条不贯通的纵向槽，并形成八条台肩，相间的四条台肩开有径向贯通油孔。阀芯通过销7与扭杆和转向轴相连，阀套（转向齿轮）通过销2与扭杆相连，因而转向轴可通过扭杆带动转向齿轮转动。扭杆安装在阀芯的孔中，转向时由于转向阻力矩可使扭杆产生弹性变形。

该转阀具有四个互相连通的进油口P，通道A、B分别与动力缸的左、右腔连通。当阀芯顺时针转过一个很小的角度时，从油泵来的压力油经P流入四个通道A或B，继而进入动

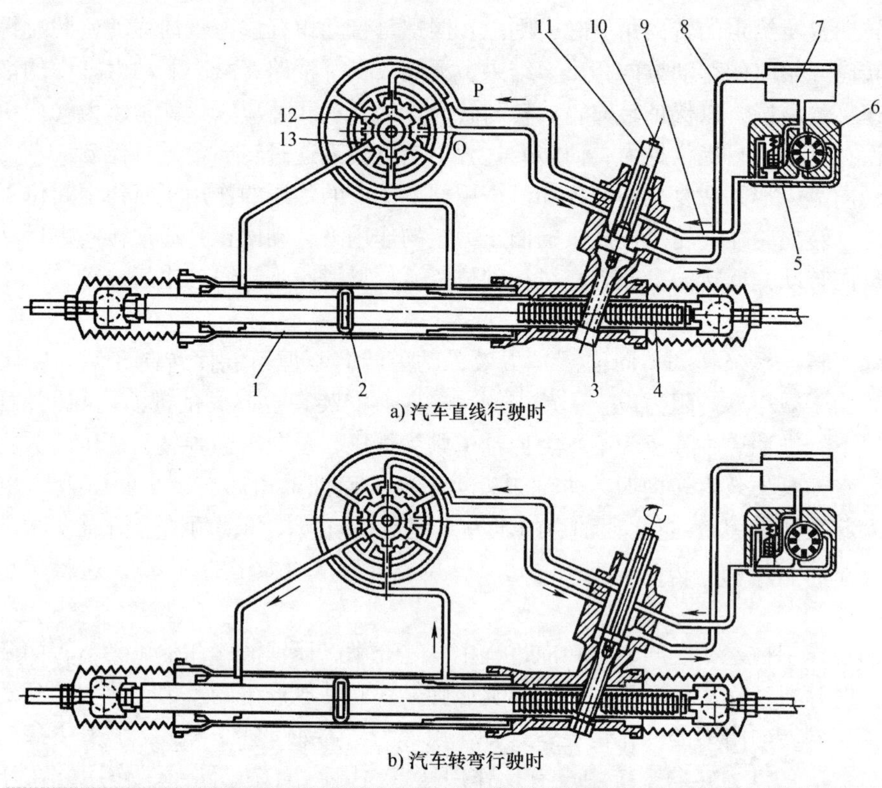

a) 汽车直线行驶时

b) 汽车转弯行驶时

图 3-27　齿轮齿条式动力转向器

1—转向助力缸　2—助力缸活塞　3—转向齿轮　4—转向齿条　5—流量控制阀（带安全阀）　6—转向油泵（叶片泵）　7—转向油罐　8—回油管路　9—进油管路　10—扭杆　11—转向轴　12—阀芯　13—阀套

力缸的一个腔内。另外四个通道 B 或 A 的进油道被隔断，压力油不能进入，因而动力缸另一腔的低压油在活塞的推动下经出油口 O 流回储油罐。

当汽车直线行驶时，转阀处于中间位置，如图 3-29 所示。动力缸两腔相通，并与进油口 P、出油口 O 通过阀芯径向油道相通，压力油流回转向油罐。因此，转向动力缸不起助力作用。

当汽车左转向时，转向轴连同阀芯被逆时针转动，由于受到路面传来的转向阻力，动力缸活塞和转向齿条暂时不能运动，所以转向齿轮暂时不能随转向轴转动。这样，由转向轴传到转向齿轮的转矩只能使扭杆产生少许变形，使转向轴（即阀芯）得以相对转向齿轮（即阀套）转过少许角度，两者产生相对

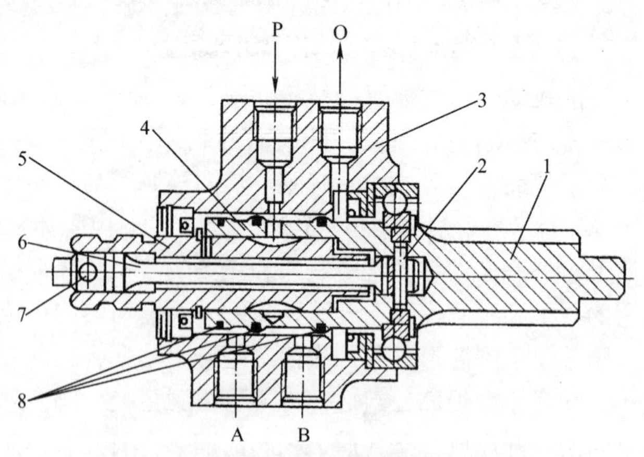

图 3-28　转阀式转向控制阀

1—转向齿轮　2、7—销　3—阀体　4—阀套　5—阀芯　6—扭杆　8—密封圈　P—转阀进油口　O—转阀出油口　A—通助力缸左腔出油口　B—通助力缸右腔出油口

角位移，如图 3-30 所示。P 与 B 相通，A 与 O 相通，从而转阀使动力缸右腔成为高压油腔，左腔则成为低压油腔。作用在动力缸活塞上的向左的液压作用力，帮助转向齿轮迫使转向齿条向左移动，转向车轮开始向左偏转。同时，转向齿轮本身也开始与转向轴同向转动。只要转向盘继续转动，扭杆的扭转变形便一直保持不变，转向控制阀所处的左转向位置也不变。一旦转向盘停止转动，动力缸暂时还继续工作，导致转向齿轮继续转动，使扭杆的扭转变形减小，直到扭杆恢复自由状态，转阀回到中间位置，动力缸停止助力。此时，转向盘即停在某一位置上不动，则车轮转角也保持一定。若转向盘继续转动，动力缸又继续工作。

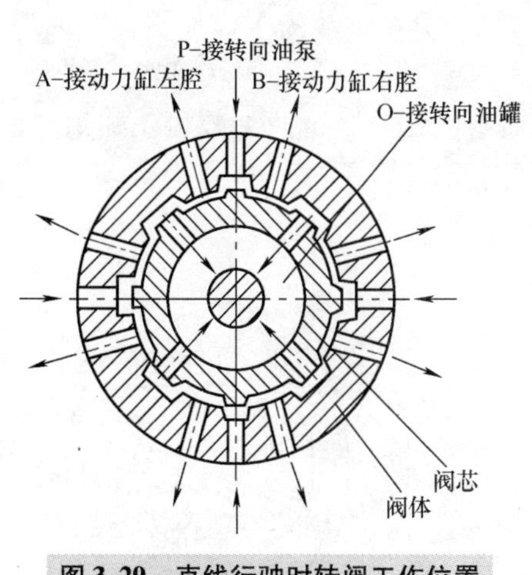

图 3-29 直线行驶时转阀工作位置

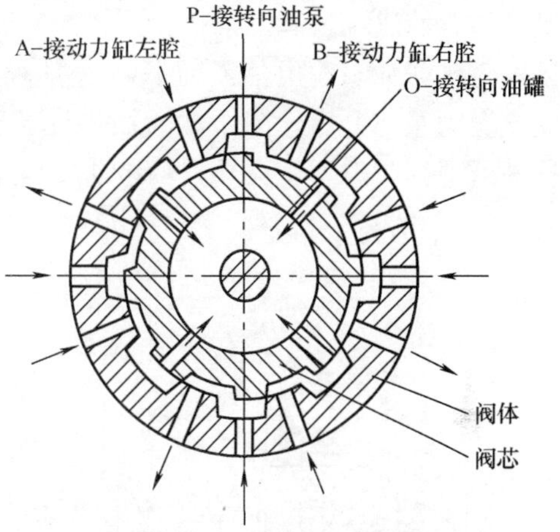

图 3-30 左转向时转阀工作位置

当汽车右转向时，转向盘顺时针转动，则扭杆、转阀阀芯的转动方向以及助力缸活塞移动的方向均与前述相反，使转向轮向右偏转。

在转向过程中，若转向盘转动的速度快，阀体与阀芯的相对角位移量也大，左右动力腔的油压差也相应加大，前轮偏转的速度也加快；转向盘转动得慢，前轮偏转的也慢；转向盘转到某一位置上不动，前轮也偏转到某一位置上不变。此即“快转快助，大转大助，不转不助”原理。

汽车转向后需回正时，驾驶人放松转向盘，阀芯在弹性扭杆作用下回到中间位置，失去了助力作用，转向轮在回正力矩的作用下自动回位。若驾驶人同时回转转向盘，转向助力器助力，帮助车轮回正。

当汽车直线行驶偶遇外界阻力使转向轮发生偏转时，阻力矩通过转向传动机构、转向齿轮作用在阀体上，使之与阀芯之间产生相对角位移，使得动力缸左、右腔油压不等，产生与转向轮转向相反的助力作用。转向轮迅速回正，保证了汽车直线行驶的稳定性。

当液压动力转向装置失效，该动力转向器将变成机械转向器，动力传递路线与机械转向系统完全一致。

（四）转向油泵

转向油泵是动力转向装置的动力源，其功用是将发动机的机械能变为驱动转向动力缸工作的液压能，再由转向动力缸输出的转向力，驱动转向车轮转向。

转向油泵的结构类型有多种，常见的有齿轮式、转子式和叶片式。目前最常用的是双作

用叶片式转向油泵，其工作原理如图 3-31 所示。当发动机带动油泵逆时针旋转时，叶片在离心力的作用下紧贴在定子的内表面上，工作容积开始由小变大，从吸油口吸进油液，而后工作容积由大变小，压缩油液，经压油口向外供油。再转 180°，又完成一次吸压油过程。

双作用式叶片泵，有两个工作腔，转子每转一周，每个工作腔都各自吸压油一次。溢流阀、安全阀的功用、原理如图 3-32 所示。溢流阀用以限定转向油泵的最大输出流量。当输出油量过大时，节流孔处油液的流速很高，但该处的压力很小，此压力经横向油道传到溢流阀右侧，使节流阀左右两侧的压差增大，在压差的作用下，节流阀压缩弹簧右移，使进油道和出油道相同，部分油液在泵内循环流动，减少了出油量。安全阀用以限定转向油泵输出油液的最高压力。当输出压力过高时，这个压力传到溢流阀右侧，使安全阀左移开启，高压油流回进油腔，降低了输出油压。当这两个阀出现弹簧过软、折断或不密封时，将会导致油泵油压和流量不足而出现故障。

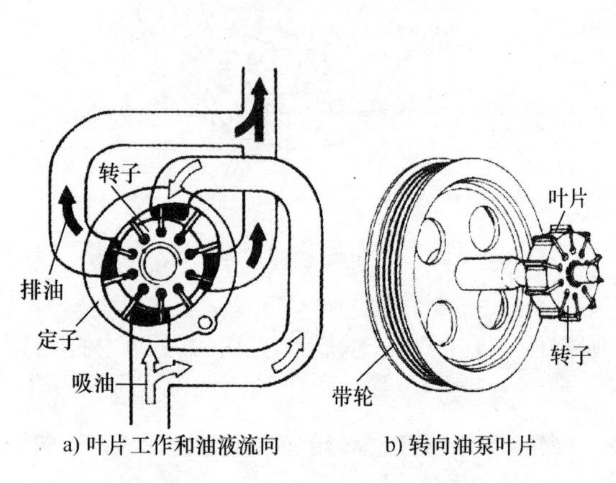

图 3-31 双作用叶片泵工作原理

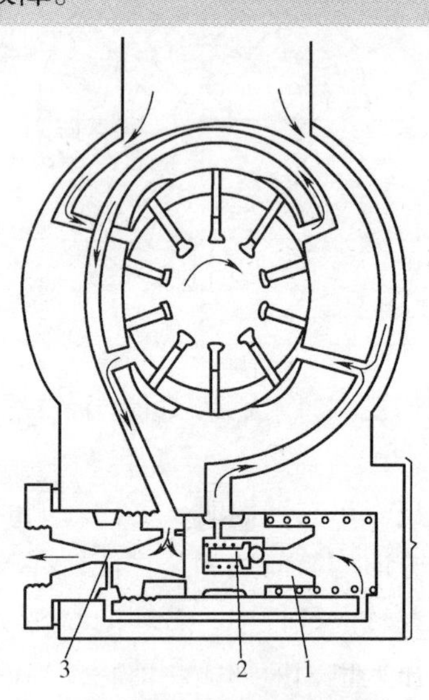

图 3-32 双作用卸荷式叶片泵结构、原理示意图

1—溢流阀活塞（溢流阀） 2—安全阀 3—节流孔

（五）液压动力转向系统故障诊断与排除

1. 转向沉重

（1）故障现象

装有液压动力转向系统的汽车，在行驶中突然感到转向沉重。

（2）故障原因

一般是液压动力转向系统失效或助力不足所造成的，其根本原因在于液压不足。引起转向系统油压不足的主要原因如下：

1）转向油罐缺油或油液高度低于规定要求。

2）液压回路中渗入了空气。

3）油泵传动带过松或打滑。

4）各油管接头处密封不良，有泄漏现象。

5）油路堵塞或滤清器污物太多。

6）油泵磨损、内部泄漏严重。

7）油泵安全阀、溢流阀泄漏、弹簧弹力减弱或调整不当。

8）动力缸或转向控制阀密封损坏。

（3）故障诊断与排除

1）检查转向油泵驱动部分的情况。

① 用手压下转向油泵的传动带，检查传动带的张紧度，若传动带过松，应调整。

② 起动发动机，使发动机怠速运转，突然提高发动机的转速，检查转向油泵传动带有无打滑现象，发现问题后应按规定更换性能不良的部件。

2）检查转向油罐内的油液质量和液面高度，若油液变质则应重新更换规定油液。若只是液面低于规定高度，应加油使油面达到规定位置。

3）检查转向油罐内的滤清器。

① 若发现滤网过脏，说明滤清器堵塞，应清洗。

② 若发现滤网破裂，说明滤清器损坏，应更换。

4）检查油路中是否渗入空气，如果发现油罐中的油液有气泡时，说明油路中有空气渗入，应检查各油管接头和接合面的螺栓是否松动，各密封件是否损坏，有无泄漏现象，油管是否破裂等。对于出现故障的部位应进行修整和更换，并进行排气操作，最后重新加入油液。

5）检查各油管接头等处有无泄漏，油路中是否有堵塞，查明故障后按规定力矩拧紧有关接头或清除污物。

6）对转向油泵进行输出油压检查，如果油泵输出压力不足，说明油泵有故障，此时应分解油泵，检查油泵是否磨损或内部泄漏严重、安全阀、溢流阀是否泄漏或卡滞、弹簧弹力是否减弱或调整不当、各轴承是否烧结或严重磨损等。对于叶片泵还应检查转子上的密封环或油封是否损坏，对于齿轮泵应检查齿轮间隙是否过大等，查明故障予以修理，必要时更换油泵。

2. 异响

（1）故障现象

汽车转向时，转向系统有过大的异响，并影响汽车的转向性能。

（2）故障原因

1）转向油罐中液面太低，油泵在工作时容易渗入空气。

2）液压系统中渗入空气。

3）油罐滤网堵塞，或液压回路中有过多的沉积物。

4）油管接头松动或油管破裂。

5）油泵严重磨损或损坏。

6）转向控制阀性能不良。

（3）故障诊断与排除

1）当转向盘处于极限位置或原地慢慢转动转向盘时转向器发出“嘶嘶”声，如果这种异响严重则可能为转向控制阀性能不良，应更换转向控制阀。

2）当转向油泵发出“嘶嘶”声或尖叫声时，应进行以下检查：

① 检查油罐液面高度，液面高度不够时应查明泄漏部位并修理，然后按规定加足油液。

② 检查转向油泵传动带是否打滑，若打滑，应查明原因并更换传动带或调整传动带张紧度。

③ 查看油液中有无泡沫，若有泡沫，应查找漏气部位并予以修理，然后排除空气。若无漏气，则说明油路有堵塞处或油泵严重磨损及损坏，应予以修复或更换。

3. 左右转向轻重不同

(1) 故障现象

汽车行驶时，向左和向右转向操纵力不相等。

(2) 故障原因

1）转向控制阀阀芯偏离中间位置，或虽然在中间位置但与阀体槽肩的缝隙大小不一致。

2）控制阀内有污物阻滞，使左右转动阻力不同。

3）液压系统中动力缸的某一油腔渗入空气。

4）油路漏损。

(3) 故障诊断与排除

这种故障多是油液脏污所致，应按规定更换新油后再进行检查。

1）如果油质良好或更换新油后故障没有消除，应对液压系统进行排气并检查系统有无油液泄漏，液压系统中出现泄漏时，应更换泄漏部位的零部件。

2）如果故障仍不能排除，则可能是由于控制阀定中不良造成的。滑阀式转向控制阀可在动力转向器外部进行排除，通过改变转向控制阀阀体的位置来实现。如果滑阀位置调整后仍不见好转，应拆检滑阀测量其尺寸，若偏差较大，应更换滑阀；对于转阀式转向控制阀必须通过分解检查来排除故障。

4. 直线行驶转向盘发飘或跑偏

(1) 故障现象

汽车直线行驶时，难以保持正前方向而总向一边跑偏。

(2) 故障原因

1）油液脏污、转向控制阀回位弹簧折断或变软，使转向控制阀不能及时回位。

2）转向控制阀阀芯（或滑阀）偏离中间位置，或虽在中间位置但与阀体槽肩的缝隙大小不一致。

3）流量控制阀卡滞使油泵流量过大或油压管路布置不合理，造成油压系统管路节流损失过大，使动力缸左右腔压力差过大。

(3) 故障诊断与排除

1）首先检查油液是否脏污。对于新车或大修以后的车辆，如果不认真执行磨合期换油规定，容易使油液脏污。

2）对于使用较久的车辆，则可能是流量控制阀或转向控制阀回位弹簧失效所致，此时可在不起动发动机的情况下转动转向盘，凭手感判断控制阀是否开启自如，若有怀疑一般应拆卸检查。

3）最后检查转向油泵流量控制阀是否卡滞和油压管路布置是否合理，发现故障予以修理。

5. 转向时转向盘发抖

(1) 故障现象

发动机工作时转向，尤其是在原地转向时滑阀共振，转向盘抖动。

(2) 故障原因

1）油罐液面低。

2）油路中渗入空气。

3）转向油泵传动带打滑。

4）转向油泵输出压力不足。

5）转向油泵流量控制阀卡滞。

(3) 故障诊断与排除

1）首先检查油罐液面是否符合规定，否则按要求加注转向油液。

2）排放油路中渗入的空气。

3）检查转向油泵传动带是否打滑或其他传动形式的齿轮传动等有无损坏，发现问题后应按规定调整传动带张紧度或更换性能不良的部件。

4）对转向油泵输出压力进行检查。压力不足时应分解油泵，检查油泵是否磨损或内部泄漏严重、安全阀及流量控制阀是否泄漏或卡滞、弹簧弹力是否减弱或调整不当、各轴承是否烧结或严重磨损等。对于叶片式转向油泵还应检查转子上的密封环或油封是否损坏。对于齿轮式油泵应检查齿轮间隙是否过大等。查明故障予以修理，必要时更换油泵。如果泵轴油封泄漏也应更换转向油泵。

（六）液压动力转向系统的检修

1. 动力转向油液的添加与检查

(1) 检查和添加油液

特别注意事项：在添加或完全更换油液时，务必使用 DEXRON-Ⅱ或Ⅲ动力转向液。如果使用不正确的油液，会导致软管和密封件损坏和油液泄漏。

1）动力转向液液面是用透明储液罐上的标记（图3-33）或储液罐盖上的油尺标记指示的。

2）如果油液温度达到66℃，液面应介于MAX（最高）和MIN（最低）标记之间。必要时添加油液。

3）如果油液温度较低，为21℃，液面应位于MIN（最低）标记处。必要时添加油液。

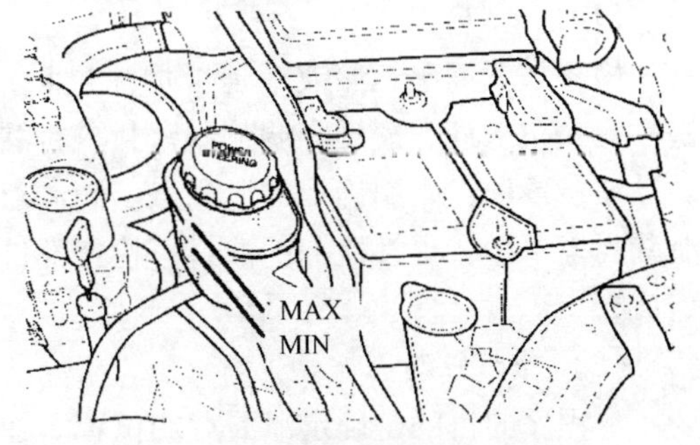

图3-33 储液罐液面指示标记

(2) 排放动力转向系统中的空气

如果维修了动力转向液压系统，必须放出系统中的空气，液面读数才能准确。按如下步骤排出系统中的空气。

1）将转向盘向左打到底，将动力转向液添加至油液液面指示器的 MIN（最低）标记。

特别注意事项：在添加或完全更换油液时，务必使用 DEXRON-Ⅱ或Ⅲ动力转向液。否则会导致软管和密封损坏及油液泄漏。

2）起动发动机。使发动机在快速怠速下运行，重新检查液面。必要时，添加油液，使液面达到 MIN（最低）标记。

3）将转向盘从一侧打到另一侧，但在任一侧都不要打到底，放出系统中的空气。将液面保持在 MIN（最低）标记。必须放出油液中的空气，才能获得正常转向性能。

4）使转向盘回到中心位置。使发动机继续运行 2 ~ 3min。

5）路试车辆，确保转向功能正常且没有噪声。

6）按步骤 1）和 2），重新检查液面。确保系统达到正常工作温度并稳定后，液面达到 MAX（最高）标记。必要时添加油液。

2. 动力转向系统压力检查

1）检查动力转向液液面和动力转向泵传动带张紧度。

2）断开油泵上的高压油管。用一个小容器接收流出的油液。

3）将压力测试表 KM-354-B 上的软管从动力转向泵连接到动力转向压力软管。

4）将变速杆置于“PARK（驻车）”位置（装备自动变速驱动桥的车辆）或“NEUTRAL（空档）”位置（装备手动变速驱动桥的车辆）。拉紧驻车制动器。

5）将压力表阀拨到全开位置。

6）起动发动机并在怠速下运行。

7）来回几次把转向盘打到底，将油液预热到工作温度。

8）将发动机转速提高到 1500r/min。

特别注意事项：如果阀门完全关闭的时间超过 5s，会损坏动力转向泵。

9）全关压力表阀并读取压力。阀门全关时的泵压应在 8330 ~ 8820kPa 之间。带电子变量节流孔时，泵压应在 8500 ~ 8960kPa 之间。

10）立即全开压力表阀。

11）将转向盘向左右两个方向打到底。如果压力保持在规定值内，则油泵没有问题。检查动力转向机是否泄漏。

3. 动力转向系统泄漏检查

（1）一般程序

检查如下情况：储液罐是否加注过量，油液是否有空气和溢流，检查软管接头是否过松，检查扭力杆，短轴和调节器密封是否漏油，检查部件密封面是否损坏。

注意事项：查明确切的泄漏点。滴油点不一定是真正的漏油点。需要维修时，拆卸后将泄漏面擦干净，更换泄漏的油封，检查部件密封面是否损坏，必要时重新紧固螺栓至规定转矩值。

（2）外部泄漏检查

本程序的目的是确定泄漏点的位置。在有些情况下，泄漏容易找到，但渗漏很难确定。按如下方法查找渗漏：

1）在发动机熄火时，将整个动力转向系统擦干净。

2）检查泵储液罐中的动力转向液液面。必要时调整液面。

特别注意事项：不要在转向盘打到底时握住不动，否则会损坏动力转向泵。

3）起动发动机。将转向盘向左右两个方向打到底，重复几次。

4）查明确切的泄漏点并修理。

三、实训内容

案例导入：一辆别克凯越轿车，在行驶中突然感到转向沉重，转向时，转向系统有过大的异响，并严重影响汽车的转向性能。经维修人员检查确认需对液压动力转向系统进行检修。

1、实训准备

1）实训车辆：别克凯越轿车。

2）实训工具及器材：组合工具、扭力扳手、DEXRON-II 或 III 动力转向液、接油容器、专用工具（压力测试表 KM-354-B）等。

3）掌握本次实训课所用仪器及设备的使用方法。

4）强调实训中的安全注意事项。

2、实训流程

液压动力转向系统故障会造成汽车转向沉重、异响、左右转向轻重不同等现象。实训教师可根据实训条件对液压动力转向系统进行检测；然后设置一些与液压动力转向系统常见故障相关的故障，在实训教师的监督下，由学生独立完成故障的诊断与排除；最后由教师充当客户模拟一个或几个故障场景，让学生分别扮演维修工对客户进行故障诊断的说明。

（1）让学生分析并说出检查步骤和方法

1）检查并添加动力转向油。

2）检查动力转向系统压力。

3）检查动力转向系统泄漏。

（2）学生根据下列问题，对教师进行解释并提出解决方案

1）根据检查情况，分析出可能导致上述故障的原因有哪些？

2）如何确定上述故障？

3）对检查结果进行理论分析。

3、实训记录

完成实训记录单。

【思考与练习】

1. 单选题

1）在转向系统中，转向器采用的是齿轮齿条式液压动力转向器，当转向油泵出现故障时，转向系统将（　　）实现转向功能。

A. 还能　　B. 不能

C. 汽车低速行驶时能　　D. 不能确定

2）转向油泵是助力转向的动力源，其作用是将输出的（　　）。经转向控制阀向转向动力缸提供一定压力和流量的工作油液。

A. 液压能转化为机械能　　B. 机械能转化为液压能

C. 液压能转化为势能　　D. 动能转化为机械能

3）液压式转向助力装置按液流的形式可分为（　　）。

A. 常流式　　B. 常容式　　C. 滑阀式　　D. 转阀式

2. 判断题

1）采用动力转向系统的汽车，当转向加力装置失效时，汽车也就无法转向了。(　　)

2）汽车液压动力转向系统中，安全阀既可限制最大压力，又可限制多余的油液。(　　)

3）汽车液压动力转向系统中的转阀式转向控制阀，是直接由转向轴驱动的。(　　)

3. 问答题

1）动力转向装置是如何分类的，各有什么特点？

2）简述液压常流滑阀式动力转向装置的工作原理。

3）简述液压常流转阀式动力转向装置的工作原理。

4）说明转向油泵的工作原理。

项目四 汽车制动系统检修

知识点

1）汽车制动系统包括行车制动和驻车制动两大部分。

2）盘式制动器、鼓式制动器。

3）驻车制动器的功用：车辆停驶后防止滑溜；使车辆在坡道上能顺利起步；行车制动系统失效后临时使用或配合行车制动器进行紧急制动。

4）制动主缸、制动轮缸的结构及工作原理。

5）真空助力器。

6）前后轮制动力分配调节装置有限压阀、比例阀、感载比例阀和惯性阀等。

知识目标

1）了解制动系统的功用、组成及工作原理。

2）掌握车轮制动器的结构及工作原理。

3）了解驻车制动装置的功用及分类。

4）掌握驻车制动装置的结构及工作原理。

5）了解液压制动传动装置的基本组成、工作原理及管路的布置形式。

6）掌握制动主缸、制动轮缸的结构及原理。

7）掌握真空助力器的结构及工作原理。

8）了解前后轮制动力分配调节装置。

9）了解气压制动传动装置的基本组成及工作原理。

技能目标

1）能够正确检修车轮制动器。

2）能够正确检查与调整驻车制动装置。

3）能够正确选用车辆制动液。

4）能够正确检查并调整制动踏板。

5）能够正确更换或添加制动液。

6）能够正确检查真空助力器的工作情况。

7）能够正确分析并排除常规制动系统常见故障。

项目概述

汽车制动系统是使汽车减速、停车，并能保证停驶汽车可靠驻停的一套机构。汽车制动

系统一般包括行车制动系统和驻车制动系统两套相互独立的制动系统，每套制动系统都包括制动器和制动传动机构。

本项目设置三个学习任务，任务内容如下：

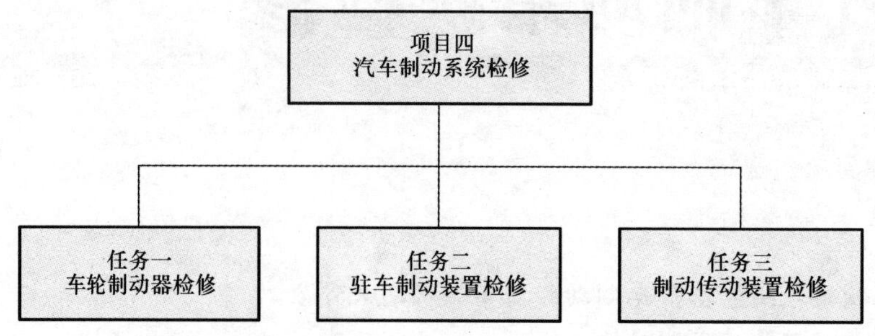

任务一 车轮制动器检修

一、任务描述

车轮制动器的作用是将液压（或气压）转变为制动器制动力，以迫使车轮停转或减速，达到汽车以给定车速行驶或停车的目的。车轮制动器的结构是什么样的？它是如何工作的？如何对车轮制动器进行检修？要掌握这些知识，应完成下面的学习任务：

1）制动系统概述。

2）车轮制动器。

3）盘式制动器的检查。

4）鼓式制动器的检查。

二、相关知识及技能

（一）制动系统概述

1. 制动系统的功用

汽车制动系统的功用：按照需要使汽车减速或在最短离内停车；下坡行驶时保持车速稳定；使停驶的汽车可靠驻停。

当汽车行驶在宽阔平坦、车流和人流又较少的路况下，可以通过高速行驶提高运输生产效率。但汽车行驶过程中也会遇到复杂多变的路面状况，如进入弯道、行经不平道路、两车交会、突遇障碍物等，为了保证行驶安全，就要求汽车在尽可能短的距离内将车速降低，甚至停车。

此外，汽车下长坡时，在重力产生的下滑力作用下，汽车有不断加速到危险程度的趋势，此时应将车速限定在安全值内，并保持相对稳定；对停驶的车辆，特别是在坡道上停驶的汽车应使之可靠地驻留原地不动。

2. 制动系统的基本组成

汽车制动系统的基本组成如图 4-1 所示，包括行车制动和驻车制动两大部分。行车制动系统用于使行驶中的车辆减速或停车，通常由驾驶人用脚操纵，一般包含制动踏板、制动主缸、制动轮缸、制动管路、车轮制动器等；驻车制动系统用于使停驶的汽车驻留原地，通常由驾驶人用手操纵，一般包含制动手柄、拉索（或拉杆）和制动器。

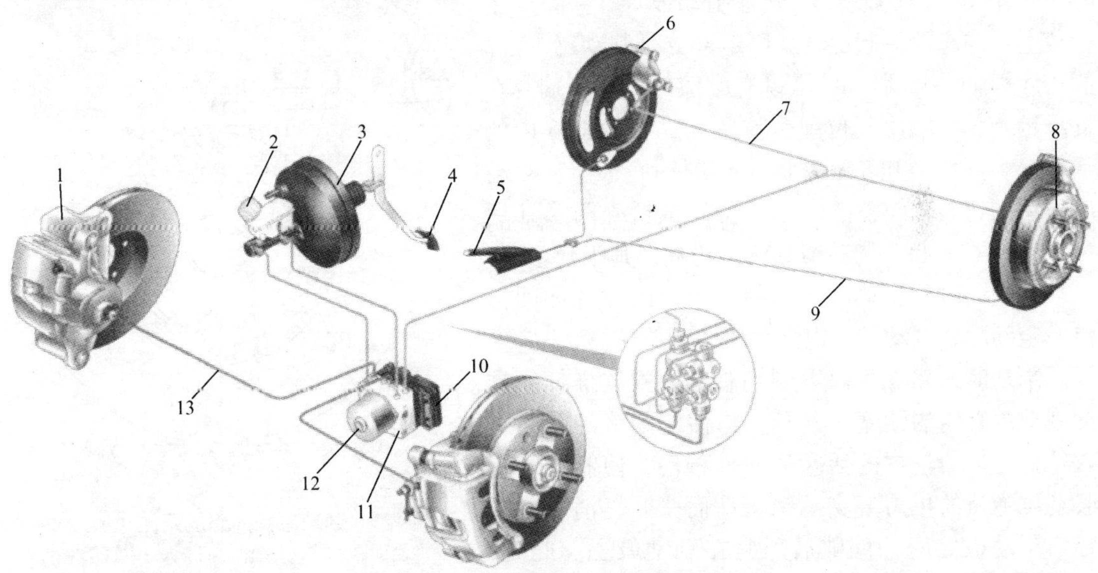

图 4-1 制动系统的基本组成

1—前轮制动器（盘式） 2—储液罐 3—真空助力器 4—制动踏板 5—驻车制动杆 6—后轮制动器（盘式） 7—后轮制动管路 8—驻车制动器（鼓式） 9—驻车制动拉索 10—ABS 控制单元 11—制动压力调节阀 12—油泵电动机 13—前轮制动管路

汽车上设置有彼此独立的制动系统，它们起作用的时刻不同，但它们的组成却是相似的，一般由以下四个组成部分：

1）供能装置：包括供给、调节制动所需能量以及改善传能介质状态的各种部件。如气压制动系统中的空气压缩机、液压制动系统中人的肌体。

2）控制装置：包括产生制动动作和控制制动效果的各种部件，如制动踏板等。

3）传动装置：将驾驶人或其他动力源的作用力传到制动器，同时控制制动器的工作，从而获得所需的制动力矩。包括将制动能量传输到制动器的各个部件，如制动主缸、制动轮缸等。

4）制动器：产生阻碍车辆的运动或运动趋势的力的部件。

较为完善的制动系统还包括制动力调节装置以及报警装置、压力保护装置等。

3. 制动系统的分类

按功能的不同，汽车制动系统可以分为行车制动系统、驻车制动系统以及应急制动、安全制动和辅助制动系统。

按照制动能源分类，汽车制动系统又可以分为人力制动系统、动力制动系统和伺服制动系统。人力制动系统是以驾驶人的肌体为作为唯一制动能源的制动系统；动力制动系统是完全靠由发动机的动力转化而成的气压或液压形式的势能进行制动的制动系统；伺服制动系统是兼用人力和发动机动力进行制动的制动系统。

4. 制动系统的工作原理

行车制动系统由车轮制动器和液压传动机构两部分组成，图 4-2 所示为制动系统的基本组成及工作原理。

车轮制动器的旋转部分是制动鼓 8，它固定于轮毂上，与车轮一起旋转。固定部分是制动蹄 10 和制动底板 11 等。制动蹄上铆有摩擦片，其下端套在支承销上，上端用复位弹簧拉紧压靠在轮缸 6 内的活塞上。支承销和轮缸都固定在制动底板上，制动底板用螺钉与转向节凸缘（前桥）或桥壳凸缘（后桥）固定在一起。制动蹄靠液压轮缸使其张开。

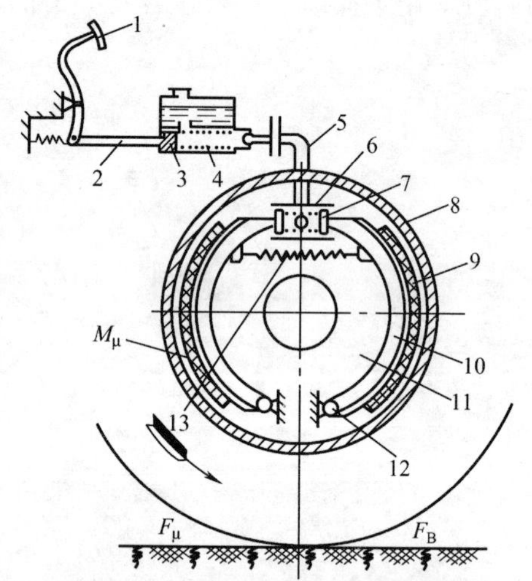

图 4-2 制动系统的组成及工作原理

1—制动踏板 2—主缸推杆 3—主缸活塞 4—制动主缸 5—油管 6—制动轮缸 7—轮缸活塞 8—制动鼓 9—摩擦片 10—制动蹄 11—制动底板 12—支承销 13—制动蹄复位弹簧

不制动时，制动鼓的内圆柱面与摩擦片之间保留一定间隙，制动鼓可以随车轮一起旋转。

制动时，驾驶人踩下制动踏板，主缸推杆便推动制动主缸内的活塞 3 前移，迫使制动液经管路进入轮缸，推动轮缸的活塞 7 向外移动，使制动蹄克服复位弹簧的拉力绕支承销转动而张开，消除制动蹄与制动鼓之间的间隙后压紧在制动鼓上。此时，不旋转的制动蹄摩擦片对旋转的制动鼓就产生一个摩擦力矩，其方向与车轮的旋转方向相反。制动鼓将此力矩传到车轮后，由于车轮与路面的附着作用，车轮即对路面作用一个向前的圆周力 F_μ，与此相反，路面会给车轮一个向后的反作用力，这个力就是车轮受到的制动力 F_B。各车轮制动力的总和就是汽车受到的总的制动力。

放松制动踏板，在复位弹簧的作用下，制动蹄与制动鼓的间隙又得以恢复，从而解除制动。

5. 对制动系统的要求

为保证汽车能在安全的条件下发挥出高速行驶的能力，制动系统必须满足下列要求：

1）具有良好的制动效能。迅速减速直至停车的能力。

2）操纵轻便。操纵制动系统所需的力不应过大。

3）制动稳定性好。制动时，前后车轮制动力分配合理，左右车轮上的制动力矩基本相等，使汽车制动过程中不跑偏、不甩尾。

4）制动平顺性好。制动力矩能迅速而平稳的增加，也能迅速而彻底的解除。

5）散热性好。连续制动时，制动鼓和制动蹄上的摩擦片因高温引起的摩擦系数下降要小；水湿后恢复要快。

6）对挂车的制动系统，还要求挂车的制动作用略早于主车；挂车自行脱挂时能自动进行应急制动。

（二）车轮制动器

车轮制动器的作用是将气压或液压转变为制动器制动力，以迫使车轮停转，从而使路面给车轮一个与汽车行驶方向相反的制动力，在该力的作用下，使汽车迅速减速，达到汽车以给定车速行驶或停车的目的。

无论车轮制动器如何变化，其结构仍由旋转元件和固定元件两大部分组成。旋转元件与车轮相连接，固定元件与车桥相连接。利用旋转元件和固定元件之间的摩擦，产生制动器制动力。

图 4-3 所示为常用的鼓式和盘式制动器制动原理示意图。当摩擦蹄片压紧旋转的制动鼓或盘时，两者接触面之间产生摩擦，通过摩擦将汽车的动能转变为热能，并将热量散发到空气中，最终使车辆减速以至停车。

1. 盘式车轮制动器

盘式制动器根据其固定元件的结构形式可分为钳盘式制动器和全盘式制动器。全盘式制动器由于制动钳的横向尺寸较大，主要应用在重型车上。钳盘式制动器广泛应用在轿车或轻型货车上，适于对制动性能要求较高的前轮制动器。近年来，前、后轮都采用盘式制动器的结构日渐增多。

钳盘式制动器的固定元件为制动钳，按制动钳固定在支架上的结构形式，钳盘式制动器可分为定钳盘式和浮钳盘式，如图 4-4 所示。

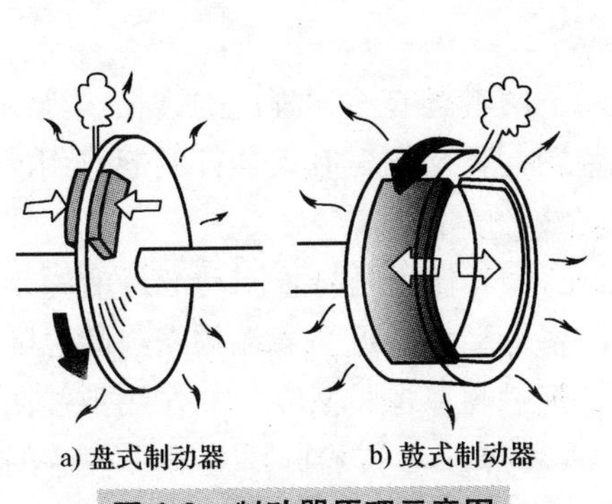

a) 盘式制动器　b) 鼓式制动器

图 4-3　制动器原理示意图

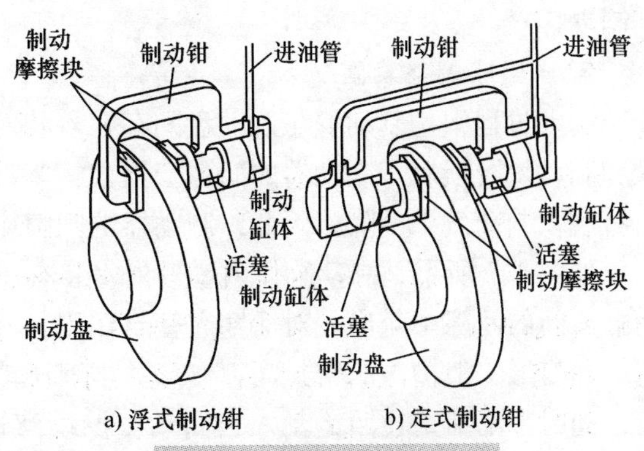

a) 浮式制动钳　b) 定式制动钳

图 4-4　盘式制动器的类型

（1）定钳盘式制动器

定钳盘式制动器的结构原理如图4-5所示，其旋转元件是制动盘，它和车轮固装在一起旋转，以其端面为摩擦工作表面。跨置在制动盘上的制动钳体固定安装在车桥上，它不能旋转也不能沿制动盘轴线方向移动，其内部的两个活塞分别位于制动盘的两侧。制动时，制动油液由制动主缸（制动总泵）经进油管进入钳体中两个相通的液压腔中，将两侧的摩擦块压向与车轮固定连接的制动盘，从而产生制动。

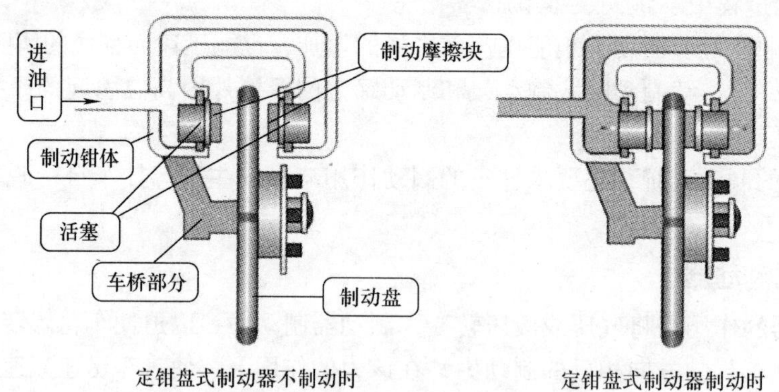

图4-5 定钳盘式制动器的工作原理图

（2）浮钳盘式制动器

浮钳盘式制动器的工作情况如图4-6所示。制动钳通过导向销与车桥相连，可以相对于制动盘轴向移动。制动钳体只在制动盘的内侧设置油缸，而外侧的制动块则附装在钳体上。制动时，液压油通过进油管进入制动轮缸，推动活塞及其上的摩擦块向右移动，并压到制动盘上，并使得油缸连同制动钳整体沿导向销向左移动，直到制动盘右侧的摩擦块也压到制动盘上，夹住制动盘并使其制动。

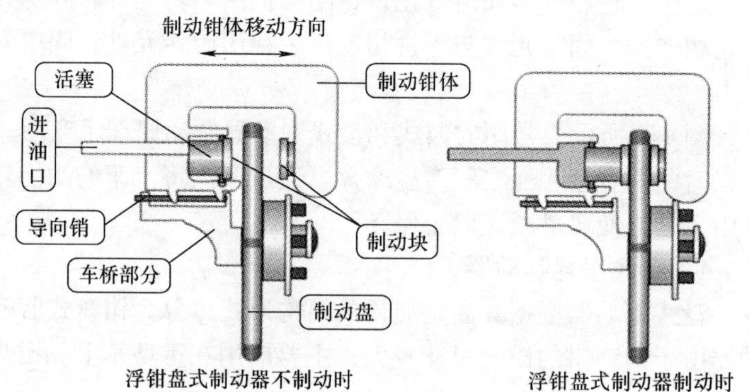

图4-6 浮钳盘式制动器的工作原理图

（3）间隙调整装置

制动过程中，制动块与制动盘间存在着相对的运动，两者均有不同程度的磨损。当制动盘和制动块磨损后，制动器的间隙会增大，制动时活塞的行程增加，制动器开始起作用的时间滞后，制动效果下降。因此，制动器的间隙应随时调整。

如图4-7所示，制动缸体内壁槽内安装有活塞密封圈，其作用是防止制动液从活塞与制动缸体间的间隙中流出，对活塞起密封作用。液压使活塞运动，靠近活塞端的密封圈也随活塞一起变形，但槽内的密封圈不变形。当液压消失后，密封圈在橡胶恢复力的作用下往回运动，同时带动活塞往回运动。当制动摩擦块磨损时，活塞会自动从密封圈上滑移相应的距离，因此制动摩擦块和制动盘之间的间隙一般为定值。

(4) 制动块磨损报警装置

许多盘式制动器上装有制动块摩擦片磨损报警装置，用来提醒驾驶人制动块上的摩擦片需要更换。常见的制动块磨损报警装置有声音的、电子的和触觉的三种。

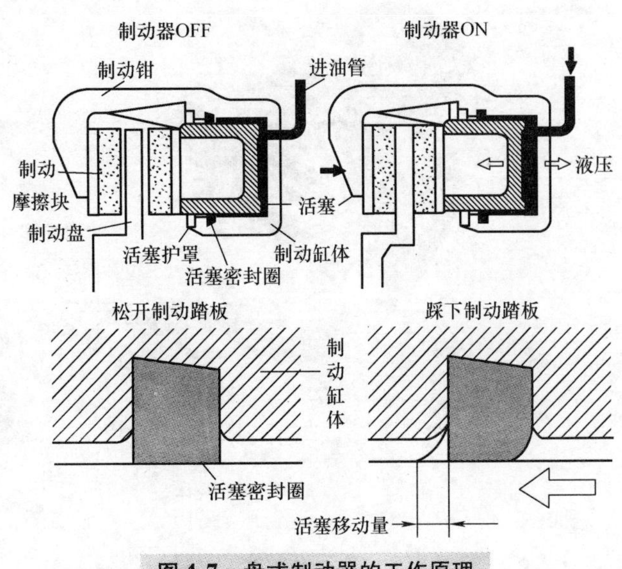

图 4-7 盘式制动器的工作原理

声音报警装置如图 4-8 所示，在制动摩擦块的背板上装有一小弹簧片，其端部到制动盘的距离刚好为摩擦片的磨损极限，当摩擦片磨损到需要更换时，弹簧片与制动盘接触发出刺耳的尖叫声，警告驾驶人需要维修制动系统。

电子报警装置是在摩擦片内预埋的电路触点，当摩擦片磨损到触点外露而接触制动盘时，形成电流回路，接通仪表板上的警告灯，提示驾驶人摩擦片需要更换。

触觉报警装置是制动盘表面有一传感器，摩擦片也有一传感器。当摩擦片磨损到两个传感器接触时，踏板产生脉动，提醒驾驶人更换摩擦片。

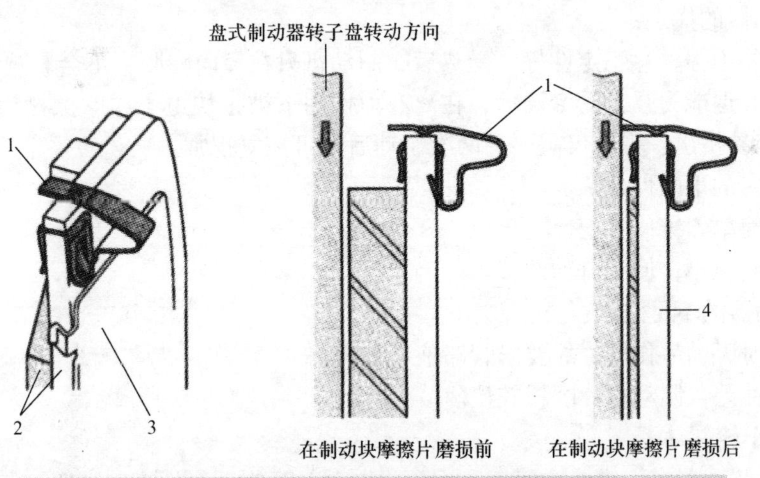

图 4-8 制动块摩擦片磨损报警装置
1—制动块摩擦片磨损指标器 2—盘式制动器摩擦片 3—消声片 4—背板

(5) 典型盘式制动器

图 4-9 所示为桑塔纳轿车的前轮盘式制动器，该制动器为浮钳盘式制动器，由制动盘、内外摩擦块、制动钳壳体、制动钳支架、前制动轮缸等组成。

制动盘固定在轮毂上，夹在内外摩擦衬块中间，与前轮一起转动。制动钳通过螺栓（兼作导向销）与制动钳支架相连（支架固定于转向节凸缘上），钳体可沿螺栓相对于制动盘做轴向移动。轮缸布置在制动钳的内侧。固定支架上有导轨，通过两根特制弹簧安装内、

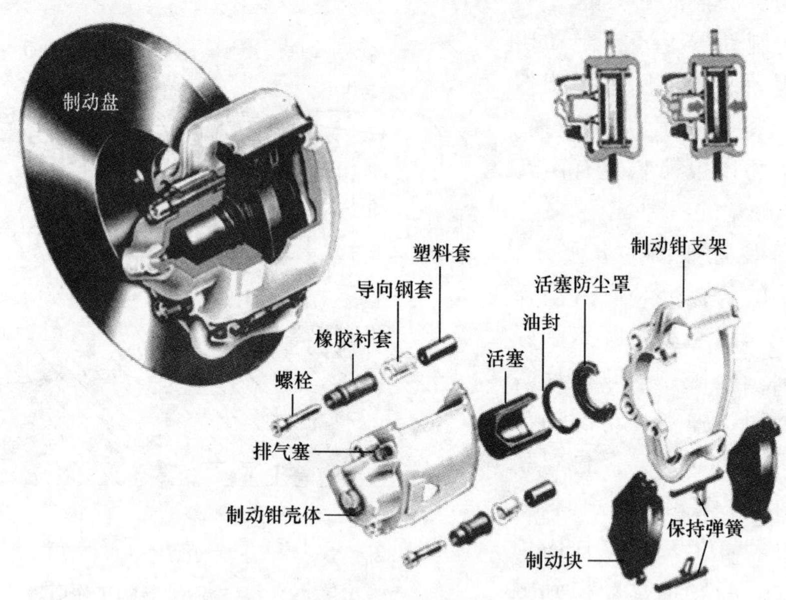

图 4-9 桑塔纳轿车前轮制动器

外制动块，内、外制动块可沿导轨做轴向移动。

(6) 盘式制动器的特点

盘式制动器的优点：

1）散热能力强，热稳定性好。受热后，制动盘只在径向膨胀，不会影响制动间隙。

2）抗水衰退能力强。受水浸后，在离心力作用下被很快甩干，摩擦衬片上的剩水也由于压力高而容易挤出，一般仅需要一两次制动后即可恢复正常。

3）制动时的平顺性好。

4）结构简单，维修方便。

5）制动间隙小，便于自动调节。

盘式制动器的不足之处：

1）制动时无助势作用，故要求管路液压较高。

2）防污性差，制动衬片磨损较快。

2. 鼓式车轮制动器

鼓式车轮制动器多为内张双蹄式，主要由制动鼓、制动底板、制动蹄、制动轮缸、复位弹簧以及连接部件所组成，如图 4-10 所示。

(1) 鼓式制动器的工作原理

如图 4-11 所示，汽车前进时制动鼓的旋转方向如箭头所示。在制动过程中，两制动蹄在相等的促动力 F_S 作用下，分别绕各自的支承点向外偏转紧压在制动鼓上。同时旋转的制动鼓对两蹄分别作用着法向反力 N_1 和 N_2，以及相应的切向反力 T_1 和 T_2，T_1 作用的结果使得制动蹄 1 在制动鼓上压得更紧，则 N_1 变得更大，这种情况称为“助势”作用，相应的制动蹄被称为“领蹄”；与此相反，T_2 作用的结果则使得制动蹄 2 有放松制动鼓的趋势，即 N_2 和 T_2 有减小的趋势，这种情况称为“减势”作用，相应的制动蹄被称为“从蹄”。

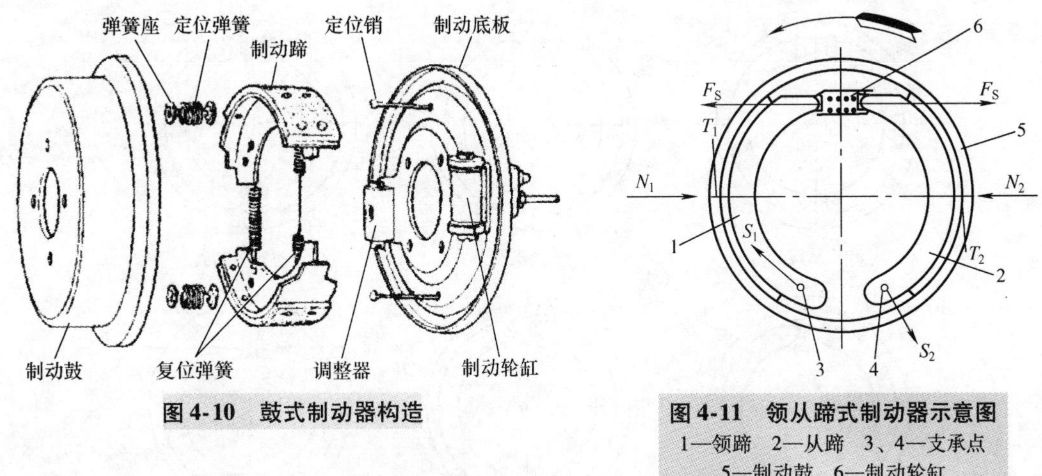

图 4-10 鼓式制动器构造

图 4-11 领从蹄式制动器示意图
1—领蹄 2—从蹄 3、4—支承点
5—制动鼓 6—制动轮缸

通过以上分析，我们会得出这样的结论：虽然制动蹄 1、2 所受的促动力相等，但由于 T_1 和 T_2 的作用方向相反，使得两制动蹄所受到的法向反力 N_1 和 N_2 不相等，且 $N_1 > N_2$，相应的 $T_1 > T_2$。所以制动蹄作用到制动鼓上的法向力不相等；两制动蹄对制动鼓所施加的制动力矩也不相等。

制动蹄对制动鼓的作用力不相等，则两蹄法向力之和只能由车轮轮毂轴承的反力来平衡，这样对轮毂轴承造成了附加径向载荷，轴承的寿命缩短。为解决这个问题，出现了各种不同的鼓式制动器。

(2) 鼓式车轮制动器类型

鼓式车轮制动器按其制动蹄促动装置的形式可分为轮缸式、凸轮式和楔块式，如图 4-12所示。

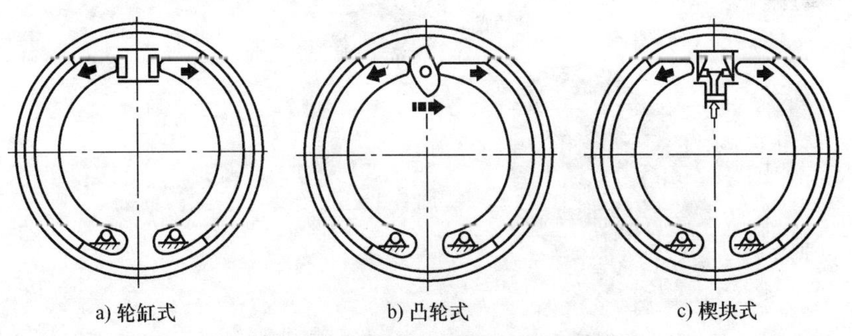

图 4-12 制动器促动装置的类型

鼓式制动器根据制动过程中两制动蹄产生制动力矩的不同可分为领从蹄式、双领蹄式、双向双领蹄式、双向从蹄式、单向自增力式和双向自增力式等，如图 4-13 所示。

(3) 典型鼓式车轮制动器

桑塔纳轿车的后轮制动器是领从蹄式制动器，如图 4-14 所示，制动器的制动鼓通过轴承支撑在后桥支撑短轴上，与车轮一起旋转。制动蹄的上、下支撑面均加工成弧面，下端支靠在固定于制动底板的支撑板上。轮缸活塞通过两端带耳槽的支撑块对制动蹄的上端施加促动力。此种支撑结构可使整个制动蹄沿支撑平面有一定的浮动量。其优点是制动蹄可以自动

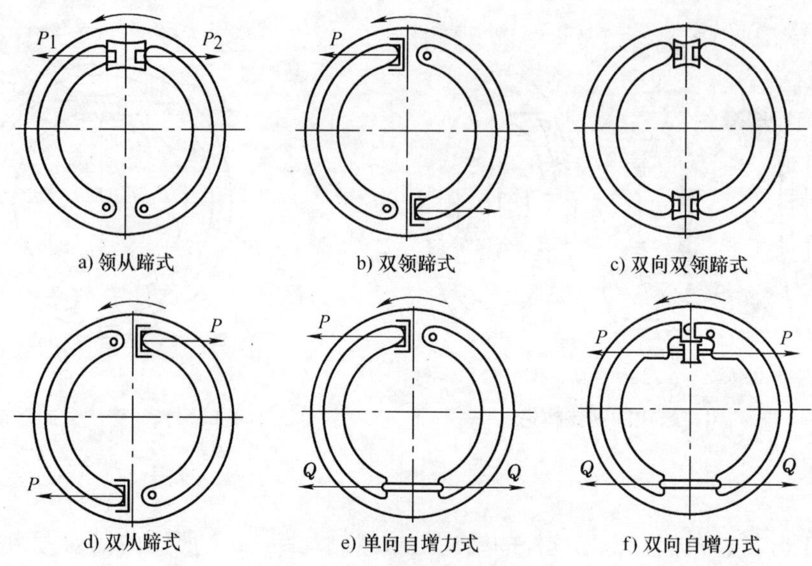

图 4-13 鼓式制动器的分类

定心，保证有可能与制动鼓全面接触。这种结构的另一特点是，该行车制动器可兼驻车制动器，因此在制动器中还装设了驻车制动机械促动装置。

制动时，轮缸活塞在制动液压力的作用下向外推动制动蹄，制动力克服复位弹簧的弹力使制动蹄向外张开，压向制动鼓，产生制动力矩使汽车制动。解除制动时，制动液压力消失，在复位弹簧的作用下制动蹄回位。

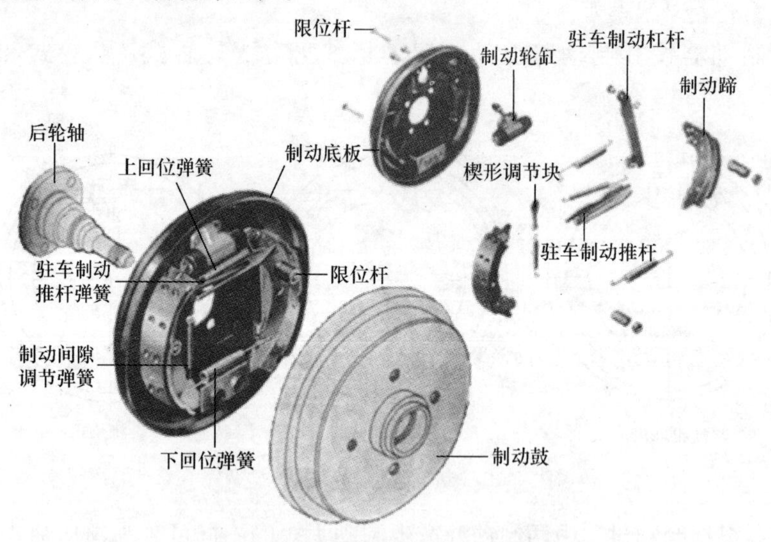

图 4-14 桑塔纳轿车后轮鼓式制动器

车轮制动器装配完毕后，为保证制动蹄衬片与制动鼓之间具有合适的间隙，应对其进行必要的调整，调整的方法有人工调整法和自动调整法两种。

桑塔纳轿车后轮制动器的间隙调整装置为在推力板上装楔杆的自调装置，其结构和工作情况如图 4-15 所示。楔杆的水平拉簧使楔杆与推力板间产生摩擦，防止楔杆下移，垂直拉簧随时力图拉动楔杆下移。当蹄鼓间隙正常时，楔杆静止于相对应位置；当蹄鼓间隙大于规定值时，蹄片张开的行程被加大，垂直拉簧的力 F_2 增大，$F_2 > F_1$，楔杆下移，楔杆的下移使得水平拉簧的力也被加大，摩擦力 F_1 相应加大，则楔杆在新的位置静止。

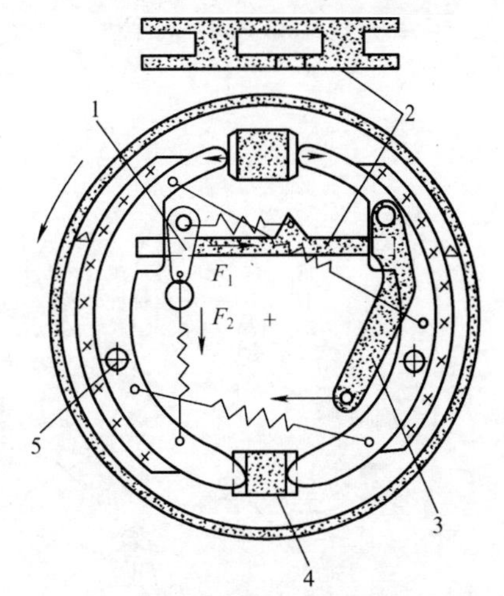

图 4-15 在推力板上装楔杆的自调装置
1—楔杆 2—推力板 3—驻车制动杠杆
4—浮式支撑座 5—定位件
F_1—水平拉簧力 F_2—楔形杆的垂直拉簧力

放松制动后，制动蹄在回位弹簧的作用下收拢。由于推力板已变长，只能被顶靠在新的位置，从而保持规定的制动间隙值。此类自调装置属于一次性调准的结构，前进或倒车制动均能自调。

（三）盘式制动器的检查

卡罗拉轿车前轮盘式制动器结构如图 4-16 和图 4-17所示。

1. 前轮盘式制动器的检查

1）检查衬块厚度，如图 4-18 所示。用直尺测量衬块厚度。标准厚度：12.0mm；最小厚度：1.0mm。

如果衬块厚度小于最小厚度，更换盘式制动器衬块。换上新的制动衬块后，务必检查前制动盘的磨损。

2）检查前盘式制动器衬块支撑板。确保盘式制动器衬块支撑板有足够的弹性，没有变形、裂纹或磨损，并清除所有的锈迹和污垢。如有必要，更换盘式制动器衬块支撑板。

3）检查制动盘厚度，如图 4-19 所示。用千分尺测量制动盘厚度。标准厚度：22.0mm；最小厚度：19.0mm。

如果制动盘厚度小于最小值，更换前制动盘。

4）检查制动盘径向圆跳动。

① 如图 4-20 所示，用 SST 09330-00021（结合法兰固定工具）固定制动盘，并用两个螺母紧固制动盘（拧紧力矩：103N·m）。

提示：拧紧螺母的同时用 SST 固定制动盘。

② 检查前桥轮毂轴承的松弛度和前桥轮毂的径向圆跳动。

③ 如图 4-21 所示，用百分表在距离前制动盘外缘 10mm 的地方测量制动盘的径向圆跳动。制动盘最大径向圆跳动：0.05mm。

如果径向圆跳动超过最大值，改变车桥轮毂上制动盘的安装位置以减小径向圆跳动。如果安装位置改变后径向圆跳动仍超过最大值，则研磨制动盘。如果制动盘厚度小于最小值，更换前制动盘。

④ 拆下三个螺母和前制动盘。

2. 后轮盘式制动器的检查

1）检查衬块厚度。用直尺测量衬块厚度，如图 4-22 所示。标准厚度：9.5mm；最小厚度：1.0mm。如果衬块厚度等于或小于最小厚度，更换盘式制动器衬块。

提示：**换上新的制动衬块后，务必检查后制动盘的磨损情况。**

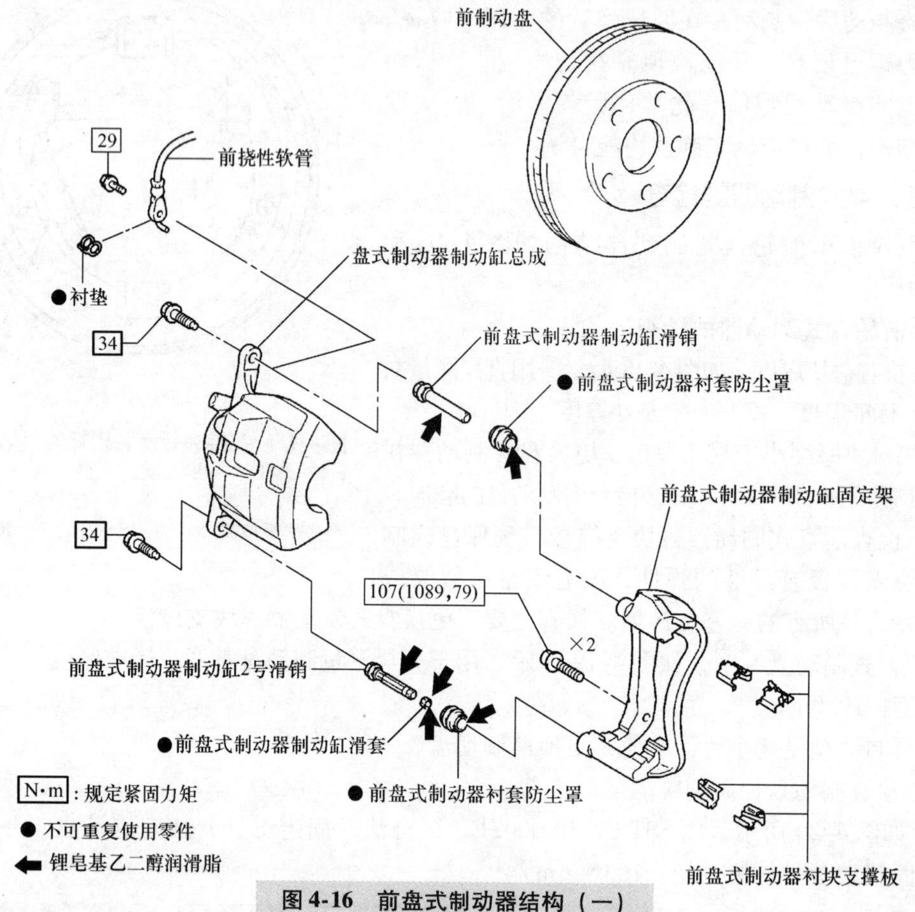

图 4-16　前盘式制动器结构（一）

2）检查后盘式制动器衬块支撑板。确保后盘式制动器衬块支撑板有足够的弹性，没有变形、裂纹或磨损，并清除所有的锈迹和污垢。如有必要，更换后盘式制动器衬块支撑板。

3）检查制动盘厚度。用千分尺测量制动盘厚度，如图 4-23 所示。标准厚度：9. 0mm；最小厚度：7. 5mm。

如果制动盘厚度小于最小值，更换后制动盘。

4）检查制动盘的径向圆跳动。

① 用 SST 09330-00021（结合法兰固定工具）固定制动盘，用三个轮毂螺母紧固制动盘（拧紧力矩：103N · m），如图 4-24 所示。

提示：**拧紧螺母的同时用 SST 固定制动盘。**

② 检查后桥轮毂轴承的松弛度和后桥轮毂的径向圆跳动。

③ 使用百分表，在离后制动盘外边缘 10mm 远的地方测量制动盘的径向圆跳动，如图 4-25所示。制动盘最大径向圆跳动：0. 15mm。

小心：百分表的磁铁应远离车桥轮毂和转速传感器；将百分表安装到减振器上。

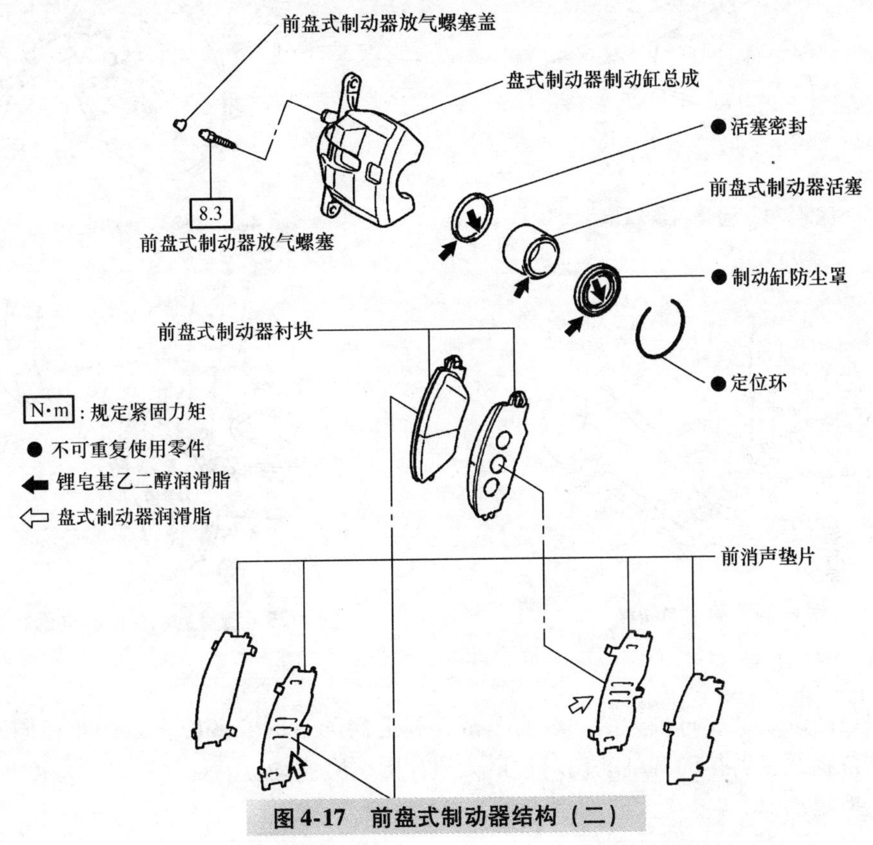

图 4-17 前盘式制动器结构（二）

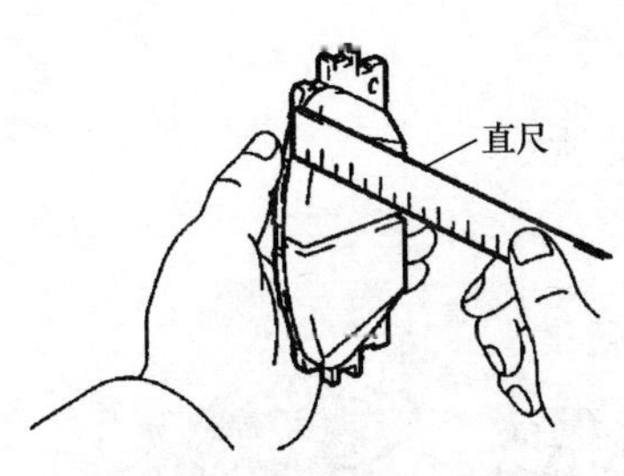

图 4-18 检查衬块厚度

图 4-19 检查制动盘厚度

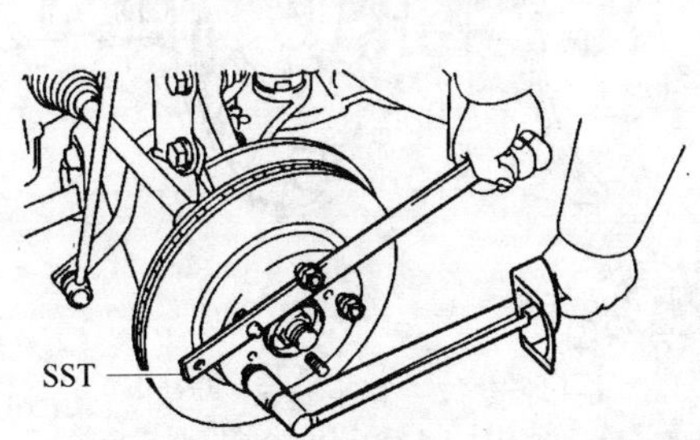

图 4-20 紧固制动盘

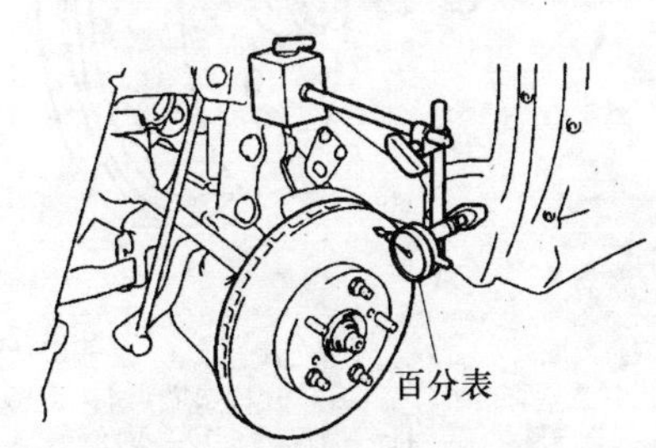

图 4-21 检查径向圆跳动

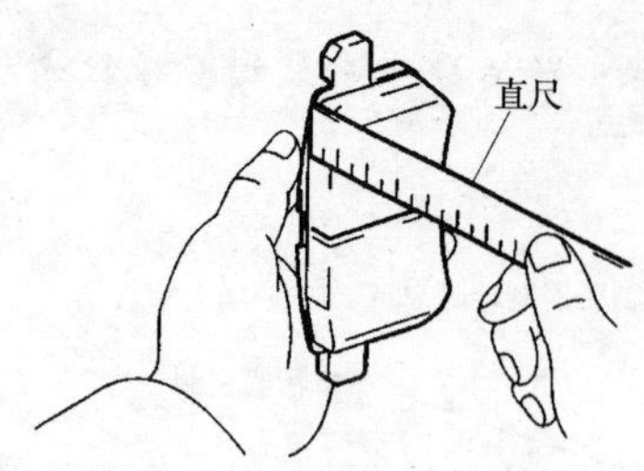

图 4-22 检查衬块厚度

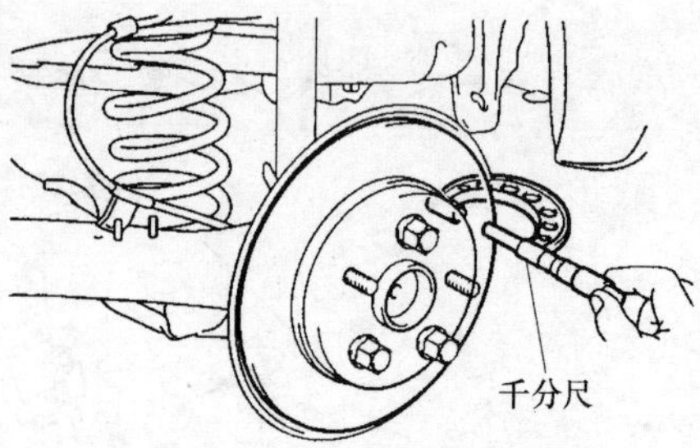

图 4-23 检查制动盘厚度

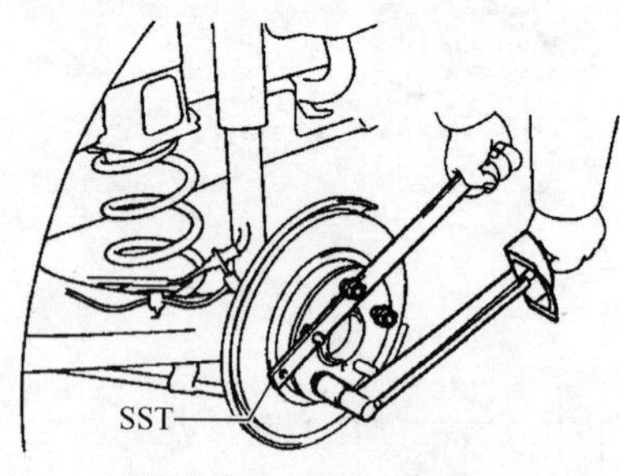

图 4-24 固定制动盘

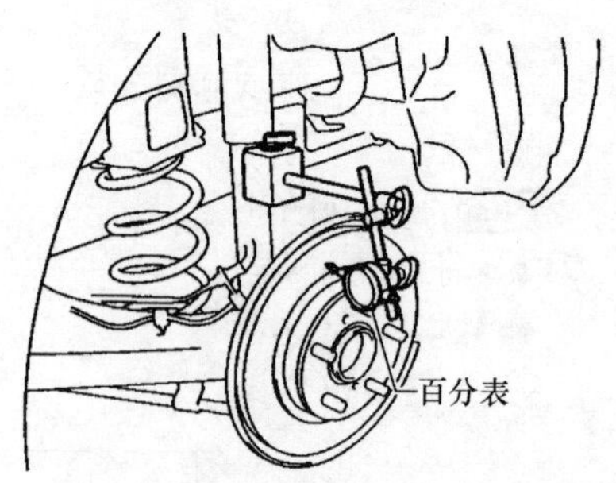

图 4-25 测量制动盘的径向圆跳动

如果径向圆跳动超过最大值，改变车桥轮毂上制动盘的安装位置以减小径向圆跳动。如果安装位置改变后径向圆跳动仍超过最大值，则研磨制动盘。如果制动盘厚度小于最小值，则更换制动盘。

④拆下三个螺母和后制动盘。

（四）鼓式制动器的检查

桑塔纳 2000 轿车后轮鼓式制动器的分解图如图 4-26 所示。

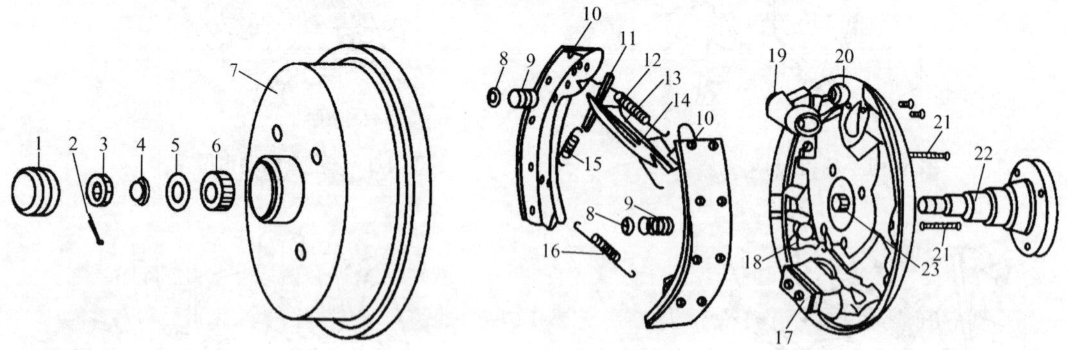

图 4-26 后轮制动器分解图

1—轮毂盖 2—开口销 3—开槽垫圈 4—调整螺母 5—止推垫圈 6—轴承 7—制动鼓 8—弹簧座 9—弹簧 10—制动蹄 11—楔形件 12—回位弹簧 13—上回位弹簧 14—压力杆 15—用于楔形件回位弹簧 16—下回位弹簧 17—固定板 18—螺栓（拧紧力矩 60N·m） 19—后制动轮缸 20—制动底板 21—定位销 22—后桥车轮支撑短轴 23—观察孔橡胶塞

制动蹄摩擦片使用15000km后，出现损坏或磨损到极限时，应及时更换。可以连同制动蹄一起更换。

如果仅更换制动蹄摩擦片，应先去掉制动摩擦片上的旧铆钉及孔中的毛刺。铆接新摩擦片时，应从中间向两端铆接。更换新制动摩擦片时，应使用相同质量的摩擦片。

1）制动蹄衬片厚度的检查：如图4-27所示，用游标卡尺测量制动蹄片的厚度，标准值为5mm，使用极限为2.5mm，其铆钉与摩擦片的表面深度不得小于1mm，以免铆钉头刮伤制动鼓内表面。在未拆下车轮时，后制动蹄摩擦片的厚度可从制动底板的观察孔中检查。

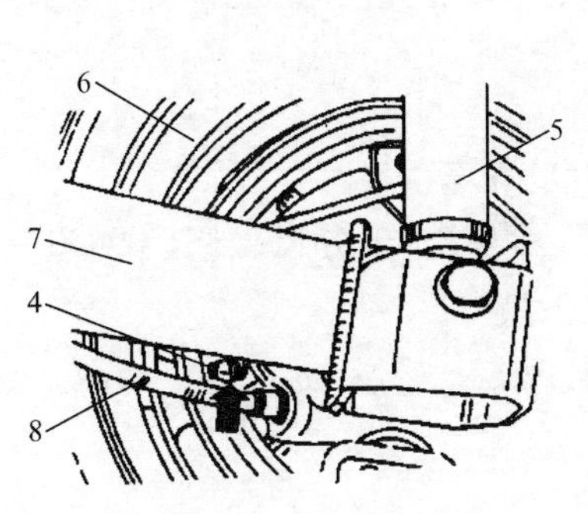

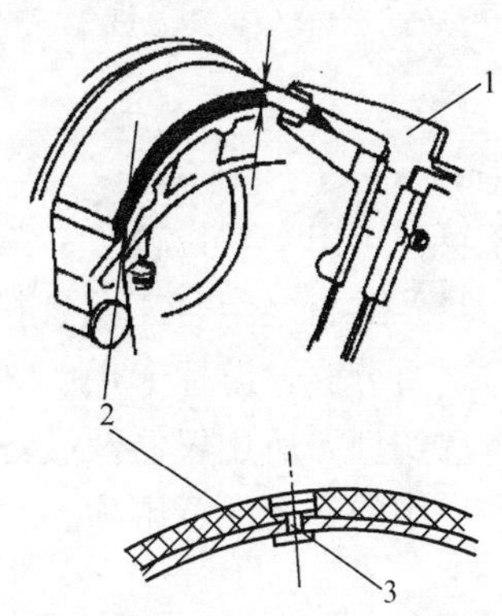

图4-27 后制动蹄衬片厚度的检查

1—卡尺 2—摩擦片 3—铆钉 4—观察孔 5—后减振器 6—制动底板 7—后桥体 8—驻车制动器

2）制动鼓内孔磨损及尺寸的检查：如图4-28所示，首先检查制动鼓内孔有无烧损、刮痕和凹陷，若不能修磨应更换新件；检查制动鼓内孔尺寸及圆度误差时，用游标卡尺检查内孔尺寸，标准值为ϕ180mm，使用极限为ϕ181mm。用测量圆度工具测量制动鼓内孔的圆度误差，使用极限为0.03mm，超过极限应更换新件。

3）后制动蹄衬片与后制动鼓接触面积的检查：如图4-29所示，将后制动鼓衬片1表面打磨干净后，靠在后制动鼓上，检查两者的接触面积，应不小于60%，否则应继续打磨衬片的表面。

4）后制动器定位弹簧及复位弹簧的检查：如图4-30所示，若后制动器定位弹簧、上复位弹簧、下复位弹簧和楔形调整板拉簧的自由长度增长率达5%，则应更换新弹簧。

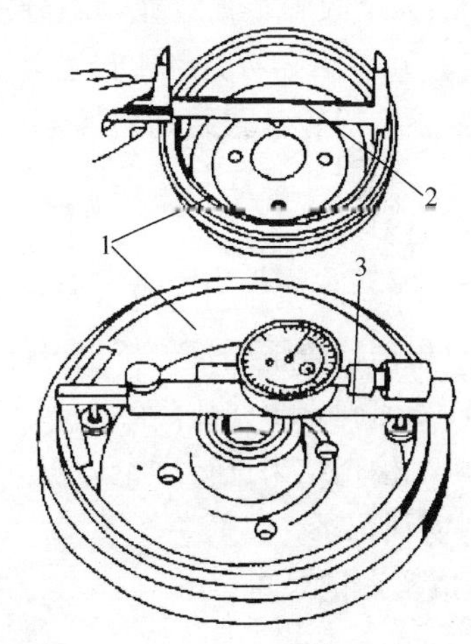

图4-28 后制动鼓内孔磨损及尺寸的检查

1—后制动鼓 2—游标卡尺 3—测量圆度工具

三、实训内容

案例导入：一辆卡罗拉轿车，制动时需要将制动踏板踩到很低的位置才会有制动力，明显感觉制动效果不良。经检查确认需对车轮制动器进行检修。

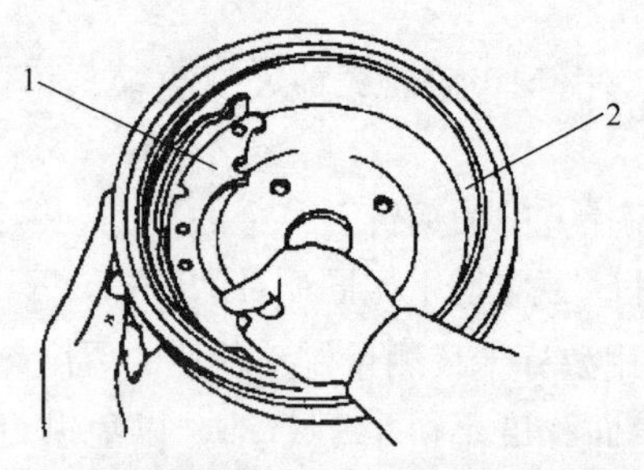

图 4-29 后制动蹄衬片与后制动鼓接触面积的检查
1—后制动蹄片 2—制动鼓

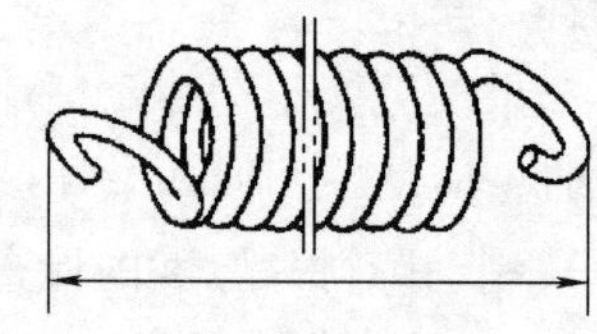

图 4-30 后制动器定位弹簧的检查

1. 实训准备

1）实训车辆：丰田卡罗拉轿车、桑塔纳 2000 轿车。

2）实训工具及器材：组合工具、扭力扳手、直尺、千分尺、SST 09330－00021（结合法兰固定工具）、百分表、游标卡尺、测量圆度工具等。

3）掌握本次实训课所用仪器及设备的使用方法。

4）强调实训中的安全注意事项。

2. 实训流程

车轮制动器技术状况不佳会导致汽车制动效果不良、制动跑偏及制动拖滞等故障现象。实训教师可根据实训条件对车轮制动器进行检测；然后设置一些与车轮制动器常见故障相关的故障，在实训教师的监督下，由学生独立完成故障的诊断与排除；最后由教师充当客户模拟一个或几个故障场景，让学生分别扮演维修工对客户进行故障诊断的说明。

（1）让学生分析并说出检查步骤和方法

1）检查前轮盘式制动器。

2）检查后轮盘式制动器。

3）检查鼓式制动器。

（2）学生根据下列问题，对教师进行解释并提出解决方案

1）根据检查情况，分析出可能导致上述故障的原因有哪些？

2）如何确定上述故障？

3）对检查结果进行理论分析。

3. 实训记录

完成实训记录单。

【思考与练习】

1. 单选题

1）鼓式车轮制动器的旋转元件是（ ）

A. 制动蹄 B. 制动鼓 C. 摩擦片 D. 制动钳

2）别克凯越轿车前轮所采用的制动器为（ ）

A. 浮钳型盘式制动器 B. 定钳型盘式制动器

C. 全盘式制动器 D. 领从蹄式制动器

3）任何制动系统都由供能装置、控制装置、传动装置和制动器四个基本组成部分组成，其中制动踏板机构属于（　　）。

A. 供能装置　　B. 控制装置　　C. 传动装置　　D. 制动器

4）下列属于钳盘式制动器间隙自调装置中的活塞密封圈的作用的是（　　）。

A. 起回位弹簧作用　B. 连接作用　C. 起前两种的作用　D. 以上都不是

5）领从蹄式制动器一定是（　　）。

A. 等制动力制动器　　B. 不等制动力制动器

C. 非平衡式制动器　　D. 以上三个都不对

2. 判断题

1）汽车在制动时，不旋转的制动蹄对旋转着的制动鼓作用一个摩擦力矩，其方向与车轮旋转方向相反，所以车辆能减速甚至停止。（　　）

2）车辆在前进与后退制动时，如果两制动蹄都是助势蹄，则该制动器是双向平衡式制动器。（　　）

3）盘式制动器制动效能比鼓式制动器好，是因为盘式制动器有自增力作用。（　　）

4）盘式制功器的自动复位，是通过活塞的密封圈来实现的。（　　）

5）鼓式制动器中，一个蹄是增势蹄时，另一个蹄就必然是减势蹄。（　　）

3. 问答题

1）汽车制动系统由哪些部分组成，它是如何工作的？

2）盘式制动器中，活塞密封圈的功用是什么？

3）鼓式制动器有哪些种类？

任务二　驻车制动装置检修

一、任务描述

汽车的驻车制动装置可使车辆停驶后防止滑溜，以及使车辆在坡道上能顺利起步等。驻车制动装置的结构是什么样的？它是如何工作的？如何对驻车制动装置进行检修？要掌握这些知识，应完成下面的学习任务：

1）驻车制动装置概述。

2）驻车制动器的结构。

3）驻车制动装置的故障诊断与排除。

4）驻车制动装置的检查与调整。

二、相关知识及技能

（一）驻车制动装置概述

驻车制动器的功用：车辆停驶后防止滑溜；使车辆在坡道上能顺利起步；行车制动系失效后临时使用或配合行车制动器进行紧急制动。

按驻车制动器在汽车上安装位置的不同，驻车制动装置分中央制动式和车轮制动式两种。前者的制动器通常安装在变速器或分动器的后面，其制动力矩作用在传动轴上，又称为中央制动器；后者和行车制动装置共用制动器（通常为后轮制动器），又称复合制动器，只是传动装置互相独立。驻车制动传动装置一般采用人力机械式，通过钢索或杠杆来驱动，其中，钢索传力式结构简单紧凑，已在轿车上得到普遍应用。

驻车制动器按其结构形式可分为鼓式、盘式、带式和弹簧作用式。盘式制动器的旋转部分是制动盘，鼓式和带式制动器旋转部分是制动鼓。

驻车制动装置的工作原理和行车制动装置基本类似，主要是通过操纵机构的拉动，使得驻车制动器内制动蹄鼓（或制动盘）压紧，产生摩擦力矩，形成制动力矩，产生制动效果（和行车制动装置类似）。

（二）驻车制动器的结构

1. 中央驻车制动装置

图4-31所示为东风EQ1090E型汽车驻车制动器的结构，该制动器为中央制动、鼓式、简单非平衡式驻车制动器。

制动鼓通过螺栓与变速器输出轴的凸缘盘紧固在一起，制动底板固定在变速器输出轴轴承盖上，两制动蹄通过偏心支撑销支撑在制动底板上，其上端装有滚轮，在回位弹簧的作用下滚轮紧靠在凸轮的两侧，凸轮轴支撑在制动底板的上部，轴外端与摆臂连接，摆臂的另一端与穿过压紧弹簧的拉杆相连，拉杆再通过摇臂、传动杆与驻车制动杆相连。驻车制动杆上连有棘爪，驻车制动器工作时，棘爪嵌入齿扇上的棘齿

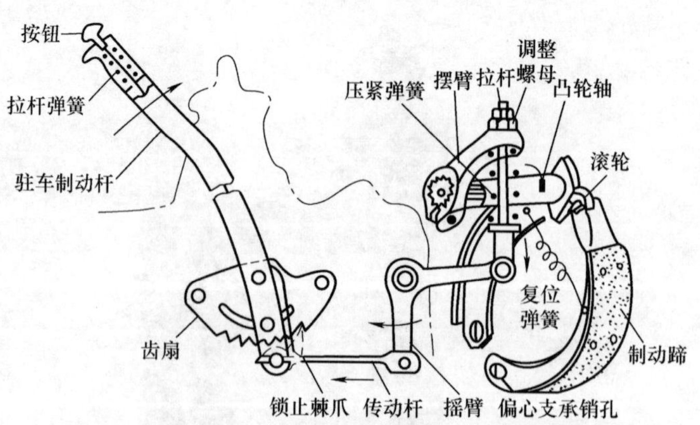

图4-31 东风EQ1090E型汽车驻车制动器

内，起锁止作用。解除制动时，需按下驻车制动杆上的按钮使棘爪脱离棘齿才能搬动驻车制动杆。

驻车制动时，将驻车制动杆上端向后拉动，则制动杆的下端向前摆动，传动杆带动摇臂顺时针转动，拉杆则带动摆臂顺时针转动，凸轮轴亦顺时针转动，凸轮则使两制动蹄以支撑销为支点向外张开，压靠到制动鼓上，产生制动作用。当制动杆拉到制动位置时，棘爪嵌入齿扇上的棘齿内，起锁止作用。

解除制动时，按下驻车制动杆上的按钮使棘爪脱离棘齿，向前推动制动杆，则传动杆、拉杆、凸轮轴按逆时针方向转动，制动蹄在回位弹簧的作用下回位，制动蹄与制动鼓间恢复制动间隙，制动解除。

2. 带驻车制动机构的鼓式制动器

桑塔纳2000型轿车的驻车制动器与行车制动器复合共用，驻车制动装置主要由驻车制动杆、驻车制动器操作拉杆、制动拉索及后轮制动器中的驻车制动拉杆等组成，如图4-32所示，它作用于后轮，主要是在坡路或平路上停车时使用或在紧迫情况下进行紧急制动。

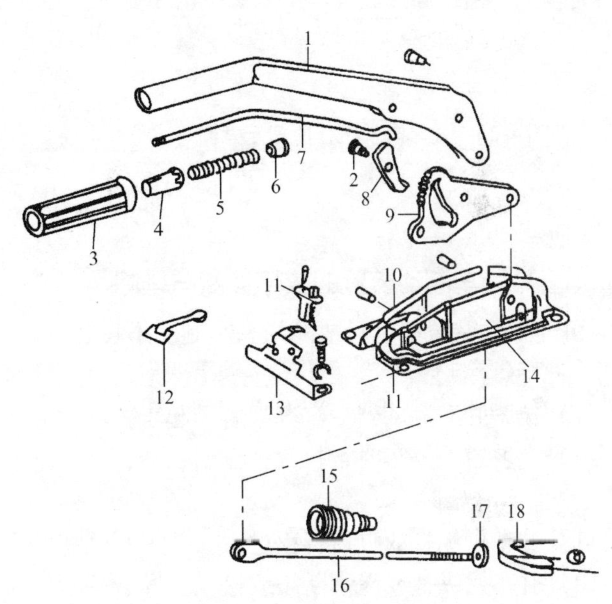

图4-32 桑塔纳2000型轿车驻车制动器分解图

1—驻车制动杆 2—螺栓 3—制动手柄套 4—旋扭 5—弹簧 6—弹簧套筒 7—棘轮杆 8—棘轮掣子 9—扇形齿 10—右轴承支架 11—驻车灯开关 12—凸轮 13—支架 14—左轴承支架 15—驻车制动拉杆底部橡皮防尘罩 16—驻车制动操作拉杆 17—限位板 18—驻车制动拉索调整杠杆

如图4-33所示，驻车制动杠杆上端平头销与后制动蹄相连，其中上部卡入驻车制动推杆右端的切槽中，作为支点，下端与驻车制动拉索相连。前后制动蹄的腹板卡在驻车制动推杆的两端槽中，并分别用一根复位弹簧与制动推杆相连。

驻车制动时，拉起操纵杆，操纵杆力通过操纵机构使驻车制动拉索收紧，拉索则拉动驻车制动杠杆的下端，使之绕上端支点顺时针转动，制动杠杆转动过程中，其中间支点推动驻车制动推杆左移，使前制动蹄压向制动鼓。前制动蹄压向制动鼓后，制动推杆停止运动，则驻车制动杠杆的中间支点变成其继续移动的新支点，于是驻车制动杠杆的上端右移，使后制动蹄压靠在制动鼓上，产生制动作用。此时，驻车制动操纵杆上的棘爪嵌入齿扇上的棘齿内，起锁止作用。

解除驻车制动时，按下驻车制动操纵杆上的按钮，使棘爪脱离棘齿，将操纵杆回到释放制动位置，松开驻车制动拉索，则制动蹄在复位弹簧的作用下回位。

3. 带驻车制动机构的盘式制动器

对于四个车轮采用盘式制动器的轿车来说，驻车用的小型鼓式驻车制动器内置于后轮盘式制动器（即所谓的“盘中鼓”结构），并通过拉索和连杆等机构固定在盘式制动器上，

图4-34所示为盘鼓式驻车制动器的结构，制动盘的外缘盘作为盘式制动器的制动盘，中间的鼓式制动装置作为驻车制动器。

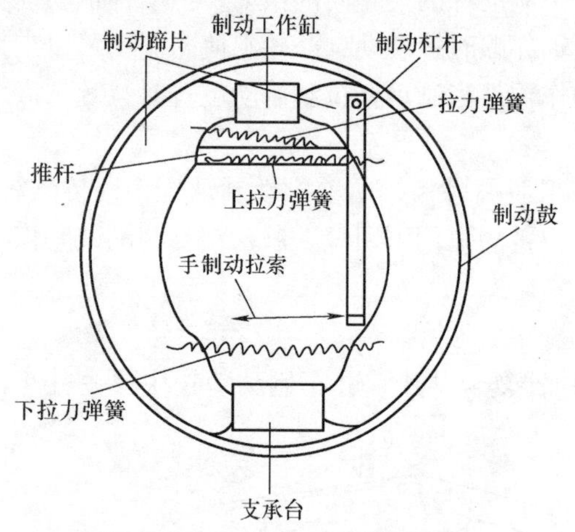

图4-33 驻车制动工作原理示意图

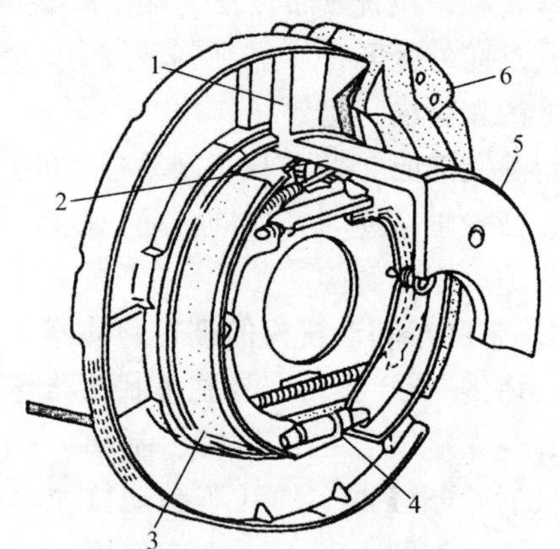

图4-34 盘鼓式驻车制动器

1—制动盘 2—制动鼓 3—驻车制动器 4—调整器 5—冠部 6—制动钳

（三）驻车制动装置的故障诊断与排除

驻车制动装置的常见故障为驻车制动不良。

（1）故障现象

1）拉紧驻车制动器，汽车很容易起步。

2）在坡道上停车时，拉紧驻车制动器，汽车不能停止而发生溜车现象。

（2）故障原因

1）驻车操纵杆的自由行程过大。

2）驻车操纵杆或绳索断裂或松脱、发卡等。

3）驻车制动器间隙过大。

4）驻车制动器摩擦片磨损过甚或有油污。

5）驻车制动鼓磨损过甚、失圆或有沟槽。

6）驻车制动蹄运动发卡。

7）驻车制动蹄摩擦片与制动鼓的接触面积太小。

（3）诊断与排除

1）将汽车停放在平坦的地面上，拉紧驻车制动器操纵杆，挂入低速档起步，若汽车很容易起步而发动机不熄火，说明驻车制动不良。

2）从驻车制动器操纵杆放松位置往上拉，直至拉不动为止。检查操纵杆的行程，若行程过大，说明操纵杆的自由行程过大，应调整。检查拉动操纵杆的阻力，若感觉没有阻力或阻力很小，说明操纵杆或绳索断裂或松脱，应更换或修复；若感觉很沉，说明操纵杆或绳索及制动器发卡，应拆检修复。

3）从检视孔检查中央驻车制动器（东风EQ1092、解放CA1092汽车）或后轮制动器

（奥迪、桑塔纳等轿车）的间隙是否符合要求，若制动器间隙过大，应调整。

4）经上述检查均正常，应拆检驻车制动器。检查制动蹄摩擦片是否磨损过甚或有无油污；检查制动鼓是否磨损过甚、失圆或有沟槽；检查制动蹄运动是否发卡，若有发卡现象，应修复或润滑；检查制动蹄摩擦片与制动鼓的接触面积是否符合要求，若接触面积过小，应更换或修整。

（四）驻车制动装置的检查与调整

1. 检查驻车制动杠杆行程

1）用力拉住驻车制动杠杆。

2）松开驻车制动器锁，并将驻车制动杠杆放回到关闭位置。

3）缓慢将驻车制动杠杆向上拉到底，并计算咔嗒声和次数。驻车制动杠杆行程：200N时为6~9个槽口。

2. 调整驻车制动杠杆行程

1）拆下后地板控制台总成。

2）完全松开驻车制动杠杆。

3）松开锁紧螺母和调整螺母，以完全松开驻车制动器拉索。

4）发动机停机时，完全踩下制动踏板3~5次。

5）转动调整螺母，直到驻车制动杠杆行程修正至规定范围内，如图4-35所示。

驻车制动杠杆行程：200N时为6~9个槽口。

6）紧固锁紧螺母（拧紧力矩：6.0N·m）。

7）操作驻车制动杠杆3~4次，并检查驻车制动杠杆行程。

8）检查驻车制动器是否卡滞。

9）安装后地板控制台总成。

3. 检查后盘式制动器制动缸操作杆和止动器间隙

松开驻车制动杠杆，检查并确认后盘式制动器制动缸操作杆和挡块之间的间隙测量值在规定范围内，如图4-36所示。间隙：0.5mm或更小。

如果间隙不在规定范围内，更换后盘式制动器制动钳总成。

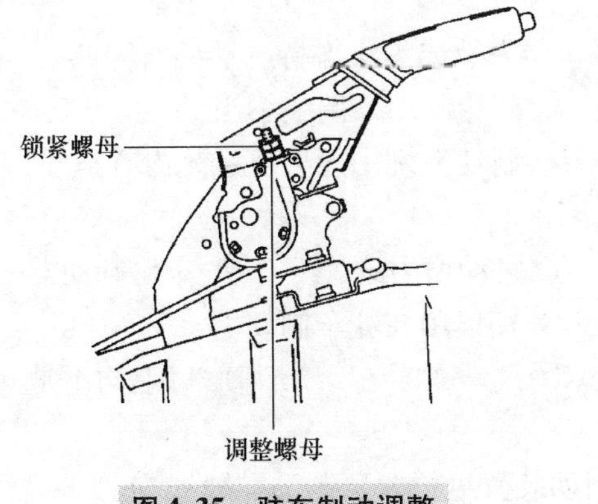

图4-35 驻车制动调整

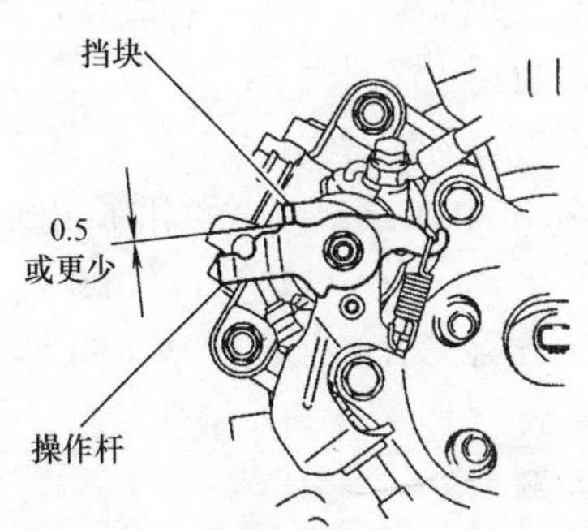

图4-36 检查操作杆和挡块间隙

4. 检查制动警告灯

操作驻车制动杠杆时，检查并确认制动警告灯亮起。

三、实训内容

案例导入：一辆卡罗拉轿车，在坡道上停车时，拉紧驻车手柄，汽车不能停止而发生溜车现象。经检查确认需对驻车制动装置进行检修。

1. 实训准备

1）实训车辆：丰田卡罗拉轿车。

2）实训工具及器材：组合工具、扭力扳手等。

3）掌握本次实训课所用仪器及设备的使用方法。

4）强调实训中的安全注意事项。

2. 实训流程

驻车制动装置故障会造成汽车驻车制动不良、溜车等现象。实训教师可根据实训条件对驻车制动装置进行检测。然后设置一些与驻车制动常见故障相关的故障，在实训教师的监督下，由学生独立完成故障的诊断与排除；最后由教师充当客户模拟一个或几个故障场景，让学生分别扮演维修工对客户进行故障诊断的说明。

（1）让学生分析并说出检查步骤和方法

1）检查并调整驻车制动杠杆行程。

2）检查后盘式制动器制动缸操作杆和止动器间隙。

3）检查制动警告灯。

（2）学生根据下列问题，对教师进行解释并提出解决方案

1）根据检查情况，分析出可能导致上述故障的原因有哪些？

2）如何确定上述故障？

3）对检查结果进行理论分析。

3. 实训记录

完成实训记录单。

【思考与练习】

1. 单选题

1）下列选项中，（　　）不是造成驻车制动器失效或无法保持制动的原因。

A. 拉索调整不当　　B. 后轮制动器调整不当

C. 制动蹄磨损量过大　　D. 制动系统中的液压系统内有空气

2）东风 EQ1090E 型汽车的驻车制动器是采用（　　）。

A. 盘式　　B. 凸轮张开式　　C. 自动增力式　　D. 车轮制动器

3）下列几种形式的制动传动机构当中，（　　）仅用在驻车制动上。

A. 机械式　　B. 液压式　　C. 气动式　　D. 以上均不是

2. 判断题

1）当行车制动系统失效后，可使用驻车制动装置进行紧急制动。（　　）

2）鼓式驻车制动器可安装在变速器后边，也可以安装在前、后车轮制动器内。（　　）

3. 问答题

1）驻车制动装置的功用是什么？有哪些类型？

2）说明驻车制动装置的结构组成及其工作原理。

3）驻车制动不良的故障现象及可能原因是什么？

任务三 制动传动装置检修

一、任务描述

制动传动装置的功用是将驾驶人或其他动力源的作用传到制动器，同时控制制动器的工作，从而获得所需要的制动力矩。制动传动装置的结构是什么样的？它是如何工作的？如何对制动传动装置进行检修？要掌握这些知识，应完成下面的学习任务：

1）液压式制动传动装置概述。

2）液压式制动传动装置主要部件。

3）真空液压制动传动装置。

4）前后轮制动力分配调节装置。

5）气压式制动传动装置。

6）常规制动系统的故障诊断与排除。

7）车辆制动液的选用。

8）制动踏板的检查与调整。

9）制动液的添加与更换。

10）真空助力器的检查。

二、相关知识及技能

制动传动装置按传力介质的不同可分为液压式、气压式和气－液综合式；按制动管路的

套数可分为单管路和双管路制动传动装置。按照交通法规的要求，现代汽车的行车制动系统须采用双管路制动传动装置，若其中一套管路损坏，另一套仍然起制动作用，从而提高了制动的可靠性和安全性。

（一）液压式制动传动装置概述

液压式制动传动装置是利用制动液将制动踏板力转换为制动液压力，通过管路传至车轮制动器，再将制动液压力转变为制动蹄张开的机械推力。

1. 液压式制动传动装置的基本组成及工作原理

如图 4-37 所示，液压式制动传动装置由制动踏板、主缸推杆、制动主缸、储液罐、制动轮缸、油管、制动灯开关、指示灯、比例阀等组成。

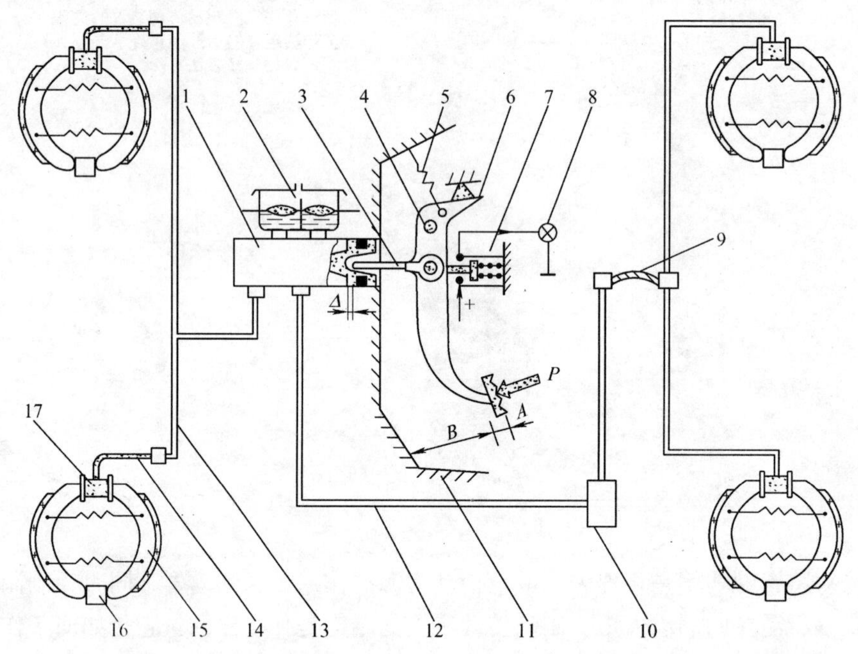

图 4-37 液压式制动传动装置的组成

1—制动主缸 2—储液罐 3—主缸推杆 4—支撑销 5—复位弹簧 6—制动踏板 7—制动灯开关 8—指示灯 9—软管 10—比例轮缸 11—地板 12—后桥油管 13—前桥油管 14—软管 15—制动蹄 16—支撑座 17—制动轮缸 *Δ*—自由间隙 *A*—自由行程 *B*—有效行程

制动主缸和轮缸的相对位置经常变化，故连接油管除用钢管外，部分有相对运动的区段，还用高强度橡胶管连接。

制动踏板与推杆铰接，推杆与主缸活塞间应有一定的间隙（1～2mm），以保证主缸活塞彻底回位。为保持和调整这一间隙，推杆长度可用螺纹调节或将其连接销制成偏心销。间隙反应到制动踏板上有一小段自由行程。

轮缸活塞直径大于主缸活塞直径，并与前后车桥上的实际载荷分配成比例。这样，作用在前后桥制动蹄上的促动力，应是踏板力和制动踏板的杠杆比及活塞直径比的乘积。如图 4-38所示，如以 10N 脚踏力踩制动踏板，踏板与支点力臂相当于主缸活塞与支点力臂的 3 倍，则作用到制动主缸活塞上的力为 30N。如果主缸活塞的截面积为 $2cm^2$，而轮缸活塞的

截面积为 $4cm^2$，那么，推动车轮制动蹄的力可达60N。

2. 液压式双管路的布置形式

双管路液压制动传动装置是利用彼此独立的双腔制动主缸，通过两套独立管路，分别控制两桥或三桥的车轮制动器。常见的双管路的布置方案有前后独立式和交叉式两种形式。

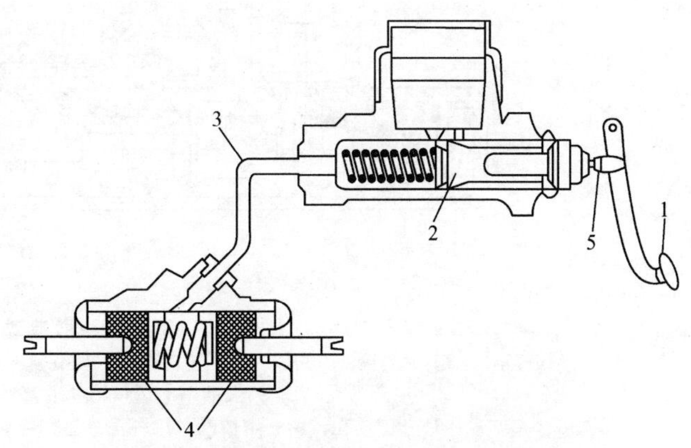

图4-38 踏板力的放大
1—制动踏板 2—主缸活塞 3—制动管路及制动液 4—轮缸活塞 5—主缸推杆

（1）前后独立式

前后独立式双管路液压制动传动装置由双腔制动主缸通过两套独立的管路分别控制前桥和后桥的车轮制动器，如图4-39所示。这种布置方式结构简单，如果其中一套管路损坏漏油，另一套仍能起作用，但会破坏前后桥制动力分配的比例，主要用于发动机前置后轮驱动的汽车。

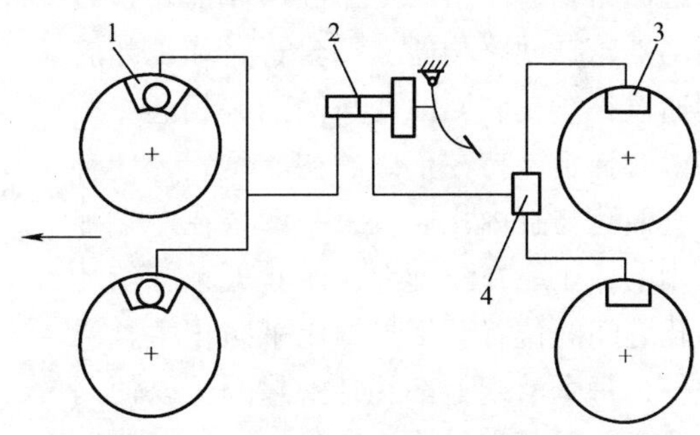

图4-39 前后独立式的双管路液压制动传动装置
1—盘式制动器 2—双腔制动主缸
3—鼓式制动器 4—制动力调节器

（2）交叉式（也称为对角线式）

交叉式双管路液压制动传动装置由双腔制动主缸通过两套独立的管路分别控制前后桥对角线方向的两个车轮制动器，如图4-40所示。这种布置方式在任一管路失效时，仍能保持一半的制动力，且前后桥制动力分配比例保持不变，有利于提高制动方向稳定性。主要用于发动机前置前轮驱动的轿车。

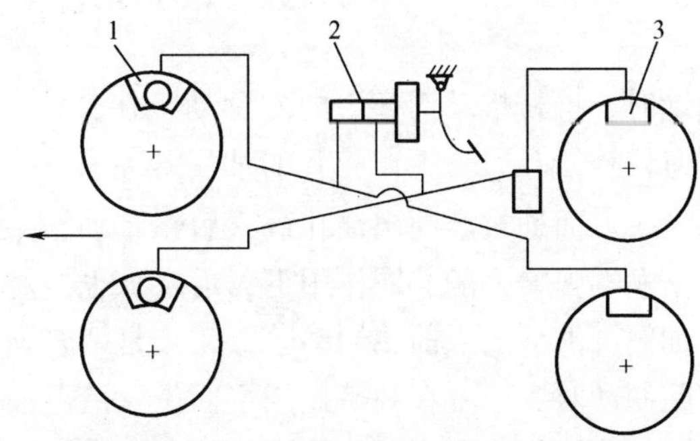

图4-40 交叉式的双管路液压制动传动装置
1—盘式制动器 2—双腔制动主缸 3—鼓式制动器

（二）液压式制动传动装置主要部件

1. 制动主缸

制动主缸又称为制动总泵，它处于制动踏板与管路之间，其功用是将制动踏板输入的机械力转换成液压力。

如图4-41和图4-42所示，串联式双腔制动主缸主要由储液罐、制动主缸外壳、前活塞、后活塞及前后活塞弹簧、推杆、皮碗等组成。

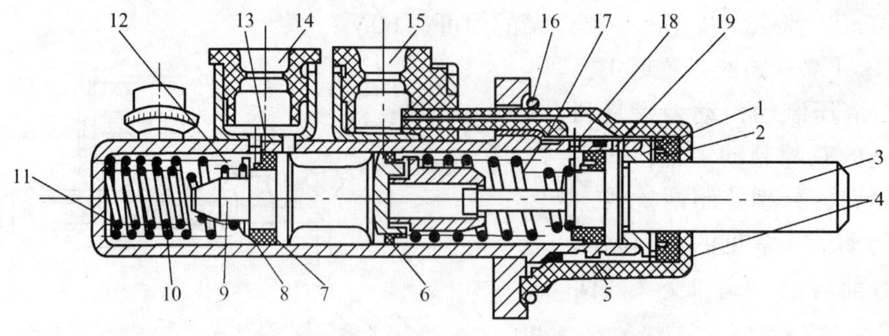

图 4-41 串联式双腔制动主缸

1—隔套 2—密封圈 3—第一活塞（带推杆） 4—防尘罩 5—防动圈 6、13—密封圈 7—垫圈 8—皮碗护圈 9—第二活塞 10—第二活塞弹簧 11—缸体 12—第二工作腔 14、15—进油孔 16—定位圈 17—第一工作腔 18—补偿孔 19—回油孔

缸体内装有两个活塞，将主缸内腔分为两个工作腔。第一工作腔即与右前轮、左后轮制动器轮缸回路相通。第二工作腔与左前轮、右后轮制动器轮缸回路相通。每套管路和工作腔又分别通过补偿孔和回油孔与储油罐相通。第二活塞由右弹簧保持在正确的初始位置，使补偿孔和进油孔与缸内相通。第一活塞在左端弹簧的作用下，压靠在隔套上，使其处于补偿孔和回油孔之间的位置。密封圈用来防止主缸漏油。此外，每个活塞上都装有密封圈，以便两腔建立油压并保证密封。

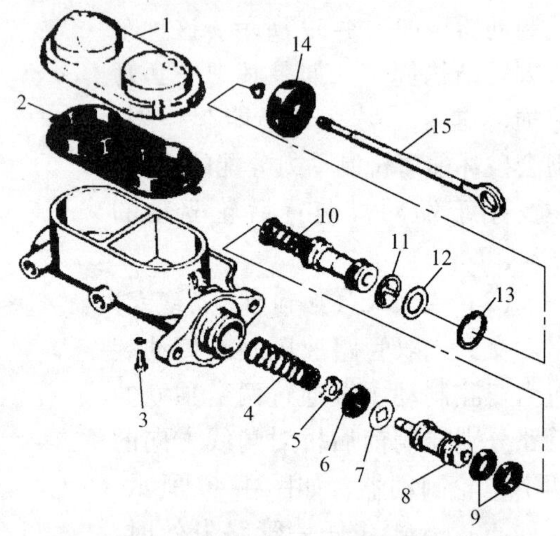

图 4-42 串联式双腔制动主缸的分解图

1—储液罐盖 2—膜片 3—限位螺钉 4—弹簧 5—皮碗护圈 6—前皮碗 7—垫圈 8—前活塞 9—后皮碗 10—后活塞 11—推杆座 12—垫圈 13—锁圈 14—防尘套 15—推杆

制动主缸的工作原理如图 4-43 所示，假设制动主缸的工作腔 a 与前轮制动管路相通，工作腔 b 与后轮制动管路相通，其工作原理具体如下。

制动时，推杆推动活塞 2 向左移动，在其密封圈遮住补偿孔后，工作腔 b 的油压开始升高。油液一方面通过腔内出油孔进入后轮制动管路，一方面又对活塞 1 产生推力。在此推力及活塞 2 左端弹簧力的共同作用下，活塞 1 也向左移动，这样工作腔 a 也产生了压力，推开腔内出油阀，油液进入前轮制动管路，于是两管路对汽车施行制动作用（图 4-43b）。

解除制动时，活塞在弹簧作用下回位，液压油自轮缸和管路流回到制动主缸。如活塞回位迅速，工作腔内容积也迅速扩大，使油压迅速降低。由于管路阻力的影响，管路中的油液不能及时流回工作腔以充满活塞移动让出的空间，使工作腔形成一定的真空度。这时，储液罐里的油液便经进油孔和活塞上面的小孔推开密封圈的边缘流入工作腔。当活塞完全回位时，补偿孔打开，工作腔内多余的油由补偿孔流回储液罐。若液压系统由于漏油，以及由于温度变化引起主缸工作腔、管路、轮缸中油液的膨胀或收缩，都可以通过补偿孔进行调节。

若与后轮连接的制动管路损坏漏油，则在踩下制动踏板时，起先只是活塞 2 前移，而不

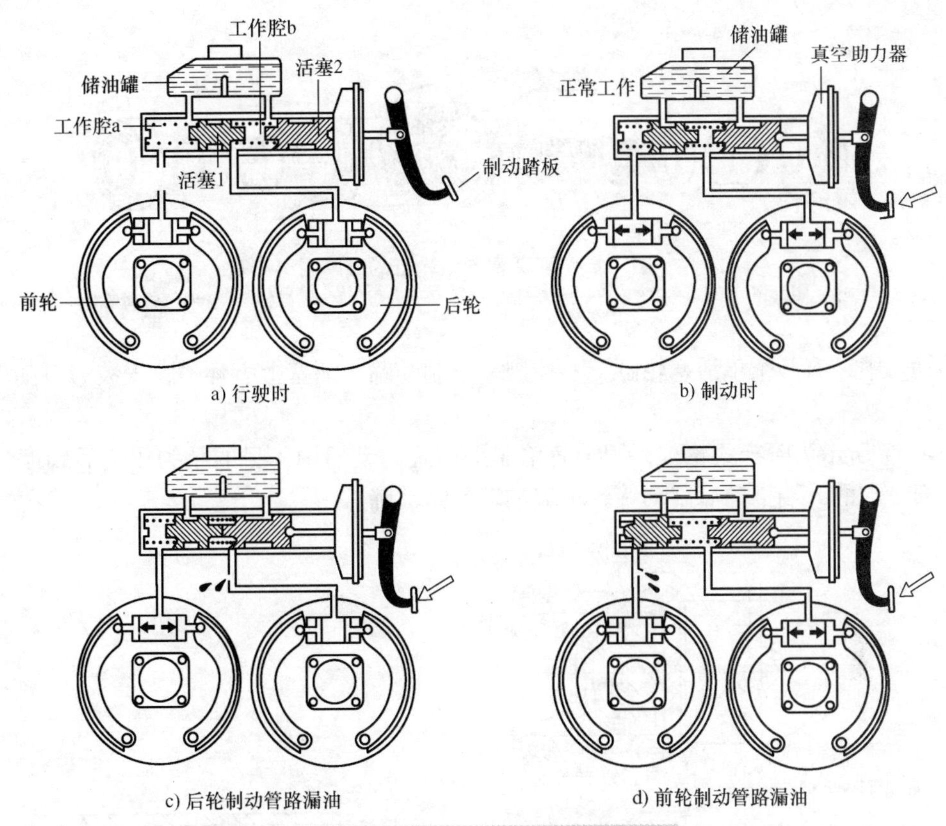

图 4-43 制动主缸工作原理示意图

能推动活塞1，因而后腔制动液压不能建立。但在活塞2直接顶触活塞1时，活塞1便前移，使与前轮连接的制动管路建立必要的制动液压而制动（图4-43c）。

若与前轮连接的制动管路损坏漏油，则在踩下制动踏板时只有工作腔b中能建立液压，工作腔a中无压力。此时，在压力差的作用下，活塞1迅速移到其前端顶到主缸缸体上。此后，工作腔b中液压方能升高到制动所需的值（图4-43d）。

2. 制动轮缸

制动轮缸的作用是将制动主缸传来的液压力转变为使制动蹄张开的机械推力。因制动器的形式不同，轮缸的数目和形式各异，常见的为双活塞式、单活塞式、阶梯式等多种形式。

双活塞式制动轮缸的结构如图4-44所示，主要由缸体、活塞、皮碗、弹簧和放气螺钉等组成。轮缸为精度高而光洁的直筒，轮缸的缸体通常用螺钉固装在制动底板上，位于两制动蹄之间。内装铝合金活塞，密封皮碗的刃口方向朝内，并由弹簧压靠在活塞上与其同步运动。活塞外端压有顶块并与蹄的上端相抵紧。在缸体的另一端装有防护罩，可防止尘土及泥土的侵入。缸体上方装有放气螺塞，以便放出液压系统中的空气。图4-45所示为双活塞制动轮缸结构分解图。

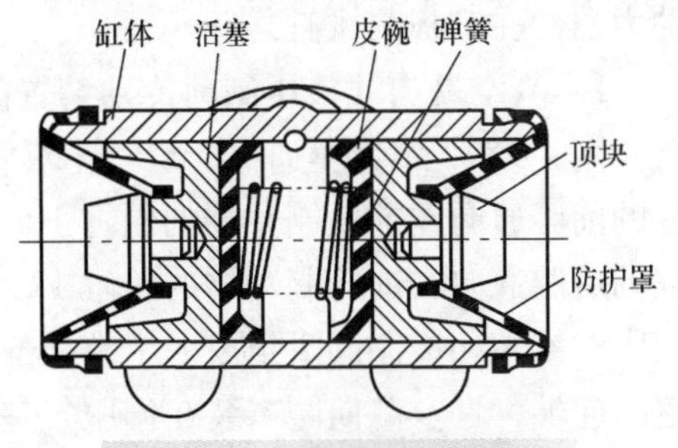

图 4-44 双活塞式制动轮缸

图4-46所示为单活塞式制动轮缸。它用于单向助势平衡式制动器或单向自动增力式制动器中。

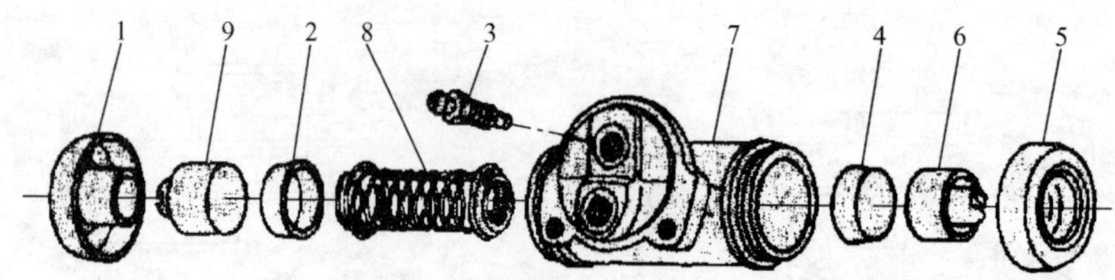

图 4-45 双活塞制动轮缸的分解图

1、5—防尘罩 2、4—皮碗 3—放气螺钉 6、9—活塞 7—轮缸体 8—回位弹簧总成

每一制动器中装有两个单活塞轮缸，各控制一个制动蹄。活塞上有环槽，安装刃口朝里的密封圈。

图 4-47 所示为阶梯式轮缸，用于简单非平衡式制动器中，目的是为了前后蹄摩擦片均匀的磨损，它的大端推动后制动蹄，小端推动前制动蹄。

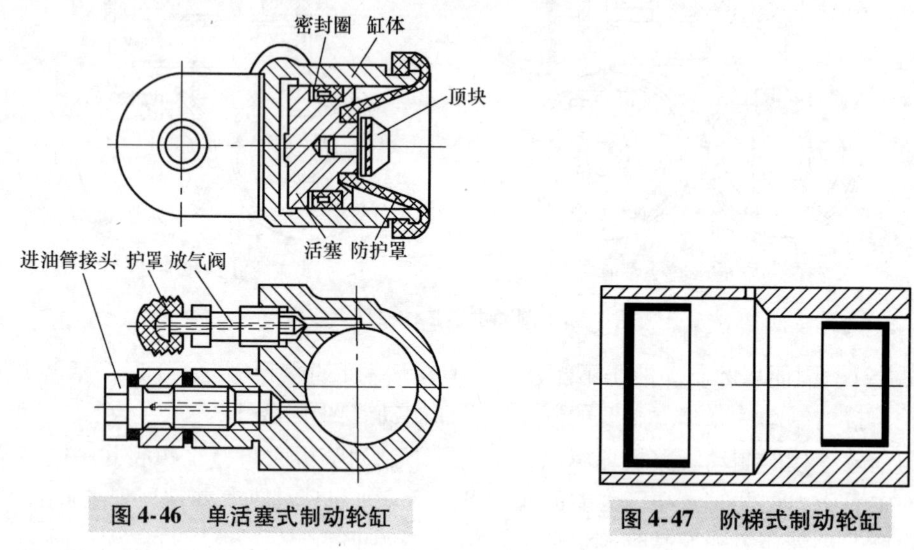

图 4-46 单活塞式制动轮缸

图 4-47 阶梯式制动轮缸

（三）真空液压制动传动装置

在普通的液压制动系统中，加装真空加力装置，可以减轻驾驶人施加于制动踏板上的力，增加车轮的制动力，达到操纵轻便、制动可靠的目的。

真空加力装置可分为增压式和助力式两种。增压式是通过增压器将制动主缸的液压进一步增加，增压器装在主缸之后；助力式是通过助力器来帮助制动踏板对制动主缸产生推力，助力器装在踏板与主缸之间。

1. 真空助力式液压制动传动装置的组成

图 4-48 所示为奥迪 100 型轿车双管路真空助力式液压制动传动装置。串联双腔制动主缸的前腔通向左前轮制轮器的轮缸 10，并经感载比例阀 9 通向右后轮制动器的轮缸 13。主缸的后腔通向右前轮制动器的轮缸 12，并经感载比例阀 9 通向左后轮制动器轮缸 11。真空伺服气室 3 和控制阀 2 组成一个整体部件，称为真空助力器。制动主缸直接装在真空伺服气室的前端，真空单向阀 7 装在伺服气室上。真空伺服气室工作时产生的推力，也同踏板力一样直接作用在制动主缸 4 的活塞推杆上。

2. 真空助力器的结构及工作原理

真空助力器的结构如图 4-49 所示。真空伺服气室用螺栓固装在车身前围板上，并借推杆与制动踏板机构连接。伺服气室前腔经真空单向阀通向发动机进气管。外界空气经过空气滤清器滤清后进入伺服气室后腔。

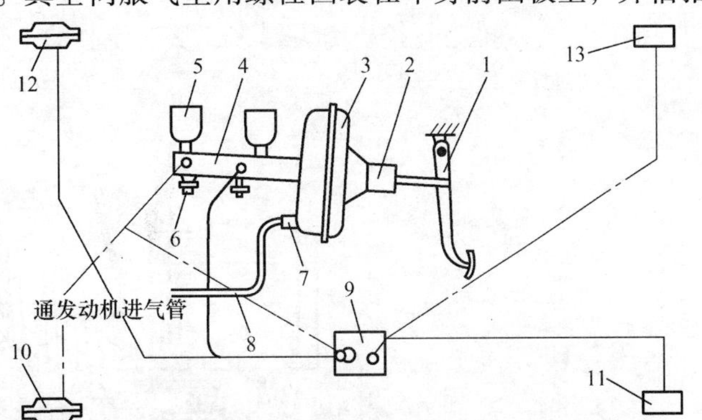

图 4-48　奥迪 100 型轿车真空助力式液压制动传动装置

1—制动踏板机构　2—控制阀　3—加力气室　4—制动主缸　5—储液罐　6—制动信号灯液压开关　7—真空单向阀　8—真空供能管路　9—感载比例阀　10—左前轮缸　11—左后轮缸　12—右前轮缸　13—右后轮缸

伺服气室膜片座内有连通伺服气室前腔和控制阀的真空通道，以及连通伺服气室后腔和控制阀的大气通道。带有密封套的橡胶阀门与在膜片座上加工出来的阀座组成真空阀，与控制阀柱塞的大气阀座组成空气阀。控制阀柱塞同控制阀推杆借后者的球头铰接。

1）不制动时，未踩下制动踏板，控制阀处于非工作状态（图 4-49）。复位弹簧将制动主缸推杆连同空气阀推至右极限位置，橡胶阀门被压紧在空气阀座上，空气阀关闭；真空阀门被压缩离开阀痤，真空通道开启，伺服气室 A、B 两腔相通，并与大气隔绝。发动机运转后，进气歧管真空单向阀被吸开，A、B 两腔内均具有一定的真空度。即不制动时，真空阀开启，空气阀关闭。

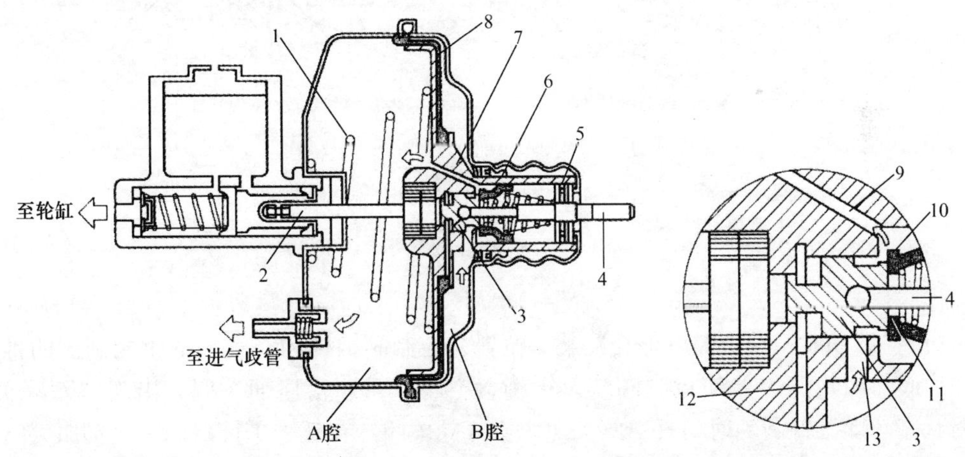

图 4-49　真空助力器结构与工作原理（未踩制动踏板时）

1—膜片复位弹簧　2—制动主缸推杆　3—控制阀柱塞　4—控制阀推杆　5—空气滤清器　6—控制阀密封件　7—控制阀　8—膜片　9—真空通道　10—真空阀　11—空气阀　12—阀柱塞止动块　13—大气通道

2）制动时（图 4-50），控制阀推杆连同空气阀向左移动，消除了控制阀的间隙后，压缩控制阀的中心部，并推动制动主缸推杆向左移动，使制动主缸油压上升。与此同时，控制阀推杆通过弹簧先将真空阀压向阀座而关闭，使 A 腔与 B 腔隔绝（第一阶段）。进而空气阀与阀座分离而开启，外界空气经空气滤清器、空气阀的开口和大气通道进入 B 腔（第二阶

段）。随着空气的进入，在伺服气室膜片的两侧出现压力差而产生推力，此推力通过膜片、控制阀推动制动主缸推杆左移。此时，控制阀推杆上的作用力为踏板力和伺服气室推力之和，但伺服气室推力较踏板力大得多，从而使制动主缸输出的液压成倍增高。此时，真空阀关闭，空气阀开启。

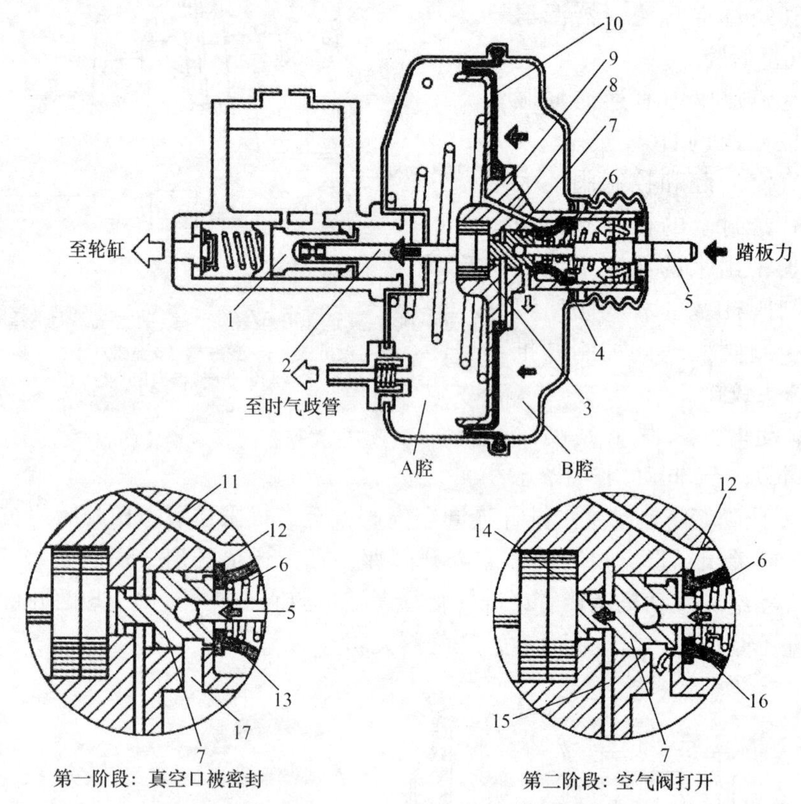

图 4-50 真空助力器工作原理（踩下制动踏板时）

1—主缸活塞 2—制动主缸推杆 3、14—反作用盘 4—控制阀密封件 5—控制阀推杆 6—控制阀推杆弹簧 7—控制阀柱塞 8—真空通道 9—控制阀 10—膜片 11—真空通道 12—真空阀 13—空气弹簧 15—阀柱塞止动块 16—空气阀 17—大气通道

3）维持制动时，踏板踩下停止在某一位置，控制阀推杆和空气阀推压控制阀的推力不再增加，膜片两边压力差使控制阀恢复平衡，空气阀重新落座而关闭，出现“双阀关闭”的平衡状态。即维持制动时，真空阀关闭，空气阀关闭。在任一平衡状态下，伺服气室后腔中的稳定真空度均与踏板行程成一定的比例关系，这就体现了控制阀的随动作用。当伺服室后腔的压力等于大气压力时，助力作用达最大。

4）放松制动时，复位弹簧使控制阀推杆和空气阀后移，真空阀离开阀座，伺服气室 A、B 相通，成为真空状态。膜片和膜片座在复位弹簧的作用下复位，主缸即解除制动。即放松制动踏板时，真空阀开启，空气阀关闭。

当真空助力器或真空源失效时，作用于主缸推杆上的力取决于驾驶人对制动踏板施加的踏板力，但此时所需的踏板力要比真空助力器或真空源未失效时大得多。

（四）前后轮制动力分配调节装置

汽车制动时，作用在车轮上的制动力随着踏板力的增加而增加，但最大制动力受到轮胎与路面附着力的限制，制动力不能超过附着力，否则，车轮将被“抱死”。无论前轮先抱死还是后轮先抱死都会严重影响汽车行驶的安全性，并加剧轮胎的磨损。

汽车既能得到尽可能大的制动力，又能保持行驶方向的稳定性，就必须使汽车前后轮同时达到抱死的边缘。其条件是，前后轮制动力之比等于前后轮对路面垂直载荷之比。

但是，汽车装载量的不同和汽车制动时减速度的不同，引起了载荷的转移。汽车前后轮的实际垂直载荷比是变化的。因此，要满足最佳制动状态的条件，汽车前后轮制动力的比例也应是变化的。为使前后轮获得理想的制动力，现代汽车上采用了各种制动力调节装置，用以调节前后车轮制动管路的工作压力，常用的调节装置有限压阀、比例阀、感载阀和惯性阀等。

1. 限压阀

限压阀是一种简单的压力调节阀，串联在制动主缸与后轮制动器的管路之间，其功用是当前、后制动管路压力 P_1 和 P_2 由零同步增长到一定值后，自动将 P_2 限定在该值不变，防止后轮抱死。

图 4-51 所示为限压阀的结构。阀体上有三个孔口，A 口与制动主缸连通；B 口通两后轮轮缸。阀体内有滑阀 3 和有一定预紧力的弹簧 2。滑阀被弹簧顶靠在阀体内左端位置。

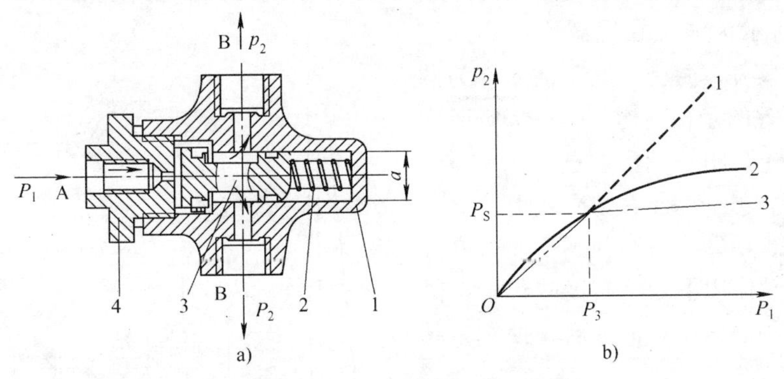

图 4-51 液压式限压阀及特性曲线

1—阀体 2—弹簧 3—滑阀 4—接头

A—通制动主缸 B—通制动轮缸

轻踩制动踏板时，制动主缸产生一定的液压力 p_1，滑阀左端面推力为 $p_1 \times a$（a 为滑阀左端面有效面积），滑阀右端承受弹簧力 F。此时，由于 $F > p_1 \times a$，滑阀不动，因而 $p_1 = p_2$，限压阀不起限压作用。当踏板压力增大时，p_1 与 p_2 同步增长到一定值 p_S（限压点）后，活塞左方压力便超过右方弹簧的预紧力，即 $p_S \times a > F$，于是滑阀向右移动，关闭 A 腔与 B 腔的通路。此后，p_1 再增大时，p_2 也不再增大。其特性曲线如图 4-51b 所示。限压点 p_S 决定于限压阀的结构，与汽车的轴载质量无关。通常情况下，p_S 值低于理想值，不会出现后轮先抱死。

2. 比例阀

比例阀也串联在制动主缸与后轮制动器的管路之间，其功用是当前、后制动管路压力

p_1 和 p_2 由零同步增长到一定值 p_S 后，即自动对 p_2 增长加以限制，使 p_2 的增量小于 p_1 的增量，使实际油压分配曲线与理想曲线更为接近。

图 4-52 所示为比例阀的结构原理，比例阀通常采用两端承压面积不等的异径活塞。不工作时，异径活塞 2 在弹簧 3 的作用下处于上极限位置。此时阀门 1 保持开启，因而在输入控制压力 p_1 与输出压力 p_2 从零同步增长的初始阶段，$p_1=p_2$。但是压力 p_1 的作用面积小于压力 p_2 的作用面积，故活塞上方液压作用力大于活塞下方的液压作用力。在 p_1、p_2 同步增长的过程中，活塞上、下两端液压作用力之差超过弹簧 3 的预紧力时，活塞便开始下移。当 p_1 和 p_2 增长一定值 p_S 时，活塞内腔中阀座与阀门接触，进油腔与出油腔被隔绝。此即比例阀的平衡状态。当踏板力增大时，p_1 进一步提高，则活塞上升，阀门再度开启，油液继续流入出油腔，使 p_2 也升高，但由于活塞的下端面积小于其上端面积，因此 p_2 尚未增加到新的 p_1 值，活塞又下降到平衡位置。

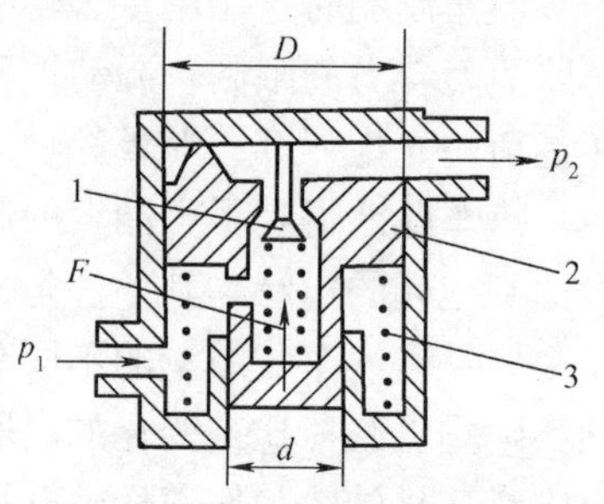

图 4-52 比例阀的结构原理

1—阀门 2—活塞 3—弹簧

3. 感载阀

有些车辆（特别是中、重型货车）在实际载重量不同时，其总重力和重心位置变化较大。因此，满载和空载时的前后轮制动力分配差距也较大，所以应采用随汽车实际装载质量变化而改变的感载阀。液压系统常用的感载阀有感载限压阀和感载比例阀两类。

图 4-53 所示为液压式感载比例阀的结构。阀体 3 安装在车身上，其中活塞 4 为两端承压面积不等的差径结构，其右部空腔内有阀门 2。杠杆 5 的一端由感载拉力弹簧 6 与后悬架连接，另一端压在活塞 4 上。

不制动时，活塞在拉力弹簧 6 通过杠杆 5 施加的推力 F 作用下处于右极限位置。阀门 2 因其杆部顶触螺塞 1 而开启，使左右阀腔连通。

轻微制动时，来自制动主缸的液压 p_1 由进油口 A 进入，并通过阀门 2 从出油口 B 输出至后轮缸，出油口 B 处液压 $p_2=p_1$。此时，活塞右端面的推力为 $p_2\times b$（b 为活塞右端面圆形有效面积），小于左端的推力 $p_1\times a$（a 为活塞左端面圆形有效面积，$a<b$）与推力 F 之和。在此状态下，活塞不动，阀门 2 仍处于开启状态，$p_2=p_1$。

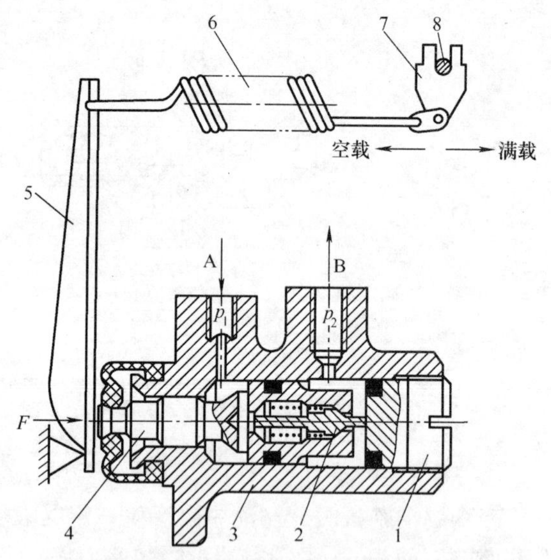

图 4-53 液压式感载比例阀机构

1—螺塞 2—阀门 3—阀体 4—活塞 5—杠杆 6—感载拉力弹簧 7—摇臂 8—后悬架横向稳定杆

重踩制动踏板时，制动管路的液压 p_2 和 p_1 将同步增长，当增长至活塞左右两端面液压之差大于推力 F 时，活塞即左移一定距离。阀门 2 落座，将左右两腔隔绝。此时的液压为限压点的液压 p_S，活塞处于平衡状态。若进一步提高 p_1，则活塞将右移，阀门 2 再度开启，油液继续流入出油腔使 p_2 也升高。但由于 $a<b$，p_2 尚未升高到等于 p_1 时，阀门 2 又落座，

将油道切断，活塞又处于平衡状态。这样，自动调节过程将随踏板力的变化而反复不断地进行。在 p_1 超过 p_S 后，p_2 虽然随 p_1 按比例的增长，但总是小于 p_1。

从上述过程得知，活塞处于平衡状态时，其两端的压力差和弹簧的推力 F 总维持着下述关系：$p_2 \times b = F + p_1 \times a$。

由此式得知，p_2 与弹簧推力 F 成正比关系，限压点液压 p_S 的大小也取决于弹簧推力 F 的大小。F 增大时，p_S 就越大；反之则小。只要使弹簧的预紧力能随实际轴载质量变化，便能实现感载调节。

当汽车的轴载变化时，车身和车桥间的距离发生变化，利用此变化来改变弹簧的预紧力，即能实现感载调节。拉力弹簧 6 右端经吊耳与摇臂 7 相连，而摇臂则夹紧在汽车后悬架的横向稳定杆 8 的中部。当汽车的轴载质量增加时，后桥向车身移近，后悬架的横向稳定杆便带动摇臂 7 逆时针转过一个角度，将弹簧 6 进一步拉伸，作用于活塞 4 上的推力 F 便增加；反之，轴载质量减小，弹簧 6 的拉伸量和推力 F 即减小。因而，调节作用点 p_S 随轴载质量而变化。

4. 惯性阀

汽车轴载质量的变化不仅与汽车总质量或实际装载质量有关，还与汽车制动时的减速度大小有关。当汽车制动减速度增加时，前轴的轴载质量增大，而后轴的轴载质量减小。

惯性阀的作用是使限压点液压值 p_S 取决于汽车制动时作用在汽车重心上的惯性力。即 p_S 不仅与汽车的实际质量有关，还与汽车制动减速度有关。

如图4-54 所示，惯性限压阀内有一个惯性钢球2，惯性钢球的支撑面相对于水平面的仰角 θ 必须大于零，惯性阀方可起作用。汽车在水平路面上时，θ 应为 10°～13°。

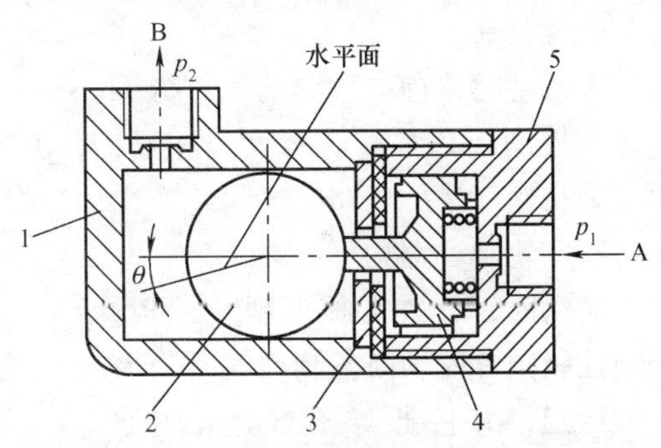

图 4-54 惯性限压阀
1—阀体 2—惯性球 3—阀座 4—阀门 5—阀盖

通常惯性钢球在其本身重力作用下处于下极限位置，并将阀门 4 推到与阀盖 5 接触，使得阀门 4 与阀座 3 之间保持一定间隙。此时进油口 A 与出油口 B 相通。

当汽车在水平路面上进行制动时，来自主缸方面的压力由进油口 A 输入惯性阀，再从出油口 B 进入后制动管路。输出压力 p_2 即等于输入压力 p_1。当路面对车轮的制动力使汽车产生减速度时，作为汽车零件的惯性钢球也具有相同的减速度。在控制压力 p_1 较低，减速度较小时，惯性钢球向前的惯性力沿支撑面的分力不足以平衡钢球的重力沿支撑面的分力时，阀门仍保持开启状态，输出压力 p_2 仍等于输入压力 p_1。当 p_1 上升到一定值 p_S 时，制动减速度增大到足以实现上述二力平衡时，阀门弹簧便通过阀门将钢球推向前方，使阀门得以压靠阀座，切断液流通路。此后 p_1 继续升高，前轮制动力也即汽车总制动力继续增大，钢球的惯性力使钢球滚到前上极限位置不动。阀门对阀座的压紧力也因 p_1 的升高而加大，但 p_2 就保持 p_S 值不变。

当汽车在上坡路上进行制动时，由于支撑面仰角 θ 增大，惯性钢球重力沿支撑面的分力也增大，使得惯性阀开始起作用，所需的控制压力值 p_S 也升高，即所限定的输出压力 p_2 值更高。这正与汽车上坡时后轮附着力加大相适应。相反，当汽车在下坡路上进行制动时，后

轮附着力减小，惯性阀所限定的 p_S 也正好相应地降低。

（五）气压式制动传动装置

气压式制动传动装置是以驾驶人的体力作为控制能源，以空气压缩机的压缩空气作为力源，使制动器产生制动。气压制动传动装置按制动回路的布置形式可分为单回路和双回路。目前，汽车上多采用双回路气压制动传动装置。

1. 气压制动传动装置的组成与工作原理

图4-55所示为气压制动装置的组成。气压制动装置由两大部分组成：控制部分，包括制动踏板9、制动控制阀10、控制管路、制动气室11、12及制动灯开关13等部件；气源部分，包括空气压缩机1、储气筒5、调压机构（卸荷阀2和调压阀3）、气压表8和安全阀6等部件。双回路控制系统还包括泵类、阀类装置。

工作原理：空气压缩机由发动机通过带轮或齿轮驱动，将高压空气压入储气筒，筒内气压利用调压机构保持在0.7～1MPa范围内，用气压表指示气压。储气筒通过制动控制阀和管路与前、后制动气室连通。通过制动踏板来操纵制动控制阀，使制动气室在制动时与储气筒相通，而在解除时与大气相通。

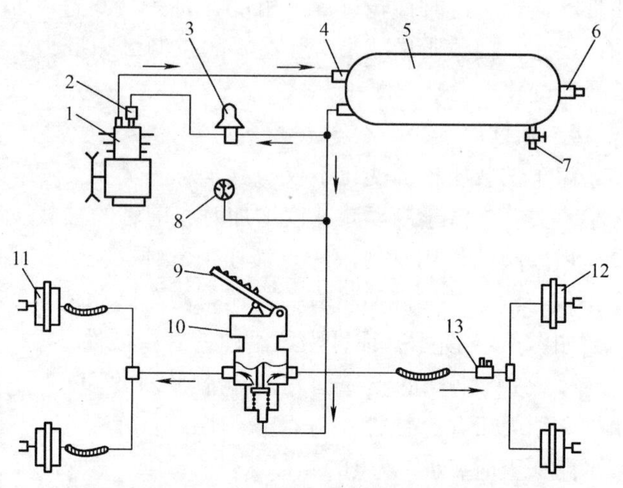

图4-55　气压制动装置的组成

1—空气压缩机　2—卸荷阀　3—调压阀　4—单向阀　5—储气筒　6—安全阀　7—油水放出阀　8—气压表　9—制动踏板　10—制动控制阀　11—前制动气室　12—后制动气室　13—制动灯开关

不制动时，前、后制动气室分别经制动控制阀和快放阀与大气相通，而与来自储气罐的压缩空气隔绝，因此所有车轮制动器均不制动。

制动时，驾驶人踩下制动踏板，制动控制阀首先切断各制动气室与大气的通道，并接通与压缩空气的通道，于是储气筒经制动阀向前、后制动气室供气，促动前、后制动器产生制动。此时，制动气室内的气压与踏板行程成正比。踏板踩到底时，通过对制动控制阀的控制作用，使制动气室内最高气压保持在0.5～0.8MPa左右，而储气筒内的气压在任何时候都始终高于或等于此值。

2. 双回路气压制动传动装置的组成和管路布置

双回路气压制动传动装置的基本组成包括空气压缩机、双腔制动控制阀、储气筒、制动气室、管路等。

图4-56所示为解放CA1092型汽车双回路气压制动传动装置示意图。空气压缩机将压缩空气经单向阀输入湿储气筒进行气水分离，之后分成两个回路：一个回路经过前桥储气筒、双腔制动控制阀的后腔而通向前制动气室；另一回路经后桥储气筒、双腔制动控制阀的前腔和快放阀而通向后制动气室。

当其中一个回路发生故障而失效时，另一回路仍能继续工作，使汽车仍具有一定的制动能力，从而提高了汽车行驶的安全性。当松开制动踏板时，装在制动控制阀至后制动气室之

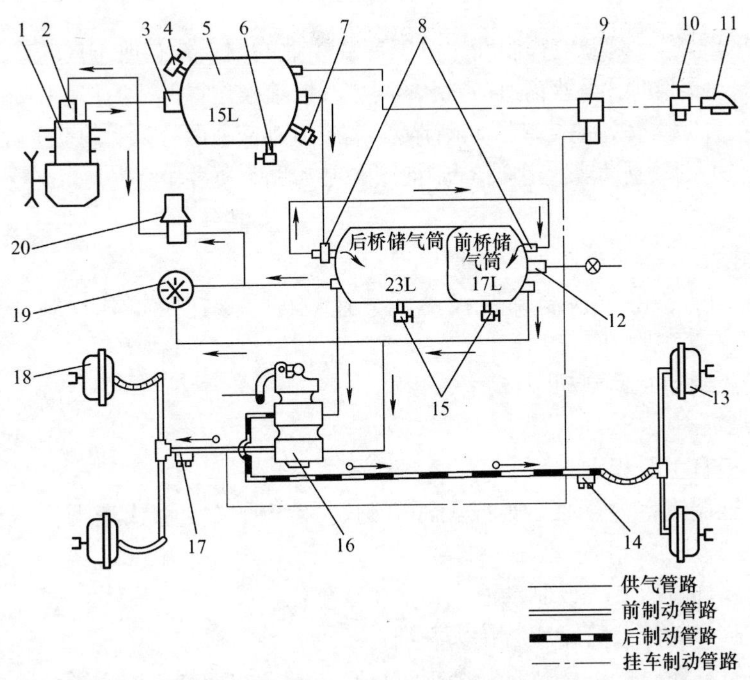

图4-56 解放CA1092型汽车双回路气压制动传动装置示意图

1—空气压缩机 2—卸荷阀 3—单向阀 4—取气阀 5—湿储气筒 6、15—油水放出阀 7—安全阀 8—单向阀 9—挂车制动阀 10—分离开关 11—连接头 12—气压过低报警开关 13—后轮制动气室 14、17—制动灯开关 16—串联双腔式制动控制阀 18—前轮制动气室 19—双指针压力表 20—气压调节阀

间的快放阀可使后轮制动气室放气路线及时间缩短，保证后制动器迅速解除制动。

（六）常规制动系统的故障诊断与排除

常规制动系统常见故障包括制动失效、制动不灵、制动跑偏和制动拖滞等。

1. 制动失效

（1）故障现象

踩下制动踏板，车辆不减速，即使连续踩几次制动踏板也无明显减速作用。

（2）故障原因

1）制动踏板至制动主缸的连接松脱。

2）制动储液室无制动液或严重缺液。

3）制动管路断裂漏油。

4）制动主缸皮碗破裂。

（3）诊断与排除

首先踩动制动踏板试验，根据踩制动踏板时的感觉，相应的检查有关部位。

1）若制动踏板与制动主缸无连接感，说明制动踏板至制动主缸的连接松脱，应检查修复。

2）踩下制动踏板时，若感到很轻，稍有阻力感，则应检查主缸储液室内制动液是否充足。若主缸储液室内无液或严重缺液，应添加制动液至规定位置。再次踩下制动踏板

时，若仍没有阻力感，则应检查制动主缸至制动轮缸的制动软管或金属管有无断裂漏油。

3）踩下制动踏板时，虽然感到有一定的阻力，但踏板位置保持不住，明显下沉，则应检查制动主缸的推杆防尘套处是否有制动液泄漏。若有制动液泄漏，说明制动主缸皮碗破裂；若车轮制动鼓边缘有大量制动液，则应检查制动轮缸皮碗是否压翻，磨损是否严重。

2. 制动不灵

（1）故障现象

1）汽车制动时，踩一次制动踏板不能减速或停车，连续踩几次制动踏板，效果也不好。

2）汽车紧急制动时，制动距离太长。

（2）故障原因

1）制动踏板自由行程太大。

2）制动主缸储液室内存油不足或无油，制动液变质（变稀或变稠）或管路内壁积垢太厚。

3）制动管路内进入空气或制动液汽化产生了气阻。

4）制动主缸、轮缸、管路或管接头漏油。

5）制动主缸、轮缸的活塞及缸筒磨损过度；皮碗老化或磨损引起密封不良。

6）制动主缸的出油阀、回油阀不密封；活塞复位弹簧预紧力太小；活塞前端贯通小孔堵塞；进油孔、储液室的通气孔堵塞。

7）制动器的制动鼓与制动蹄片间隙不当；制动鼓与制动蹄片接触面积太小；制动蹄片质量不佳或沾有油污，制动蹄片铆钉松动；制动鼓产生沟槽磨损或失圆，制动时变形。

8）真空助力器的各真空管路接头松动、脱落，管路有破裂处；膜片破裂或者密封圈密封不良；单向阀、控制阀密封不良；辅助缸活塞、皮碗磨损过甚；单向球阀不密封。

（3）诊断与排除

踩动制动踏板进行制动试验，根据踩制动踏板时的感觉，检查相应的部位。

1）一脚踩下制动踏板，踏板到底且无反力；连续几次踩制动踏板都能踩到底，且感觉阻力很小，则应检查储液室中制动液液面高度是否符合要求。若液面低于下线或“MIN”线以下，说明制动液液面太低；检查制动踏板连动机构有无松脱。

2）连续踩制动踏板时，踏板高度仍过低，并且在第一脚制动后，感到主缸活塞未回位，踩下制动踏板即有制动主缸与活塞碰击响声，则应检查主缸的活塞回位弹簧是否过软，主缸的皮碗是否破裂。

3）连续踩几次制动踏板时，踏板高度低而软，则应检查制动主缸的进油孔或储液室的通气孔是否堵塞。

4）一脚踩下制动踏板时，踏板高度过低；连续踩下制动踏板时，踏板高度稍有增高，并有弹性感，则应检查系统内是否存有气体。

5）一脚踩下制动踏板时，踏板高度较低；连续踩下制动踏板时，踏板高度随之增高且制动效能好转，则应检查制动踏板的自由行程及制动器的间隙。

6）维持制动踏板高度时，若缓慢或迅速下降，则应检查制动管路是否破裂、管接头是否密封不良；主缸、轮缸皮碗或皮圈密封是否良好。

7）安装助力器的车辆，踩下制动踏板时，若踏板高度适当但太硬，且制动不灵，则应检查助力器的工作情况；检查制动系统油管是否有老化、凹瘪、制动液黏度是否太大。

8）踩制动踏板时，若踏板有向上反弹、顶脚的感觉，且制动力不足，则应检查增压器的辅助缸活塞磨损是否过度；辅助缸活塞、皮碗是否密封不良；辅助缸单向球阀是否密封不良。

9）路试车辆时，观察各车轮的制动情况。若个别车轮制动不良，则应检查该车轮的制动软管是否老化；摩擦片与制动鼓间的间隙是否不当；摩擦片是否有硬化、油污、铆钉外露现象；制动鼓内壁是否磨损成沟槽；摩擦片与制动鼓的接触面积是否过小。

3. 制动跑偏

（1）故障现象

1）汽车行驶制动时，行驶方向发生偏斜。

2）紧急制动时，方向急转或车辆甩尾。

（2）故障原因

1）左右车轮轮胎气压、花纹或磨损程度不一致。

2）左右车轮轮毂轴承松紧不一、个别轴承破损。

3）左右车轮的制动蹄摩擦衬片材料不一或新旧程度不一；左右车轮制动蹄摩擦片与制动鼓的接触面积、位置不一样或制动间隙不等；左右车轮制动鼓的厚度、直径、工作中的变形程度和工作面的粗糙度不一。

4）左右车轮轮缸的技术状况不一，造成起作用时间或张力大小不相等；单边制动管路凹瘪、阻塞或漏油；单边制动管路或轮缸内有气阻；单边制动蹄与支承销配合过紧或锈蚀。

5）一侧悬架弹簧折断或弹力过低，一侧减振器漏油或失效。

6）前轮定位失准，转向传动机构松旷。

7）车架、车桥在水平平面内弯曲，车架两边的轴距不等。

8）感载比例阀故障。

（3）诊断与排除

1）若车辆正常行驶时也有跑偏现象，则首先做以下外观检查：检查左右车轮轮胎气压、花纹和磨损程度是否一致；检查各减振器是否漏油或失效；检查悬架弹簧是否折断或弹力是否一致。

2）支起车轮，用手转动和轴向推拉车轮。若一侧车轮有松旷或过紧感觉，应重新调整轴承的预紧度；若转动车轮有发卡或异响，应检查该轮轮毂轴承是否破损或毁坏。

3）对汽车进行路试。制动后，若汽车向一侧跑偏，则为另一侧的车轮制动不良。

首先对该车轮制动器进行放气，若无制动液喷出，说明该轮制动管路堵塞，应予以更换。若放出的制动液中有空气，说明该轮制动管路中混入空气，应予以排放。

观察该轮制动器间隙，若制动器间隙过大，说明制动蹄摩擦片磨损严重或制动自调装置失效，应更换。

上述检查正常，应拆检该轮制动器。检查制动盘或制动鼓是否磨损过甚或有沟槽，若磨损过甚，应更换；若有严重沟槽，应车削或镗削；检查制动蹄摩擦片（摩擦衬块）是否有油污或水湿及磨损过甚，若摩擦片（衬片）有油污或水湿，应查明原因并清理；若摩擦片磨损过甚，应更换；检查制动轮缸或制动钳活塞，若有漏油或发卡现象，应更换。

4）若制动时，出现忽左忽右跑偏现象，则应检查前轮定位是否符合要求，若前轮定位不正确，应调整；检查转向传动机构是否松旷，若松旷，应紧固、调整或更换。

5）若在制动时，车辆出现甩尾现象，应检查感载比例阀是否有故障。

4. 制动拖滞

（1）故障现象

抬起制动踏板后，全部或个别车轮的制动作用不能立即完全解除，以至于影响了车辆重新起步、加速行驶或滑行。

（2）故障原因

1）制动踏板无自由行程，制动踏板拉杆系统不能回位。

2）制动主缸回位弹簧折断或失效；制动主缸回油孔被污物堵塞，密封圈发胀或发粘与缸体卡死。

3）通往制动轮缸的油管凹瘪或堵塞；前制动器密封圈损坏，造成活塞不能正常复位；前、后制动器轮缸密封圈发胀或发粘与缸体卡死。

4）制动盘摆差过大。

5）鼓式制动器制动蹄回位弹簧折断或过软、制动蹄摩擦片破裂或铆钉松动、制动鼓严重失圆。

（3）诊断与排除

1）将汽车支起，在未踩制动踏板的情况下，用手转动车轮。若某一车轮转不动，说明该轮制动器拖滞；若全部车轮转不动，说明全部车轮制动器拖滞。

2）若为个别车轮制动器拖滞，首先旋松该轮制动轮缸的放气螺钉，若制动液急速喷出，随即车轮能旋转自如，说明该轮制动管路堵塞，轮缸未能回油，应更换。若车轮仍转不动，则拆下车轮，解体检查制动器。

对于盘式制动器：

① 检查制动盘的轴向跳动量，若误差过大，应磨削或更换。

② 拆检制动轮缸，若轮缸活塞发卡或密封圈损坏，应更换。

对于鼓式制动器：

① 检查制动蹄摩擦片状况，若摩擦片破裂或铆钉松动，应更换摩擦片。

② 检查制动器间隙自调装置，若有损坏，应更换。

③ 检查制动鼓状况，若制动鼓圆度误差过大，应镗削或更换；检查制动蹄回位弹簧，若有折断或弹力减弱，应更换。

④ 检查制动轮缸，若轮缸活塞发卡或密封圈损坏，应更换。

3）若全部车轮制动器拖滞，则首先检查制动踏板自由行程是否符合要求，若自由行程过小，应调整。

4）检查制动踏板的回位情况，用力将制动踏板踩到底并迅速抬起，若踏板回位缓慢，说明制动踏板回位弹簧失效或踏板轴发卡，应更换或修复。

5）检查制动主缸的工作情况。打开制动液储液室盖，由一人连续踩制动踏板，另一人观察制动主缸的回油情况。若不回油，说明制动主缸回油孔堵塞，应清洗、疏通；若回油缓慢，说明制动液过脏或变质，应更换。

（七）车辆制动液的选用

目前，市场上车辆型号和制动液产品等级很多，正确选择和使用，是确保汽车行驶安全、可靠工作的重要环节。

1. 制动液的分类

我国现行的制动液标准 GB 12981—2003《机动车辆制动液》为强制性标准，共有 14 项技术指标要求，分别是外观、平衡回流沸点、湿平衡回流沸点、运动黏度（100℃、-40℃）、pH 值、液体稳定性、腐蚀性、低温流动性和外观、蒸发性能、容水性、液体相容性、抗氧化性、橡胶相容性、行程模拟性能。

合格达标的制动液有如下几个特性：

1）在高温、严寒、高速、湿热等工况条件下保证灵活传递制动力。

2）对制动系统的金属和非金属材料没有腐蚀性。

3）能够有效润滑制动系统的运动部件，延长制动分泵和皮碗的使用寿命。

对制动液的性能要求：

1）黏温性好，凝固点低，低温流动性好。

2）沸点高，高温下不产生气阻。

3）使用过程中品质变化小，并不引起金属件和橡胶件的腐蚀和变质。

按照 GB 12981—2003《机动车辆制动液》，将制动液分为 HZY3、HZY4、HZY5，分别对应国际上的 DOT3、DOT4、DOT5。

2. 制动液的选择

不同性能指标和不同类型车辆所要求使用的制动液产品质量等级不同，汽车制造厂家在车辆使用说明书中一般都明确规定或推荐了该车辆应该使用的制动液产品质量等级，有的生产厂家还指明了具体的制动液产品品牌和型号。因此，车辆使用和维修人员首先应该按照车辆使用说明书上的规定选择使用相应的制动液产品。

当车辆使用和维修人员由于某些原因不愿意使用车辆制造厂家推荐的制动液产品时，或该产品不易获得需要重新选用制动液产品时，一般应遵循以下原则：

1）选用的制动液产品质量等级应等于或高于车辆制造厂家规定的制动液质量等级。

2）所选用的制动液产品类型应与车辆制造厂家规定的制动液产品类型相同。

3）尽量选择正规厂家生产的、性能稳定、质量有保证的制动液产品。

4）选择合成制动液。

部分汽车要求使用的制动液规格见表 4-1。

表 4-1 部分汽车要求的制动液规格

汽车型号	制动液级别
上海桑塔纳（LX 系列、2000 系列）	N052 766 XO
捷达	DOT4 制动液
福特 天霸 2.3L	DOT3 制动液
北京切诺基	DOT3 或 DOT4 制动液
奥迪 A6	DOT4 制动液
丰田卡罗拉	SAE J1703 或 FMVSS No. 116 DOT 3
别克凯越	DOT4 制动液

制动液在使用过程中，由于受到高温、高压和与其金属或橡胶零件的催化作用等因素的影响，会因氧化变质或吸水而使其质量指标产生衰变和下降。

因此，必须对在用的制动液进行适时的更换，不可以一用到底。制动液的更换期一般由汽车制造厂家或制动液生产厂家制定，根据汽车行驶里程或使用时间来确定。

部分汽车的制动液更换期见表 4-2。

表 4-2 部分汽车的制动液更换期

汽车型号	制动液更换期
上海桑塔纳（LX 系列、2000 系列）	每 24 个月或行驶超过 5 万 km
捷达	每 24 个月或行驶超过 3 万 km
北京切诺基	每 24 个月或行驶超过 2. 4 万 km
别克凯越	3 万 km 或 18 个月
丰田卡罗拉	每 24 个月或行驶超过 4 万 km

（八）制动踏板的检查与调整

丰田卡罗拉轿车制动踏板的结构如图 4-57 所示。

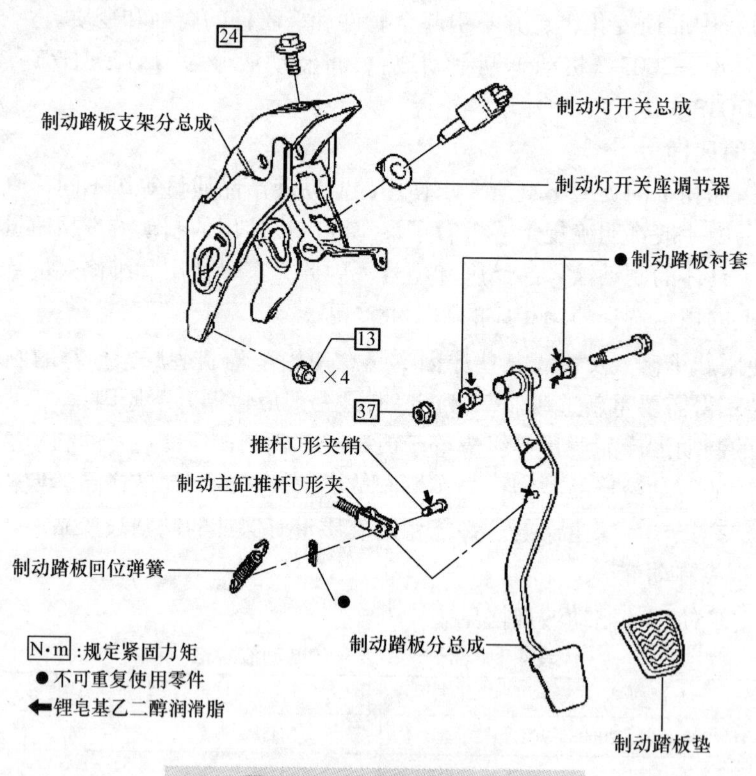

图 4-57 制动踏板的结构

1. 检查制动踏板高度

1）翻起地毯。

2）从前围消声器固定架上的开口处翻转前围消声器。

3）测量制动踏板表面和地板踏板之间的最短距离，如图 4-58 所示。踏板距离地板踏板的高度：145.8～155.8mm。

2. 调整制动踏板高度

1）断开制动灯开关插接器。

2）拆下制动灯开关总成。

3）松开推杆U形夹锁紧螺母。

4）转动推杆以调整制动踏板高度。

5）拧紧推杆U形夹锁紧螺母。

6）将制动灯开关插入调节器固定架，直到开关壳体接触到制动踏板。

7）调整制动灯开关。

8）连接制动灯开关插接器。

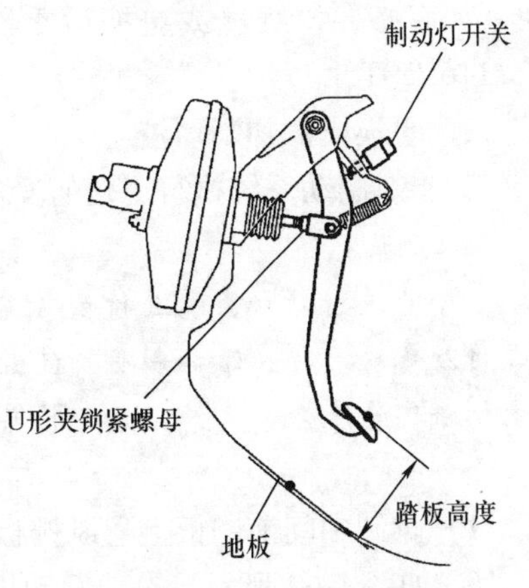

图4-58 检查制动踏板高度

3. 检查制动踏板自由行程

1）关闭发动机。多次踩下踏板直至制动助力器内无真空。松开制动踏板。

> 小心：不要踩下制动踏板。

2）踩下踏板直至感觉到轻微的阻力。如图4-59所示测量距离。踏板自由行程：1.0～6.0mm

如果踏板自由行程不符合规定，检查制动灯开关间隙。如果踏板自由行程符合规定，转至“检查制动踏板行程余量”。

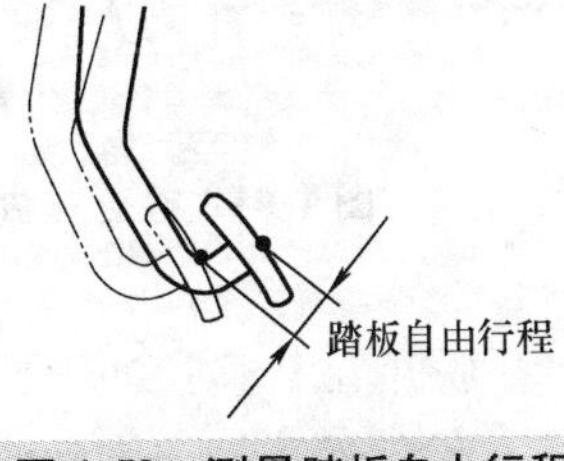

图4-59 测量踏板自由行程

4. 检查制动踏板行程余量

1）松开驻车制动杠杆。

> 提示：在检查制动踏板高度的同一点测量距离。

2）发动机运转时踩下制动踏板，并按图4-60所示测量踏板行程余量。如果行程余量不符合规定，对制动系统进行故障排除。

踏板力为294N时，制动踏板的行程余量见表4-3。

表4-3 踏板行程余量规定值

VSC	规定状态
不带VSC	85mm
带VSC	90mm

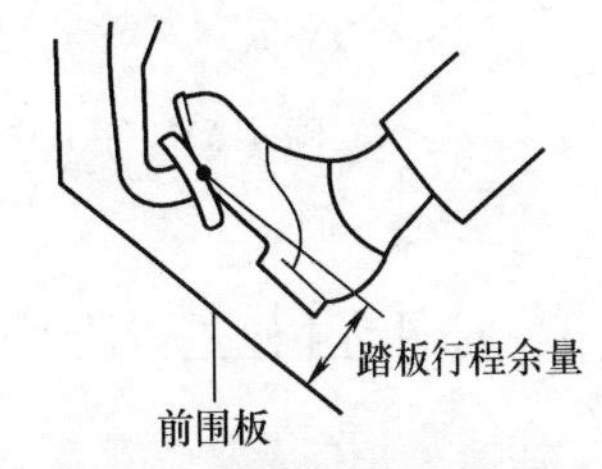

图4-60 测量踏板行程余量

（九）制动液的添加与更换

1. 检查储液罐中的制动液液位

如图4-61所示，如果制动液液位低于MIN线，检查是否泄漏，并检查盘式制动器衬

块。如有必要，维修或更换后重新向储液罐加注制动液。制动液：SAE J1703 或 FMVSS No. 116 DOT 3。

2. 更换或添加制动液

如果对制动系统执行了任何操作或怀疑制动管路中有空气，应对制动系统进行放气。

小心：对制动系统进行放气前，将变速杆移至P位并拉紧驻车制动器；对制动系统进行放气的同时，添加制动液使储液罐的液面保持在MIN和MAX线之间；如果制动液泄漏到任何涂漆表面上，应立即将其清洗干净。

1）拆卸中间前围板上通风栅板。

① 如图4-62所示，滑动发动机舱盖至前围上密封并脱开卡子。

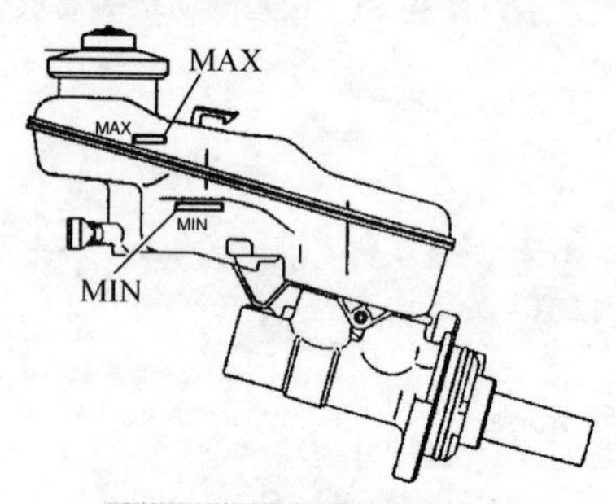

图4-61 检查制动液位

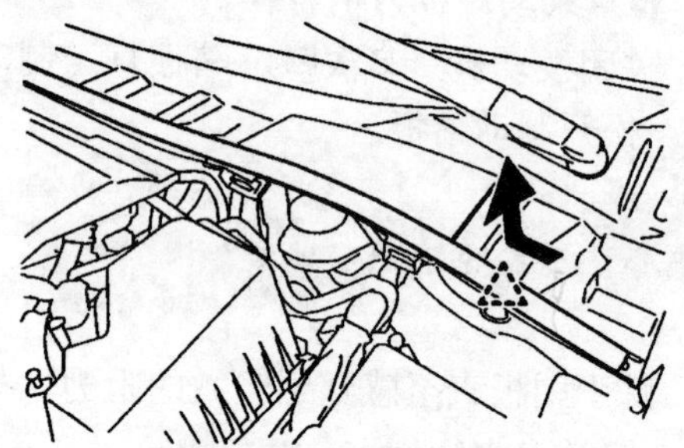

图4-62 滑动发动机盖

② 脱开五个卡爪并拆下中间前围板上通风栅板，如图4-63所示。

2）给储液罐加注制动液，如图4-64所示。

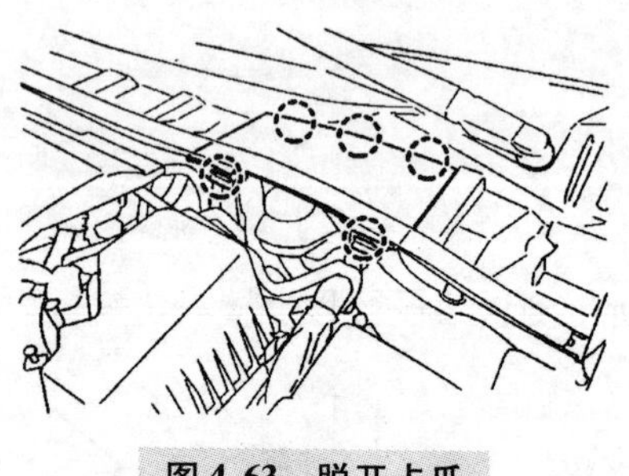

图4-63 脱开卡爪

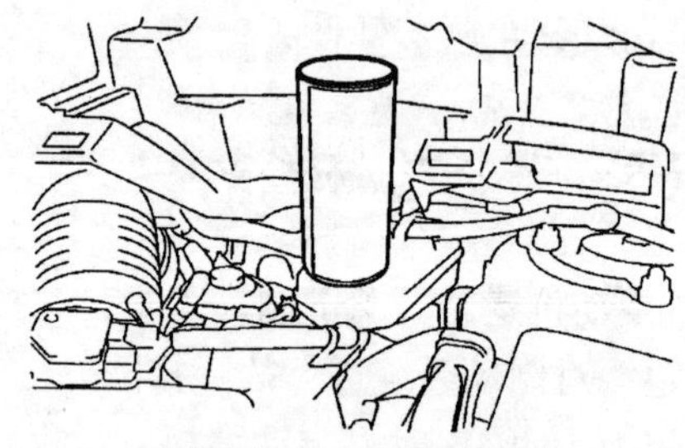

图4-64 加注制动液

3）对制动主缸进行放气

小心：如果主缸重新安装过或储液罐变空，则对主缸进行放气；用抹布或布片盖在涂漆表面上，以防止制动液黏附。

① 用联接螺母扳手（10mm）从主缸上断开两个制动管路，如图4-65所示。

② 缓慢踩下制动踏板并保持，如图4-66所示。

图 4-65 断开制动管路

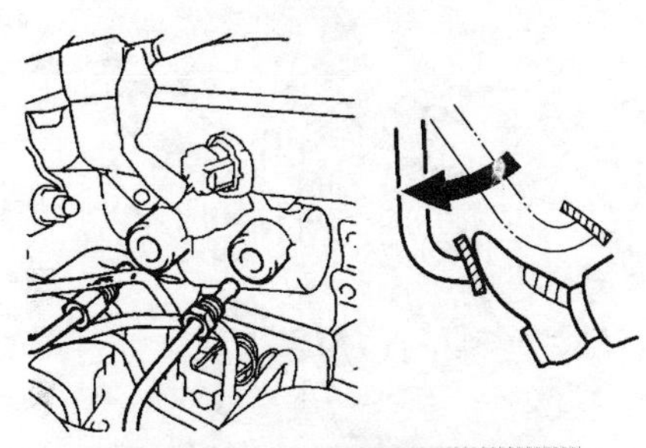
图 4-66 踩下制动踏板并保持

③ 用手指堵住两个外孔，并松开制动踏板，如图 4-67 所示。
④ 重复②和③三次或四次。
⑤ 用联接螺母扳手（10mm）将两个制动管路连接至主缸，如图 4-68 所示。

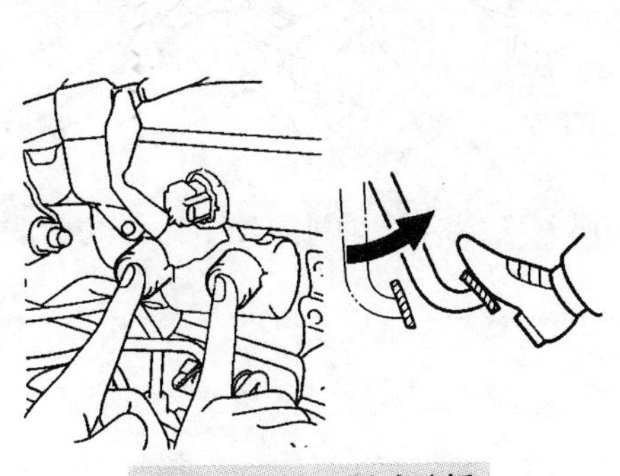
图 4-67 松开制动踏板

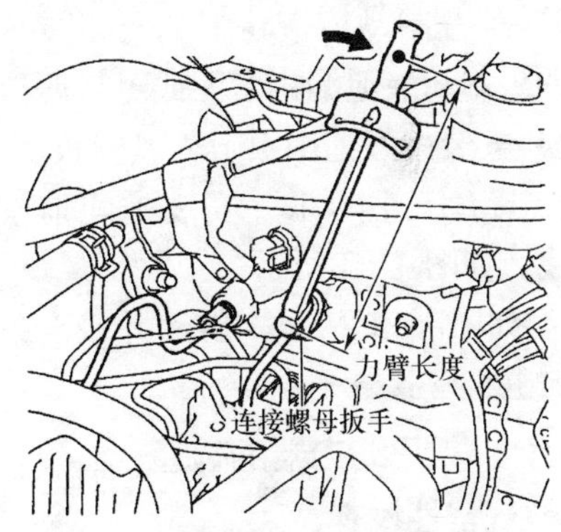

图 4-68 连接制动管路至主缸

拧紧力矩：不使用联接螺母扳手时为 15N · m；使用联接螺母扳手时为 14N · m。

小心：使用力臂长度为 250mm 的扭力扳手；当联接螺母扳手与扭力扳手平行时，力矩值有效。

4）对制动管路进行放气。

小心：应首先对离主缸最远的车轮的制动管路进行放气；对制动系统进行放气的同时，添加制动液使储液罐的液面保持在 MIN 和 MAX 线之间。

① 将塑料管连接至放气螺塞。
② 如图 4-69 所示，踩下制动踏板数次，然后踩住踏板松开放气螺塞。
③ 制动液不再溢出时，紧固放气螺塞，然后松开制动踏板，如图 4-70 所示。
④ 重复②和③直至制动液中的气体完全放出。

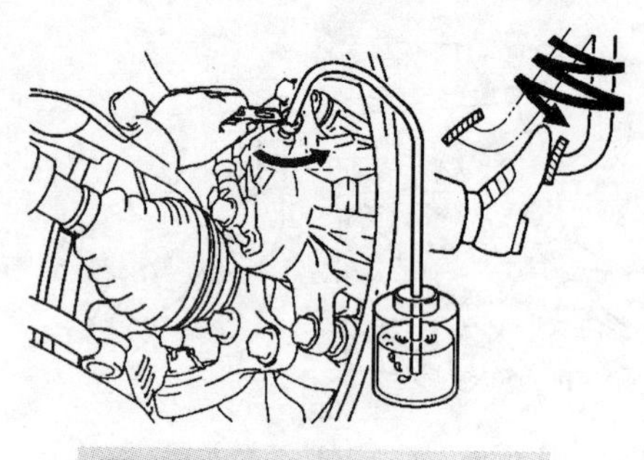

图 4-69 制动管路放气（一）

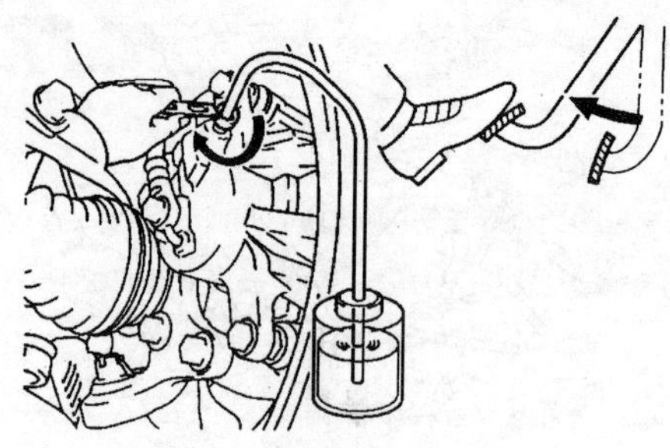

图 4-70 制动管路放气（二）

⑤ 完全紧固放气螺塞。拧紧力矩：前放气螺塞，8.3N·m；后放气螺塞，10N·m。

⑥ 对每个车轮均重复上述程序，从而对制动管路进行放气。

5）检查制动液是否泄漏。

6）检查制动液液位，如有必要添加制动液。如果制动液泄漏，紧固或更换漏液部件。

7）安装中间前围板上通风栅板。

① 接合五个卡爪并安装中间前围板上通风栅板，如图 4-63 所示。

② 如图 4-71 所示，推动并接合发动机盖至前围上板密封卡子。

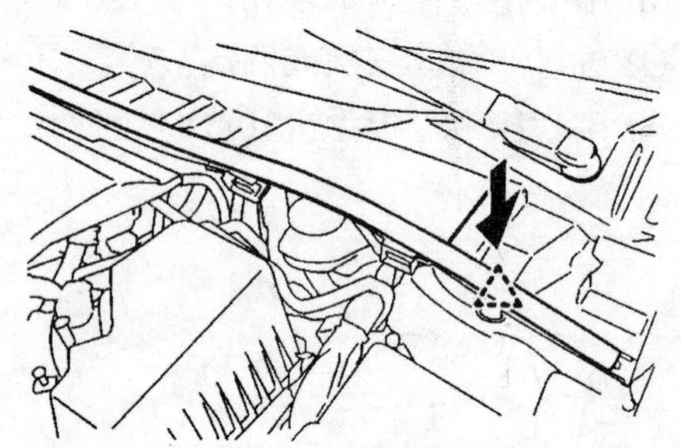

图 4-71 接合发动机盖至前围上板密封卡子

（十）真空助力器的检查

1. 气密性检查

1）起动发动机并在 1 ~2min 后关闭发动机。慢慢踩下制动踏板数次，如图 4-72 所示。如果第一次踏板可以踩到底，但第二次和第三次不能踩到底，则助力器气密性良好。

2）发动机运转时踩下制动踏板后关闭发动机。踩住踏板 30s，如果踏板行程余量没有变化，则说明助力器气密性良好。

2. 操作检查

1）点火开关置于 OFF 位置时踩下制动踏板数次，检查并确认踩下踏板时踏板行程余量没有改变。

2）踩住踏板，然后起动发动机。如果踏板稍稍下移，说明操作正常，如图 4-73 所示。

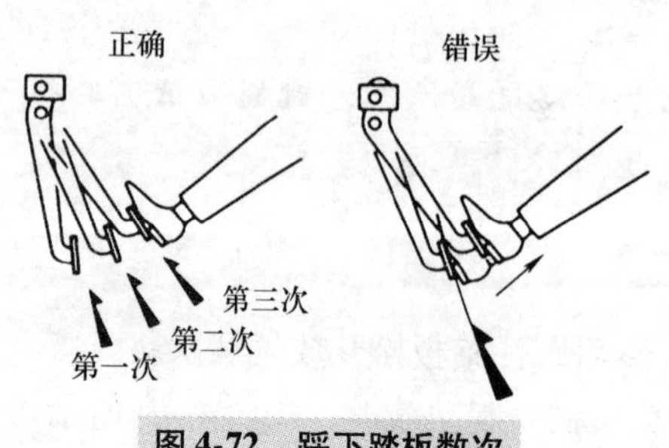

图 4-72 踩下踏板数次

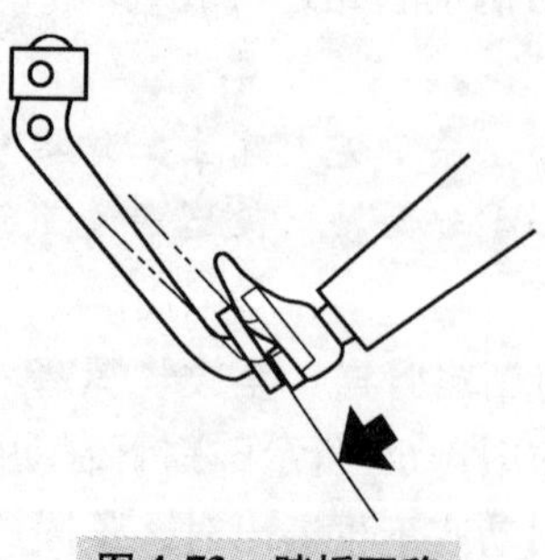

图 4-73 踏板下移

三、实训内容

案例导入：一辆卡罗拉轿车，踩下制动踏板，车辆不减速，即使连续几脚制动也无明显减速作用。经检查确认需对制动传动装置进行检修。

1. 实训准备

1）实训车辆：丰田卡罗拉轿车。

2）实训工具及器材：组合工具、扭力扳手、直尺、联接螺母扳手、塑料管、制动液、容器等。

3）掌握本次实训课所用仪器及设备的使用方法。

4）强调实训中的安全注意事项。

2. 实训流程

制动传动装置故障会造成汽车制动失效，制动不灵，制动跑偏等现象。实训教师可根据实训条件对常规制动系统进行检测；然后设置一些与制动系统常见故障相关的故障，在实训教师的监督下，由学生独立完成故障的诊断与排除；最后由教师充当客户模拟一个或几个故障场景，让学生分别扮演维修工对客户进行故障诊断的说明。

（1）让学生分析并说出检查步骤和方法

1）检查并调整制动踏板高度。

2）添加及更换制动液。

3）检查真空助力器。

（2）学生根据下列问题，对教师进行解释并提出解决方案

1）根据检查情况，分析出可能导致上述故障的原因有哪些？

2）如何确定上述故障？

3）对检查结果进行理论分析。

3. 实训记录

完成实训记录单。

【思考与练习】

1. 单选题

1）制动时，制动踏板的行程过大，下列哪项可能是其中的原因？（ ）

A. 制动轮缸的活塞被卡住　　B. 制动蹄与制动鼓间的间隙过大

C. 制动蹄片复位弹簧的弹力过大　　D. 驻车制动器调整有误

2）装有真空助力器的汽车，产生制动踏板沉重的故障原因是（ ）。

A. 制动主缸内泄漏　　B. 助力器内的真空度过大

C. 助力器真空管路堵塞　　D. 制动液液面太低

3）上海桑塔纳轿车采用的是（ ）制动伺服装置。

A. 真空增压式　　B. 真空助力式　　C. 气压助力式　　D. 综合式

4）液压制动的汽车在行驶中，当连续踏下制动踏板时，各车轮不起制动作用，可能是由于（ ）。

A. 比例阀失效　　B. 制动总泵制动液液面过低

C. 制动鼓失圆　　D. 制动液温度过高

5）在结构形式、几何尺寸和摩擦系数一定时，制动器的制动力矩取决于（　　）。

A. 制动管路内的压力　　B. 车轮与地面间的附着力

C. 轮胎的胎压　　D. 车轮与地面间的摩擦力

2. 判断题

1）液压制动系统制动释放后，油管内保持一定油压，可防止空气侵入液压系统。（　　）

2）比例阀控制前、后制动管路液压力的分配。（　　）

3）液压制动传动机构传动比就是制动轮缸直径与制动主缸直径之比。（　　）

4）当液压制动系统管路漏损时，将导致制动效能不变，制动行程增大。（　　）

5）为了提高汽车制动的可靠性和行车安全性，现代汽车广泛采用的是双回路制动传动装置。（　　）

3. 问答题

1）简述液压制动传动装置的基本组成及工作原理。

2）液压制动双管路的布置形式有哪些？各有什么特点？

3）制动主缸主要包括哪些部件？简述其工作原理。

4）简述真空助力器的结构及工作原理。

5）前后轮制动力分配调节装置有哪些？说明其工作原理。